中国石油和化工自动化应用协会等单位

油气行业人工智能大模型

蓝皮书

刘文岭　胡光岷｜等著

石油工业出版社

内容提要

本书在概述油气行业勘探开发、储运、炼化技术研究现状、难点挑战与发展趋势，以及通用领域和油气行业人工智能大模型研究现状的基础上，针对制约油气行业高质量发展的痛点问题，剖析了勘探、地震、钻完井、测井、地质油藏描述、开发、储运、炼化和决策业务等油气行业主体专业领域发展人工智能大模型技术的生产需求与主要应用场景。分析、探讨、报告了发展油气行业人工智能大模型对算力、数据、算法三大要素的需求、研究现状与技术方案，论述了油气行业人工智能大模型生态建设的目标、重点建设内容，介绍了油气行业人工智能大模型研究与应用的重点案例。

本书可供油气行业生产单位、科研院所的技术人员及相关专业学者参阅，也可作为石油院校相关专业师生的参考用书。

图书在版编目（CIP）数据

油气行业人工智能大模型蓝皮书 / 刘文岭等著. 北京：石油工业出版社，2025.4. -- ISBN 978-7-5183-7455-7

Ⅰ．F407.22-39

中国国家版本馆 CIP 数据核字第 20257U8Y19 号

出版发行：石油工业出版社
（北京安定门外安华里 2 区 1 号　100011）
网　　址：www.petropub.com
编辑部：（010）64523541　　图书营销中心：（010）64523633
经　　销：全国新华书店
印　　刷：北京中石油彩色印刷有限责任公司

2025 年 4 月第 1 版　2025 年 4 月第 1 次印刷
787×1092 毫米　开本：1/16　印张：23
字数：460 千字

定价：140.00 元
（如出现印装质量问题，我社图书营销中心负责调换）
版权所有，翻印必究

《油气行业人工智能大模型蓝皮书》

专家指导委员会

主　任：	吴　澄	中国工程院院士、清华大学智能无人系统研究中心主任、国家 CIMS 工程技术研究中心主任
	陈明海	中国石油和化工自动化应用协会会长
副主任：	李松泉	中国石油长庆油田分公司原总地质师、中国石油和化工自动化应用协会人工智能分会会长
	杨文军	中石油（北京）数智研究院有限公司总经理
成　员：	钟太贤	中国石油天然气集团有限公司科技管理部原副总经理、中国石油和化工自动化应用协会人工智能分会副会长
	赵邦六	中国石油咨询中心教授级高级工程师、中国石油油气和新能源分公司原副总经理
	王洪雨	中国石油大港油田分公司副总经理
	马建军	中国石油长庆油田分公司数字和智能化事业部经理
	刘晓天	中国石油西南油气田分公司科技信息部主任
	唐　沙	中国石化西南油气分公司信息化管理中心经理
	雷征东	中国石油勘探开发研究院油田开发研究所所长
	潘　懋	北京大学教授、地球与空间科学学院名誉院长、中国石油和化工自动化应用协会人工智能分会副会长
	曾　炜	北京大学研究员、中国互联网协会人工智能工委会副主任委员、鹏城实验室云计算所总师
	宋士吉	清华大学教授、工业智能与系统研究所所长

张卫山　中国石油大学（华东）教授、山东省可信人工智能生态数据开放创新应用实验室主任、青岛市人工智能学会理事长

龚　斌　中国地质大学（武汉）教授、智能油气藏首席科学家、特雷西能源科技股份有限公司董事长

张　凯　青岛理工大学校长、中国石油大学（华东）教授

李　超　百度在线网络技术（北京）有限公司能源业务部总经理、EC联席主席

杨　松　华为公司云计算BU安全运营中心（SOC）主任

黄　迪　中国移动通信集团公司政企事业部工业能源行业拓展部高级行业经理（能源化工行业负责人）

李树军　山东未来网络研究院常务副院长

《油气行业人工智能大模型蓝皮书》

编委会

主　任：刘文岭　胡光岷

副主任：（按姓氏笔画排序）

于永志　王　玲　王　振　王学军　王峣钧　冯　骋　冯　骏
伍新明　刘　昕　刘钰铭　孙旭东　芦　澍　苏　涛　李　剑
李广超　杨午阳　宋先知　张文伟　陆　峰　陈运庆　周　军
赵　辉　赵瑞东　段鸿杰　袁江如　徐立恒　徐朝晖　葛　亮
窦宏恩　熊华平

委　员：（按姓氏笔画排序）

丁　力	于　潇	于子琳	于志强	于清洋	马　赫	王　正
王志颖	王珍珍	王俊钦	公绪超	叶　明	田继先	冯清雨
成　波	曲德斌	朱　伟	朱吉军	刘　伟	刘　妍	刘　洋
刘子豪	刘育峰	刘育博	刘宝军	刘健健	刘鹏飞	刘慕臣
许靖宇	苏光志	苏黎明	杜昭然	李　品	李　涛	李　梁
李大勇	李云峰	李志辉	李宪政	李海山	李淼清	杨迎红
何　彤	何　鑫	余长江	闵　敏	张　秦	张　娟	张　瑞
张诚恺	张家林	陈　营	陈喻溪	林世国	林伟明	欧阳小虎
欧阳霆	周　成	周玉辉	周钰琦	周德涛	郑　雷	房　强
孟凡坤	胡博宇	钟勇飞	段宏亮	段德祥	娄　晨	祝兆鹏
费一峰	姚兴苗	徐兆辉	高萃仙	曹伟东	盛广龙	绳瀚林
蒋　宁	景　宁	程　前	蔡晓蕾	蔡涵鹏	裴小燕	樊　琦
潘　涛	燕朝南	魏新建				

前言

PREFACE

近年来，在大数据的驱动下，人工智能机器学习领域的新秀——深度学习，掀起了一场巨大的 AI 革命。2017 年，谷歌（Google）公司颠覆性地提出了基于自注意力机制的深度学习神经网络结构——Transformer 架构，奠定了生成式预训练大模型算法架构的重要基础，大模型学习的理念得以有效落地。大模型（Large Model）是指拥有超大规模参数（通常在十亿个以上）、复杂计算结构的机器学习模型，能够处理海量数据，完成复杂的任务。随着计算机硬件性能不断提升，大模型算法得以快速优化和发展。2018 年，美国 OpenAI 公司发布了 GPT-1（G—Generation，生成式；P—Pre-trained，预训练；T—Transformer，架构深度学习神经网络），这是一款具有 1.17 亿个参数的基于 Transformer 架构的生成式预训练大模型。2019 年，GPT 发展为 GPT-2，参数量达到 15 亿；2020 年发展为 GPT-3，参数量猛增到 1750 亿。2022 年 11 月，美国 OpenAI 公司在 GPT 新版本的基础上推出了 ChatGPT，其出色的自然语言生成能力引起了全世界范围的广泛关注，两个月时间突破 1 亿用户，快速掀起了大模型科技浪潮，谷歌公司的 Gemini、微软公司的 Copilot、Meta 公司的 LLaMA、Anthropic 公司的 Claude 等各种各样的大模型如雨后春笋般涌现。2022 年被称为大模型元年，由生成式人工智能大模型引领的新一代人工智能开始爆发式发展。不到两年的时间里，大模型的发展日新月异。

2024 年 2 月，美国 OpenAI 公司的文生视频大模型 Sora 问世，在全球内容创作行业卷起新的风暴；2024 年 5 月，美国 OpenAI 公司推出 GPT-4o，处理文本、图像、音频能力更自然、流畅；2024 年 7 月，Meta 公司发布了 LLaMA 3.1，其最高具有 4050 亿个参数的开源大模型，在多项基准测试中超过了 OpenAI 公司的 GPT-4o，可以与 Claude 3.5 Sonnet 等领先的闭源模型相媲美。Meta 公司创始人 CEO 扎克伯格表示，LLaMA 3.1 版本将成为行业的一个转折点，大多数开发人员将开始主要使用开源大模型，开源 AI 是未来的发展方向。2024 年 9 月，OpenAI 公司发布 o1 模型，在回答问题前会花更多时间思考，能够推理复杂任务，并在科学、编程和数学等方面能够解决比以前模型更难的问题。2024 年 12 月，OpenAI 公司再次发布了更强大的推理模型 o3，向人们展示了 AI 在逻辑推理、复杂推理、多步推理、理解复杂问题、解决复杂问题方面，已经前所未有地逼近了人类的极限能力边界。这标志着用强化学习带来的思维链产生的慢思考来提升推理能力，将会推进 AI 竞赛进入一个新的赛道。

在这两年时间内，国内大模型的研究与应用状况同样呈现出蓬勃发展的态势，最具代表性的华为公司的盘古大模型、科大讯飞公司的讯飞星火认知大模型、百度公司的文心一言大模型、阿里巴巴公司的通义千问大模型、百川智能公司的百川大模型、商汤科技公司的日日新大模型、腾讯公司的混元大模型、字节跳动公司的云雀大模型、360公司的"360智脑"大模型、清华大学的 ChatGLM-6B 大模型、复旦大学的 MOSS 大模型、中国科学院自动化研究所的紫东太初大模型、北京智源人工智能研究院悟道大模型等，展示了中国在大模型领域的创新能力。2024 年 12 月，中国 AI 创业公司 DeepSeek（杭州深度求索人工智能基础技术研究有限公司）发布了全新系列模型 DeepSeek-V3 首个版本并同步开源，该模型拥有 6710 亿参数，采用创新的负载均衡策略及混合专家模型，使其在数学、编程等任务上超越其他开源模型，性能匹敌 GPT-4o 和 Claude 3.5。更为震惊业内的是它的训练仅用了 2048 块 GPU（图形处理器），成本约为 560 万美元，训练了不到两个月时间，相比 LLaMA 3 405B 模型，GPU 训练小时数少了 11 倍还多，堪称性价比之王。这标志着低成本、高性能大模型正由中国企业引领走向世界。美国媒体 CNBC 评论称 AI 开发的门槛正在降低，DeepSeek 等正在挑战 OpenAI 的领导地位。

随着通用领域大模型的快速发展，人们已经不再满足于大模型的应用仅仅停留在聊天对话、文案写作、文生绘画、文生视频、智能搜索、知识问答等通用领域场景的应用。自 2023 年的下半年开始，行业大模型的研究也呈现出百花齐放的态势，大模型在垂直领域的创新研究为各行各业解决制约发展的"痛点"问题带来了新的希望。

人工智能的快速发展对油气行业产生了广泛而深远的影响，油气行业主体技术正处于更新换代和智能化发展的重要历史时期，智能地震勘探、智能钻井、智能测井解释、数字孪生油气藏、智能油气藏开采、智慧油气田建设、智能储运、智能炼化……，各种各样的智能化技术解决方案在油气行业各专业领域正在不断涌现。智能化发展是油气行业高质量发展的必由之路，这已成为业界的共识。大模型以其具有的更好的泛化性、通用性和涌现性，作为当今人工智能最先进的技术，也已引起油气行业高度的重视。沙特阿美公司近期发布的 Aramco Metabrain AI 大模型有 2500 亿个参数，使用了 7 万亿个数据点进行训练，收集了该公司超过 90 年的历史数据，能够对钻井计划、地质数据、历史钻井时间和成本进行分析，并推荐最佳的钻井方案。BP 公司、Shell 公司、Total 公司、ExxonMobil 公司、Petronas 公司等知名石油公司，以及斯伦贝谢公司等油田服务公司也都在研发各自的大模型产品。我国石油企业和相关院校也启动了油气大模型研究。中国石油联合中国移动、华为、科大讯飞等企业研制了昆仑大模型；中国石化胜利油田组织研发了胜小利油气大模型；中国石油大庆油田有限责任公司成立了大模型专项工作组，计划在勘探开发、生产运行、新能源等领域开展大模型建设工作；中国科学技术大学、电子科技大学在地球物理大模型研究领域做出了成果显著的探索；中国石油集团测井有限公司组织开展了测井大模型研究；山东胜软科技股份有限公司研发了油气勘探开发领域的识油大模型；中国石油天然气管道工程有限公司与百度的合资公司中油易度智慧（成都）科技有限公司研制并发布了我国首个油气储运领域人工智能大模型 WisGPT；广东石化有限责任公司已规划建设生产运行大模型、经营销售大模型、安全环保大模型、设备仪表大模型等专业大模型，大力推动炼化"大模型＋专业模型"的建设与应用。油气行业大模型正在快速向我们走来，油气行业人工智能 2.0 时代已经开启。

  油气行业作为国家战略性行业，数字化转型对其发展具有重要的意义。采用大模型技术有望在以下四个方面为油气行业带来显著实效，进而大力促进油气勘探开发、储运、炼化等业务的数字化转型与智能化发展：第一，提高精度和效率。尽管传统的油气行业已经采取许多先进的技术，但是在一些关键环节上往往仍然依靠经验和人工判断，影响指导生产的及时性、针对性、准确性、有效性。当前，随着人工智能新一次科技浪潮的兴起，在油气行业产生了各种各样的人工智能解决方案，然而常规人工智能技术在许多技术领域存在预测精度低、效率低、不确定性强等问题。不断发展的大模型技术具有更好的泛化性、通用性和涌现性，通过整合海量且多源的数据，有利于提高各专业人工智能技术解决方案的精度、效率和确定性。第二，优化生产流程和管理。传统的油气行业生产流程繁琐，效率低，往往导致决策滞后和资源浪费。大模型技术具备强大的数据处理和分析能力，能够快速从海量数据中提取有用的信息，为决策提供支持。大模型技术在多学科协同平台应用，助力实现多部门、多岗位的信息共享和协同工作，有利于提高决策效率，优化资源配置，降低生产成本，提高生产效益。第三，提升油气行业生产自动化水平。传统的油气行业生产往往依赖人力操作，存在人为因素影响生产效率和安全性的可能。通过将大模型技术元素，如智能体，引入智能化系统和自动化设备，将助力更好地实现油气生产过程的自动监测、自动控制和自动化运维，提高生产效率，降低劳动强度，提高生产安全。第四，推动产业创新与升级。大模型技术的发展使得油气行业各领域专业与大数据、人工智能、物联网等先进技术能够进一步深度融合，有望开辟新的发展空间。油气勘探开发、储运与炼化可以借助大模型技术预测油气市场需求，基于大模型技术进行油气资源智能优选、勘探开发方案智能优化、储运能力智能调整与监控、智能炼化生产，利用大模型技术实现油气生产过程的实时监测和远程实时控制等，从而实现传统油气行业与数字经济的深度融合，推动油气行业新质生产力发展。

  充分认识大模型才能发展好大模型；洞察制约行业发展的"痛点"问题，才能设计好、研发出好用的行业大模型。为此，在油气行业大模型发展的起步阶段，既需要大量的掌握新一代人工智能技术的计算机与信息领域专家与人才的主导，更需要大批的油气行业各专业领域的专家基于生产需求做好顶层设计的引领。为了系统展现大模型技术的研究现状和成就，更好地迎接大模型科技浪潮，促进油气行业大模型的发展，经电子科技大学资源与环境学院院长胡光岷教授提议，受中国石油和化工自动化应用协会委托，由中国石油和化工自动化应用协会人工智能分会牵头，组织中国石油勘探开发研究院、中国石油大庆油田有限责任公司、中国石油辽河油田分公司、中国石油集团测井有限公司、中国石油管道局工程有限公司、广东石化有限责任公司、中国石化胜利油田分公司、中国石化石油工程技术研究院、中国科学技术大学、电子科技大学、中国石油大学（北京）、中国石油大学（华东）、长江大学、北京航天联智科技有限公司、山东胜软科技股份有限公司、中油易度智慧（成都）科技有限公司、山东未来网络研究院、北京兴油工程项目管理有限公司、中国石油管道局工程有限公司管道投产运行分公司、中国石油尼日尔公司等有关单位的行业知名专家、教授和学者，共同编写了《油气行业人工智能大模型蓝皮书》。本书旨在为油气行业人工智能大模型发展提供具有学术性和实用性的参考，促进大模型技术在油气行业的快速发展和广泛应用。

本书对油气行业领导、专家、教授指导未来 10 年乃至更长时期的我国油气行业大模型技术发展、顶层设计、研究方向确定、技术路线制定具有抛砖引玉的带动作用，对科技人员开展相关研究具有启发和参考价值。全书共分 8 章，第 1 章至第 3 章概述了油气行业勘探开发、储运、炼化技术研究现状、难点挑战与发展趋势，介绍了通用领域和油气行业大模型研究的现状，以及油气行业主体专业领域发展大模型技术的生产需求和主要应用场景。第 4 章分析了发展油气行业大模型对算力的需求，探讨了算力优化技术方法。第 5 章详述了行业大模型的数据治理与数据集准备，包括油气行业的业务流程与数据特点、油气行业数据存储模型及数据标准、油气一体化数据治理及 OSDU 解决方案、油气大模型训练的数据需求与数据准备。第 6 章阐述了油气行业大模型构建的关键技术，涵盖行业大模型架构、大模型预训练、微调与域自适应技术、大模型压缩与蒸馏技术、大模型部署与优化技术、大模型的安全问题与防御技术。第 7 章论述了油气行业大模型生态建设的目标和重点建设内容，提出了行业大模型产业联盟建设、服务平台建设和标准体系建设方案。第 8 章介绍了油气行业大模型研究与应用的相关案例。

本书第 1 章第 1 节、第 4 节由刘文岭教授编写；第 2 节由中国石油管道局工程有限公司首席专家张文伟组织编写，主要编写人员包括张文伟、王学军、冯骋、于永志、许靖宇、刘洋；第 3 节由广东石化有限责任公司高级专家陈运庆编写。第 2 章的第 1 节至第 4 节由中国科学技术大学伍新明教授组织编写，主要编写人员包括伍新明、绳瀚林，第 5 节由电子科技大学王峣钧教授组织编写，主要编写人员包括王峣钧、于子琳、陈喻溪、冯清雨、胡博宇、王俊钦。第 3 章由刘文岭教授牵头组织编写，第 1 节由中国石油勘探开发研究院首席专家李剑团队主笔，主要编写人员包括李剑、田继先、徐兆辉、林世国，刘文岭参与编写了相关内容；第 2 节由中国石油勘探开发研究院西北分院计算机技术研究所所长杨午阳主笔，魏新建、李海山参与编写；第3节由中国石油大学（北京）石油工程学院院长宋先知教授组织编写，主要编写人员包括宋先知、祝兆鹏、张诚恺、刘子豪、张瑞、刘慕臣、潘涛、周德涛、王正；第4节由中国石油集团测井有限公司首席专家周军组织编写，主要编写人员包括周军、张娟、刘育博、李品、刘妍、余长江、樊琦；第5节由中国石油大学（北京）油气地质大数据研究所所长徐朝晖教授组织编写，主要编写人员包括徐朝晖、刘钰铭；第6节由刘文岭教授联合长江大学研究生院院长赵辉、中国石油勘探开发研究院采油采气工程研究所副所长赵瑞东、中国石油勘探开发研究院油田开发研究所副所长徐立恒、中国石油辽河油田分公司王玲教授、中国石油大学（华东）刘昕教授共同组织编写，主要编写人员包括刘文岭、赵辉、赵瑞东、徐立恒、王玲、刘昕，以及赵辉教授团队的孟凡坤、刘伟、周玉辉、盛广龙等；第7节由中国石油管道局工程有限公司首席专家张文伟组织编写，主要编写人员包括张文伟、王学军、冯骋、许靖宇、叶明、高萃仙；第8节由广东石化有限责任公司高级专家陈运庆编写；第9节由中国石油辽河油田分公司王玲教授组织编写，主要编写人员包括王玲、李云峰、李涛、郑雷、房强、王志颖，中国石油勘探开发研究院曲德斌教授参与相关内容编写。第4章由中国石油大庆油田有限责任公司首席专家熊华平组织编写，主要编写人员为熊华平、朱吉军、李大勇。第5章由中国石化石油工程技术研究院高级技术专家孙旭东教授主笔，其中第4节由山东胜软科技股份有限公司技术总监苏涛编写。第6章由电子科技大学资源与环境学院院长胡光岷教授组织编写，其中第1节、第5节由胡光岷教授团队编写，主要编写人员包括胡光岷、王崤钧、蔡涵鹏、姚兴苗、周成、费一峰、何鑫；第2节主要由中国科学技术大学伍新明教授团队编写，主要编写人员包括伍新明、绳瀚林；第3节由山东胜软科技股份有限公司于潇、王珍珍编写；第4节由北京航天联智科技有限公司总经理葛亮组织编写，主要编写人员包括葛亮、苏光志、张秦、于清洋、何彤、于志强，等。第7章由刘文岭教授主笔，其中第5节由中国石油勘探开发研究院窦宏恩教授编写。第8章第1节由电子科技大学资源与环境学院院长胡光岷教授团队（胡光岷、王崤钧、蔡涵鹏、姚兴苗、周成、费一峰、何鑫）、中国科学技术大学伍新明教授团队（伍新明、绳瀚林）编写；第2节由中国石油集团测井有限公司首席专家周军组织编写，主要编写人员包括周军、张娟、刘育博、李品、刘妍、余长江、樊琦；第3节由中国石化胜利油田分公司信息化管理中心段鸿杰经理组织编写，主要编写人员包括段鸿杰、王振、曹伟东、刘宝军、公绪超；第4节由山东胜软科技股份有限公司技术总监苏涛组织编写，主要编写人员包括蔡晓蕾、钟勇飞、周钰琦、苏涛；第5节由中国石油管道局工程有限公司首席专家张文伟团队编写，主要编写人员包括张文伟、王学军、冯骋、许靖宇、刘鹏飞、程前；第6节由广东石化有限责任公司高级专家陈运庆编写。全书由刘文岭教授制定写作计划和写作大纲、组织编写、统稿与修改。

本书的编写得到了中国石油和化工自动化应用协会会长陈明海、中国石油和化工自动化应用协会人工智能分会会长李松泉的支持。专家指导委员会各位专家给予本书精心指导，提出了宝贵意见和建议。中国石油勘探开发研究院及油田开发研究所在书稿编写过程中给予了大力的支持和帮助。中国石油大庆油田有限责任公司、中国石油辽河油田分公司、中国石油集团测井有限公司、中国石油管道局工程有限公司、广东石化有限责任公司、中国石化胜利油田分公司、中国石化石油工程技术研究院、电子科技大学、中国科学技术大学、中国石油大学（北京）、中国石油大学（华东）、长江大学、北京航天联智科技有限公司、山东胜软科技股份有限公司、中油易度智慧（成都）科技有限公司等相关单位为各章节写作团队提供了支持和帮助。各章节写作团队积极响应、紧密协作，付出大量时间、精力和辛苦，圆满完成写作任务。在本书的编写过程中，通过会议、研讨、交流与征求意见等方式，得到了参与编写团队所在单位的领导、专家和同事们的指导、帮助、启发与鼓励。值此本书正式出版之际，谨向他们表示由衷的感谢！

由于作者水平有限，书中不妥之处在所难免，恳请广大读者批评指正。

刘文岭
2025 年 1 月 2 日

目录

1 油气行业处于智能化发展机遇期 ············ 1
- 1.1 油气勘探开发技术研究现状与挑战 ············ 1
- 1.2 油气储运技术研究现状与挑战 ············ 11
- 1.3 油气炼化技术研究现状与挑战 ············ 37
- 1.4 油气行业人工智能研究现状与挑战 ············ 39
- 参考文献 ············ 50

2 大模型蓬勃发展与成就 ············ 53
- 2.1 大模型的诞生与发展 ············ 53
- 2.2 大模型研究现状与挑战 ············ 58
- 2.3 通用领域大模型成就 ············ 62
- 2.4 重点行业大模型应用现状 ············ 80
- 2.5 油气大模型发展现状与挑战 ············ 83
- 参考文献 ············ 97

3 油气行业对大模型的生产需求与主要应用场景 ············ 104
- 3.1 勘探业务的需求与应用场景 ············ 105
- 3.2 地震业务的需求与应用场景 ············ 113
- 3.3 钻完井业务的需求与应用场景 ············ 122
- 3.4 测井业务的需求与应用场景 ············ 135
- 3.5 地质业务的需求与应用场景 ············ 141
- 3.6 开发业务的需求与应用场景 ············ 148
- 3.7 储运业务的需求与应用场景 ············ 159
- 3.8 炼化业务的需求与应用场景 ············ 177

3.9　决策业务的需求与应用场景 …………………………………………… 180

参考文献 ………………………………………………………………………… 190

4　算力需求与优化方法 ……………………………………………………… 192

4.1　高端芯片进口限制 ……………………………………………………… 192

4.2　国产算力资源分析 ……………………………………………………… 193

4.3　行业算力资源现状 ……………………………………………………… 196

4.4　算力需求成本分析 ……………………………………………………… 198

4.5　算力优化技术方法 ……………………………………………………… 202

参考文献 ………………………………………………………………………… 207

5　数据治理与数据集准备 …………………………………………………… 209

5.1　油气行业的业务流程与数据特点 ……………………………………… 209

5.2　油气行业数据存储模型及数据标准 …………………………………… 217

5.3　油气一体化数据治理及 OSDU 解决方案 ……………………………… 222

5.4　油气大模型训练的数据需求与数据准备 ……………………………… 231

参考文献 ………………………………………………………………………… 238

6　油气行业大模型构建关键技术 …………………………………………… 239

6.1　大模型架构 ……………………………………………………………… 239

6.2　大模型预训练、微调与域自适应 ……………………………………… 245

6.3　大模型压缩与蒸馏 ……………………………………………………… 256

6.4　大模型部署与优化 ……………………………………………………… 259

6.5　大模型的安全与防御 …………………………………………………… 267

参考文献 ………………………………………………………………………… 270

7　油气行业大模型生态建设 ………………………………………………… 273

7.1　油气大模型生态建设目标 ……………………………………………… 273

7.2　油气大模型生态建设重点 ……………………………………………… 276

7.3　油气大模型产业联盟建设 ……………………………………………… 279

7.4 油气大模型服务平台建设 ································· 280

7.5 油气大模型标准体系建设 ································· 283

7.6 大模型安全风险防控机制 ································· 291

参考文献 ·· 293

8 研究案例 ·· 294

8.1 地震大模型 ·· 294

8.2 测井大模型 ·· 312

8.3 胜小利油气大模型 ·· 320

8.4 识油大模型 ·· 328

8.5 油气储运大模型 ··· 341

8.6 炼化装置大模型 ··· 347

参考文献 ·· 349

1 油气行业处于智能化发展机遇期

受国内石油资源条件和产量的限制，我国自 1993 年起原油对外依存度达到 6.7%，成为石油净进口国，2009 年我国原油对外依存度首次突破 50% 警戒线，2011 年首次超过美国，达到了 55.2%，到 2023 年达到 72.9%，远超 50% 的国际公认安全警戒线。随着我国工业化和城市化进程向纵深推进、经济的高质量发展，国内石油的供应缺口还将逐年增大，在原油对外依存度远超国际安全警戒线的大背景下，加大国内油气勘探开发力度，对保障国家能源安全具有重要的支撑作用。以技术创新为驱动，进一步提速国内油气勘探发现，进一步提高已开发油气田原油和天然气采收率，是推进国内原油产量由降低到趋稳、维护国家能源安全的重要保障。

尽管经过长期的科技攻关和积累，油气行业主体技术整体上取得了长足的进展，但是油气勘探开发、储运、炼化等领域还存在着诸多瓶颈问题难以解决，油气行业处于技术更新换代发展的转型期。

近年来，伴随着计算机软硬件技术的升级，并行计算、云计算、物联网的实现，大数据与机器学习得以迅猛发展。以大数据与人工智能驱动的第四次工业革命（工业 4.0）正在席卷全球各行各业。大模型以其具有的更好的泛化性、通用性和涌现性，作为当今人工智能最先进的技术，正在掀起一场巨大的产业变革的科技浪潮，为解决油气行业瓶颈难点问题带来了新机遇。

1.1 油气勘探开发技术研究现状与挑战

1.1.1 油气勘探开发技术研究整体现状

在世界探明石油储量构成中，特低渗透—致密—页岩储量占比逐年大幅度攀升，油气资源勘探开发对象日益复杂化，急需研发特色适用的新理论、新技术、新方法，以适应当前勘探开发非常规油气资源的需要。经过长期开采，世界范围内，特别是我们国家已开发油田总体上进入了高含水、高采出程度的"双高"开采阶段，进一步提高已开发油气田的采收率，面临严峻的技术挑战。面对越来越复杂的勘探开发对象和已开发油气田提高采收率难度不断加大的格局，全面提升油气勘探开发水平，亟待实现油气勘探开发关键技术的更新换代。

1.1.1.1 我国油气勘探开发整体形势

由于我国自2015年以来油气勘探投资大幅度下降，全国石油与天然气探明地质储量明显下滑。2017年，全国石油与天然气新增探明地质储量降低至近10年的最低点。截至2017年底，全国石油累计探明地质储量389.65×10^8t，剩余油技术可采储量35.42×10^8t，剩余经济可采储量25.33×10^8t[1]。为满足国内日益不断增长的油气需求，保持每年具有足够的探明地质储量接续，保障国家能源安全，需要进一步提速国内油气勘探发现，以扭转新增探明地质储量降低的局面。2018年7月，习近平总书记做出大力提升国内油气勘探开发力度，努力保障国家能源安全的重要指示批示，国家相关部委和各大油公司认真贯彻落实，油气勘查发现势头保持多年连续向好，找矿取得多项重要突破。据中华人民共和国自然资源部发布的《全国石油天然气资源勘查开采通报（2020年度）》[2]公布的信息显示：2020年，全国油气（包括石油、天然气、页岩气、煤层气和天然气水合物）完成采集二维地震3.0×10^4km、三维地震4.27×10^4km^2，同比下降41.6%和9.3%；完成探井2956口、进尺839.42×10^4m，同比分别增长2.1%和2.9%；石油新增探明地质储量13.22×10^8t，同比增长17.7%，2018年以来保持持续增长，其中新增探明地质储量大于1×10^8t的盆地有4个，分别是鄂尔多斯盆地、渤海湾盆地（含海域）、准噶尔盆地和塔里木盆地；新增探明地质储量大于1×10^8t的油田有2个，分别为鄂尔多斯盆地的庆城油田和准噶尔盆地的昌吉油田；天然气新增探明地质储量10514.58×10^8m^3，同比增长30.0%，其中新增探明地质储量大于1000×10^8m^{3}的盆地有3个，分别为鄂尔多斯盆地、塔里木盆地和四川盆地，新增探明地质储量大于1000×10^8m^{3}的气田有1个，为塔里木盆地的克拉苏气田；页岩气新增探明地质储量1918.27×10^8m^3，同比下降74.9%，新增探明储量来自四川盆地涪陵页岩气田；煤层气新增探明地质储量673.13×10^8m^3，同比增长950.5%，新增探明储量来自沁水盆地和鄂尔多斯盆地东缘；截至2020年底，全国已探明油气田1060个（其中油田771个、天然气田289个），页岩气田7个，煤层气田28个，二氧化碳气田3个，累计探明石油、天然气、页岩气和煤层气地质储量分别为422.00×10^8t、16.88×10^{12}m^3、2.00×10^{12}m^{3}和7259.11×10^8m^3。

在油气田开发方面，前些年受国际油价和投资的影响，我国石油产量保持小幅下滑态势。2017年，国际油价稳步上升，油气行业逐渐回暖，油气资源开采投资触底回升，2017年全国石油产量1.92×10^8t，产量下滑态势有所转好，同比下降4.1%[1]。2020年全国石油产量1.95×10^8t，连续2年稳步增长，同比增长2.1%，其中，产量大于1000×10^4t的盆地有渤海湾盆地（含海域）、松辽盆地、鄂尔多斯盆地、准噶尔盆地、塔里木盆地和珠江口盆地，合计1.81×10^8t，占全国总量的92.6%；全国常规天然气产量1618.22×10^8m^3，连续2年超过1500×10^8m^3，同比增长7.2%，其中，产量大

于 $50\times10^8m^3$ 的盆地有鄂尔多斯盆地、四川盆地、塔里木盆地、珠江口盆地、柴达木盆地和松辽盆地，合计产量达 $1499.67\times10^8m^3$，占全国总产量的 89.6%；全国页岩气产量 $200.55\times10^8m^3$，同比增长 30.4%，产量主要来自四川盆地及周缘；地面开发煤层气产量为 $57.67\times10^8m^3$，同比增长 5.6%，产量主要来自沁水盆地和鄂尔多斯盆地东缘[2]。截至 2020 年底，全国累计生产石油 73.50×10^8t，累计生产天然气 $2.38\times10^{12}m^3$，累计生产页岩气 $691.30\times10^8m^3$，累计生产煤层气 $288.66\times10^8m^3$[2]。

当前，我国已开发油田总体进入高采出程度、高含水的"双高"开采阶段。以中国石油为例，2016 年可采储量采出程度 76.04%，综合含水 89.22%，其中含水大于 80% 的老油田年产量超过 5000×10^4t，占比 53.4%，自然递减率 9.39%，综合递减率 5.15%[3]，保持已开发油田稳产面临很大压力。我国绝大部分主力油田开发均呈现出油水井损坏造成井网不完善、单井产量大幅度降低、措施增油量明显下降、大量新投产井含水率超过 90% 等严峻局面，进一步提高原油水驱采收率难度很大。尽管如此，我国高含水油田水驱产量仍然占年度总产量三分之一以上，老油田水驱开发是我国油气上游业务发展的"压舱石"，以技术创新为驱动，进一步提高老油田原油采收率是维持国内原油产量趋于基本稳定、维护国家能源安全的重要因素。

1.1.1.2　国内外油气勘探开发技术研究现状

世界范围内，包括美国、俄罗斯、北海、东南亚等国家和地区，以及巨型石油公司正在积极探索勘探开发一体化的战略和技术。尽管近年来，国际原油市场受到低油价的困扰，但是在油气勘探技术研发方面的投入力度，并没有明显减少。埃克森美孚公司、BP 公司、壳牌公司、雪佛龙德士古公司、道达尔公司、挪威国家石油公司等国际大石油公司，注重将勘探领域的地震、测井等创新技术向油田开发领域延伸，国外的油气勘探开发技术正向多学科集成、动态描述、数字化油气藏、智能化作业和提升资产价值等方向发展，已成为新区勘探、评价与开发和老区提高采收率的强有力手段。特别是得益地震技术在油田开发领域的应用，发展以时移地震技术、四维地震技术、高密度地震技术为重点的油藏地球物理技术，使一些老油田甚至濒临废弃的油田焕发了青春。

国内石油企业借鉴国外先进勘探开发技术，探索创新出一套适合国内情况行之有效的技术体系，虽然整体来看距离世界一流水平仍有差距，但在主体技术方面，基本达到世界先进水平，有一些技术甚至达到世界领先水平，主要包括地震资料宽方位角采集、化学驱油、深层稠油热采、超低渗透油藏开发等技术。值得一提的是，由于我国以陆相储层为主的油气藏的复杂性和开发的精细性，使得我国油气田开发技术水平处于国际领先地位。经过长期开采，我国已开发油气田总体上进入高含水、高采出阶段。为应对高含水期含水上升快、产量递减大等诸多问题，在油气田开发领域，经过长期的技术攻关，形成了依靠密井网资料的精细地质研究、测井解释分析、油气水井生产监测、相控地质建模、数值模拟剩余油气预测、井网加密调整、细分注水、深度调剖、周期注水、水平井与复杂结构井应用、细分压裂改造及套管损坏预防与治理等水驱配套技术，实现了从动用主力层转移到开发薄差层，从解决层间矛盾到解决层内和平面矛盾等开发策略方针的改变。近年来，中国石油还组织开展了老油田二次开发系统工程的规模化实施。在油藏描述领域，经过"十一五"至"十三五"科技攻关，创建了高含水油田小尺度地质体表征理论、开发地震精细解释技术、井震结合精细油藏描述技术、单砂体及其内部构型刻画技术[4]，推动了高含水油田油藏描述技术实现升级换代（图1-1-1）；在油藏工程领域，创新发展了新一代油藏数值模拟技术与软件、精细注采结构优化调整技术、可动凝胶调驱技术、深部液流转向技术、二次采油与三次采油相结合等技术。立足这些新技术，重构地下认识体系、重建井网结构、重组地面工艺流程，实施深度精细开发，对老油田减缓递减、提高水驱采收率与改善开发效果发挥了积极作用。除此之外，化学驱、二氧化碳驱、稠油热采蒸汽驱等技术应用范围不断扩大，为在水驱基础上进一步较大幅度提高采收率提供了强有力的技术支撑。

图1-1-1 油田开发领域油藏描述技术升级换代示意图

尽管长期的科技攻关和积累，油气勘探开发技术整体上取得了长足的进展，但是油气田勘探开发领域还存在着诸多瓶颈问题难以解决，油气勘探开发关键技术处于更新换代的转型期。

1.1.2 油气勘探开发主体技术难点挑战

随着油气勘探力度的不断深入，经过几十年的勘探历程，我国油气勘探的重点已由发现常规大型油气田，转向勘查非常规油气资源。我国的超低渗透油气藏、致密油气、页岩油气和深层致密砂岩油气藏等非常规油气资源丰富，其中尚未有效开发的页岩油地质资源量就有 $476×10^8t$，致密油地质资源量 $70×10^8$～$90×10^8t$（也有 $113×10^8$～$135×10^8t$ 的报道）。面对新的更为复杂的勘探开发对象，急需研发特色适用的新技术，以适应当前勘探开发新形势的需要。另外，提高已开发油气田的采收率也面临着严峻的技术挑战，过去行之有效的常规加密调整等措施效果越来越差，开发矛盾与难度越加凸显，提高采收率措施更加高度依赖对地下储层和流体的地质认识，但以地质、地震、测井与油气藏工程相融合的多学科综合油气藏描述研究，已经进入技术瓶颈期，对影响剩余油气分布与注采关系的地下"小尺度"地质体的表征精度和效率的进一步提高难度很大。面对已开发油气藏小尺度地质体控油控气的局面、加密调整高含水与产量不断递减的困境、钻井数量与经济效益的矛盾，常规开发技术的适应性、经济有效性受到极大挑战。

为此，直面难点与挑战，全面提升国内油气田勘探开发水平，亟待实现油气勘探开发关键技术的更新换代。做好油气勘探开发关键技术研发和创新工作，发挥科技引领和促进作用，以技术创新带动和加强国内油气勘探开发，对保障国家能源安全具有积极的意义。

1.1.2.1 地震技术难点挑战

地震技术利用炸药在浅井中爆炸或基于可控震源形成人工地震，利用精密的检波器接收来自地下各岩层的反射波，通过地震数据采集、处理、解释来认识地层的构造、岩性、物性，乃至流体性。尽管地震技术发展有多种多样的特色技术，如高密度三维地震技术、多波多分量地震技术等，但是利用常规地震技术精细解释我国陆相薄互层储层，特别是预测流体，仍难以达到理想的精度要求，目前广泛使用的常规地震技术无论是采集、处理、还是解释，都存在着更新换代的技术需求。特别是由于地震波传播的机理特别复杂，在实际应用中，传统的做法是将它简化为几何光学的模式，即使现代地震技术采用波动方程求解，也只能建立在均质地层的假设基础上，最多考虑到地层的各向异性问题，基本上还是线性求解，非线性的研究较少。常规地震技术通过求解公式、方程或其他计算获得的解是近似的，尽管具有一定的工程实用性，但是在追求更为精细的油气藏描述方面存在技术瓶颈，进一步提高地震资料解释精度，存在技术更新换代的必要性。

1.1.2.2 钻井技术难点挑战

油气资源埋藏在地下几百米至几千米的深处，钻井是开采油气所必需的工程技术手段。钻井过程要穿过很多复杂储层，耗时大、深度大、投资多，一般来说钻井投资占勘探开发项目的60%左右，所以在油气勘探开发全过程中，钻井的优化、降低成本具有极其重要的地位。由于在地下钻井过程中常常遇到各种软硬不同的储层和各种复杂情况，因此钻井工程的隐蔽性、不确定性和随机性，对工程理论和工程规律的认识具有很大制约作用，影响到对现场作业的优化和有效指导。在一口井的工程设计中，目前还不能对可能出现的工程问题进行准确预测和防范，实际钻井过程中经常面临突发事件，井漏、井涌、井壁垮塌、井斜等工程问题处理花费了大量时间和成本。近年来水平井的增多、井段的增长，深层钻探及非常规油气资源钻井地质和工程复杂性的增加，对钻井工程理论和技术带来新的挑战，对钻井工程控制手段的需求也显得更加迫切。以降本增效为目标智能化钻井正成为未来钻井行业发展的趋势。

1.1.2.3 测井技术难点挑战

测井技术通过在已钻就的井内用电缆下入各种测井仪器对地层进行检测，检测结果记录为测井曲线数据。通过对测井曲线进行解释，能够对储层的岩性、物性、流体含量和油水井生产所需要的工程参数进行认识和计算，为储量计算、油气藏评价、油气藏描述、油田开发和油水井生产提供参数。测井技术是认识油气藏、评价油气藏的重要技术手段。随着我国油气勘探与开发的不断深入，面临的地质条件日益复杂，研究对象已由原来的构造油气藏向隐蔽油气藏延伸，低孔隙度、低渗透率碎屑岩、缝洞型碳酸盐岩，以及非常规油气藏等各种复杂油气藏和致密油气资源，是目前我国油气勘探开发增储上产的主力。受沉积作用、成岩作用等的影响，这类油气资源普遍具有岩性复杂、储集空间类型多样、非均质性强、油气水分布规律复杂等特点，研究对象的复杂化对储层测井准确评价解释带来极大挑战。另外，测井曲线的解释需要依靠岩心测试加以标定，由于受到实际岩心数量的限制，且其相关关系十分复杂，在这种情况下所获取的公式，尽管具有一定的实用性，但是不能充分反映实际复杂的相互关系，难以满足复杂油气资源测井精细解释的需要，进一步提高测井解释精度，存在技术更新换代的必要性。

1.1.2.4 油气田开发技术难点挑战

油气田开发是将油气从地层中采出的生产环节，以尽可能扩大注水或注剂的波及体积，提高驱替效率和提高油气采收率为目标。尽管，经过长期油气田开发实践，已经发展了精细油气藏描述、分层测试分层注采、井网注采结构优化、深部调驱、聚合物驱、三元复合驱等先进开发技术，但是我国的石油采油率通常只有30%左右，还有大量的剩余油气滞留在地下。大力发展油气田精细高效开发技术始终是我国油气行业上游业务的主旋律，非常规油气藏与致密油气资源效益开发、高含水油田厚油层顶部剩余油深度精细挖潜，以及老油田化学驱后如何进一步提高采收率等方面面临瓶颈技术挑战。特别是目前我国主要已开发油田均已进入高含水后期、甚至特高含水期，地下剩余油呈"整体高度分散、局部相对富集"的格局[5]，传统的油藏描述方法和测试技术已不能准确地描述和预测剩余油的分布状态，面对地下可观的剩余油气，提高已开发油气田的采收率难度很大。关键的问题是我们对地下储层和流体的认识还不够清楚，尽管油气田开发阶段井数较多，且比较密集，但井间仍然具有很强的不确定性。剩余油气开发的重点和难点在井间，井间地质认识问题对油气高效开发各项措施的实施，起到至关重要的制约作用。大力发展精细油气藏描述技术，准确量化表征剩余油气的分布，是有的放矢开展有针对性开发生产措施的根本保证。进一步提高油气藏精细描述与深度精细效益开发的精度与效率，存在技术更新换代的必要性。

1.1.3 油气勘探开发技术发展趋势

我国油气勘探开发技术经历了由 20 世纪六七十年代的依托岩石露头、纸质资料、简单机械作业的实物化研究阶段，以及八九十年代至 21 世纪初的计算机规模化应用阶段，到如今迎接大数据与人工智能新的科技浪潮，我国油气勘探开发技术面临数字化转型智能化发展的新机遇，呈现出一体化、精细化、数字化、智能化发展的新态势。

1.1.3.1 多学科协同研究呈现一体化

当前油气勘探开发领域多学科协同研究呈现一体化趋势，即勘探和开发，以及勘探、开发各自领域不同学科之间的紧密合作和协同工作越来越普遍。这一趋势主要源于以下几个方面：

（1）资源稀缺性。由于全球能源需求的不断增长和传统油气资源供给存在的矛盾，为了有效利用资源，各相关领域开始进行紧密协同，以提高勘探效率和开发能力。

（2）技术进步。随着科技的快速发展，油气勘探和开发的技术不断更新和提升，各个领域的技术革新为协同研究提供了更多机会和可能。例如，油藏地球物理（开发地震）、地震约束储层地质建模、新一代油藏数值模拟、互联网、人工智能等技术的应用，可以更好地整合勘探开发数据，提高准确性和效率。

（3）风险共担。勘探和开发是高风险和高投入的过程。通过合作和协同研究，可以分摊风险、分享资源和知识，减轻单个企业的压力和单个学科研究产生的不确定性等风险。同时，协同工作还能够提高决策的科学性和可行性，减少不必要的错误和损失。

（4）环境保护。在当前环保意识的提高下，油气勘探和开发面临着更严格的环境要求。协同研究能够促进资源的可持续利用和环境的可持续发展。各方之间通过共同研究环境保护、减少碳排放、开发清洁能源等方面的举措，促进了可持续的油气勘探开发。

油气勘探开发领域的多学科协同研究具有以下几个特点：

（1）跨学科性。多学科协同研究涵盖了地质、地震、测井、油气藏工程、计算机科学等多个学科领域。这些学科的交叉合作使得研究能够更全面地考虑到勘探开发的各个方面，从地下储层的特性到生产工程和环境保护等多个层面。

（2）数据整合。多学科协同研究需要整合来自不同学科的数据和信息，包括地质数据、地震数据、测井数据、油气田开发动静态数据、采油采气工程数据、经济评价数据等。这要求开发有效的数据整合和处理方法，以便更好地理解和分析油气储层的特性和勘探开发的各个环节。

（3）多样化的研究方法。多学科协同研究采用了各种各样的研究方法，包括实验室试验、地质勘探、地震勘探、遥感技术、数值模拟、大数据分析、人工智能和云平台等。这些方法的综合运用使得研究更具深度和广度。

（4）跨界合作。多学科协同研究通常需要来自不同领域和机构的研究人员之间的合作。这包括大学、研究机构、政府部门和能源公司之间的合作。跨界合作带来了不同背景和专业知识的融合，有助于创新和问题解决。

（5）解决复杂问题。油气勘探开发领域涉及众多复杂的地质、工程和环境问题，如地下储层的特性、流体动力学、井筒设计、环境保护等。多学科协同研究有助于综合考虑这些问题，找到更全面的解决方案。

（6）可持续发展。多学科协同研究也强调可持续发展的重要性。研究人员需要考虑到资源的可持续利用、环境的可持续保护和社会的可持续受益，以确保勘探开发活动不仅能够满足当前需求，还能够为未来提供可持续的能源资源。

最为典型的多学科一体化协同研究的例子是中国石油梦想云平台的构建。中国石油勘探与生产分公司根据油气上游业务生产需求，结合上游"十三五"信息发展规划，针对数据库多、平台多、孤立应用多的"三多"问题，按照"一个整体，两个层次"的工作要求，落实"共享中国石油"发展战略，提出并组织建设中国石油勘探开发梦想云勘探开发一体化协同研究及应用平台，在已有信息化建设成果基础上，开展勘探开发业务云化集成、共享和应用建设。建设目标是构建油气行业世界一流的云平台，满足上游勘探开发协同研究的数据协同、成果协同、软件协同等应用需求，进一步提升勘探开发科研效率和研究水平。历时多年攻关和多次迭代，至2023年已创新形成连环数据湖及分级数据治理技术、油气行业综合数字技术平台、油气行业服务中台体系、云边端协同与智能应用技术等关键核心技术，建成了全球油气行业最大的私有云平台——梦想云，实现数据共享、业务协同、远程管控和自动智能的数字化梦想。

1.1.3.2 深度勘探开发倒逼精细化

随着陆地和海域勘探程度的不断深化，油气勘探正在向深层进军，对于高勘探程度区和成熟探区的再勘探再认识也在深入开展，油气勘探进入深度精细勘探的新阶段，呈现出以下几个特点：

（1）针对具体区域和目标资源的细化勘探。精细化勘探关注特定的地理区域和目标资源，通过采集和分析更多的地质、地球物理等数据，以便更准确地确定潜在的油气储量和勘探目标。

（2）高分辨率地质解释和模型构建。精细化勘探依靠高分辨率的地质解释和模型构建技术，以准确反映地质构造和油气藏特征，有助于提高勘探目标的预测准确性和开发潜力的评估。

（3）全生命周期综合评价。精细化勘探包括对勘探区域的全生命周期综合评价，从勘探初期到开发、生产和后期复验，综合考虑地质、地球物理、工程等多个因素，以提高勘探成果的比较、评价和决策能力。

（4）多学科协同合作。精细化勘探倡导多学科协同合作，涉及地质学、地球物理学、岩石学、地球化学、工程技术等多个领域，通过共享数据和技术，提高勘探效率和资源利用效益。

（5）高新技术应用。精细化勘探借助高新技术的应用，如遥感技术、地质数据处理技术、地震成像技术、人工智能新技术等，提高勘探的分辨率、准确性和效率，推动油气资源的有效勘探和开发。

在油气田开发领域，中国工程院院士韩大匡提出了深度开发的概念[6]，从我国陆相薄互层储层严重的非均质特征出发，提出高含水后期剩余油分布的八类模式，并进一步将这种极为复杂的剩余油分布状况概括归纳为"整体高度分散，局部相对富集"的普适性总体格局[7]，奠定了高含水油田深度精细开发的基础。在油田开发高含水后期，小断层、微幅度构造、薄储层、单砂体及内部构型、水流优势通道等小尺度地质体上升为流体运移与剩余油分布的主控因素。针对小尺度地质体表征问题，刘文岭提出并创建了高含水油田小尺度地质体表征理论[4]，提出：油藏高含水后期，经过不断的开发和开展多轮的油藏描述，对大断层、大的构造圈闭、厚储层等较大规模的地质体已有比较深入的认识，对其控制的原油已采取较为充分的开采措施，这一时期地下剩余油呈现"整体高度分散、局部相对富集"的格局，小断层、微幅度构造、薄储层、单砂体及内部构型、水流优势通道等小尺度地质体，对剩余油分布具有极强的控制作用，在高含水后期小尺度地质体已上升为油水运动规律和剩余油分布的主控因素；准确表征小尺度地质体是高含水油田完善注采关系和高效挖潜剩余油的关键，小尺度地质体表征是重构老油田地下认识体系的重点，是高含水油田精细油藏描述技术研究的主要攻关方向；小尺度地质体表征的重点和难点在井间，充分发挥井震资料分别在纵横向上具有高密度采样的优势，以"井震结合"为特色开展多学科集成创新是高含水油田重构地下认识体系的根本技术保障，以开发地震与开发地质精细研究并举开展多学科综合研究，作为高含水油田精细油藏描述工作的指导方针。地震技术服务于油气勘探已有几十年的历史，但是要用地震技术来解决油田开发后期地质认识与剩余油分布问题，研究的目标、尺度发生了重大变化，在构造解释方面，从研究大的断裂体系、较大规模的区域构造，向识别对剩余油起聚集作用的小断层、微幅度构造转变；在储层预测方面，已深入到薄互层中的单砂层，甚至单砂体。由大到小，由厚到薄，研究目标与尺度的变化对储层表征技术提出了更高、更加精细的精度要求。在油气藏工程方面，地质小层剩余油气分布与潜力是油气田开发后期各项挖潜措施的依据，为提高小层剩余油气分布预测精度，油气藏数值模拟历史拟合亟须从通常的区块整体拟合、单井整体拟合向单井分层拟合发展。准确预测地质小层剩余油气的分布，前提是在合注条件下准确劈分各小层的注入量，由于目前油气藏数值模拟以 Kh/μ 值分配各小层吸水量，没有考虑层间干扰因素，难以正确劈分小层进水量，为此必须发展更先进的方法来解决各层进水量的劈分问题或层间干扰的模拟问题，进而提高各小层剩余油气分布的预测精度。油气藏数值模拟已从服务于开发方案设计走向精细的剩余油气预测。

1.1.3.3　高质量发展促进数字化

油气田勘探开发高质量发展是信息化与数字化不断进步的过程，呈现以下特点：

（1）数据集成和共享。各种数据，包括地质数据、地球物理数据、工程数据等集成在一个系统中，方便管理和共享。这有助于提高数据的可靠性和准确性，同时也方便不同部门和人员之间的协作和知识共享。

（2）模型建立和预测分析。通过信息化、数字化技术，可以根据各类数据构建真实的地质模型和开发方案，利用各种模拟和预测分析工具进行油气储量评估、产能预测等。这使得决策者能够更准确地评估油气田的潜力和开发方案的合理性。

（3）自动化操作和远程监控。勘探开发很多工作借助信息化、数字化实现了自动化操作，如地震数据采集、钻井施工、油气开采等，从而提高工作效率和减少人力资源的投入。同时，通过远程监控技术，可以及时、准确地获取生产运行情况，及时处理异常情况，提高生产管理的效率和精确度。

（4）决策支持系统。通过建立决策支持系统，利用大数据和人工智能等技术，对各种风险因素进行分析和评估，加强决策的科学性和可操作性。这有助于减少资源浪费和风险，提高勘探开发决策的成功率和效益。

（5）实时反馈和智能优化。信息化、数字化使得勘探开发过程中的数据和信息能够实时反馈给决策者和运营人员，从而及时调整策略和进行智能优化。这有助于提高生产效率和资源利用效率，减少生产风险和损失。

1.1.3.4　新的科技浪潮催生智能化

近年来，第四次工业革命新的科技浪潮，如新一代人工智能、大数据、物联网、云计算等，为解决油气勘探开发领域瓶颈难点问题带来了新机遇，促进了油气田勘探开发的智能化发展，具体特点和发展趋势如下：

（1）数据驱动的决策。通过大数据分析和人工智能技术，油气田勘探开发过程中的海量数据可以被整合、分析和挖掘，从中发现和利用隐藏在数据背后的知识和关联性。这使得决策制定者能够更加合理地制定战略计划、评估风险、优化开发并作出准确的决策。

（2）智能化的勘探开发技术。新的科技浪潮为油气资源勘探开发引入了智能化技术，如基于机器学习的地震资料解释、储层预测、开发方案优化等。通过智能化、自动化的数据分析，可以改进勘探开发技术的准确性和效率，提高勘探目标的筛选和预测能力，以及开发方案优化设计的水平，从而降低勘探风险，提高油气田开发采收率。

（3）高效率和准确性的生产管理。物联网技术的应用可以实现对生产设备和过程的实时监测和控制，提高油气生产的效率和稳定性。同时，通过智能化系统的引入，可以对生产过程进行优化和自动调整，从而降低成本、提高产能和资源利用效率。

（4）低碳、绿色的发展。新的科技浪潮推动油气田勘探开发向低碳、绿色发展转型。神经网络、机器学习等技术的应用可以提高勘探和开发生产过程中的能源效率，并降低排放量。同时，新能源技术的发展将促进可再生能源与传统油气能源的融合，实现能源结构的多元化和可持续发展。

（5）数字化管理和远程操作。云计算、移动技术等的广泛应用，推动油气田勘探开发向数字化管理和远程操作转变。通过数字化系统，管理者和工作人员可以随时随地获取实时数据和信息，进行远程监控和操作，提升工作效率和响应速度。

总体而言，第四次工业革命的新科技浪潮促进了油气田勘探开发的智能化发展，包括数据驱动决策、智能化勘探开发技术、高效率的生产管理、绿色发展和数字化管理等。未来的油气田勘探开发运用更先进的人工智能技术，将会更加智能化、高效化和可持续发展。

1.2 油气储运技术研究现状与挑战

随着我国国民经济的持续快速发展，油气管道储运作为第五大运输行业已经成为国家经济发展和民生改善的生命线，油气管道建设也已成为国家基础设施建设的重要组成部分。近年来，我国原油及成品油管输量稳步增长，天然气业务拓展迅速，四大油气能源进口战略通道的建成，形成了连通海外、覆盖全国、横跨东西、纵贯南北、区域管网紧密跟进的油气骨干管网布局。我国油气管道建设逐步向数字化、信息化、智能化、效能化发展，建设技术水平有了长足进步。随着油气管道所经地区环境条件的复杂化以及人们对安全环保要求的不断提升，管道建设面临新的技术挑战，梳理目前油气储运技术成果和亟待解决的技术难题，提出管道建设发展方向的思路和挑战，对研究油气储运技术智能化发展具有重大意义。

1.2.1 油气储运技术研究整体现状

目前，世界范围内化石能源消费仍占据主导地位，油气资源富集区的储运设施建设总体仍呈平稳增长态势，仍将扩大基础设施建设规模，完善管网布局，加强衔接互联。亚太地区的储运建设需求较为旺盛，特别是天然气业务，仍处于发展中期，未来潜力和增量巨大。我国深入推进"四个革命、一个合作"能源安全新战略，加快建设能源强国，部署开展新一轮找矿行动，推动国内油气增储上产，迫切需要持续加大科技研发投入，利用新设计、新设备、新技术、新材料提高能源储运利用效率，推动低能耗、低排放的新兴技术发展。在碳达峰之前，油气储运设施整体投资仍处于高位阶段，并正在加快推进绿色低碳转型步伐，培育壮大战略性新兴产业，加速推进产业升级，强化智能化赋能，增强发展新动能。这为中国油气储运重点领域科技研发，加快推进高水平科技自立自强找准了发力方向。

1.2.1.1 我国油气储运整体形势

从"十三五"到"十四五"，中国油气储运业务快速发展，带动了油气储运科技的进步。我国重点建设了中俄原油管道二线、中缅原油管道等原油管道，干线管网里程增长超过3300km，"西油东进、北油南下、海油登陆"的总体流向基本稳定，东北和海上原油进口通道进一步完善，原油码头进口能力显著提升；重点建设了抚顺—锦州成品油管道、锦州—郑州成品油管道等成品油管道，新建管道里程达8342km，"西油东送、北油南运、沿海内送、周边辐射"的总体流向更加稳固，互联互通能力得到进一步加强；重点建设了西气东输天然气管道三线、陕京四线等天然气干线管道，新建干线管道里程1.02×10^4km，"西气东输、北气南下、川气东送、海气登陆"的整体流向保持稳定，四大天然气进口通道获得进一步完善，中东部地区干线管网输气能力显著提升，天然气储气调峰设施建设高速发展。截至2022年底，我国长输油气管网总里程：18×10^4km，其中：原油管道2.8×10^4km，成品油管道3.2×10^4km，天然气管道12×10^4km。按照"双碳"目标下的需求预测，预计到2035年我国还将新建天然气管道建设总里程约6.5×10^4km。新建原油管道约2000km，成品油管道约4000km。同时，CO_2和氢能输送管道的建设将逐步提升，甲醇、氨可能成为氢储运的载体。

在油气管道工程建设高速推进的同时，我国油气管道技术水平显著提升。在"十四五"期间，我国开展第三代大输量天然气管道施工关键技术攻关，形成了高钢级、大口径管道机械化流水作业成套装备及技术，成功研制大口径X80钢管并投入应用，储备了 X90 管道成套技术，自主掌握管道全尺寸气体爆破试验技术；基本完成了压缩机组、输油泵、关键阀门等 6 大类 18 种关键装备国产化，国产化数据采集与监视控制（SCADA）系统在全国天然气管网调控中心成功应用；构建了非开挖穿越技术体系，大幅提升了设计、施工效率与质量，进一步降低了投资成本。在输送工艺方面，形成了以集中调控为核心的管网运行优化技术，建立了易凝高黏原油、成品油输送工艺技术体系；在运行维护方面，开发了管道完整性管理及其检测评价、地质灾害防护、监测预警、腐蚀防护、维抢修等支持技术，编制并发布了多项国际及国家标准。通过开展智慧工地研究与应用，显著提升了中俄东线天然气管道、西三线闽粤支干线等项目建设的管理水平。这些技术的发展将成为管道建设的宝贵经验，为之后管道建设及管道行业的长足发展打下了坚实基础。

1.2.1.2 国内外油气储运技术研究现状

近年来，受全球油气贸易波动、地缘政治等因素影响，全球油气管道建设仍持续推进，进程趋于平稳。截至 2021 年底，全球在役管道总里程约 202×10^4km，其中天然气管道约 135×10^4km（占比 67%），原油管道约 40×10^4km（占比 20%），成品油管道约 27×10^4km（占比 13%）。截至 2022 年初，全球计划和在建的油气管道约 16.6×10^4km，同比下降 8.8%，北美发达地区油气管道建设及规划保持稳态，管网完善及出口通道建设有序推进；欧洲地区以欧盟国家天然气管道联络线、掺氢管道建设和打通进口通道为主；亚太地区将是全球管道建设投产率较高的地区。

中国的管道建设近年来发展迅速，陆上油气管道建设整体技术趋于成熟，基于安全可靠性的管道设计技术达到国际先进水平，自动焊技术装备及工艺与国际先进水平并跑，并已在大口径高钢级管道建设中大面积推广应用，非开挖施工水平钻机、盾构机、直接铺管机、磁导向系统等关键装备仪器基本实现了国产化。我国近海管道建设技术发展迅速，设计施工能力处于世界前列，深水管道建设技术尚处于起步阶段，在深水海底管道、钢悬链立管、深水防腐设计及材料选择方面已形成具有中国南海特点的设计理念。

（1）管道设计方法与应用技术。

"十三五"到"十四五"期间建设的干线管道覆盖地域广阔、地貌复杂多样，涵盖了西北的戈壁荒漠、北部的黄土高原和秦巴山区、中东部的长江中下游水网地带、东南沿海的闽粤中低山丘陵及西南部的云贵高原等诸多地貌，途径强震区、活动断裂带、滑坡、采空区、岩溶、多年冻土等大范围地质灾害地段。管道设计者依托国家重点项目，聚焦行业痛点，持续开展技术攻关，形成了一批核心技术，$\phi1422$mm 大口径管道设计技术、油气管道可靠性设计与评价技术、天然气管道站场低温环境（-45℃）

用 ϕ1422mm X80 管材管件产品及配套现场焊接技术、大型储罐（库）定量风险评价技术、油气管道超长距离穿越和大跨径悬索跨越技术等达到国际先进水平；非常规盾构隧道穿越设计及施工关键技术、高钢级管道可靠性设计及失效控制技术等成功填补了行业空白；油气管道地质灾害监测与防治技术、大型储罐浮顶装配化设计建造技术、高海拔冻土地区油气管道建设技术等取得突破，解决了工程建设中存在的重大技术难题，显著提升了我国油气管道设计水平。

（2）管材及其应用技术。

2018 年以来，我国在管道输送用管领域继续保持良好的发展势头。总体上，我国的输送管材制造和应用技术已进入国际先进水平行列，部分产品为国际领先，其中具有代表性的是在国际上首次成功开发 L485 高应变海洋管道、实现增材制造大口径三通等创新性产品及技术。大口径高钢级厚壁钢管继续向着大壁厚、大口径方向发展，管材质量得到大幅度提升，使我国长输油气管道继续保持国际领跑地位。同时，双金属复合管的制造和应用也紧跟世界先进水平，CO_2 输送用管材、纯氢和掺氢管道用管材开发和应用技术研究已初步取得突破性进展。

（3）管道焊接技术与装备。

环焊缝安全关乎管道运行的本质安全。近年来，我国结合以往管道失效事故原因分析结果，针对管道焊接工艺，从全面推广自动焊、环焊缝焊接质量在线监测、环焊接头强度匹配及残余应力控制等方面开展攻关，整体提升管道建设水平，目前已达到国际一流水平。随着关键建设的智能化要求不断提升，自动焊装备技术逐渐迈向数字化、国产化、信息化、多样化，以进一步提升管道自动焊装备技术的数字化程度，为智能化的焊接技术提供载体。

（4）陆地管道施工技术与装备。

中国管道建设覆盖地域广阔、地貌复杂多样，涵盖山区、水网、高寒、隧道、高海拔、沙漠等特殊工况。2018 年以来，油气管道陆地施工重点围绕 ϕ1422mm X80 大口径管道施工开展技术提升和装备升级，形成了特殊工况系列施工及配套装备制造技术，实现了管道全工序、全地形、全流程的机械化高效、高质量作业。在水平定向钻穿越、盾构穿越、直接铺管法穿越、自动焊双连管施工技术及配套装备制造方面，取得了一系列突出的创新成果，解决了工程施工中存在的诸多技术难题，提高了国内油气管道的施工技术水平，有力确保了管道建设任务的顺利推进。

（5）管道无损检测技术。

无损检测技术对保障油气储运设施安全运营具有重要作用。近年来，为保证油气管道的安全运营，中国油气管道领域加速推进全自动超声检测、相控阵超声检测、数字射线检测等新技术的现场应用，同时加强长输管道环焊缝的无损检测质量控制，开展相关质量控制体系研究，整体技术水平达到国际先进水平。

近年来，国内在长输管道数字化无损检测技术研发方面取得了长足进步。对于自动焊口的无损检测，已全面采用全自动超声检测（AUT），具有完全自主知识产权的国产设备已完全取代进口产品，成为施工现场的主导力量。在质量控制方面，逐步建立完善了 AUT 质量控制体系，在开展 AUT 设备校验及工艺评定技术研究基础上，开发了 AUT 检测设备自动校验平台，实现了 AUT 主机的自动校验，并将工艺评定作为 AUT 质量控制的主要措施之一，AUT 工艺评定与认证方法已完全与国际接轨。在半自动焊、手工焊的无损检测方面，主要采用射线检测技术，射线数字成像（DR）检测技术正在逐步取代传统射线检测。在西三中、西四线施工过程中，DR 已全面投入应用，实现了检测结果的数字化，有效提高了管理水平。施工现场的 DR 设备均是国产装备，设备的技术性能主要体现在成像面板的分辨率、成像帧频速度、恒压射线源的稳定性和图像处理技术等方面，与国外处于同等水平。在 DR 质量控制方面，开展了 DR 设备校验技术研究，形成了 DR 检测设备校验方法，建立了 DR 检测质量控制体系。此外，国内研发推广的便携式相控阵超声检测设备（PA），主要用于外根焊自动焊检测和全自动焊的返修检测，整体性能与国外相当。

（6）管道数字化建设技术。

国外知名管道运营商，基于其对安全风险、人员传承、分析决策、政府监管、管理效率等内外部挑战，纷纷开启了利用信息化手段以智能管道建设为目标的转型。国内主要油气管道运营企业、工程建设企业、设计企业均在积极开展数字化、信息化、智能化建设，以全数字化交付为目标，应用数字化赋能管道建设业务已经取得了全面的效果，基本形成了技术、业务、数据的动态循环，特别是在管道数字孪生构建等方向均取得了突破。下一步，在管道数字化建设技术的深度上还需要做好诸如工程软件国产化，复杂异构系统互联以及新数字化技术融合等工作。国际领先的工程公司均在工程建设阶段大量采用信息化手段提高管道的过程管理水平，确保管道建设过程的质量控制及建设效率的提升，同时满足管道运营商对于智能管道建设的需求，建设项目的建设过程及管控主要靠工程公司所建立的信息系统实现，管道运营商侧重于自身管道运营阶段的信息化实现。

1.2.2 油气储运主体技术难点挑战

油气储运技术贯穿管道全生命周期，覆盖管道设计、采办、施工、运维等全业务领域。油气储运技术水平直接关系到管道运行的安全性、运输效率、维护管理以及对环境的影响。面临诸多技术难点挑战，主要包括管网智能化、管道选线、超长距离管道非开挖穿越、重大风险防控与安全保障、数字化设计、施工焊接、管道完整性管理等方面。这些挑战不仅是油气储运技术进步的催化剂，也是提升整个油气储运行业竞争力的关键所在。

1.2.2.1 油气储运管网智能化技术挑战

截至 2022 年底，我国长输油气管网总里程约 18×10^4 km，油气管网全面进入物理互联互通的"全国一张网"发展新阶段。我国长输油气管道行业经过半个世纪的发展历程，经历了自动化、信息化、数字化阶段，正在进入智能化阶段。油气储运管网智能的核心是感知、认知与执行，全感知主要包括管网系统的运行感知、环境感知及信息感知，感知后形成的数据通过智能分析形成决策，数据同期纳入数据湖，支撑与指导决策，智能认知决策形成执行命令。

油气管道具有点多、线长、面广的特点，在智能化建设过程中，面临以下三方面亟待解决的关键性问题：一是管道大数据形成处于初级阶段，大数据深度挖掘基础薄弱。面对海量且繁杂的管道系统大数据，如何通过数据预处理、数据融合及大数据分析等技术，确保数据采集的时效性和准确性，实现全生命周期数据与信息、知识的互联互通，并为智能算法及智能决策提供依据。二是如何通过知识库的建立、人工智能的应用，实现管网的智能决策。随着管网结构的复杂化、介质的多元化和流向的多变化，如何解决大规模模型求解的难题，实现准确的需求预测、精确的运行仿真及系统优化。三是如何实现油气储运管网与其他能源网络的融合。协调优化多种能源输出，增强功能的灵活性。

1.2.2.2 油气储运管道选线技术挑战

油气管道选线是管道修建之前一道十分重要的工序，管道线路的走向、长短、通过的地物类型和地质条件的难易程度等，直接影响着油气管道工程的成本、运营管理、运输的安全性及维护。传统的油气管道选线方法是，首先在图纸上定线，选线人员通过搜集和分析线路区域内相关的经济技术资料，然后在大比例尺地形图上选出几个可能的线路方案。纸上定线之后，进行野外实地勘察，经过反复对比分析，最终确定一个较为合理的线路方案。这种以主观分析判断为主的定性分析方法，实际上难以完全做到科学化、合理化的多方案综合评价与比选。按照传统选线方式选出来的线路方案在很大程度上取决于线路设计人员的实际经验和技术水平，并且长时间的野外实地勘测耗费大量的人力、财力和物力。

油气管道线路方案的确定除了综合考虑地形地貌、地质风险等自然地理地质条件外，还要考虑高后果区、环境敏感区等因素，同时兼顾地方规划与政策。综合影响油气管道选线的因素来看，这些因素不仅具有属性信息，又具有空间信息；不但有定量因素，而且也有定性因素。设计人员必须对现有的大量资料数据进行综合分析，并快速有效地进行决策。现阶段许多设计人员仍旧在沿用几十年以来的设计方法，面对如此复杂多样的资料，设计人员难以综合权衡各种因素，大大限制了他们应付当今各种复杂问题的能力。因此，为选线方案的确立提供可靠的客观依据，就需要能够综合分析管道线路所经过区域内自然因素和社会因素，这就对油气管道选线方法提出了更高更新的要求。

1.2.2.3　油气储运超长距离管道非开挖穿越技术挑战

我国油气资源分布主要集中于西部地区，而油气资源的巨大需求则分布于东部沿海地区，资源的输送、供供需要建设长距离的油气管道，如：西气东输、川气东送等重大工程。长输管道沿线经过的地貌复杂多样，有山地、丘陵、河流等，管道途径山地、江河及生态保护区时需要采用非开挖方式进行穿越，非开挖穿越同一般线路段的开挖敷设相比，具有地质条件复杂、耗时大、投资高等特点，对整个工程而言，非开挖穿越段的投资、工期占比都是至关重要的部分。伴随城市空间规划的不断扩张、生态保护区施工的环保要求更为严格，油气管道非开挖穿越的长度不断加长；同时，由于地下工程存在软硬岩交界、断层发育等不可预知性状况，超长距离管道非开挖穿越的不确定性和挑战性大幅增加。在超长距离管道非开挖穿越的工程设计中，目前通常是采用人工现场踏勘结合勘察测量成果确定穿越位置和穿越方案，对人力、物力资源的消耗极大，同时对施工中可能出现的工程问题无法进行精准预测，又会导致消耗大量时间和成本。近年来，超长距离管道非开挖穿越工程的增多、穿越距离的增长，以及复杂地质及地表建（构）筑物等对管道穿越工程带来的制约加大，对超长距离管道非开挖穿越技术带来新的挑战，同时也对超长距离管道非开挖穿越位置和方案选择、精度把控、风险规避等方面的需求也显得更加迫切。数字智能技术在油气管道非开挖穿越中的应用正成为行业发展的趋势。

1.2.2.4　油气储运重大风险防控与安全保障技术挑战

在全球能源转型和安全需求不断升级的背景下，油气储运行业面临着诸多技术难点与挑战，尤其在风险防控与安全保障技术方面。这些挑战不仅关乎企业的经济效益，更涉及国家能源安全与生态环境保护。因此，针对油气储运环节的复杂性和多样性，亟须深入探讨并实现技术创新，以应对日益严峻的风险管理需求。

油气储运行业在国家能源安全和经济稳定中扮演着至关重要的角色。然而，长输油气管道在穿越多样地形和多变气候的过程中，面临着多种潜在的安全风险。自然灾害如滑坡、泥石流、水毁等，对油气管道的完整性构成了严重威胁，一旦发生事故，可能导致能源供应中断，甚至引发更大范围的环境污染和人员伤亡。因此，提升油气储运的安全保障能力成为行业发展的紧迫任务。为了更有效地应对这一挑战，油气储运行业应充分挖掘和释放数据资产的潜在价值，全面提升数据在业务运营中的应用效率。通过深入利用各类相关数据，不仅能够优化决策过程，还能增强对潜在风险的预判和应对能力，最终为行业的安全与效率提供有力支持。数据资产作为战略资源，已成为推动行业创新与可持续发展的关键驱动力。遥感技术作为一种高效的对地观测手段，能够提供管道及其周边环境的丰富影像信息。通过卫星、无人机等多种方式获取的遥感数据，具有高空间分辨率和广泛覆盖范围的优势，为长输管道安全保障和风险防控提供了重要数据支持。然而，这些遥感数据来源多样，呈现出多源、多维和多尺度的特点。如何高效地进行数据对齐与融合，是当前技术发展的一大瓶颈。不同传感器的空间分辨率、时间频率和光谱特性差异，使得传统的数据处理方法难以实现精准的跨地域数据整合。因此，研发适应多源异构数据的高效并行计算算法，成为解决该问题的关键。

在构建油气储运遥感大模型的过程中，数据集的规模与质量是至关重要的核心要素，而海量高质量的标签样本则是其必备基础。尤其在复杂场景下，利用先进的自监督或半监督学习技术提升标注效率，并确保样本的代表性与准确性，构成了模型训练的关键挑战。作为油气储运重大风险防控与安全保障体系中的重要组成部分，油气储运遥感大模型的有效性高度依赖于这些标签样本的精度与数量。因此，提升数据采集和处理能力不仅是实现风险评估与预警的基础，更是整个数据分析流程中不可或缺的重要环节。同时，长输管道的线性特点使其穿越多个区域，不同区域的差异在遥感影像中表现为显著的数据差异，这种差异被称为领域差异（domain gap），对深度学习模型的跨区域泛化能力提出了严峻挑战。为了确保模型在不同地理区域和复杂条件下的通用性，提高其自适应解译能力，成为制约油气储运遥感大模型进一步发展和实际应用的瓶颈问题。这不仅是技术落地中的核心难题，还直接影响到后续的风险识别与动态评估的准确性，进一步影响长输管道安全风险的识别与管理向"自主智能体化"（Autonomous Agentification）方向发展的进程。

面对这些挑战，油气储运行业必须发展能够适应多模态数据处理与分析的智能模型。这些模型不仅需要具备对各类遥感数据的全面理解能力，更需通过自然语言形式准确表达和解析复杂的遥感影像信息，提炼出与重大风险相关的关键信息。随着油气储运对遥感技术深度理解的要求不断提高，如何实现多模态数据的有效融合与智能解析，成为一项亟待攻克的难关。这要求技术不仅具备高效处理不同类型数据的能力，还需深刻理解数据背后的风险与安全意义，以推动行业向智能化、精细化方向发展。

长输管道穿越多样的地形和气候区，管道自然灾害的致灾因子与孕灾因素在时间和空间上交互复杂且多样，这种多样性使得不同风险因子之间的相互作用难以准确表征。尤其是在灾害发生时，如何准确预测其时空分布成为亟待解决的难点。自然灾害的发生往往具有高度的不确定性，缺乏有效的预测手段将直接影响管道的安全管理和风险防控策略的制定。为应对这种不确定性，理解致灾因子和孕灾因素的时空耦合动力学机制，是防控油气储运重大风险的关键。如何将这些复杂因素从地理空间大数据中提取并表征，将极大提升对风险的理解与管理能力。机器学习和深度学习方法在一定程度上可以拟合多因素和风险等级之间的非线性关系，但其"黑箱"特性限制了模型逻辑与前端知识库的匹配，这使得模型的实际应用面临挑战。因此，提升模型的可解释性与透明度，结合先验知识，以便为决策者提供清晰的依据，是实现高效风险管理的关键。

动态评估的实时性与准确性是油气储运安全管理中的核心要素。长输管道的长度和复杂环境使得在风险识别和评估过程中难以实现快速而准确的响应。尤其是在灾害临近的防控窗口期，迅速识别风险并动态调整应对策略，对保障油气供应的安全性至关重要。通过融合遥感技术、管道本体及周边监测的物联网数据，以及气象、地质等多源数据进行深度挖掘与智能关联分析，可以有效识别潜在风险并制定应对策略。然而，实现实时数据的动态更新与风险评估仍面临不小的挑战。因此，构建高效的决策支持系统，优化算法与数据处理技术，提升实时动态评估能力，是行业面临的新挑战。

综上所述，油气储运的重大风险防控与安全保障技术面临多重挑战。面对行业发展新形势，必须从技术创新和系统性解决方案入手，推动相关技术的升级换代，切实提升油气储运的安全性与可靠性。这不仅有助于提高行业的整体运行效率，更为国家的能源安全和可持续发展提供坚实保障。

1.2.2.5　油气储运数字化设计技术挑战

油气储运设计中会涉及数量繁多且复杂的报告编制、校审环节以及二维三维设计工作，如果这些工作能够应用人工智能生成内容（AIGC）技术将会推动行业创新和大大提高设计效率。随着人工智能技术的发展，这些工作都在智能化方面取得了一定的进步，但仍存在难点和挑战。对于设计报告智能生成，限于专业性和技术方案复杂多样性，目前仍难以完全自动化生成所有内容，通常需要人工干预来修正和完善。对于智能校审技术，现阶段多是基于对文字的校审，而对二维和三维设计内容的智能校审限于数据多样性和技术方案复杂性还处于发展阶段。对于油气储运智能化设计，目前多是基于多专业协同和数据传递以及自动标注等辅助设计方面，而对于完全自动化设计如线路段和站场的管道路由自动生成等技术仍需要研究。

1.2.2.6　油气储运施工焊接技术挑战

（1）严酷环境下的焊接技术挑战。

通常情况下，长输管道施工环境较为恶劣，既要在高海拔的高寒地区进行作业，还要承受较大程度的风、雨、雪等自然条件影响。很多自动焊接设备还存在着焊接质量不稳定和效率低下等问题，无法满足实际生产需要。为了提升长输管线安装工程的整体水平，必须要做好焊接工艺优化工作，使设备能适应低温与高温环境。自动焊接设备适应性的提高应从多方面入手：一是通过改进焊枪结构来保证焊缝成型，降低热裂纹发生概率，对焊接过程中产生的粉尘和气体采取必要的净化措施以提高焊接安全性，同时采用自动化技术控制整个焊接过程，实现高效低耗焊接。二是采用合理的坡口形式以及选择合适的保护气体，可有效地减少热量散失，改善熔敷金属组织状态，从而确保接头力学性能及工艺性能要求。三是根据不同工况参数调整各部件尺寸，避免应力集中现象出现，防止因局部过热而导致构件失效或破坏。四是利用有限元软件建立三维模型，模拟分析其温度场分布规律，确定最佳冷却速度值。将仿真结果应用到现场焊接当中，指导施工实践，达到预期效果。五是针对不同规格、形状、材质的长输管道工程段设计专用焊机，并制定相应焊接工艺方案。另外，需要特别强调一点，焊接前必须严格按照标准开展相关试验研究，才能获得正确结论，为后期的施工提供可靠依据。

（2）油气管道 AUT 检测技术挑战。

2001 年，西气东输一线工程开工，在建设过程中引进了自动焊接技术，而作为与自动焊接配套的检测方法 AUT 检测技术也被同时引进中国。引进的全自动超声波检测技术（AUT）采用多通道、声聚焦、分区扫查，能够快速完成整道焊口扫查，检测结果同时显示 A 扫描图、B 扫描图、TOFD 图 3 种图像，现场可以出具检测结果，并将结果及时反馈给相关方以优化焊接工艺参数。然而，尽管全自动超声波检测技术以其快速、高效、无损和全面的特点在油气管道检测中展现出巨大的潜力，但在油气管道焊接过程中，对于焊接接头的焊接缺陷，例如裂纹、夹渣、气孔、未焊透等，AUT 技术需要达到极高的检测精度和灵敏度，以准确识别这些微小缺陷。但由于管道材质、壁厚、焊接工艺等因素的差异，检测精度和灵敏度往往难以保证，可能导致漏检或误判。

油气管道焊接结构复杂，如环焊缝、纵焊缝以及不同材质、不同规格管道的对接焊缝等。这些复杂结构对 AUT 技术的检测能力提出了更高要求。特别是当焊缝存在不规则形状或特殊结构时，检测探头的选择和布置、检测参数的设定等都需要更加精细的调控，以确保检测结果的准确性和可靠性。

针对天然气管道中为高速流动的介质，传统超声检测技术受限于检测速度和稳定性，难以直接应用。虽然电磁超声技术能够在一定程度上克服这一难题，但其检测速度仍有限，且易受管道内杂质、温度、压力等因素影响，导致检测效果不稳定。

（3）管道环焊缝开裂及缺陷的焊接技术挑战。

由于建设时期技术水平限制和现场焊接施工质量控制不当等问题，管道环焊缝一直是管道最薄弱的部位，加之受土体移动等附加载荷的影响，环焊缝开裂事故时有发生。美国管道与危险材料安全协会公布的 2010—2012 年失效事故中，仅输气管道环焊缝开裂导致的事故就高达8起（不考虑环焊缝腐蚀穿孔导致的失效）。其中，3起事故发生于新投产管道（2008年后投产），而且有4条管道曾经运行过漏磁内检测。

近年来，随着国内管道行业大发展，大量新建管道建设投产。虽然新建管道普遍采用高强钢焊接工艺，制管和施工质量相比20世纪70年代的老管道有了很大提升，但仍有部分管道存在冬季施工中未按照工艺要求进行管体预热、保温以及强力组对等问题，导致环焊缝焊接缺陷问题凸显，影响管道安全运行。中国石油2011年以来发生8起新建管道环焊缝开裂事故，原因调查结果表明：有6起存在明显焊接缺陷（另2起为存在较大外部载荷），且其中7起环焊缝开裂的起裂位置位于管道内壁。环焊缝缺陷包括焊接时产生的未焊透、未熔合、咬边、气孔、夹渣、未焊满、过度打磨、裂纹以及错边等缺陷（图1-2-1），并可大体分为体积型缺陷、平面型缺陷和外形不规则缺陷。体积型缺陷包括气孔、夹渣、过度打磨以及未焊满等；平面型缺陷包括未焊透、未熔合、裂纹等；外形不规则缺陷包括错边、咬边等。通常在进行缺陷评价时，咬边缺陷按照平面型缺陷评价，而错边则按照附加应力集中进行考虑。

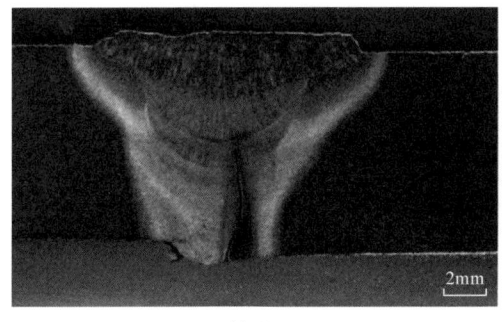

(a) 裂纹　　　　　　　　　(b) 根部未熔合导致的环焊缝开裂

图1-2-1　管道环焊缝缺陷形貌

目前，在国内外油气管道环焊缝开裂事故中，致因缺陷多为裂纹、未焊透和未熔合，以及较为尖锐的咬边，且大多萌生于管道内表面。这些平面型缺陷应力集中程度高，极大地削弱了管道的承载能力。

（4）管道环焊缝缺陷内检测技术挑战。

安全运维中，环焊缝缺陷检测占据着举足轻重的地位。由于环焊缝作为管道连接的关键部位，其质量直接关系到整个管道系统的运行安全与稳定性。然而，环焊缝的不规则外观形貌，包括其复杂的几何形状、表面粗糙度以及可能存在的各种焊接缺陷，如裂纹、夹渣、未熔合等，给传统的无损检测技术带来了极大的挑战。这些缺陷不仅难以被准确识别，还可能因检测器精度受限而漏检，进一步加剧了管道运行的风险。

尤其值得注意的是，油气长输管道的环焊缝宽度相对狭窄，通常介于10～20mm之间，这极大地限制了检测器的操作空间与检测时间窗。在检测器快速穿越管道内部进行扫描时，需要在极短的时间内完成对焊缝区域的精细检测，这无疑对检测技术的灵敏度和分辨率提出了极高的要求。因此，如何在有限的时间和空间内，实现环焊缝缺陷的高效、准确检测，成为业界亟待解决的技术难题。

近年来，随着内检测技术的飞速发展，针对环焊缝缺陷的探测技术也取得了显著进展。这些新技术不仅提升了检测精度和灵敏度，还实现了对复杂焊缝形貌的适应性增强。例如，采用高分辨率超声检测技术，能够穿透焊缝表面，深入检测其内部结构，有效识别出微小裂纹和内部缺陷；而激光扫描与三维成像技术则能够精确重建焊缝的三维形态，帮助检测人员更直观地理解焊缝状况，提高缺陷判别的准确性。

此外，智能算法与大数据分析的应用也为环焊缝缺陷检测带来了革命性的变化。通过对大量检测数据的收集与分析，可以建立焊缝缺陷的特征库，实现缺陷的自动识别和分类，大大提高检测效率与准确性。同时，基于机器学习的预测模型还能够对管道环焊缝的潜在风险进行评估，为管道维护提供科学依据，实现预防性维护，减少因缺陷导致的安全事故。

1.2.2.7 油气储运管道完整性管理技术挑战

油气管道的完整性管理技术是一种基于掌握的尽可能详细、精准的与管道相关的数据、资料或信息，推断、预测管道将来的功能完整性和结构安全性的管理技术；这种管理技术将传统的事后被动应对型管理，改变为事前主动预防型管理；通过合理的数据采集、高后果区识别、风险评价、完整性评价、维修维护、效能评价共6各环节，形成闭环管理体系，识别管道面临的风险，经济、科学的安排维修维护资源，采取适用的处置措施，达到保障管道功能完整、结构安全的目的。

（1）管道风险评价与分析技术。管道风险评价与分析技术是管道完整性管理技术的重要内容，风险分析依据掌握的资料、数据的多少可分为定性评价、半定量评价和当量评价三种评价方式。目前由于评价时管道数据量的不足，风险评价主要采用定性或半定量评价，仅在特殊地段，如Ⅲ级高后果区、敏感地区采取定量分析评价。因此，目前的定性风险评价和半定量风险评价更多地依赖于评价专家的判断，导致评价结果过于主观，或者受掌握数据量和资料欠缺的限制，导致评价不全面，评价结果准确度低等不足。但同时，管道企业在管道的建设、运维过程中积累了海量的设计、施工、投产、运行、检测、评价等资料或数据，这些海量数据对于管道风险评价具有重大意义，但实际中并没有在相关的风险评价和分析中得到有效、全面的利用，数据/资料仅仅作为数据/资料保存，没有发挥出这些海量数据、资料对风险评价的正面促进作用。因此，需要一种大数据的综合利用技术，既能打破传统数据僵化、壁垒现状，提高数据的利用率，又能智能识别有效数据，弥补专家主观性的不足，实现评价结果的准确性和全面性。

（2）高后果区管理技术。高后果区管理技术是油气管道完整性管理中的重要组成部分，高后果区内管道相对于普通段管道不但管理等级需要提高，而且需要在不超过18个月的间隔期间，定期对所管辖管道进行识别。目前，油气管道高后果区的识别和评价定级主要是基于地图和人工现场沿线踏勘相结合的管理办法，由地图上确定人员密集区、建筑区、特定场所等，再进行现场逐一探勘和核实。但是在这种传统的高后果区识别和评价定级过程中发现，地图作业仅能对固有的构筑物或建筑物进行识别，而无法对高后果区的主体人员进行识别，部分地区甚至会出现，建筑物楼层高，但与该建筑物相关的人员很少；或者建筑物楼层矮，但与该建筑物相关的人员却很多，违背了高后果区管理以人为本的管理理念；且受地图更新频率的限制，作业人员可能无法获取到最新的地图信息，即使再进行现场的核实和确认，也可能受作业人员能力、经验和责任心等的限制，导致高后果区的识别和评价定级与实际不符，出现评价定级偏差，从而导致高后果区的管理要求与实际不符，遗留隐患。因此，为解决目前高后果区识别和评价定级手段和技术的不足，应寻求一种大数据智能识别方案，回归到以人为本的目标上，进行管道沿线相关区域内，受影响人员的实时状态，更精细化地对管道高后果区进行处置和管理。

（3）环焊缝缺陷内检测。管道环焊缝缺陷一直是影响管道安全运行的重要因素。在部分管道检测中，高清漏磁内检测发现了大量环焊缝缺陷信号，由于缺少针对环焊缝缺陷漏磁信号的分析模型，无法对该类环焊缝缺陷信号进行准确识别、判定及量化。由于环焊缝缺陷判定与量化误差大，环焊缝缺陷处材料力学性能差异大等因素，导致完整性评价结果与实际偏差较大。

（4）裂纹缺陷内检测。裂纹缺陷一旦发生开裂，后果十分严重。目前，国际上知名内检测公司均开发了较成熟的超声裂纹检测器，如 GE P II 检测公司的 UltraScan CD 检测器以及德国 NDT 公司的 LineExplorer UCC 检测器，适用于检测未熔合、环向裂纹、应力腐蚀裂纹、孔穴等缺陷，但主要是针对特定方向的裂纹，如平行或垂直于轴线的裂纹。基于超声波原理的裂纹检测技术只适用于液体管道的内检测，对于气体管道的内检测，目前主要处于研究和应用初期阶段，ROSEN 和 GE P II 检测公司开展了利用电磁超声技术检测输气管道管体裂纹的研究，并在应用初期积累了丰富的经验。对于环向裂纹缺陷，尤其是环焊缝处的裂纹缺陷，目前尚无成熟的内检测技术应用。

（5）针孔腐蚀缺陷内检测。针孔缺陷已经成为国内外油气管道失效的一个重要原因，受漏磁内检测器精度限制，目前国内外检测服务商提供的不同清晰度的漏磁内检测器对针孔缺陷的检测概率、识别概率及尺寸量化精度均偏低，现场开挖验证结果与内检测报告结果差别较大。针孔缺陷处腐蚀速率较快，一旦发生穿孔会造成管输介质的泄漏，甚至引发爆炸。输油管道一般安装有泄漏检测系统，但由于针孔泄漏引起的压力波动非常微弱，监测针孔泄漏报警的概率非常低，因此，亟须开展针孔腐蚀缺陷内检测技术和设备的深入研发。

（6）管道受力状态内检测。含缺陷管道的最终失效不仅与缺陷的几何尺寸及形状有关，还与管道内压、各种外部载荷及附加应力等因素有关。近年来，中国发生了多次管道焊缝开裂事故，分析表明环焊缝缺陷复合外加载荷是管道失效的主要原因。多数环焊缝失效事故中，外力诱发致使管道变形是导致环焊缝失效的直接原因。缺陷的存在使得环焊缝局部应力集中，可能导致管道容许应力大幅降低，容许变形量也将大幅度减小，裂纹极易在焊接缺陷处产生。因此，管道应力集中是导致油气管道发生破坏的重要原因，如何准确获取管道的局部受力状态，及时发现管道结构受力异常，从而提早预判具有开裂倾向的管段，对控制恶性失效事故风险具有重要的现实意义。以往国内外开展的管道内检测均是以管体腐蚀、裂纹等宏观缺陷为检测对象，尚未对管道受力状态（弯曲应力和轴向应力）进行系统检测，迄今仍无可靠的内检测手段可以进行这方面的检测。

1.2.3 油气储运技术发展趋势

油气储运技术的发展正聚焦于提升效率、降低成本、保障安全和促进环保，具体体现在以下四个关键领域：

（1）技术自动化。油气储运管网正通过集成物联网、大数据、人工智能等先进技术，实现操作控制的自动化，从而提高生产运行的自动化水平。智能算法模型的建立，使得关键节点可视化和预警应急响应更加及时，减少人工干预，降低运行成本，同时提升系统的安全性。

（2）系统智能化。油气储运系统正逐步实现智能化，这得益于数据的实时采集、标准化处理、大数据智能分析以及管道数字孪生体的构建，进而实现状态信息的数字化和生产运行的最优化。人工智能算法支持的智能决策系统能够提供知识和策略，辅助人类进行管理和决策，实现业务场景下的安全预测预警和运行优化。

（3）技术高端化。油气储运技术的发展趋向于高端化，不断提升材料、设备、控制系统的性能和可靠性。超长距离管道非开挖穿越技术和油气储运管道选线技术的进步，展现了在高端材料、设备和控制系统方面的发展。智能化焊接技术的发展也推动了焊接工艺向高端化迈进。

（4）发展绿色化。随着环保意识的增强，油气储运技术在追求经济效益的同时，越来越重视环保和节能减排。这涉及开发新型节能设备和材料，优化储运工艺，减少污染物排放。构建综合能源网络系统，实现油、气、电、热在不同时间和空间尺度上的协同平衡与优化，提高供能灵活性，同时减轻环境影响。

1.2.3.1 油气储运管网智能化技术发展趋势

充分利用物联网、大数据、人工智能、数字孪生等新兴技术，做好数据实时采集及标准化、数据数字化移交、大数据智能分析、管道数字孪生体构建、智能算法模型建立等工作，实现状态信息数字化、关键节点可视化、操作控制自动化、预警应急及时化、生产运行最优化，并不断强化系统的自学习、自适应、自决策能力，辅助提升生产运行及管理人员的工作效率和管理水平，保障油气储运管网安全、环保、高效运行。

（1）数据融合互联。全面统一数据标准，实现系统互联互通；搭建管道物联网，健全数据采集端，利用先进的感知技术，将采集到的海量数据纳入云存储，实现管道全面智能感知；建立一体化油气储运管网大数据中心，通过工业数据建模与分析，挖掘数据潜力，为智能决策系统提供数据支持、知识供应。

（2）构建油气储运管网行业知识图谱。利用知识图谱技术，将业务相关的法律、法规、标准、规范、操作指南及专家经验等转化为行业知识图谱，对其进行系统学习，为智能决策系统提供技术支撑。

（3）多学科技术交叉融合创新。人工智能、大数据挖掘分析、数字孪生技术等各种新技术融合使用，取长补短，取得"1+1＞2"的效果；通过遗传算法、人工神经网络、粒子群算法等智能算法，实现复杂管网系统解决风险排序、预测或运行优化等问题。

（4）智能决策。基于人工智能算法，根据业务与管理需求输出知识、策略，辅助人类进行管理和决策，实现具体业务场景下的安全预测预警和运行优化。基于历史数据建立强大的管网仿真优化系统，采用类似 AlphaGo 的深度学习加强化学习模式，建立大量基于不同资源调配方案和运行工况的仿真优化运行方案。

（5）构建智能管网。通过不断深化信息化与工业化深度融合，运用大数据、云计算、物联网、人工智能等新一代信息技术，构建数字孪生体管网系统以及具有知识应用和决策支持能力的人工智能大脑，形成管网"全方位感知、综合性预判、一体化管控、自适应优化"能力，实现业务对象数字化、业务规则数字化和生产过程数字化，承载油气长输管道数字化转型与实践，最终形成具有自适配和自决策的智能管网。

（6）构建综合能源网络系统。综合考虑油气储运管网与其他能源网络不同的传输特性与需求特性，实现"油—气—电—热"在不同时间空间尺度的协同平衡与优化，与其他能源网络融合发展，增加供能的灵活性。

1.2.3.2 油气储运管道选线技术发展趋势

近年来，随着国外数字化选线技术的迅猛发展，我国的油气管道企业和部分的科研院所通过引进国外技术、借鉴国外经验，不断研究数字化选线方法，取得了不错的成绩。虽然国内运用地理信息系统（GIS）技术进行勘察选线目前多用于铁路选线、公路选线等，对油气管道的选线尚处于逐渐发展阶段，但从近期 GIS 技术在油气管道选线中国内的发展状况来看，国内对数字化选线技术越来越重视，许多油气管道的建设已逐步采用航空摄影测量技术、遥感技术以及 GIS 技术，并积累了大量的数字化成果，这些成果对全面实现数字化管道有极大的推动作用。

在 GIS 选线技术中有两个关键技术，即情景选线和模型选线。

（1）情景选线。情景选线就是采用无人机航拍等方式对管线经过的区域进行拍摄，并将拍摄所得数据导入 GIS 软件中，运用 GIS 软件的仿真功能，将拍摄地区的三维情景直观地展示在选线人员眼前，选线人员可直接在 GIS 软件中进行虚拟选线。

目前，该方法已应用于长输油气管道选线中。长输油气管道由于跨度大、规模大、路况复杂、运营时间长等因素，对其进行勘察设计需要提升到一个更高的水平，情景选线技术的应用，极大地缩短了方案设计时间、降低了工程投资成本。

情景选线方法虽然节省了人力物力，并提高了选线效率，但是并没有改变选线人员凭借经验主观决定线路走向的实质。

（2）模型选线。如果说情景选线实现了"人工 + 计算机"的半自动化选线，那么，模型选线则可以实现全自动化选线。模型选线的原理与情景选线截然不同，模型选线方法是从数学的角度对选线过程中的影响因子进行综合分析，对各个影响因子赋予相应的权重值，对权重大小进行排序，并建立选线费用模型。在此基础之上，通过 GIS 技术寻找费用最低的方案，即为最优路径方案。相比于情景选线方法，这种方法更具科学性、实用性，只要费用模型构建合理，采用模型选线方法进行油气管道的勘察设计效率更高，也更可靠。

目前模型选线方法常用的有 GIS 技术与遗传算法结合的选线方法。遗传算法在 20 世纪 70 年代由美国人 John H.Hellen 提出，这种算法可以在一定范围内搜寻出最优解，由于它与生物遗传很相似，故将其称之为遗传算法。GIS 技术与遗传算法相结合的选线方法是由计算机在管线经过的地形上随机生成若干点，将这若干点连接起来，沿中心线形成一个带状区域，并根据这个区域计算相关成本并将所得数据输入遗传算法程序中，最终通过程序计算并在 GIS 软件上生成虚拟路径。Jha M.K. 和 Schollfeld P. 运用 GIS 技术与遗传算法相结合的方法，建立了最优路径模型，并结合计算机可视化技术，完成了对管线线路的优化，验证了 GIS 技术与遗传算法相结合的模型选线的可行性和科学性。

以往的研究表明，GIS 技术与遗传算法结合的选线方法能全面考虑影响油气管道选线过程中的各个影响因素，科学性毋庸置疑，但是在选线过程中依然存在很多难题，例如综合考虑所有影响因子很难实现，建模过程繁琐，程序设计困难等，极大地增加了实现自动化选线的难度。

线路优化是一个十分复杂的非线性数学优化问题，该问题是在给定起点和终点的情况下，从满足约束条件的多个线路方案中找到一条最优的方案。由于起终点之间满足约束条件的线路方案有无穷多个，且在优化的过程中，需要考虑项目建设中众多复杂的因素，且各因素之间相互作用、相互影响、互相制约，因此，该问题十分复杂。因此，需要一种既能综合权衡各个影响因子，选线过程又不复杂的油气管道选线方法以实现自动化选线。

与传统的人工选线方法相比，基于 GIS 的油气管道选线方法可以将 70% 的室外工作量转移至室内，缩短勘察周期 40%，降低经济成本 25%，提供的可供选择线路也具有多样性，使其从单一的地形图变成"4D"（DOM—Digital Orthophoto Map，数字正射影像图；DEM—Digital Elevation Model，数字高程模型；DLG—Digital Line Graph，数字线划图；DRG—Digital Raster Graphic，数字栅格图）产品，可以较好地解决传统选线过程中设计时间长、耗费人力大、探勘路径险等问题，但仍存在诸多问题，例如在选线分析时考虑地质环境背景因素不足，更多的是缺乏选线区潜在形变区的识别分析的融入；选线分析缺少相关栅格网络计算分析研究，栅格网络计算最优路径将会更加节省设计时间，减少人力耗费，解决踏勘路径险等问题。

通过上述国内外研究现状的分析，在油气管道设计选线方面，目前多为传统的人工选线和单一方法选线，缺少 GIS 技术的融合应用，特别是采用栅格网格计算法进行优化选线，此技术有待进一步研究。

1.2.3.3　油气储运超长距离管道非开挖穿越技术发展趋势

在选择超长距离管道非开挖穿越的位置和方案时，需要综合考虑地质条件、环境因素、规划要求和经济成本等多方面因素。通过详细勘察和技术经济对比分析不同方案的优缺点及适用性，选择最适合的穿越位置和施工方案。同时，在施工过程中应严格遵守相关规范和标准，确保施工质量和安全。

对于超长距离管道穿越位置和方案的选择，目前还需投入大量人力、物力资源进行现场踏勘确定，同时在超长距离管道穿越施工时，对地质条件、地下水情况等不可预知性因素的预测手段有限。亟须利用数字化、智能化等技术实现高精度的穿越方案和位置选择、高准确性的超前地质预报，这将极大减少人力、物力等资源的投入及施工风险的规避，实现更高水平的管道建设。

同短距离管道非开挖穿越技术相比，超长距离管道非开挖穿越技术提出了新的要求，主要表现在技术创新、智能化与自动化以及环保与可持续性等方面。

（1）技术创新。

穿越技术多样化：随着技术的进步，非开挖穿越技术不再局限于传统的定向钻穿越，而是向更多样化的方向发展。例如，盾构隧道穿越、顶管穿越、全断面硬岩掘进机（TBM）穿越等技术也在超长距离管道穿越中得到了应用，这些技术各有优缺点，适用于不同的地质条件和施工环境。

高精度导向系统：随着卫星定位、地磁导向、陀螺仪等技术的不断进步，非开挖穿越过程中的导向系统将更加精准。这些系统能够实时监测穿越的位置和姿态，确保穿越路径的准确性和稳定性。

复杂地质适应性：针对复杂地质条件（如粉砂地层、中风化凝灰岩地层、断层破碎带等），研发更先进的机械设备，以及配套的地质勘探和预处理技术。这些技术将提高穿越过程对复杂地质的适应性，降低施工风险。

自动化施工设备：研发自动化程度更高的施工设备，高自动化设备能够减少人工操作，提高施工效率和精度，同时降低施工人员的劳动强度和安全风险。

高性能管材：研发具有更高强度、更好耐腐蚀性和更低摩擦系数的管材。这些管材将提高管道的使用寿命和穿越效率，同时降低维护和更换成本。

先进制造技术：利用激光焊接、3D打印等先进制造技术，提高管材的制造精度和质量。这些技术将减少制造过程中的缺陷和浪费，提高生产效率和经济效益。

跨学科合作与技术融合：加强地质学、材料科学、机械工程、自动化控制等多个学科的交叉合作。通过跨学科合作，共同解决超长距离管道非开挖穿越过程中的技术难题。同时将非开挖穿越技术与其他先进技术相融合，如无人机勘探、机器人施工等。这些技术的融合将进一步提高施工效率和精度，降低施工成本和风险。

（2）智能化与自动化。

实时监控与数据分析：通过部署智能传感器网络，对超长距离管道非开挖穿越过程中的关键参数（如压力、温度、振动、位移等）进行实时监控和数据采集。利用大数据分析技术，对采集到的数据进行处理和分析，及时发现潜在问题并预警，提高穿越过程的安全性和可靠性。

远程控制系统：开发高效的远程控制系统，实现对施工设备的远程监控和操作。通过无线通信技术，将施工现场的数据实时传输到控制中心，操作人员可以在控制室中远程操控设备，减少现场人员数量，降低施工风险。

智能决策支持系统：结合人工智能技术，开发智能决策支持系统。系统能够根据实时数据和历史经验，提供科学的决策支持。在复杂地质条件下，系统能够推荐合适的工艺参数和方案，节省人力、物力降低施工风险并提高工作效率。

数字化管理平台：建立数字化管理平台，将施工现场的各类数据和信息进行集中管理和分析。通过可视化技术，将施工现场的实时情况以图表、动画等形式展示出来，帮助管理人员全面了解施工进展和存在的问题。

智能预测及维护系统：利用人工智能和机器学习技术，开发智能预测及维护系统，对管道和施工设备进行定期检查和维护。系统能够根据设备运行数据和历史维护记录，预测设备故障的发生时间和原因，并提前制定维护计划。同时，系统还具备自动报警和远程故障诊断功能，确保设备的正常运行和施工的顺利进行。

智能优化算法：开发智能优化算法，对穿越过程中的各项参数进行优化调整。例如，根据地质条件和施工要求，自动调整钻进速度、泥浆配比等参数，实现穿越过程的最佳化。同时，算法还具备自我学习和改进能力，能够不断适应新的施工环境和要求。

（3）环保与可持续性。

绿色环保：采用超长距离管道非开挖穿越可以直接减少地表的开挖面积，具有施工周期短，对周围土壤、植被和水体的扰动小等优点，有助于保护施工区域的生态环境，减少水土流失和对生物栖息地的破坏，符合绿色环保的理念。

资源节约：通过技术创新和优化设计，实现资源的节约和高效利用。超长距离管道非开挖穿越技术通过精确控制穿越路径和减少开挖量，实现了对管材等材料的节约。同时，采用高性能、长寿命的管材和连接件，也降低了后续维护和更换的成本。

能源高效利用：在施工过程中，通过优化工艺参数、提高设备能效等措施，可以实现能源的高效利用。此外，智能监控系统的应用也有助于及时发现并解决能耗异常问题，进一步提高能源利用效率。

绿色建材与施工设备：推广使用绿色建材和施工设备，如可降解材料、低能耗设备等，减少施工过程中的碳排放和环境污染。

生态恢复计划：在施工前制定详细的生态恢复计划，明确施工后应采取的恢复措施和时间表。通过种植植被、恢复土壤结构等方式，逐步恢复施工区域的生态环境。

环境监测与评估：在施工过程中和施工结束后，进行环境监测和评估工作。通过定期监测土壤、水质、植被等生态指标的变化情况，评估施工对生态环境的影响程度，并采取相应的补救措施。

1.2.3.4 油气储运重大风险防控与安全保障技术发展趋势

随着全球能源需求的不断增长和对安全生产的日益重视，油气储运行业正面临重大技术变革。现代油气储运系统不仅需要高效的资源利用和优化的运输方式，还需要在风险防控和安全保障方面实现技术的全面提升。这一趋势的实现依赖于数据驱动的决策、智能化的技术应用以及多学科的协同创新。数字化转型已成为油气储运行业的重要趋势。通过对大数据的深度挖掘与分析，企业能够实现全面的风险识别、评估与管理。数据的实时采集与监控，使得油气运输过程中的每一个环节都能够被透明化，从而大大提升了风险管控的有效性。在这一背景下，风险管理的理念发生了根本性变化。传统风险管理往往局限于历史数据的回顾与简单分析，而如今，通过实时数据的整合，企业能够更精准地识别潜在风险。例如，利用物联网技术对管道的实时监测，可以及时发现泄漏、腐蚀等问题，减少事故的发生概率。同时，机器学习算法的引入，使得历史数据与实时数据的结合分析更加高效，进而提高了预测能力。

针对油气行业遥感与GIS数据处理过程中遇到的多源性、多维性及多尺度性问题，需行业技术人员开发基于数据预处理、多时态数据对齐、跨地域数据融合、数据级联与多属性处理技术的先进方法，以构建高效能的并行计算数据对齐算法，实现数据的统一对齐和汇交目标。为了应对油气行业对高质量和海量数据的迫切需求，可以发展譬如基于SAM2模型与对比学习驱动的相似性标签传播技术的大规模样本数据集快速构建方法，深度挖掘油气行业海量遥感数据的潜在价值，建立遥感图像生成大模型，通过标签生成方式快速构建超大容量全监督样本数据集，全面提升遥感数据资源的利用效率。为适应多源（如光学、热红外、微波等）及多模态遥感数据的需求，前沿技术人员需不断设计并迭代优化了遥感大模型的架构，探索其在自然语言形式下对遥感影像进行深度理解和精确表达的机理。这一系列技术的进步，为油气储运行业的风险防控提供了强有力的技术支撑。

智能化技术的广泛应用为油气储运行业的安全保障提供了新的机遇。智能传感器、无人机和人工智能等新技术的结合，使得油气运输过程中的监测与管理变得更加高效和精准。智能传感器能够部署在管道、储罐等关键部位，实时监控压力、温度和流量等重要参数，从而确保运输安全。无人机技术则为巡检和监测提供了新的解决方案，能够快速覆盖广阔区域，进行定期或不定期检查，尤其是在偏远或难以到达的地方。配备高清摄像头和红外热成像技术的无人机，能够及时发现管道的异常情况，为维护人员提供准确的现场数据。人工智能在油气储运中的应用主要体现在数据分析和决策支持方面，通过深度学习技术，企业能够从海量数据中提取有价值的信息，以辅助决策制定。自动化与远程监控技术的普及显著提升了行业的运营效率和安全性。通过实现对各类设备的远程控制与监测，企业不仅降低了人力成本，还增强了应急响应能力。在日益复杂的操作环境中，自动化技术的应用为油气企业提供了更为高效和安全的解决方案。结合大模型技术，油气企业能够在自动化系统中嵌入智能分析能力，这些智能控制系统能够实时监测设备状态，并在故障发生时自动采取相应措施，确保系统的安全运行。此外，利用大模型技术的预测能力，企业能够对设备故障进行早期预警，从而减少宕机时间。

长输管道重大风险防控与安全保障技术的核心在于通过多维度、全周期的数据分析和建模，系统化识别和应对长输管道面临的各种重大风险，从而提升管道运行的安全性。技术方案主要涵盖时空耦合机制的研究、风险评估模型的开发与优化、风险动态评估及相应的防控策略制定。通过构建覆盖管道勘察、设计、运营等全生命周期的地理空间数据库，系统收集动态数据，并制定管理策略。比如运用协变量分析法，将管道分为不同风险单元，并结合空间易发性评价，构建时间维度上的风险因子概率分布模型。通过探索风险因子和灾害诱因的时空分布模式，深入刻画它们的耦合特征，进一步结合物理致灾机理与时空深度学习模型，挖掘两者之间复杂的相互关系。基于此，设计出融合专家知识的油气储运风险逻辑推理大模型，以模拟风险过程。通过地理大数据和空间智能分析，揭示管道风险的耦合机制。在这一时空耦合机制的基础上，制定并筛选风险评估的相关指标，构建风险评估模型库，从而实现定量化的风险评估。

结合地质灾害、气象变化和高后果区的动态评估，利用遥感技术与气象数据，提出风险的动态定量评估方法。通过明确灾害致灾机理，划定防治"窗口期"，结合运筹学思想，制定防控方案，实现以最小资源投入和最大化经济效益来有效控制风险。这一策略为长输管道提供了精准化的风险管理技术支撑。由于管道重大风险的时空交互过程极为复杂，基于物理模型与数据驱动模型的结合，优化设计可解释类表征复杂灾害机理的逻辑推理大模型。这一技术可以从非线性多因素关系中提取出关键特征，同时提高模型的解释性和实际应用能力，全面解析长输管道的时空耦合动力学机制。构建了多因子协同作用下的风险模拟模型，结合时空深度学习模型分析多个风险因子的动态组合和数值变化，生成未来条件变化下的风险预测与应对图谱。该方法为应对未来突发致灾因素下的长输管道重大风险防控与安全保障技术提供了科学依据。

在全球可持续发展理念的推动下，油气储运行业面临着降低碳排放、保护环境的重大责任。可持续发展与绿色技术的引入，使未来的发展趋势更加注重绿色技术的应用和可持续发展目标的实现。大模型技术在这一过程中为油气企业提供了强有力的工具，帮助其实现环境友好型运营。通过大模型技术，油气企业能够在运营中进行精准的碳排放预测与监控。这些模型不仅能识别主要的排放源，还能优化资源配置，降低能耗和排放。此外，企业还可以利用模型进行环境影响评估，从而制定更加科学的环境管理策略。未来，油气储运企业将通过技术创新与合作，推动行业的可持续发展。在全球范围内，企业需要共同面对环境问题，并探索联合解决方案，以实现资源的可持续利用和环境的可持续保护。

油气储运行业将逐步向智能化管理系统转型，以实现高效、安全、可持续的运营模式。这些系统将融合大数据、人工智能和自动化技术，提升企业的整体运营水平。未来的油气储运企业将建立综合的智能管理平台，集中监控各类运营数据、风险信息及设备状态。这种平台不仅能实现实时数据分析与决策支持，还能在复杂市场环境中为企业提供科学的运营指导。大模型技术的引入，将使智能管理系统具备自我学习和优化的能力。通过不断吸收新的数据和经验，系统将能够调整和优化运营策略，提升整体效率和响应能力。这种灵活性将极大提高企业的应变能力和市场竞争力。

随着油气储运技术的不断发展，行业内的规范化与标准化将成为重要趋势。通过建立完善的技术标准和操作规程，行业能够更好地应对技术难点与挑战。未来，油气储运行业将制定更为严格的技术标准与操作规程，确保各项技术在应用过程中的一致性与安全性。这不仅有助于提升行业整体技术水平，也能增强各参与方之间的合作。结合大模型技术的标准化应用，企业能够确保不同系统和技术之间的互操作性与兼容性。通过制定统一的技术标准，企业可以更好地进行技术交流与合作，推动行业整体进步。

跨界合作将成为油气储运技术发展的重要趋势，通过整合各类资源与技术，行业能够加速创新步伐，提升整体竞争力。未来，油气储运行业将加强与各相关领域（如环保、科技、金融等）的跨界合作，以实现技术与资源的有效整合。大模型技术在此过程中将发挥重要作用，通过提供精准的数据分析与决策支持，促进不同领域的深度合作。企业可以通过开放创新平台，与各方共享数据与技术，共同应对行业面临的挑战。这种合作将为油气储运行业的可持续发展提供新的动力与方向。

综上所述，油气储运技术的发展趋势在智能化、数字化和可持续化方面正经历深刻变革。大模型技术的引入为行业提供了新的工具与思路，使得数据驱动的智能决策、多模态数据融合、自动化与远程监控、绿色技术应用等方面得以更好地实现。展望未来，油气储运行业必将在新的科技浪潮中继续前行，利用大模型技术提升行业整体水平，为全球能源安全和生态环境保护做出重要贡献。

1.2.3.5　油气储运数字化设计技术发展趋势

随着技术的发展，设计手段从二维到三维、从独立设计到各专业协同设计、再到上下游数据自动传递。目前随着人工智能技术兴起，设计手段与人工智能的结合正在为工程设计行业带来革命性的变化。

（1）智能化设计平台的发展：随着人工智能技术的不断发展，智能化设计平台将成为工程设计的主要工具。智能化设计平台将集成人工智能技术、云计算技术、大数据技术等先进技术，为工程设计人员提供更加高效、准确的设计服务。

（2）自动化和智能化设计流程：随着人工智能技术的发展，工程设计的自动化程度将进一步提高。人工智能技术可以帮助工程设计人员自动化执行常规的设计任务，如自动生成初步设计方案、图纸和模型，从而提高设计效率并减少人为错误。

（3）智能校审和质量控制：智能化的校审工具可以自动检测设计中的错误和不一致性，确保设计符合规范和标准要求，提高设计质量。

（4）数据驱动的决策制定：油气储运设计的工程种类多以及工程条件不同，在工程设计中，通过对大量的历史工程数据和实时数据分析，来支持帮助工程设计师做出更加科学和合理的决策。

1.2.3.6 油气储运施工焊接技术发展趋势

（1）油气管道焊接的全生命周期完整性管理。

油气管道焊接的全生命周期完整性管理，是指从焊接设计、材料选择、焊接工艺制定、焊接过程监控、焊接质量检测到后期维护、修复及报废处理的全过程管理。这一管理体系旨在通过科学的方法和技术手段，确保焊接质量满足设计要求，同时降低运行风险，提高管道的安全性和经济性。具体体现有以下几个方面：

① 焊接设计与工艺优化。基于大模型数据分析，对焊接接头形式、焊接材料、焊接工艺参数等进行优化设计，以提高焊接接头的力学性能和抗腐蚀性能。同时，结合有限元模拟等技术，预测焊接过程中的温度场、应力场变化，为焊接工艺的制定提供科学依据。

② 焊接过程监控与质量控制。利用智能化焊接设备，如焊接机器人、自动化焊接生产线等，实现焊接过程的实时监控和数据采集。通过大模型数据分析，对焊接电流、电压、速度等参数进行精确控制，确保焊接质量的一致性和稳定性。同时，结合无损检测技术，如超声波检测、射线检测等，对焊接接头进行质量检测，及时发现并处理焊接缺陷。

③ 后期维护与修复。基于大数据和人工智能技术，建立油气管道焊接接头的健康监测系统，对焊接接头的运行状态进行实时监测和评估。一旦发现潜在的安全隐患或故障，立即启动应急响应机制，进行及时修复或更换。此外，通过数据分析和挖掘，总结焊接接头的失效规律和原因，为后续的焊接设计和工艺优化提供反馈。

（2）施工焊接质量提升技术的新需求。

在油气管道全生命周期安全运行保障技术方面，聚焦高钢级管道环焊缝的质量控制与安全，能够较清晰地体现油气管道全生命周期、全要素质量管理体系要点。环焊缝的失效致因通常可归纳为焊接缺陷、材料性能、载荷3部分。焊接缺陷主要分为平面型和体积型缺陷，其中平面型缺陷危害较大，主要包括裂纹、未熔合、未焊透等，焊缝位置错边、斜接、椭圆变形等几何缺陷也会影响环焊缝的承载能力。材料性能包括屈服强度、抗拉强度及断裂韧性，近年来的研究重点集中在高钢级管道强度低匹配、热影响区软化、韧性不达标或离散等的产生原因及影响。载荷，除了管道承受的内压外，也包括周围土壤移动产生的附加载荷，如滑坡、沉降、地震等，对于在役埋地管道，控制管道外部载荷是避免环焊缝失效的有效手段。在役管道绝大多数都开展了漏磁和几何内检测，对管体腐蚀、划伤、凹陷等体积型缺陷失效风险识别较充分，但因受现场施工条件复杂多变的限制，环焊缝几何形貌往往不规则，对于内检测缺陷识别率相对管道本体较低，成为失效风险需重点管控的对象。

由运行期发现的环焊缝失效风险可以看出，只有在建设前有效识别环焊缝失效与缺陷成因机理，才能从设计中明确质量控制要点，确保焊缝运行期安全可靠。特别是在高钢级管线钢/管合金设计优化和焊接质量控制过程中，依据钢中 C、Mn、Cr、Mo、Nb 等合金元素对环焊缝焊接热影响区韧性的影响规律等，明确配套的管线钢/管制造技术及环焊工艺，确定自动焊管道在线焊接参数记录、热模拟、数值模拟以及实际焊接性能参数的强度性能参数预测技术，才能确保良好的焊接性能。因此，在设计阶段，需综合考虑现场焊接工艺关键参数和操作环节，建立制管过程（钢板、卷板、钢管）以及建设施工、焊接、焊材、监检测、运行、开挖验证、性能测试等全生命周期数据库，并避免产生吊装、下沟等全过程外载作用下环焊缝缺陷。综合分析各阶段、各因素影响脆弱性的关联性及权重，建立评估模型，预测材料、环境、人等对环焊缝质量的影响，明确质量管控关键。

（3）智能化、数字化焊接及质量管控技术变革的新需求。

随着科技的飞速发展，智能化、数字化已成为制造业转型升级的重要方向。在焊接领域，这一趋势尤为明显，智能化、数字化焊接及质量管控技术的变革正引领着行业的新一轮发展。基于大模型数据的焊接智能化、自动化发展，将为焊接工艺带来前所未有的效率和质量控制能力。

① 智能化焊接技术。

智能化焊接技术通过引入机器人、自动化设备和智能控制系统，实现了焊接过程的自动化和智能化。这一技术不仅提高了生产效率，降低了人工成本，还显著提升了焊接质量和一致性。具体而言，智能焊接系统能够精准控制焊接参数，如电流、电压、焊接速度等，确保焊接过程的稳定性和可靠性。同时，结合机器视觉和人工智能技术，智能焊接系统还能实时监测焊接质量，及时发现并纠正潜在的质量问题，从而有效避免焊接缺陷的发生。

② 数字化焊接工艺。

数字化焊接工艺是焊接技术智能化、自动化的重要基础。通过建立焊接工艺数据库和自动化设计系统，企业可以实现对焊接工艺的全面数字化管理。这种管理方式不仅简化了工艺设计流程，提高了设计效率，还确保了焊接工艺的一致性和可追溯性。例如，南京理工大学针对重型车辆开发的焊接工艺计算机辅助设计系统，就实现了多参数、多规则约束的自动工艺求解，为焊接工艺的数字化管理提供了有力支持。

③ 大模型数据下的焊接智能化。

随着大数据技术的不断成熟，基于大模型数据的焊接智能化发展正成为新的趋势。大模型数据通过收集和分析焊接过程中的海量数据，为焊接工艺的优化和智能化提供了丰富的信息支持。例如，通过大数据分析，企业可以精确掌握焊接设备的运行状态、焊接参数的变化趋势以及焊接质量的分布情况，进而实现对焊接过程的精细化管理和精准控制。此外，大模型数据还可以为焊接工艺的创新和研发提供有力支持，推动焊接技术不断向高效、高质量方向发展。

④ 质量管控的变革。

在智能化、数字化焊接技术的推动下，质量管控技术也迎来了新的变革。传统的质量管控方式往往依赖于人工检测和抽样检验，存在效率低、成本高、易出错等问题。而智能化、数字化焊接技术则通过引入机器视觉、传感器等先进技术，实现了对焊接质量的实时监测和全面管控。这种新的质量管控方式不仅提高了检测精度和效率，还降低了人力成本和质量风险，为焊接产品的质量控制提供了有力保障。

1.2.3.7　油气储运管道完整性管理技术发展趋势

油气长输管道的数据来源主要包括管道建设期数据和管道运行期数据。管道建设期数据主要包括管道属性数据、管道环境数据、管道施工过程中的重要过程及事件记录、设计文件、施工记录及有关的评价报告等。管道运行期数据主要包括管道属性数据、管道环境数据和管道检测、维护、管理和评价数据。

随着网络技术的迅猛发展，数据信息的获取也越来越容易，获取的数据量也越来越多、越来越大。在这20多年的管道高速建设过程中，管道企业积累了海量的设计、施工、投产、运行、检测、评价等资料数据。将这些数据整合，并应用于管道完整性管理必将是未来的发展趋势。

（1）管道风险评价技术。

以前，数据的获取能力和处理能力都对油气管道的风险评价造成影响。受数据获取能力的限制，管道风险评价时仅只能针对特定的数据展开分析和评价，若获取的数据量较少或不足时，只能采用定性方法或保守估计来弥补风险评价结论的不足，但这会导致评价结果与实际情况存在较大偏差，相应的针对风险的处置措施也存在较大偏差，有些处置措施过于保守使投入成本过高，而有些处置措施不足又导致风险未达标，仍然以隐患形式呈现，未起到风险评价的作用。同时，也受数据处理能力的限制，管道在进行风险评价时，为提高数据分析效率，降低工作量，通常只针对某一种或某几种检测方法获取的数据中部分超过报告阈值的缺陷进行分析和处理，不关心未报告的数据信息，即使获取了海量的数据，但能用于风险评价的仍然只有有限的数据可以，这就导致在进行数据分析时个案因素可能会变成决定因素或重要因素，从而也会导致评价结果的偏离和不准确。

随着互联网技术和信息技术的发展，上述的两个问题都得到了一定程度的解决，移动互联网的发展使得数据的采集和获取不再成为问题，几乎所有的管道属性数据、管道环境数据、管道施工过程中的重要过程及事件记录、设计文件、施工记录及有关的评价报告等都可以通过实时采集或数据化恢复获得；大数据集技术的发展也使得管道在建设、施工和运维过程中产生的大量数据快速、高效处理不再成为难题。

大数据处理技术可以消除目前数据采集过程中对数据精度和准确度的苛刻要求。数据采集过程中产生错误数据是不可避免的，在数据量少时，任何数据的少量误差或偏离都会对评价结果造成较大的不利影响，而大数据处理技术可解决这个问题。大量的数据虽然导致了数据的混乱，但也正因为数据量巨大导致量变引起了质变，可以通过大数据的积累、叠加，自然剔除错误数据和不可靠数据；在对同一问题进行风险分析时，基于大量数据的简单算法会比基于小量数据的复杂算法更高效，评价结果更合理、更接近实际情况。

大数据处理技术可以忽略因果关系、简化推理过程。以前在实施管道风险评价时，评价人员仅依据识别出来的可能的危害因素，再基于这些危害因素的因果关系，搜集相关联的数据和进行相关的测试，并在规定的理想工况下进行推理和评价，这种做法虽然从逻辑上完美，但受评价人员认知水平的限制，在识别的危害因素不足、工况过于理想、因果关系不完美等可能性的影响下，会导致采用这种风险评价方法获取的结论与实际情况存在较大的偏差，不能真实地反应管道的风险程度。而采用大数据处理技术，通过对大量类似风险的统计和分析，即可筛选出导致这种风险的引发因素和可能的后果，既免除了中间繁杂的推理过程和假设，也可得出更接近实际工况的管道风险评价结果。

大数据技术可以充分发挥风险评价的预测能力。完整性管理最主要的目的是对未来风险的预测，保证管道在整个生命周期内风险可控，但以前管道的风险评价仅能针对管道当前的风险状态进行评价和说明，无法对管道未来的风险进行预测。利用大数据技术，找出导致管道风险发生的所有相关因素，通过监测相关因素的变化，可对未来风险的发生进行预测。

（2）高后果区管理技术。

高后果区管理独立作为管道完整性管理的一个环节，目的是解决油气管道高压运行对人员的危害。但目前高后果区范围和等级的确定，不是直接依据受影响人员的数量，而是依据建筑物的数量来确定。虽然这种判定方法也可以对高后果区进行识别和定级，但随着移动互联网技术和大数据技术的发展，针对风险评判主要目标的个体——人，应当作为高后果区判定的依据，而不是建筑物。且采用这种实时的人员分布图，可实现对管道高后果区的精细化管理；采用大数据技术可以更快捷、更方便地识别高后果区的变化情况，不再依赖于建筑物的多少和存在与否，而是直接依据人员数量和密度。

（3）微小缺陷检测技术及设备。

针对三轴高清漏磁检测不能对开口较小的环焊缝未熔合、未焊透、裂纹、小尺寸咬边等缺陷进行检测的难题，需研发微小缺陷检测技术及设备，进一步补强管道复杂缺陷检测短板。焊缝处弯曲应力、轴向应力是发生起裂失效的主要影响因素，管道中心线惯性测量单元检测可以较好地解决弯曲应力检测评估问题，可利用磁致伸缩效应、剩磁条件下磁阻检测、强弱磁场耦合检测等原理或方法研究轴向应力检测的可行性。针对低输量、小口径、几何变形较大等非常规内检测管道，研发智能微型检测、高通过性几何内检测、小口径高通过性金属损失内检测等技术及设备，对非接触式超声共振内检测技术进行可行性研究，以解决部分管道无法实施常规内检测的难题。为综合开展环焊缝缺陷检测、载荷检测/监测、多源数据智能综合评价、全生命周期数据管控工作，还需尽快完善相关内检测设备，并进行定期检测跟踪。

（4）管道内检测技术与设备。

加强复杂服役环境中内检测设备的动力学分析及优化设计，提高内检测设备的服役可靠性和内检测数据的质量。研究适用于管道内检测的数据生成方法，将检测机理融入训练网络模型可为内检测数据分析技术的进一步发展提供重要基础，从而在超高清漏磁内检测技术推广应用背景下，开展非常规特征数据的精准分析，以期提高内检测数据分析效率。

1.3 油气炼化技术研究现状与挑战

油气炼化行业作为全球能源与化工领域的核心组成部分，其发展与变革不仅映射出全球经济的脉动，也深刻影响着国际政治与地缘格局。近年来，随着全球经济的起伏、地缘政治的复杂多变、能源转型的加速推进以及新兴技术的不断涌现，石油炼化行业正面临前所未有的挑战与机遇。

油气炼化行业作为全球经济的重要组成部分，其发展现状与趋势备受关注。随着全球能源结构的调整和技术的不断进步，油气炼化行业正经历着深刻的变革。从产能与产量来看，全球炼油能力在过去几年中持续增长，2023 年达到 51.8×10^8 t/a，新增炼油能力 8617.5×10^4 t/a。尤其是在亚太和中东地区，亚太地区凭借其庞大的市场需求和丰富的资源储备，已成为全球最大的炼油能力集中地。中国、印度和韩国是该地区的主要炼油国家。从 2016 年的 1489.5×10^4 bbl/d 激增至 2023 年的 1913.6×10^4 bbl/d，不仅超越了美国，更在全球范围内占据了领先地位。截至 2023 年底，中国炼油能力达到 9.36×10^8 t/a，我国已有 33 家千万吨级炼厂，炼油能力占全国总炼油能力的 52.4%，稳居世界第一，且仍在不断增长，这一增量虽然较往年有所放缓，但仍显示出中国炼油能力持续增长的态势[8]。惠誉评级预测，随着主要的扩建和新建产能陆续完工，中国炼油总产能将自 2023 年末的 9.5×10^8 t/a 增至截至 2024 年末的近 10×10^8 t/a。

然而，随着全球经济的放缓和能源转型的推进，全球炼油能力的快速增长也带来了产能过剩的问题。原油加工量和成品油需求出现了一定程度的下滑，2024年上半年，中国原油加工量下降，原油价格与石油产品之间的价差因需求疲软而收窄，2024年4—7月，成品油月度消费量同比下降，其中柴油降幅最大。尤其是汽油需求，随着电动汽车销量超过燃油车销量，汽油需求正在达峰。同时，煤油消费量也在放缓，而柴油作为交通运输、农业和工业生产等领域的重要燃料，其需求与这些领域的经济活动密切相关。尤其是在某些地区，炼油能力的过度扩张导致市场竞争加剧，利润空间受到压缩。未来，随着全球能源结构的调整和新能源的发展，炼油行业将面临更加严峻的挑战，如何合理规划产能布局，提高资源利用效率，将成为行业发展的关键。

随着市场的快速发展，石油炼化产品的市场需求呈现出多元化和差异化的特点。一方面，工业的发展，特别是化工、塑料、橡胶等行业的快速增长，对石油炼化产品提出了更高的需求。另一方面，随着新能源汽车的普及和能源转型的推进，交通运输领域对石油燃料的需求逐渐减弱，根据中国石油集团经济技术研究院发布的报告，预计2024年全球石油需求增速将放缓，国内成品油消费增速也将进一步放缓，这对传统炼油行业构成了巨大挑战。由于新能源汽车的快速发展以及燃油效率的提升，交通运输燃料需求预计将在2024年达峰，之后将呈现下降趋势。为顺应市场需求的变化，石化原料的需求将会成为油气炼化行业需求增长的主要动力，这对炼化行业高附加值产品如乙烯、丙烯等的需求增加，对油气炼化行业产品结构转型提出更为严格的要求，油气炼化行业急需技术创新以及优化工艺来应对这一挑战。

油气炼化公司不仅面临产品结构调整等挑战，外部同行竞争也更为残酷，石油炼化行业的竞争格局正在经历深刻的变革。以中国石化、中国石油为代表的国有企业仍然是行业的主导力量，但民营、外资以及煤基油品企业等多元化主体的参与，如埃克森美孚公司、巴斯夫公司、沙特基础工业公司等的独资或合资项目，使竞争更加国际化。这些企业不仅具备强大的规模和成本优势，还通过技术创新和绿色发展，推动了整个行业的转型升级，使得市场竞争更加激烈。如今中国炼化行业通过规模化发展、炼化一体化战略、市场开放引入多元资本及政策引导，已形成既竞争又合作的多元化市场环境。国有企业、民营企业以及外资企业共同参与市场竞争，推动了炼化行业的快速发展。新型炼化一体化炼厂的迅速崛起，通过采用先进的炼化一体化模式，提高了石油资源的利用效率，增强了高附加值化工产品的生产能力，进一步提升了行业集中度。同时，国际化趋势也日益明显。跨国石油公司通过合资、合作等方式，在全球范围内布局炼油和化工项目，以优化资源配置，降低生产成本，提高市场竞争力。这种国际化的趋势不仅促进了技术的交流和创新，也推动了全球石油炼化行业的协同发展。但是，国际化是一把双刃剑，中国油气炼化行业在抓住机遇的同时，也应该提升自身竞争力，在多元化的竞争格局中脱颖而出。

在全球气候变化和环境保护的背景下，绿色低碳转型已成为石油炼化行业不可回避的课题。为响应 2030 年前达到碳排放峰值，2060 年前实现碳中和的目标，油气炼化行业作为高能耗和高碳排放行业之一，面临着巨大的节能减排压力。油气炼化行业能源消耗主要集中在炼油加工环节，主要以天然气与石油作为能量来源，产生大量二氧化碳温室气体，如今在节能减排的大背景下，油气炼化行业逐步向低碳化方向发展。这包括减少化石能源的消费，提高可再生能源的利用率，以及推广低碳技术和产品。并且应该降低对于单一能源依赖的风险，探索多元化能源结构，比如利用太阳能、风能等可再生能源作为能量来源。积极应用减排技术和采用先进的碳捕集、利用与封存技术减少生产过程中的碳排放量。这就需要油气炼化企业具有完善碳资产管理制度，加强碳资产的计量、报告和核查工作，以确保碳资产的准确性和合规性。

总之，中国炼化行业面临产品结构调整、多样化能源结构、节能环保、技术创新等众多挑战。随着互联网技术的快速发展，新技术如雨后春笋般相继涌现，近几年人工智能快速发展，人工智能的引入促各行各业发生重大变革，促进智能化生产制造的发展。人工智能与炼化企业的深度融合，通过优化产品结构、加强市场分析、多元化资源获取、提高资源利用效率、加强环保设施建设、推广绿色生产、引进先进技术、加强技术研发、加强安全管理、推动产业链协同发展和优化供应链管理等措施的实施，将会推动炼化行业实现高质量发展。

1.4 油气行业人工智能研究现状与挑战

人工智能在油气行业的应用不是什么新鲜事物。早在 20 世纪八九十年代，人工智能技术在油气行业便曾经掀起过一次应用研究的热潮。从判别分析，到模式识别，从模糊分析、人工神经网络，到分形几何，再到专家系统，人工智能技术在油气行业进行了广泛的探索研究。但是由于这些早期的常规的人工智能技术还不足够"智能"，加之油气行业数据具有不确定性和弱关联性，到 21 世纪初人工智能在油气行业的应用浪潮进入了低谷期。2016 年以后，在大数据的驱动下，人工智能机器学习领域的新秀——深度学习，随着 AlphaGo 在人机大战中的胜利，掀起了一场巨大的 AI 革命，并波及各行各业。当前，以大数据驱动的人工智能新技术正在向油气行业不断渗透，人工智能在油气行业再一次掀起了研究与应用的热潮。

1.4.1 油气行业人工智能研究重要案例

人工智能的快速发展对油气行业的影响已经开始显现，油气行业主体技术正处于更新换代和智能化发展的机遇期，智能地震勘探开发、智能储运、智能炼化正在向我们走来。

国际石油巨头们早已加入AI新技术世界。近年来，英国石油公司（BP）对利用人工智能来寻找新资源越来越感兴趣，购买了NASA为太空探索开发的人工智能技术来寻找更多的资源[9]。美国最大的独立石油生产商Pioneer Natural Resources也表示计划在钻井作业中引入人工智能技术来增加钻井成功率[10]。Geophysical Insights公司利用机器学习与大数据分析技术进行地震属性分析，应用于薄层解释、直接烃类指示（DHI）等方面，减少地震解释的不确定性，推动定量解释的发展[11]。帕拉代姆公司开发了用于岩相分类的机器学习算法，嵌入SeisEarth解释平台，通过概率方法得到岩相数据体，以此描述岩相类型和分布[11]。以下案例体现了国外油气行业人工智能研究的技术优势与实力：

（1）2017年，挪威国家石油成立了数字化中心，负责协调和管理公司的数字化业务。该中心与外部专家和数字化项目负责人共同合作，专注于大数据分析、机器学习、人工智能等数字化技术研发[12]。

（2）2017年，斯伦贝谢公司推出了新一代智能资源共享平台DELFI cognitive E&P environment。这一套系统继承了机器学习、高性能计算（HPC）、物联网技术。斯伦贝谢公司技术副总裁Ashok Belani称，"有了DELFI，我们可以将勘探生产数据上传到Google的云平台，这其中包括来自全球1000个3D地震、500万口井、100万组录井和4亿组生产数据。"[13]有了如此庞大的数据支持，斯伦贝谢公司将在AI技术研发中占据先机。

（3）2018年，道达尔公司宣布和谷歌云签署协议，二者将联合发展人工智能技术，为石油天然气的勘探开发提供全新智能解决方案[14]。道达尔公司表示，此番人工智能将要率先应用的领域，是油气勘探开发数据的处理分析，将要开发一套能够解释地层图像的人工智能程序，这套程序能够利用计算机成像技术实现地震数据的学习，并利用自然语言处理技术自动分析数据文件，期望利用模糊逻辑处理勘探地震数据，做出靠人工难以实现的预测。道达尔公司还表示，一旦这一技术在石油领域应用成熟，通过实现对地下地质特征的精细表征，将会解禁地球上大量在过去无法开采的油气田，一些开采成本较高的油气田，也有望因此实现开采成本的大幅度降低，人工智能为石油行业带来的进步，可能并不亚于当红的页岩革命。

（4）2018年，挪威科技初创公司Solution Seeker公布其在人工智能的技术开发上取得了突破性进展，开发出了世界首个用于石油天然气生产优化的AI技术[15]。经过几年对油气生产数据的机器学习算法的研究，Solution Seeker公司已经开发出了一种多层神经网络模型，可以显著提高实时生产优化的预测能力。该模型利用了神经网络学习算法并与物理学原理和生产系统逻辑等领域知识相结合。Solution Seeker公司的首席技术官Bjarne Grimstad说："传统的机器学习算法是不能满足石油优化生产问题的，石油开发的动力随着时间和控制技术的发展而改变，使得预测最优的操作决策是非常具有挑战性的问题。此外，数据可能既少又高度不确定，这一点我们很早就得出结论，因此我们必须开发自己的专用模型，我们很高兴地宣布，我们已经成功开发了具有实时生产优化所需的预测能力的模型。该模型神经网络利用 Solution Seeker 专用的数据分析算法，从生产数据历史中自动提取和准备合适的训练数据。当系统运行时，实时生成新的训练数据，以最少的人工干预，神经网络模型即可学习适应变化的操作条件。"

（5）2019 年，壳牌石油公司基于机器学习和控制算法软件开发出的 Shell Geodesic 钻井模拟器[16]，能够实时收集钻井数据，简化钻井数据和处理算法的流程，为地质学家和钻井人员提供更优质的油气层图像，并自动做出决策。

（6）2019 年，哈里伯顿公司在微软云 Azure 上发布了 10 款 Decision Space 365 勘探和生产云原生应用程序[17]，并将使用微软的语音和图像识别、视频处理和 AR/VR 等技术，为全球客户提供量身定制的 E&P 数字业务解决方案。

（7）2019 年，雪佛龙公司、斯伦贝谢公司和微软宣布合作，根据雪佛龙公司的要求，在斯伦贝谢公司的 DELFI 勘探开发认知环境中，运用微软云 Azure 应用程序，构建一套在勘探生产价值链上的认知计算系统[18]。这是油气行业内最早的"石油巨头＋油服巨头＋互联网科技巨头"的合作案例。

（8）2021 年，微软与壳牌公司、贝克休斯公司和 C3 AI 公司合作，共同推出了"开放人工智能能源倡议"[19]——Open AI Energy Initiative（OAI）——一个开放式的人工智能解决方案生态系统。

（9）2023 年，壳牌公司宣布将与大数据分析公司 SparkCognition 合作，利用后者的生成式人工智能技术进行深海勘探和生产，提高海上石油产量[20]。两家公司计划利用先进的生成式人工智能技术来处理大数据并自动分析，加快地下结构成像和勘探的步伐，预计新技术的应用可以将地震资料成像处理时间从数月缩短至数天。SparkCognition 首席科学官 Bruce Porter 表示："用于地震成像的生成式人工智能可以积极地颠覆勘探过程，并对整个行业产生广泛而深远的影响——提高效率、降低成本，并强调可持续发展举措"。

（10）2024 年，沙特阿美公司发布了 2500 亿参数的生成式大模型 Aramco Metabrain AI。这款大模型使用沙特阿美公司积累了 90 年的 7 万亿个数据点进行训练，能够对钻井计划、地质数据、历史钻井时间和成本进行分析，并推荐最理想的钻井方案。而这只是个起点，沙特阿美公司还打算在 2024 年开发一个万亿参数的 AI 大模型，向"石油工业 GPT-4"的目标进军[21]。

在国内，中国石油、中国石化和中国海油等大型石油企业都在智能化发展的道路上进行积极探索。中国石油围绕智能油气田建设制定了"数字化、自动化、一体化、无纸化、智能化、扁平化"目标，计划到2035年，油气田开采实现生产物联网全覆盖，井、站库数字化率100%，数据实现自动采集；生产现场全面实现智能监控、智能诊断、自动预警、自动控制；科研生产实现多学科高效协同、动静态实时协同、多专业在线协同、前后方远程协同；日常综合办公流程全部数字化、无纸化、移动化；勘探开发、生产经营等重点业务智能化辅助决策与应用全面推进；适应数字化转型智能化发展的新型油田公司模式全面建成。中国石化统筹推进人工智能发展，构建人工智能平台并深化场景应用，不断推动石油石化行业向高端化、智能化、绿色化发展，已累计建设16家智能工厂、4个智能油气田、150余座智能加油服务站和3家智能化研究院，10家炼化企业被评为国家级智能制造试点示范工厂、1家炼化企业被评为智能制造标杆企业[22]。中国海油高度重视人工智能技术发展和应用，明确提出"从传统管控模式向现代化、数字化、智能化模式跨越"，围绕"预测维护、过程优化、安全预警、认知分析"四个方面，有序推进人工智能平台和应用建设，取得卓越成效[23]。以下案例体现了国内油气行业人工智能研究的深度与广度：

（1）自2018年开始，韩大匡院士组织开展了中国工程院重点咨询项目"大数据驱动的油气勘探开发发展战略研究"、国家工业和信息化部"基于大数据应用的油气勘探开发创新增效示范工程"和中国石油"石油勘探开发大数据与人工智能关键技术"协同研究，围绕地震、钻井、测井、油藏描述与油藏工程、采油工程和智慧油田建设等领域智能化发展难点问题攻关，创新发展和示范应用了6大类油气勘探开发智能化关键技术，在油气勘探开发领域发挥了智能化研究带动和示范作用。

（2）2018年，中国石油携手华为联合打造了勘探开发认知计算平台（E8），该平台由AI计算、知识图谱、AI智能超市、数据管理、系统管理等5个子系统构成，承载AI算法120种[16]。按照平台和场景两个关键因素进行设计，构建的AI智能超市可提供AI基础研发与能力共享机制，从数据处理、机器学习到模型发布、推理应用，可提供一站式AI开发环境和知识图谱流水线工具。目前该平台已在地震初至波拾取、地震层位解释、测井解释、油井工况诊断、油井产量预测等领域得到应用。

（3）2019年，中国石油发布了勘探开发梦想云平台1.0，成为中国油气行业第一个智能云平台，推动油气上游全业务链资源共享、数据互联、技术互通、业务协同与智能化发展，打造了"业务流数据流融合""勘探开发线上管理""综合研究智能协同""工程技术远程管控""油气生产智能操控""生产运行智能管控"等10大数字化转型场景，研发了136款业务工具，集成了7款第三方专业软件，为勘探开发研究人员和决策人员搭建了一体化协同工作环境，支撑跨盆地、跨油气田企业的数据共享、成果继承及专业软件云化管理和整合应用，已在16家油气田等单位规模推广应用，初步建成了勘探开发协同研究共享生态[16]。

（4）自2019年开始，中国石油长庆油田围绕精益生产、整合运营、全局优化，制定并实施了智能化发展"326工程"规划，构建三大体系：大科研体系、大运营体系、大监督体系；筑牢两大基础：统一云平台、统一数据湖；深化六项应用：智能无人值守站、油气井智能生产、全流程可视化监控、四维油藏模型、智能装备应用、人财物精准管理。在此基础上，开展了"实时感知、透明可视、智能分析、自动操控"智能油田建设，研发了AI视频智能分析、危险气体检测、管道泄漏监测、油气水井智能管控、智能测井解释、四维油气藏动态建模、智能油藏动态分析等特色技术，数字化、智能化已全面渗透到长庆油田现场操控、生产运行、协同研究、安全环保、经营管理等各环节。

（5）2020年以来，中国海油开展统一的人工智能技术平台建设，不断夯实人工智能技术应用的算力和数据基础。建立起一池、两栈的人工智能服务能力，涵盖用户对算力、工具和应用的三个方面、不同层次的需求。智算资源池目前总算力达20PFLOPs❶，并通过GPU虚拟化实现算力灵活分配。小模型和大模型两大人工智能技术栈，有效降低智能应用开发门槛，满足用户在专业场景和通用场景的开发需求。在小模型技术栈方面，具备数据处理、模型训练和应用部署等小模型开发的全生命周期各项能力，集成9种开发框架、封装190余个算子。在大模型技术栈方面，部署了百亿参数的基础大语言模型和相关开发工具，以及智能问答、视频生成、大屏讲解、智慧办公、文档写作和数据分析等6款开箱即用的服务，进一步方便办公等通用场景的直接使用，并积极探索在生产领域的应用[23]。

（6）2021年，我国首个海上智能油田建设项目——秦皇岛32-6智能油田（一期）项目全面建成投用。在现代信息技术的赋能下，实现了安全、油藏、注采和设备设施的智能化管理以及远程操控管理，从而实现海上油田无人化、少人化、油藏研究可视化、生产运营协同化、战略决策科学化等多方面升级。该项目应用云计算、大数据、物联网、人工智能、5G、北斗等信息技术为传统油田赋能，实现流程再造，在渤海湾打造了一个现代化、数字化、智能化的新型油田[24]。数据采集通过物联网技术，2个足球场大小的油田生产平台上安装400余个智能摄像头、26000多个数据自动采集点，24小时实时获取生产数据。这些实时的生产数据，汇总形成大数据湖，从而实现了预警诊断、主动优化和辅助决策等智能化管理。智能安全管理系统通过应用UWB定位、AI人工智能识别、角位移感知等技术，融合三维数字引擎实现了海上平台人员精准定位、视频智能报警、风险分级管控、应急状态联动，对人的不安全行为、物的不安全状态、管理漏洞自动报警，实现安全管理智能化。

---

❶ PFLOPs——电脑计算能力的标准。FLOPs是Floating Point Operations per Second的英文缩写，意为每秒所执行的浮点运算次数。

（7）2022 年，中国石油大港油田发布了数字化转型 1.0 成果，为数智油井、数智场站、数智井筒、数智油藏等智能应用奠定了扎实基础。在基础建设方面，完成数据湖建设，历史数据 100% 入库，新数据实时准确入库，软硬件集中云化部署率 100%；在业务应用方面，通过油井生产智能调控、基层场站智能预警、采注过程智能管控、油藏潜力智能评价等智能化技术的研发与应用，实现井站库数字化率全面提升、钻修作业全程监控、油藏研究全面协调、调度指挥全域运行；在管理制度方面，数字化转型标准、流程、规范全面建立，通过了国家两化融合 AA（场景级）体系认证；在组织机构方面，建立了"油公司"模式下的新型采油管理区、新型采油作业区。

（8）2023 年，中国石化的广州石化、扬子石化、海南炼化、古雷石化等 4 家企业获评国家工业和信息化部智能制造示范工厂，燕山石化、金陵石化、九江石化、长岭炼化、洛阳石化、青岛炼化、青岛石化、仪征化纤等 8 家企业报送的智能巡检、精益生产管理、设备故障诊断与预测等 10 个场景获评智能制造优秀场景[25]。这些企业在计划调度协同、生产智能化、智能仓储、机器人巡检、智能物流、智能化实验室、数字化交付等方面形成丰富实践经验，进一步推进了传统产业与数字化、智能化的深度融合。

（9）2024 年，胜利油田油气智能优化决策中心揭牌成立[26]。油气智能优化决策中心是工业和信息化部重点实验室"人工智能场景化应用与智能系统测评实验室"的分中心，由胜利油田和中国电子信息产业发展研究院共同建设，旨在通过智能化技术，优化油气勘探开发各环节，实现资源高效开发利用。

（10）2024 年，中国石油天然气管道工程有限公司（管道局设计院）与百度的合资公司中油易度智慧（成都）科技有限公司发布了我国油气储运领域人工智能大模型 WisGPT[27]，标志着我国人工智能技术在油气储运领域应用取得了显著进展。中国石油天然气管道工程有限公司总经理王学军介绍，WisGPT 具备丰富的油气储运专业知识，可以通过文字、语音、图像和视频等多种形式实现人机交互，为油气储运工程勘察、设计、施工、监理等提供专业知识支持。

1.4.2 油气行业重点领域人工智能研究现状

近年来，人工智能新技术的发展对油气行业产生了深远的影响，储层量化解释、储层地质建模、油气藏模拟、开发方案优化设计、生产动态预测监测、生产运行调控、油气储运、石油炼化等重点领域的智能化得以快速发展。

（1）储层量化解释智能化研究现状。

储层量化解释是指运用地震、钻井、测井等多学科资料开展的储层地质综合研究，涵盖的内容较为宽泛。在这一领域采用人工智能方法开展研究最为活跃的是地震和测井方向[28-30]，地质研究方面智能化研究的成功案例较少。近年来，每年国际勘探地球物理学家协会（SEG）年会都有大量采用机器学习、深度学习的地震新技术和新方法的推出和交流[31]。在构造解释方面，人工智能新技术的应用使得断层与层位的自动追踪解释技术更加成熟、效率更高。以地震属性计算、优选、降维和特征提取等数据挖掘为基础，采用机器学习的分类和回归方法，创新发展了智能化地震储层预测新技术[32]。人工智能新技术在地震相与地质体刻画、地震资料叠后与叠前反演等方面有较为深入的研究，但在流体检测与监测方面的研究基本处于空白状态。

（2）储层地质建模智能化研究现状。

在储层地质建模领域采用人工智能方法开展建模研究整体不够活跃。早期应用BP神经网络方法开展建模较多，近年来才有少量基于深度学习的建模方法的探索[33-34]，基于人工智能新技术的储层地质建模研究处于起步阶段。就人工智能方法而言，储层相建模应用研究的主要方向是生成对抗网络（GANs）和卷积神经网络（CNN），GANs和CNN是目前相建模研究的热点。储层物性参数建模从井出发，利用人工智能方法对井筒一维物性参数建模具有较大改进作用，但融合测井、地震多属性信息开展三维建模尚少有成熟的研究，这是未来利用人工智能新技术开展物性参数建模的重点研究方向。

（3）油气藏模拟智能化研究现状。

在油气藏模拟领域主要还是采用数值模拟的方法，结合人工智能方法的研究相对较少，智能化油气藏模拟研究尚处于起步阶段。基于人工智能的油气藏模拟主要的技术方案是利用实际油气藏生产动态数据或者传统油气藏数值模拟正演生成的数据，构建大量的学习样本，对人工神经网络进行训练，形成油气藏生产系统的AI代理模型，进而实现智能化的油气藏模拟。自动历史拟合是油气藏模拟领域的一个重要研究方向[35]。在自动历史拟合研究方面，基于人工智能的研究相对较少，主要是采用马尔科夫链蒙特卡洛方法进行随机取样，用于训练和测试神经网络模型，智能化自动历史拟合研究同样是处于起步阶段。基于自动历史拟合的工作原理，在21世纪初，有学者提出以"闭合回路"模型为基础的油气藏管理的理念——闭合回路油气藏管理[36]，包括油气藏和生产系统模型的使用，以及与生产数据和其他数据（例如时移地震）的结合，从而不断地更新模型。目前，闭合回路油气藏管理正作为诸如"实时油气藏管理""数字油田"或"智能油田""智慧油田"等创新领域的一部分，受到较大的关注，并正在向动态迭代更新油气藏模型和优化生产的一体化研究方向发展，一些公司也已经推出了此类软件。在2018年的SEG会议上，美国Emerson公司展示了E&P软件和服务业务领域机器学习的新成果，其产品主要亮点是使用机器学习方法自动化Big Loop工作流程[37]，从地震数据到油气藏模拟，利用多学科协作以便更好地进行生产预测。刘文岭提出开展数字孪生油气藏研究[38-39]，通过油气生产物联网，将实时采集的生产数据与油气藏参数模型相关联，采取AI代理模型等方法，"实时"迭代更新油气藏参数模型，构建油气藏数字孪生体，将油气藏模拟由不定时的阶段性研究工作，转变为实时四维工程化模拟，实现油气藏参数"活模型"的动态迭代。

（4）开发方案智能优化设计研究现状。

目前的开发方案优化设计主要采取两种技术方案：一是，在给定的布井区域内，根据油藏工程方法部署一个初始的均匀井网，然后通过手动交互式操作进行井位局部调整；二是，根据目标函数，以产量、最大净现值等参数为目标进行优化设计。这种方法往往以单一目标为主，难以达到多目标整体优化。在开发方案优化设计方面，目前采用人工智能新技术的研究较为活跃，尤其在开发调整阶段，已实现采用人工智能方法同步优化井网、井位、层段和注采参数。据报道，挪威 Solution Seeker 公司开发出了一种多层神经网络模型，通过从生产历史数据中自动提取和准备合适的训练数据，实现了人工智能的实时生产优化[40]。李小波[41]以累计产油量和净现值为目标，采用多尺度协同变异的自适应粒子群优化算法对井位、井距、生产层段和注采参数进行优化，改善了井网预期的技术效果和经济指标，对开发方案智能优化设计方法进行了有益的探索。赵辉等[42]提出了基于数据空间反演的油藏实时生产优化方法，该方法基于代理模型在拟合阶段避免了重复数值模拟计算，既提高了效率又取得了良好的驱油效果。

（5）油气生产动态监测智能化研究现状。

目前有效的生产动态监测主要以井筒监测为主。采用井下传感器的各种数字化、智能化的监测技术正在蓬勃发展。近年来，地震采集技术、软件与装备的巨大进步，使得地震预测薄层、流体的极限不断被突破，为采用地震技术监测油气藏生产动态奠定了基础。典型的案例包括：2018年底，油藏监测服务巨头 Ikon Science 发布了油藏监测软件 RokDoc 6.6.0，可以将井筒监测数据与 3D 地震数据驱动的储层特征相结合，以及使用来自 4D 地震和其他来源的信息更新地质模型和模拟数据[43]，实现立体监测；2019年3月，法国 Sercel 公司宣布推出业内首款分布式声学传感（DAS）地震解决方案 SigmaWave[44]，DAS 是一种革命性的光子传感技术，可将光纤转换为线性阵列的离散振动传感器，SigmaWave 井下地震采集系统可以回收利用，也可永久部署，实时地震测量，实时可视化监控油气藏。中国石油集团东方地球物理勘探有限责任公司也针对 DAS 地震采集技术和相关装备，开展了具有自主知识产权的研发，并在大港、吉林、长庆等油田进行了工业化应用。

（6）油气生产调控智能化研究现状。

随着数字油气田建设、油气生产工业物联网建设的深入开展，油气田现场生产基本实现了井—站—线（管线）一体化优化调控，生产运行智能优化水平不断提高，信息化管理大屏在油气田现场如雨后春笋般涌现，基本实现了井—站—线管理的自动化、数智化。但是，目前阶段的数字油气田、智能油气田建设，尚未能很好地实现地下地面一体化优化调控，即油气藏—井筒—集输管网的一体化优化调控。智能生产调控不仅要涵盖井—站—线（管线）的注采输一体化优化调控，还应包括对油气藏注采系统本身及挖潜措施的优化，实现油气藏—井筒—集输管网的一体化智能优化调控，集输系统的优化要与油气藏的生产能力相关联，并落实到单井上，这是未来油气生产智能优化调控的发展方向。

（7）油气储运智能化研究现状。

智能化油气储运技术是当前油气行业智能化发展的重要研究方向，其核心目标是提高油气储运过程的效率、安全性和可靠性。通过集成大数据、人工智能、云计算等前沿科技，数字化管道、智能存运管理、智能优化调度、智能监控与预警、数字孪生技术应用、人工智能大模型应用，正在引发油气储运业务一场巨大的技术变革。智能化油气储运技术在提高油气输送效率、减少运营成本、保障安全等方面取得了显著成效。尽管智能化油气储运技术得到了较为广泛的应用，但仍面临一些挑战，如关键技术的突破、安全性和效率的进一步提升等。国际油气需求在较长一段时间内仍将保持强劲，油气储运产业发展规模还将保持必要的增长。油气储运规模在增长过程中将出现一些新场景，比如天然气管网长距离输气规模会逐渐扩大等。储运新场景的出现要求人工智能技术在安全运维、数据分析及决策等方面进一步发挥作用。长远看，结合油气行业数字化转型和安全生产的迫切要求，推动大数据、人工智能、云计算等技术在油气储运设备智能运维中的融合应用，建立数字化、网络化、智能化的油气储运体系，对保障油气生命线安全可靠及长周期运行具有重要意义。

（8）石油炼化智能化研究现状。

智能化石油炼化技术是石油炼化行业转型升级的重要方向，其目标是提高炼化过程的效率、安全性和产品质量，同时降低能耗和成本。通过智能感知与监测、数据管理与分析、智能优化与控制、数字孪生等技术研究与应用，以及引入智能化的设备与运维技术，如智能机器人、无人机等，减少人工干预，提高生产效率，并对炼化厂的安全风险进行实时监控和预测，有效提高了生产效率和安全管理水平。炼化装置关键质量指标预测、乙烯裂解在线实时优化、关键设备运行状态智能分析、无人仓储、质量检验分析助手等智能化应用场景落地让炼化生产运行更加高效[22]。人工智能在研发新型环保炼化技术中的应用，如催化剂开发、废水处理等，促进了炼化过程的绿色化和可持续发展。

1.4.3　油气行业人工智能研究呈现的特点

人工智能在油气行业的研究与应用现状呈现以下几个方面的特点：

（1）国外油气行业人工智能研究注重联手 IT 行业巨头，大手笔，大投入，致力于抢占科技制高点。国外油气行业开展人工智能研究的机构，主要为大型油服公司，也有部分油公司投入较大资金开展研究,如壳牌公司和BP公司等大型油公司。由于油公司和油服公司对人工智能算法研究还不够深入,其研究项目基本都与IT行业巨头相结合,例如：斯伦贝谢公司与Google,哈里伯顿公司与Microsoft,贝克休斯公司与GE等,这些合作格外注重在基础理论和算法上开展深层次的研究。

（2）国内研究以应用研究为主,并且发展很快,在不同的专业领域建立了各种各样的人工智能解决方案。但在适用于油气行业的人工智能算法研究方面投入较少,主要是依托国外开放的共享源代码软件平台,进行领域应用开发。

（3）高校是人工智能研究的主力,例如美国的卡内基梅隆大学、麻省理工学院、斯坦福大学,以及加拿大卡尔加里大学等。斯坦福大学处于国外油气行业人工智能研究的领军地位,国内油气行业人工智能研究以中国石油大学（北京）、中国石油大学（华东）、西南石油大学、东北石油大学、长江大学、长安大学为主,这些学校建立有相关的人工智能学院、研究院、研究中心或研究团队。北京大学、清华大学、中国科学技术大学、浙江大学、同济大学、哈尔滨工业大学、电子科技大学、成都理工大学等高校也有优秀团队开展相关研究,并取得显著成果。

（4）尽管新一轮的人工智能新技术在油气行业的研究与应用仅仅开始数年时间,但是得到广泛重视,在各个专业层面呈现出"百花齐放"的状态,在勘探、地震、测井、钻井完井、油气田开发、采油采气工艺、油气储运和炼化等专业领域,均有深入探索和应用。

1.4.4 深入发展面临的问题与挑战

以深度学习为代表的新一代人工智能技术在油气行业应用,主要面临以下几个方面问题的挑战：

（1）数据的小样本问题。油气行业数据资源尽管数据量大,但不一定都是具有标签意义的大数据；面对广阔的地下空间,人类钻探和开采的井数再多,也只是"管中窥豹",许多专业领域的数据本身就具有小样本的特性,属于小样本数据。如何构建高性能的人工智能模型,使得机器学习具有足够多的可用于训练的样本,面临"小样本"数据的挑战。

（2）数据的不确定性问题。油气行业数据往往不是通过图像、视频的拍摄直接采集的,研究对象油气藏深埋于上千或数千米的地下,油气藏参数真实信息的采集难度很大,多数专业领域获得的数据通常是各种信息的综合反映,或者具有较大的噪声干扰,使得油气行业数据具有较强的不确定性与多解性,制约着人工智能方法预测精度的提高。人工智能技术的性能依赖于训练数据的质量和代表性。如果训练数据存在较强的不确定性,或者偏差、不完整与不具代表性,再强大的人工智能算法也可能无法在实际应用中产生可靠的结果。

（3）人工智能算法性能问题。传统的人工智能技术应用，一般只是对具体的区域的数据进行有针对性的训练和应用，定制训练的人工智能模型，用于其他区域不具有通用性，并且在处理新数据时性能下降，模型的泛化性差。生成式 AI 以大算力、大模型、大数据，进行预训练，采取大力出奇迹的方式，来克服传统技术的通用性和泛化性问题，为提高人工智能算法的性能带来了新的解决方案。但是，生成式 AI 算法，如大型语言模型和深度学习网络，也存在一些传统人工智能算法所存在问题，这些问题可能会影响它们的性能和可靠性，必须加以正视，不能因为大模型在通用领域的优异表现，便忽视其人工神经网络自身的问题。这些问题包括过拟合风险，大模型可能会在训练数据上过度拟合，意味着它们在训练集上表现出色，但在新的、未见过的数据上表现不佳，甚至出现大模型"幻觉"，具有很强的不确定性；泛化能力问题，即便是大模型也可能因为样本集的代表性而存在泛化能力问题，在特定任务上表现出强大的性能，但到其他任务上也可能会受限，具有任务特定性；训练时间问题，大模型的训练可能需要很长时间，这可能会延迟模型的开发和迭代过程，而产生庞大的时间成本支出；数据偏差问题，如果训练数据存在偏差，大模型可能会学习并放大这些偏差，导致不公平或有偏见的预测；可解释性问题，大模型像"黑箱"或"灰箱"一样，难以解释其内部的工作机制，这可能会导致在需要合理解释的应用场景中缺乏信任；安全性和鲁棒性问题，大模型可能更容易受到对抗性攻击的影响，这些攻击可以通过精心设计的输入来操纵模型的输出。为了应对这些可能性问题，研究人员和工程师有必要在开发应用过程中采取必要的措施，包括加强数据治理、算法和模型审计、采用专业知识约束和改进模型训练过程、使用更加平衡和多样化的数据集、增加模型的透明度和可解释性、增强模型的安全性和鲁棒性等。

（4）算力资源需求问题。新一代人工智能应用，特别是大模型通常需要大量的计算资源进行训练和推理，这导致能源消耗问题和硬件要求过高。据有关报道，OpenAI 训练 1750 亿参数的 ChatGPT 的总算力消耗约为 3640PFLOPs.d（即假如每秒计算 1000 万亿次，需要计算 3640 天），需要 7~8 个算力 500PFLOPs 的数据中心才能支撑运行[45]。即便是训练十亿级、百亿级参数规模的大模型也需要大量的算力支撑。我国油气行业高端算力受到美国等西方国家进口的限制，算力异构情况突出，有效的算力资源分布于不同的数据中心或计算中心，并且智能算力规模有限，这为开展行业大模型研究带来较大挑战。科研单位、高等院校开展大模型研究缺乏足够的算力支撑，大模型上机训练时间难以满足，将成为发展油气行业大模型的一项重要挑战。

（5）面临多学科融合挑战。目前的研究在人工智能机器学习算法上，基本是采用IT 头部企业的人工智能软件中承载的机器学习方法开展应用研究，或者是油公司、油服公司委托 IT 企业研发。但是，IT 领域的人工智能专家不懂油气行业的专业知识，即便是油气行业内部的 IT 专家对行业技术更新换代发展的生产需求和领域专业的认识也不足，而行业领域专业人士又很少掌握人工智能技术，这使得双方的结合不够充分，亟待建立更加紧密的产学研用联合攻关团队，培养更多的既懂专业、又掌握人工智能新技术的多学科复合型人才。

大模型技术代表了人工智能领域的重大进步，它们在处理复杂任务、提高准确性和泛化能力方面显示出了巨大潜力。尽管存在上述一些问题，但是只要正视问题与挑战，通过推动算法创新、数据治理、算力提升，以及生产需求的驱动、产学研用的合作和大量应用场景的落地，随着这些因素的持续发展和优化，带动技术的进步，人工智能新技术在油气行业的研究和应用必将取得显著实效，进而为行业新质生产力发展提供强有力技术支撑。

参 考 文 献

[1] 全国石油天然气资源勘查开采情况通报（2017年度）[OL]. https：//www.mnr.gov.cn/gk/tzgg/201807/t20180713_2187011.html. [2018-7-13].

[2] 全国石油天然气资源勘查开采情况通报（2020年度）[OL]. http：//www.linxiang.gov.cn/24733/24760/24821/24864/24868/content_1856168.html. [2021-9-23].

[3] 雷群, 翁定为, 罗健辉, 等. 中国石油油气开采工程技术进展与发展方向[J]. 石油勘探与开发, 2019, 46（1）：139-145.

[4] 刘文岭, 周新茂, 胡水清, 等. 高含水油田储层精细表征理论与关键技术[M]. 北京：石油工业出版社, 2022.

[5] 韩大匡. 准确预测剩余油相对富集区提高油田注水采收率研究[J]. 石油学报, 2007, 28（2）：73-78.

[6] 韩大匡. 深度开发高含水油田提高采收率问题的探讨[J]. 石油勘探与开发, 1995, 22（5）：47-55.

[7] 韩大匡. 关于高含水油田二次开发理念、对策和技术路线的探讨[J]. 石油勘探与开发, 2010, 37（5）：583-591.

[8] 蔡晓芸. 中石油数字化转型的路径及效果研究[D]. 南昌：江西财经大学, 2023.

[9] 科技大兔子. 厉害了！英石油公司利用人工智能技术寻找新能源[OL]. https：//baijiahao.baidu.com/s?id=1570051229930935&wfr=spider&for=pc. [2017-6-13].

[10] 国际石油巨头们早已加入AI的世界！人工智能市场在石油和天然气领域预计到2022年将达28.5亿美元[OL]. https://www.sohu.com/a/272499674_805124.2018-10-31.

[11] 前沿技术 | 极具发展潜力的20项油气勘探开发新技术[OL]. https：//mp.weixin.qq.com/s?_biz=MzIyODYyMDI3MQ==&mid=2247493461&idx=4&sn=e317d22dca3979afdda5ef2f8b80545e&chksm=e84d85d5df3a0cc39cd5f7efc2154d4058b7b2b9570b87e3f59e0f08ab61f6a2706b5c52f47&scene=27. [2020-6-2].

[12] 挪威国家石油：投资4500万美元开发钻井机器人，一年减少一个月作业时间（图）[OL]. https://www.cppei.org.cn/hyzx/detail.asp?categoryId=1813&articleId=142797. [2018-4-16].

[13] 石油Link. 石油公司纷纷向人工智能靠拢，马云预言的失业浪潮要成真？[OL]. https：//

baijiahao.baidu.com/s?id=1580768647862820914&wfr=spider&for=pc.［2017-10-10］.

［14］博士说油.国际能源化工公司人工智能应用进［OL］.https：zhuanlan.zhihu.com/p/384986731. 2021-6-29.

［15］君子兰.世界首个用于油气生产优化的人工智能技术发布！油气行业28亿AI市场，你准备好了吗？［OL］.https：//cloud.tencent.com/developer/article/1034356.［2018-2-1］.

［16］窦宏恩，张蕾，米兰，等.人工智能在全球油气工业领域的应用现状与前景展望［J］.石油钻采工艺，2021，43（4）：405-419，441.

［17］哈里伯顿发布DecisionSpace 365云应用程序［OL］.中国石化新闻网.http：//www.sinopecnews.com.cn/news/content/2019-08/30/content_1766075.htm.［2019-8-30］.

［18］继中石油后，中石化与百度签署战略合作框架协议［OL］.https：//baijiahao.baidu.com/s?id=1768909542480031013&wfr=spider&for=pc.［2023-6-17］.

［19］ChatGPT如何影响能源人的饭碗？［OL］.能源界网.https：baijiahao.baidu.com/s?id=1757953515568598488&wfr=spider&for=pc.［2023-2-16］.

［20］AI赋能传统能源？壳牌将利用人工智能技术进行深海油气勘探［OL］.科创板日报.https：//baijiahao.baidu.com/s?id=1766288484785178255&wfr=spider&for=pc.［2023-5-19］.

［21］金融界.大模型，中东土豪的新「时尚单品」［OL］.https：baijiahao.baidu.com/s?id=1803346725688171273&wfr=spider&for=pc.［2024-7-1］.

［22］阎茹钰.中国石化向"智"而行，为高质量发展蓄势赋能！［OL］.https：//mp.weixin.qq.com/s?__biz=MjM5Nzc2Mzg1NA==&mid=2651435075&idx=1&sn=f97019d1f4be7be8ab7e1038d5628d6c&chksm=bc6f78812b206ba7c1ee1874523c728daa9266d81b3fb6b32666795b74e1d6d1a023a87357d5&scene=27.［2024-7-24］.

［23］央国企上云洞察系列|从中国海油AI实践看人工智能如何赋能央国企高质量发展［OL］.云计算与大数据研究所.https：//mp.weixin.qq.com/s?__biz=MzU2OTM4MTU1Mg==&mid=2247491368&idx=1&sn=15abf1728dc531e8687f55a7c7e9ac5a.［2024-5-22］.

［24］我国建成首个海上智能油田！中海油：2025初步完成全集团智能油田建设［OL］.https：//yqxy.sdipct.edu.cn/info/1123/4419.htm.［2021-10-28］.

［25］赵学良，郑宣懿，王梦璐.中国石化4家企业获评智能制造示范工厂［OL］.中国石化报.http：//www.sinopecnews.com.cn/xnews/content/2023-11/09/content_7081321.html.［2023-11-9］.

［26］人工智能场景化应用与智能系统测评工业和信息化部重点实验室油气智能优化决策中心成立［OL］.中国电子信息产业发展研究院.https：//mp.weixin.qq.com/s?__biz=MzA4NDMwNTEyNA==&mid=2649550428&idx=1&sn=4496ada029b2939580154ea1739a82b9&chksm=87f17bd7b086f2c1a48e28ebe889c23139500e5051002e8b7f4a199f0321491ed04e185b68bb&scene=27.［2024-6-7］.

［27］管道设计院联合发布一油气储运人工智能大模型［OL］.中国新闻网.https：//finance.eastmoney.com/a/202402062983973838.html.2024-2-6.

［28］赵改善.石油物探智能化发展之路：从自动化到智能化［J］.石油物探，2019，58（6）：791-810.

［29］赵改善.石油物探数字化转型之路：走向实时数据采集与自动化处理智能化解释时代［J］.石油物探，2021，60（2）：175-189.

［30］李宁，徐彬森，武宏亮，等.人工智能在测井地层评价中的应用现状及前景［J］.石油学报，2021，42（4）：508-522.

［31］赵改善.2019年人工智能技术在地球物理中的应用研究新进展［OL］.https：//max.book118.com/html/2021/0325/5140104024003203.shtm.［2021-3-29］.

［32］DUAN Yanting，ZHENG Xiaodong，HU Lianlian，et al. Seismic facies analysis based on deep convolutional embedded clustering［J］. Geophysics，2019，84（6）：IM87−IM97.

［33］YAO Jianpeng，LIU Qingbin，LIU Wenling，et al. 3D reservoir geological modeling algorithm based on a deep feedforward neural network：A case study of the delta reservoir of Upper Urho formation in the X area of Karamay，Xinjiang，China［J］. Energies，2020，13（24）：6699.

［34］YAO Jianpeng，LIU Wenling，LIU Qingbin，et al. Optimized algorithm for multipoint geostatistical facies modeling based on a deep feedforward neural network［J］. PLoS ONE，2021，16（6）：e0253174.

［35］刘伟，赵辉，雷占祥，等.基于单井敏感性局域化EnKF的油藏辅助历史拟合方法［J］.石油学报，2019，40（6）：716−725.

［36］JANSEN J D，DOUMA S D，BROUWER D R，et al. Closed−loop reservoir management［R］. SPE−119098−MS，2009.

［37］DUEY R. Closing The Loop：A new workflow takes some of the guesswork out of reservoir modeling［OL］. https：//www.hartenergy.com/exclusives/closing−loop−176611.［2017−8−1］.

［38］刘文岭，韩大匡.数字孪生油气藏：智慧油气田建设的新方［J］.石油学报，2022，43（10）：1450−1461.

［39］刘文岭，等.数字孪生油气藏云端智能开采理论与技术［M］.北京：石油工业出版社，2024.

［40］世界首个用于油气生产优化的人工智能技术发布！油气行业28亿AI市场，你准备好了吗？［OL］. https：//cloud.tencent.com/developer/article/1034356.［2018−2−1］.

［41］李小波.高含水油田个性化井网设计及软件研究［R］.中国石油勘探开发研究院，2019.

［42］赵辉，刘邓，宋本彪，等.基于数据空间反演的油藏实时生产优化方法［J］.石油学报，2022，43（1）：67−74.

［43］丰米宁.Ikon科技发布最新的油藏监测产品［OL］. http：//www.igg.cas.cn/zndzxgll2018/zlxz/zxkb/201811/P020181130616204309627.pdf.［2018−10−20］.

［44］邓阿妹.法国Sercel推出其首款分布式声学传感地震解决方案［OL］. http：//www.igg.cas.cn/zndzxgll2018/zlxz/zxkb/201908/P020190801643589037607.pdf.［2019−4−20］.

［45］金叶子.ChatGPT火爆带动算力需求，我国算力规模能否支撑？［OL］. https：//m.gmw.cn/baijia/2023−02/15/1303284299.html.［2023−2−15］.

2 大模型蓬勃发展与成就

近年来，随着深度学习技术的飞速发展，大模型已成为人工智能（AI）领域的重要研究方向。大模型是指使用大规模数据和强大的计算能力训练出来的"大参数"模型，这些模型通常具有高度的通用性和泛化能力，可以应用于自然语言处理、图像识别、语音识别等领域，可分为大语言模型、视觉大模型、多模态大模型、基础大模型。大模型的诞生和发展不仅深刻改变了自然语言处理（NLP）、计算机视觉（CV）、语音识别等传统任务的解决方法，还为多模态学习等新兴领域提供了强大的技术支持。

2.1 大模型的诞生与发展

大模型的由来可以追溯到 20 世纪初期，当时的 AI 研究主要集中在逻辑推理和专家系统上。然而，这些方法受限于硬编码的知识和规则，难以处理自然语言的复杂性和多样性。人们围绕自然语言处理中遇到的问题，不断创新和改进方法，直至 2017 年，谷歌推出 Transformer 模型结构，通过引入自注意力机制，极大地提升了序列建模的能力。此后，预训练语言模型（PLM）的理念逐渐成为主流，大模型时代拉开了序幕。以下为大模型诞生与发展所经历的几个主要阶段：

（1）早期的自然语言处理（NLP）方法。

早期的自然语言处理（NLP）方法主要依赖于统计模型和基于规则的系统，其中 n-gram 模型[1-2]和隐马尔可夫模型（HMM）[3]是典型的统计方法。n-gram 模型通过利用词的局部上下文来估计下一个词的概率，但随着 n 值的增大，面临稀疏性问题，并且难以捕捉长距离的依赖关系。HMM 则通过假设词序列由隐状态序列生成，并通过状态转移概率和观测概率来建模语言，但由于其独立性假设，无法有效捕捉长距离依赖。此外，早期基于规则的方法依赖于手工设计的语言学规则，这些方法通常在小规模或领域特定的任务中表现较好，但无法处理复杂语言结构，并且缺乏扩展性。随着机器学习方法的兴起，特别是支持向量机（SVM）[4-5]、条件随机场（CRF）[6]等模型的应用，NLP 技术逐渐转向自动化特征学习。这些方法能够通过大规模数据训练自动提取特征，减轻了人工设计的负担，但在建模长程依赖和复杂结构上仍面临挑战。

（2）深度学习的引入。

2010年左右，深度学习开始在自然语言处理（NLP）任务中取得突破，尤其是在语音识别和图像处理领域的成功为NLP的应用奠定了基础。此时，卷积神经网络（CNNs）和深度神经网络（DNNs）的引入引发了NLP领域的关注。2013年，Yann LeCun等提出的卷积神经网络（CNNs）虽然最初用于计算机视觉任务，但其局部感受野的结构和特征提取能力使得CNN在NLP任务中也表现出色，尤其是在文本分类等任务中[7-8]。而Geoffrey Hinton等提出的深度神经网络（DNNs）通过多层非线性变换，成功地处理了更复杂的模式识别问题，为语言模型的进一步发展提供了技术支持[9-10]。与此同时，词向量（Word Embeddings）作为一种新的表示方式，在2013年由Mikolov等提出的Word2Vec方法[11]和2014年Pennington等提出的GloVe方法中得到了广泛应用[12]。Word2Vec通过对大规模语料库进行训练，将每个词映射为一个稠密的向量，捕捉词与词之间的语义关系，而GloVe则通过全局统计信息结合局部上下文来生成词向量。这些词向量方法不仅有效地解决了传统NLP方法中词汇表示稀疏的问题，还为后续深度学习模型的训练提供了更丰富的特征表示，推动了深度学习在NLP中的广泛应用。从此，深度学习的技术特点，如自动特征学习、端到端的训练方式以及模型的可扩展性，成为NLP领域的重要技术趋势，使得传统的基于规则或统计的方法逐渐被自动化、高效的深度学习方法所替代。

（3）RNN与LSTM的应用（2014—2017年）。

递归神经网络（RNN）[13-14]及其变种长短期记忆网络（LSTM）[15]成为序列建模任务中的主流方法，特别是在处理文本序列时表现出了卓越的能力。RNN通过循环结构能够处理序列中的时序信息，并在每个时间步更新隐藏状态，以捕捉序列中的依赖关系。然而，标准的RNN存在梯度消失和梯度爆炸问题，限制了它们在长序列上的表现。为了解决这一问题，LSTM引入了门控机制，能够选择性地忘记或记住信息，从而有效地捕捉长程依赖。LSTM在语言模型、语音识别、机器翻译等领域取得了显著的成果，尤其是在需要长期依赖关系建模的任务中。2014年，Sutskever等提出的基于深度LSTM的seq2seq模型进一步推动了机器翻译技术的进步[16]。seq2seq模型通过编码器－解码器结构将输入序列映射到一个固定长度的上下文向量，然后解码器根据该向量生成目标序列。这一结构的引入使得机器翻译系统能够处理不同长度的输入输出序列，极大提升了翻译的质量和效果。LSTM和seq2seq模型的技术特点包括能够有效处理变长输入输出、对时序信息的建模能力，以及在复杂序列生成任务中的应用潜力，尤其是在自然语言生成和机器翻译等任务中表现出色。

（4）Transformer的提出（2017年）。

2017年，Vaswani等提出了Transformer模型[17]，标志着深度学习在自然语言处理（NLP）领域的又一次重大突破。与传统的递归神经网络（RNN）及其变种（如LSTM）不同，Transformer完全基于自注意力机制（self-attention），摒弃了循环结构，通过并行计算提高了训练效率，并能够同时处理序列中的所有元素。这种架构使得Transformer能够高效地捕捉长距离的依赖关系，而不受RNN结构中梯度消失问题的限制。Transformer的核心贡献是引入了自注意力机制，它允许模型在处理输入序列时动态地对不同位置的元素分配不同的权重，从而自动学习序列中各部分之间的关系。Transformer的另一个重要特点是其高度的并行计算能力，尤其是在训练时，由于不依赖于序列的顺序，模型可以同时处理整个输入序列，极大地提升了计算效率。这使得Transformer在大规模数据集上训练时比传统RNN和LSTM更加高效。Transformer的成功不仅极大提高了机器翻译等任务的性能，还为后续的大型预训练语言模型（如BERT[17]、GPT[18]等）的发展奠定了基础，成为现代NLP技术的核心架构。其技术特点，如自注意力机制的灵活性、并行计算的优势和长距离依赖建模能力，使得Transformer成为自然语言处理和其他序列数据任务中的基石。

（5）BERT和预训练语言模型（2018—2020年）。

BERT（Bidirectional Encoder Representations from Transformers）是预训练语言模型的代表性成果，由Devlin等提出[18]。BERT的核心创新在于利用双向Transformer架构，通过在大规模文本数据上进行预训练，学习词汇的上下文信息，从而生成深度的语言表示。与传统的语言模型不同，BERT采用了掩码语言模型（Masked Language Model，MLM）的预训练目标，即随机掩盖输入句子中的一些词汇，并要求模型预测这些被掩盖的词。这一方法使得BERT能够同时捕捉左右上下文的依赖关系，从而克服了传统语言模型仅能捕捉单向上下文的限制。BERT的预训练过程在庞大的语料库上进行，之后通过微调策略，针对特定的下游任务（如问答、文本分类、命名实体识别等）进行进一步训练。这种预训练加微调的方法大大提升了多种NLP任务的效果，尤其在多个标准任务上刷新了性能记录。

BERT的技术特点包括：① 双向上下文建模，能够更全面地捕捉词汇的上下文信息；② 自监督学习，通过无监督的预训练学习词语的深层次语义表示，而不依赖大量标注数据；③ 预训练-微调框架，通过统一的预训练过程，在下游任务中快速适应不同的任务要求。BERT的提出不仅显著提高了NLP任务的性能，而且标志着自监督学习在NLP中的兴起，促使了后续一系列类似的预训练语言模型（如RoBERTa[20]、ALBERT[21]、DistilBERT[22]等）迅速发展。BERT的成功极大地推动了自然语言处理技术的前沿研究，并在实际应用中发挥了巨大的影响，成为现代NLP的核心架构之一。

（6）GPT系列（2018—2023年）。

GPT（Generative Pre-trained Transformer）是由OpenAI公司提出的一系列大规模

预训练语言模型，首次于 2018 年发布。GPT 模型的核心思想是通过生成式预训练，让模型在大量文本数据中学习语言的深层次结构和语义表示，之后再通过微调来适应特定任务。GPT 系列模型的最大特点是采用了自回归模型，即基于已生成的部分序列来预测下一个词汇，因此其能够生成连贯且自然的文本。这一方法的技术创新在于，GPT 通过单一的生成式任务进行预训练，而不需要依赖于任务特定的标注数据，展示了极强的通用性，能够适用于机器翻译、文本生成、问答、摘要等多种 NLP 任务。

GPT 的技术特点包括：① 自回归生成模型，通过依赖前文的已生成内容来预测下一个词汇，能够生成连贯的文本；② 无监督预训练和微调，通过大量未标注文本数据进行预训练，并在少量标注数据上进行微调，提升了模型的普适性和效率；③ 大规模参数和模型扩展性，随着 GPT 系列的不断发展，模型的参数量也不断增加，从 GPT-1 的 1.17 亿参数，到 GPT-2 的 15 亿参数，再到 GPT-3 的 1750 亿参数，展现了深度学习模型的巨大潜力。

在发展历程上，GPT 系列经历了显著的扩展和改进。2018 年，GPT-1 首次提出，展示了基于 Transformer 的生成式预训练模型的潜力，并在少数 NLP 任务上取得了较好的效果。随后，GPT-2[23] 于 2019 年发布，模型规模大幅增加至 15 亿参数，进一步提升了文本生成的质量，并展示了强大的通用性，虽然由于潜在的滥用风险，GPT-2 的完整模型在初期并未完全公开。2020 年，GPT-3 发布，成为当时最大的语言模型，凭借其 1750 亿的参数量，极大地提升了生成质量，并在各类任务中展现了令人惊叹的效果。GPT-3 不仅在传统 NLP 任务中表现优异，还展示了 Zero-shot、Few-shot 学习的能力，能够在没有明确训练的情况下执行各种任务，这使得其在自然语言理解和生成方面具有极强的适应性。

GPT 系列的主要贡献在于通过生成式预训练和无监督学习显著提升了 NLP 任务的效果，推动了预训练模型在实际应用中的广泛采用。其发展历程不仅标志着大规模预训练模型的成功，也为后续的其他大型语言模型（如 ChatGPT）奠定了基础，推动了 NLP 领域从传统任务特定模型向通用模型的转变。

（7）超大模型的出现（2021—2023 年）。

在 GPT-3[24] 发布后，随着对更大规模模型的需求增加，其他公司也陆续发布了自己的超大规模语言模型。2022 年，Google 推出了 PaLM（Pathways Language Model），其参数规模达到了 5400 亿，进一步推动了大模型的极限。PaLM 利用 Pathways 架构，实现了更高效的训练和推理能力，并在多个 NLP 基准测试中超越了前一代模型，证明了大规模预训练模型在复杂语言理解任务中的潜力。与此同时，Meta 也发布了自己的大规模语言模型 OPT（Open Pre-trained Transformer），其参数量为 1750 亿，与 GPT-3 相当。OPT 不仅在多个 NLP 任务中取得了优异成绩，还特别关注了模型的开源和透明度，推动了社区对大规模语言模型的进一步研究和讨论。

这些超大规模模型的主要特点是其前所未有的参数规模和从海量数据中学习到的深度语义表示，能够在几乎所有NLP任务中提供令人惊叹的性能提升。同时，这些模型展现了良好的迁移学习能力和少样本学习能力，能够在无监督的情境下通过少量的示例进行任务适应。超大规模模型的技术贡献不仅在于推动了NLP性能的极限，也推动了计算资源优化、模型压缩以及多模态学习等领域的研究。

发展历程上，从最初的GPT系列到GPT-3，再到PaLM和OPT等超大规模模型，NLP领域的模型规模和计算能力呈指数级增长。这一发展不仅推动了NLP技术在实际应用中的广泛落地，还推动了更广泛的技术讨论，包括模型的能效、环境影响以及伦理问题。随着计算资源的持续进步，超大规模模型的研究与应用仍将继续扩展，带来更多的技术创新和应用机会。

（8）视觉大模型的发展。

随着Transformer架构的引入，计算机视觉领域的大模型发展经历了从卷积神经网络（CNN）到自监督学习和多模态融合的显著演变，推动了视觉任务性能的不断突破。早期的模型如AlexNet[25]（2012）通过深度卷积神经网络和GPU加速训练，在图像分类任务上取得了前所未有的成功，奠定了深度学习在视觉领域的基础。随后，VGGNet[26]（2014）采用更深的网络结构和小卷积核，展示了更强的特征提取能力，而ResNet[27]（2015）通过引入残差连接解决了深层网络中的梯度消失问题，使得数百层深度的网络能够成功训练。这些模型在特征学习和网络架构设计上的创新为后续大模型的发展提供了重要的启发。

Vision Transformer[28]（ViT）是Google于2020年提出的首个将Transformer架构引入视觉任务的模型，直接处理图像块（patches），利用自注意力机制建模图像块之间的关系。ViT的成功表明，在大规模数据集上训练时，Transformer不仅能够替代传统的CNN架构，还能在性能上超越它们。随后，Swin Transformer[29]（2021）进一步优化了视觉Transformer的计算效率，通过引入窗口机制限制计算范围，并利用移动窗口来捕捉跨窗口的信息，从而实现了更高效的时空建模能力。这些模型的提出不仅显著提升了图像分类、目标检测和语义分割等任务的性能，还展示了Transformer架构在视觉领域的广泛适用性。

在自监督学习方面，大模型的发展大大减少了对标注数据的依赖。MoCo[30]（2019）通过设计一个动量更新机制维护动态的负样本队列，提高了对比学习的效率；而SimCLR[31]（2020）提出了一种简单而高效的对比学习框架，通过数据增强和对比损失函数实现了超越许多传统监督学习方法的效果。此外，MAE[32]（Masked AutoEncoders）（2021）将自监督学习的思想进一步深化，通过对图像块的掩蔽和恢复进行预训练，显著减少了训练成本并提升了模型性能。这些自监督学习模型不仅提高了视觉 Transformer 的预训练效率，还为无监督学习提供了新的技术方向。随着视觉任务的复杂化和跨模态需求的增加，多模态模型的研究逐渐成为热点。

（9）多模态大模型与未来方向（2023 年至今）。

随着大模型的持续发展，多模态模型逐渐成为自然语言处理（NLP）和计算机视觉领域的一个重要研究方向。这类模型不仅能够处理文本数据，还能生成图像、理解音频等，进一步推动了人工智能的跨领域应用。OpenAI 的 DALL·E 2[33] 和 CLIP[34] 便是这一趋势的代表性成果。DALL·E 2 能够根据文本描述生成高质量的图像，展示了文本到图像生成的巨大潜力，而 CLIP 则通过同时学习文本和图像的嵌入表示，能够有效地将自然语言和视觉信息结合起来，完成图像分类、检索等任务。这些模型的成功不仅扩展了大模型在 NLP 任务中的应用，还为跨模态学习（cross-modal learning）提供了新的视角。与此同时，Google 推出的 Flamingo[35] 模型也在多模态任务上取得了进展，进一步提高了模型在图像和文本理解上的能力，尤其是在少样本学习和零样本学习方面表现突出，能够在仅凭少量示例的情况下完成复杂的跨模态推理任务。

这些多模态模型的技术特点在于其能够处理不同类型的数据（如文本、图像、音频等）并将其融合到同一个模型中，实现更加灵活和全面的理解与生成能力。它们通过多任务学习和联合嵌入空间，使得不同模态的信息能够共享和交互，从而增强模型的表达能力和推理能力。多模态模型的主要贡献点在于：① 跨模态学习，能够同时处理和理解文本、图像、音频等多种形式的数据；② 生成与理解，不仅能够生成新的图像或音频，还能够理解和关联不同模态之间的语义信息；③ 大规模联合训练，通过对大规模多模态数据集的训练，提升了模型在复杂任务中的表现。

在发展历程上，随着计算能力和数据规模的提升，早期的单一模态模型逐步演化为能够处理多模态数据的大型模型。大模型不仅在文本生成和理解上取得了显著突破，而且随着多模态任务的引入，研究者开始关注模型的高效性、可解释性、伦理和公平性等问题。特别是，如何确保这些多模态模型在处理不同类型数据时不会出现偏差，如何提高其透明度和可解释性，以及如何减少模型训练中的能耗和资源消耗，成为新的研究热点。随着对这些问题的逐步解决，多模态模型的应用将进一步拓展至智能助手、医疗诊断、自动驾驶等多个领域，推动人工智能技术进入更广泛的应用场景。

2.2　大模型研究现状与挑战

OpenAI 在 2023 年发布了 GPT-4 之后一直保持领先，在接下来的时间里，Anthropic 和谷歌等厂商陆续做出来的大模型的能力，都接近或者达到了 GPT-4 的水平。开源模型，例如 Meta 和阿里巴巴也逐步接近甚至超越了 GPT-4 的智能水平。但是这种通过大量知识预训练的技术路线遇到了发展瓶颈，公开的知识基本上耗尽，新知识难以获取。模型的能力提升开始变缓，巨头们开始不约而同地从快思考技术路线走向慢思考路线。快思考是强调知识的学习、检索、生成问答和对话；慢思考则是转向思维链，通过多步推理、复杂推理来解决更难的问题。2024 年 9 月，OpenAI 发布了新的人工智能模型 o1（o 是 orion，猎户座，1 代表从头再来，也意味着后续将出现更多序列），用强化学习带来的思维链产生的慢思考来提升推理能力，将 AI 竞赛引入一个新的赛道。2024 年 12 月，Anthropic 和谷歌陆续发布了自己的全新模型，对 OpenAI 展开了前所未有的挑战。Anthropic 主要是聚焦在复杂的推理、辅助编程方面，在这个方面超过了 GPT-4。谷歌推出了 Gemini 2.0，聚焦多模态的实时处理、视频生成和慢思考推理。谷歌推出的 Gemini Thinking 版本，是典型的慢思考版本，具有非常强劲的推理能力，超越了 OpenAI 的 o1 模型。在 2024 年末历时 12 天的发布会的最后一天，OpenAI 发布了一个重量级的新模型 o3。o3 在多个测试中打破纪录，如在编程比赛、数学基准测试等中成绩优异，它向人们展示了 AI 在逻辑推理、复杂推理、多步推理、理解复杂问题、解决复杂问题方面，已经前所未有地逼近了人类的极限能力边界。由于数据量巨大，过去采取 GPT 的模式训练一个大模型，时间短则三个月，长则半年到一年。但是从 o1 到 o3 的进展仅仅用了 3 个月，说明这种慢思考、强化学习的模式进展比原来依靠大规模数据预训练的模式要快很多。360 集团创始人周鸿祎指出，o3 的这种新的范式有可能成为人工智能新一代的突破点。

2.2.1 大模型研究现状与进展

近年来，大模型技术在多个领域取得了令人瞩目的进展，推动了自然语言处理（NLP）、计算机视觉（CV）、多模态模型、AI for Science 等多个领域的发展，并带来了广泛的应用创新。

在 NLP 领域，大模型技术在推理能力、语义理解以及跨任务适应等方面已取得了突破。例如，GPT-4[36] 和文心大模型[37] 等超大规模预训练语言模型已经展现出接近甚至超越人类水平的语言生成能力和理解能力。除了传统的文本生成和问答任务，跨领域的知识增强也成为当前的研究热点。通过集成知识图谱、因果推理等外部知识来源，NLP 大模型不仅能提供流畅的语言输出，还能确保内容的准确性和逻辑性。例如，BioBERT 模型[38] 在医学文献的处理和临床决策支持方面表现突出，能够高效地处理专业领域的知识。此外，T5[39]、GLaM[40] 等预训练语言模型通过多任务学习的方式，提升了在跨领域任务中的表现，能够理解并生成图像、音频等不同模态的信息，这大大拓宽了 NLP 的应用范围，尤其是在智能客服、自动翻译和跨语言理解等领域。

计算机视觉领域也因大规模视觉模型的发展而取得了显著进展，尤其是在Transformer架构的引入后，模型在图像分类、目标检测等任务中表现出色。ViT（视觉Transformer）通过全局自注意力机制，能够捕捉图像中的远程依赖关系，突破了传统卷积神经网络的局限。同时，多模态视觉模型，如CLIP和BLIP[41]等，通过联合建模视觉和文本信息，使得模型在跨模态任务中展现出了更强的性能。例如，在自动驾驶领域，基于大模型的视觉系统能够精准识别道路、行人和交通标志，提高了自动驾驶的安全性和效率。在医疗影像分析中，深度学习模型通过对CT、MRI等影像的智能分析，辅助医生进行早期诊断，尤其在肿瘤检测和脑部疾病诊断中起到了重要作用。通过引入大规模视觉模型，CV领域的智能系统在交通、安防等行业的应用也取得了显著突破，助力智能交通和智慧城市建设。

在多模态领域，大模型正在成为研究的重点。多模态大模型通过融合视觉、文本、语音、视频等不同类型的信息，能够进行更加深层次的理解和生成，提升了跨领域任务的执行能力。OpenAI的CLIP和DALL·E等模型，通过统一的架构设计和共享的表示空间，使得视觉和文本的交互任务得到显著优化。此外，任务融合和跨模态对齐技术在提升多模态模型性能方面也发挥了重要作用。例如，语音和图像结合的多模态情境理解，使得机器人和智能助手在复杂环境下的互动能力得到了极大的增强。这些技术在智能客服、个性化推荐、虚拟人物生成等多个应用场景中展现出强大的潜力，能够为用户提供更精准的服务和互动体验。

AI for Science领域也取得了令人瞩目的进展，特别是在生物学、化学和物理学等科学研究中，大模型技术正在推动科研速度和精准度的提升。例如，DeepMind的AlphaFold模型[42]，在蛋白质结构预测方面取得了突破性进展，为药物设计和生物学研究提供了新的工具。天文领域，AI大模型通过自监督学习和强化学习技术，成功识别了新的天体和天文事件，如快速射电暴的发现，这为天文研究开辟了新的方向。在气候变化和地球科学方面，大模型的应用帮助科学家们通过海量数据的处理和分析，更好地理解气候变化的趋势，为环境保护提供了强有力的支持。此外，AI大模型在化学反应模拟和材料科学中的应用，也推动了新材料的发现和优化，在能源、环境等领域展现出了广泛的应用前景。

随着大模型技术的快速发展，数据安全和合成增强技术成为了重要的研究方向，尤其是在应对深伪（deepfake）和隐私保护等问题时，大模型的应用显得尤为重要。深伪技术的广泛应用，使得伪造内容的识别成为一个亟待解决的难题。为此，研究者开发了基于生成对抗网络（GAN）等技术的检测系统，通过深度学习和多模态分析，提高了伪造内容的识别精度[43]。此外，随着大模型对数据的依赖性不断增强，数据合成和增强技术成为了提升模型性能的重要手段。通过生成多样化且高质量的数据集，数据增强技术在预训练和微调阶段极大地提升了模型在特定任务中的表现,增强了其泛化能力。在隐私保护方面,通过加密和差分隐私技术,AI 模型能够在保护用户隐私的同时进行有效训练,确保数据安全,推动 AI 技术的健康发展。

总之,大模型技术正朝着更高效、精准和多功能的方向发展,不仅推动了各个领域的技术进步,也为实际应用提供了强大的支持。从自然语言处理到计算机视觉,再到多模态和 AI for Science,深度学习技术正不断突破行业和学科的边界,推动着科技的前沿发展。随着技术的不断成熟,未来大模型将会在更广泛的场景中发挥出巨大的潜力,推动人工智能向着更高层次的智能发展。

2.2.2 大模型技术发展面临的挑战

随着大模型的不断发展和应用,相关的挑战和研究方向也逐渐浮现,其中可解释性和透明性、计算资源与效率、以及模型的伦理与偏见成为亟待解决的关键问题。

首先,可解释性和透明性在大模型中的需求日益增加。随着模型规模的不断扩大,尤其是在 NLP 和计算机视觉领域,模型的"黑箱"特性使得其决策过程难以理解,这在某些高风险应用场景中尤为关键。因此,研究者们致力于开发更透明的模型架构和解释方法。技术上,诸如注意力可视化、特征重要性分析、LIME(局部可解释模型依赖)和 SHAP(Shapley 值)等方法逐步应用于大模型的解释,以帮助理解模型是如何从输入数据中提取特征并做出决策的。这些技术的主要贡献点在于通过可视化和解释方法使得模型决策过程更易于理解,并为模型调优和可信度验证提供了支持。

其次,计算资源与效率成为大规模模型训练和部署的另一大挑战。随着模型参数量的增长,训练和推理所需的计算资源呈指数增长,这导致了在实际应用中的高成本和延迟问题。为了解决这些问题,研究者们提出了多种高效计算方法,如混合精度计算(通过使用低精度计算来加速训练过程并减少内存使用)、模型压缩(如剪枝、量化等)和知识蒸馏(将一个大模型的知识迁移到一个小模型中)等技术,旨在减小模型的存储和计算负担,提升效率。这些方法不仅降低了大模型的计算成本,还使得模型在资源有限的设备上也能高效运行。

最后,随着大模型在实际应用中的广泛普及,模型的伦理和偏见问题逐渐成为关注的焦点。大模型的训练数据通常来自海量的网络数据,这些数据中可能包含社会偏见或不公正的成分,这些偏见会被模型学习并加以放大,导致在应用中产生不公平的结果,如性别、种族或社会地位的偏见。为了应对这一挑战,研究者们提出了多种方法来减少偏见,包括在数据预处理阶段通过去偏见技术清理数据,以及在模型训练过程中引入公平性约束。此外,一些技术还尝试使模型在做出决策时更加透明,帮助开发者识别并消除模型中的潜在偏见。这些技术的贡献点在于提高了模型在社会应用中的公正性和公平性，为大规模 AI 系统的安全和可信度提供了保障。

综上所述，这些研究方向和技术的发展，不仅优化了大模型的应用效率和可操作性，还在一定程度上推动了 AI 技术在社会各领域的可持续和负责任应用。随着计算能力的提升和研究的深入，未来我们将看到这些挑战逐步得到解决，推动 AI 技术走向更加智能、公正和高效的未来。

2.3 通用领域大模型成就

2.3.1 大语言模型方面

大语言模型（LLM）如 OpenAI 的 GPT 系列[36]、Google 的 PaLM[44] 和 Anthropic 的 Claude[45]，在文本生成、对话系统、文本理解等方面取得了显著成就。一方面，这些模型在通用写作领域、知识问答、翻译、信息提取等领域展现出极强的能力。在写作应用上，通过大语言模型，用户能够生成各种类型的文本内容，从简单的电子邮件撰写到复杂的文学作品创作。这些模型可以理解上下文，生成具有逻辑性和连贯性的文本，还可以在不同语体、语法风格中自由转换，显著减少了内容创作的时间和人力成本。另一方面，大语言模型在辅助编程上也有着很大的突破：如 GitHub Copilot[46] 使用大语言模型帮助程序员生成代码，提供代码建议、自动补全以及调试功能，大大提高了开发效率。

GPT（Generative Pretrained Transformer）是 OpenAI 开发的基于 Transformer 架构的大规模生成模型，它依赖于自注意力机制来捕捉输入序列中的上下文依赖关系。不同于传统的 RNN 或 LSTM，GPT 通过并行处理长序列数据，能够更加有效地学习语言中的复杂模式和结构。其架构采用了解码器部分的自回归模型，这意味着模型在生成文本时，仅依赖于先前生成的上下文，而不会参考后续的单词。GPT 的训练过程分为两个阶段：首先通过大量未标注的文本数据进行无监督的预训练，目标是最大化序列中下一个单词的生成概率；随后在特定任务上进行监督学习的微调，使模型能够更好地适应具体任务的需求。这种预训练-微调框架不仅提升了模型的泛化能力，还减少了对标注数据的依赖。GPT 的规模随着版本的迭代逐渐扩大，例如 GPT-2 包含 15 亿参数，GPT-3 达到 1750 亿参数，而 GPT-4 在此基础上进一步扩展了模型规模和上下文窗口长度，并引入了多模态输入的能力，能够处理包括图像在内的多种形式的数据。通过这种大规模训练，GPT 展现了出色的多任务学习能力，能够直接执行翻译、文本摘要、生成等多种任务，甚至在少样本或零样本的情况下也表现优异。GPT-4 的多模态能力使其能够更智能地处理涉及图像的任务，进一步扩展了模型的应用场景。其创新点在于大规模参数和数据支持下增强的生成能力，尤其是在推理和上下文理解方面，GPT 能够生成流畅、连贯且具有逻辑性的文本。在应用方面，GPT被广泛用于文本生成、对话系统、编程代码生成和知识问答等领域。它不仅能够帮助用户自动生成各类文章和对话，还被应用于编程领域，如GitHub Copilot利用GPT模型来自动补全代码和生成编程建议。总的来说，GPT通过其先进的自注意力机制和大规模训练，正在推动自然语言处理和多模态任务的发展，并在实际应用中展现出极大的潜力。

PaLM（Pathways Language Model）是Google开发的一种基于Transformer架构的大规模语言模型，依托其自主研发的Pathways系统，能够高效处理多任务，并在任务间泛化。PaLM的架构采用全Transformer模型，与GPT类似，使用了自注意力机制来建模序列中的依赖关系。但与GPT不同的是，PaLM的设计理念是通过Pathways框架在大规模分布式系统上实现更高效的计算，使其在处理不同任务时能够根据需求动态调整计算资源，这大大提高了模型的训练效率（图2-3-1）。Pathways系统的核心优势在于允许模型在不同任务之间共享参数，使得PaLM不仅在单一任务上表现出色，还能跨任务处理数据，这避免了为每个新任务训练全新模型的需求，显著减少了计算开销。

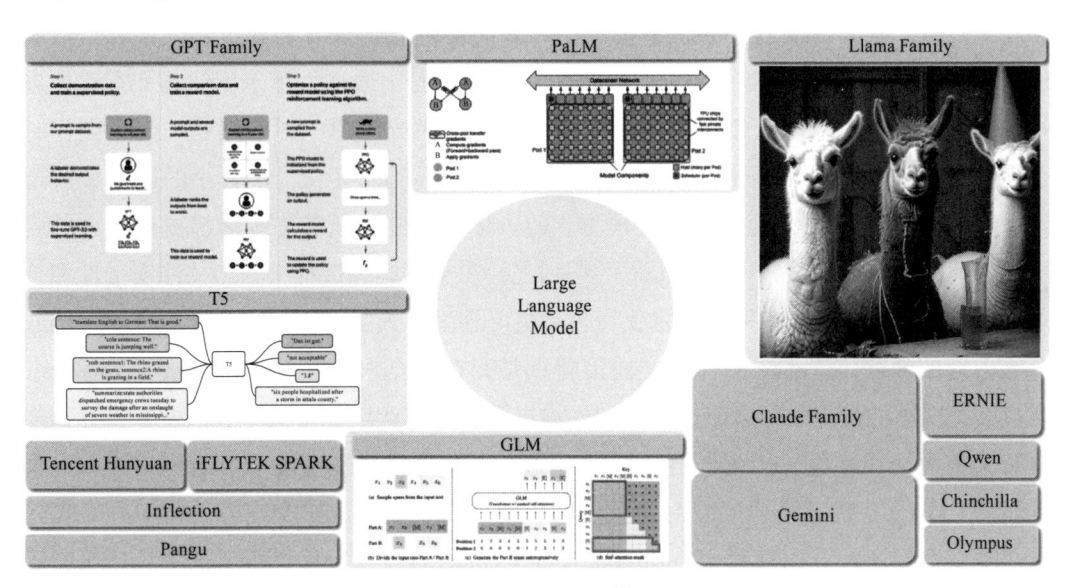

图 2-3-1 大语言模型

PaLM的训练使用了海量的多语言和多领域数据，参数规模高达5400亿，是目前规模最大的语言模型之一。相比于之前的模型，PaLM在推理任务、少样本学习和零样本学习场景下表现尤为出色，其逻辑推理能力在复杂的问答任务中展现出领先优势。PaLM的创新之处在于其稀疏激活机制，即在模型执行某个任务时只激活一部分神经元，极大地提高了资源利用率。同时，PaLM在处理推理和逻辑类任务时表现出极强的能力，能够理解并解决诸如数学问题和逻辑推理问题，这也是它超越前代模型的关键之一。通过整合大规模数据训练，PaLM掌握了丰富的语言知识，并能够在多个任务中快速泛化，展示出卓越的任务迁移能力。PaLM 的应用领域极为广泛，涵盖了多语言翻译、知识问答、编程代码生成、逻辑推理等复杂任务。得益于其强大的少样本学习能力，PaLM 在处理新任务时不需要大量标注数据也能提供高精度的结果，尤其在多语言环境下，通过提供少量的提示或示例，PaLM 可以快速适应并完成任务。此外，在逻辑推理和复杂问题求解上，PaLM 展现了领先的表现，是各类 AI 应用中不可或缺的工具。通过 Pathways 系统的高效调度和稀疏激活机制，PaLM 不仅大幅提升了模型的训练效率，还为跨任务应用带来了更广泛的可能性，推动了多语言、多领域任务处理能力的进一步发展。

Claude 是由 Anthropic 开发的一种大规模语言模型，基于 Transformer 架构，特别注重 AI 的安全性和伦理问题。Claude 的架构与 GPT 类似，采用自注意力机制来处理序列数据，允许模型在生成过程中关注输入中的不同部分，从而更好地理解上下文。与其他模型相比，Claude 的设计中融入了 Anthropic 对 AI 对齐问题（AI Alignment）的深入研究，重点在于通过强化学习和人类反馈（RLHF）来确保模型的生成结果符合伦理和安全标准。这意味着在生成文本时，Claude 能够避免出现有害或不当的内容，从而提高了 AI 系统的可靠性和可控性。Claude 在训练过程中通过大量未标注的文本数据进行预训练，并通过人类反馈进行强化学习，从而在生成对话、回答问题和内容创作时表现得更加安全和负责任。其参数规模随着版本的不同而变化，从较小的轻量级模型到可以与 GPT 和 PaLM 媲美的大型模型，Claude 在不同的任务中都能够提供强大的表现。与其他大语言模型相比，Claude 的特别之处在于其训练过程中强烈关注安全性和伦理性，通过 RLHF 和其他对齐技术使得模型更好地满足人类意图，并减少出现不适当或有害内容的风险。Claude 的一个主要创新点是其在安全对齐上的技术突破。Anthropic 通过人类反馈的强化学习策略，对模型的输出进行严格约束，使其生成的文本内容更加符合人类预期，避免了传统语言模型中可能出现的偏见、歧视或不当语言。这一安全机制使 Claude 特别适合应用在对话系统、自动内容生成和人机交互等场景中，尤其是在需要安全保证的应用领域。Anthropic 还对 Claude 的开发过程进行了严格的透明度管理，以确保模型在每个阶段都符合预设的安全标准。在应用层面，Claude 广泛应用于对话系统、知识问答和安全文本生成等领域。由于其独特的安全性设计，Claude 特别适用于那些需要防止不当内容生成的场景，如自动化客服、教育系统和医疗健康等领域。Anthropic 通过 Claude 展示了在 AI 安全与伦理性方面的技术领先性，推动了 AI 系统在更高安全标准下的应用与发展。总的来说，Claude 通过其对安全性的深刻关注和严格的强化学习对齐机制，成为大语言模型领域中一个专注于负责任 AI 应用的典范。

LLaMA（Large Language Model Meta AI）是由 Meta（前 Facebook AI）开发的一种大规模语言模型，专为研究用途设计，目的是在保持高性能的同时显著降低计算资源需求[46]。LLaMA 基于 Transformer 架构，使用自注意力机制来处理序列数据，类似于 GPT 和其他大语言模型，但其独特之处在于其高效的训练和推理架构，能够在参数量较小的情况下实现与更大模型相当的性能表现。Meta 推出 LLaMA 的初衷是为研究人员和学术界提供一个轻量级但功能强大的语言模型，使得那些不具备大规模算力资源的研究者也能使用和研究前沿的语言模型技术。LLaMA 的训练使用了大量来自互联网的多领域文本数据，涵盖书籍、文章、维基百科等多种资源，其训练目标是最大化下一个单词的生成概率，从而学习语言的模式、语义结构和复杂的依赖关系。LLaMA 有多个版本，从 70 亿参数到 650 亿参数不等，虽然其参数规模相对 GPT-3 或 PaLM 较小，但由于优化的架构设计和精细的训练过程，LLaMA 能够在多个自然语言处理任务上达到与这些更大规模模型相似的效果。相比其他大语言模型，LLaMA 的优势在于其计算效率，在相同的硬件资源条件下，LLaMA 能够实现更高的推理速度和更低的计算成本。LLaMA 的主要创新点之一是对模型规模和效率的精细平衡。Meta 通过在训练过程中对模型进行参数剪枝、优化自注意力机制以及采用更高效的计算框架，使得 LLaMA 能够在保持高精度的同时减少计算资源的消耗。这对于那些没有访问大型计算集群的研究人员尤为重要。此外，Meta 将 LLaMA 开放给学术界，提供了广泛的访问权限，使得研究人员可以在 LLaMA 的基础上进行进一步的开发和实验，促进了 AI 研究的开放性和透明度。在应用场景上，LLaMA 被广泛应用于自然语言处理的多个任务中，如文本生成、机器翻译、语言建模和对话系统等。由于其高效的架构设计，LLaMA 尤其适合在资源受限的环境中应用，例如小型研究机构或个人研究者使用有限的算力进行实验。Meta 通过 LLaMA 为学术界提供了一种可以在多种任务上进行高效实验的工具，这不仅扩展了大语言模型的研究范围，也为更广泛的 AI 研究提供了便利。总体而言，LLaMA 通过其轻量高效的设计，在学术界和研究领域内树立了一个高性能低成本大语言模型的典范，推动了自然语言处理技术的进一步普及和发展。

T5（Text-To-Text Transfer Transformer）是由 Google 开发的一种基于 Transformer 架构的大规模预训练语言模型，旨在将所有的自然语言处理任务统一转换为文本到文本的形式。T5 的核心思想是将各种任务（如翻译、问答、摘要、分类等）都视作一个统一的文本生成任务：输入是一个序列，输出也是一个序列（图 2-3-2）。这种统一任务格式使得 T5 能够更轻松地适应多种不同的自然语言处理任务，而无须为每个任务设计特定的输入输出格式。T5 的设计和理念源于其背后的研究"统一文本到文本框架"，旨在简化和标准化模型训练和推理。T5 的架构基于标准的 Transformer 模型，包括一个编码器-解码器结构。输入文本通过编码器生成表示，然后通过解码器生成相应的输出序列。不同于只依赖解码器的自回归模型（如 GPT），T5 的双向编码器使得它能够更好地捕捉输入的全局上下文信息，特别是在任务如文本摘要和翻译等场景中展现了卓越的性能。T5 的训练目标是将预训练任务统一为填空任务（fill-in-the-blank），模型通过在句子中随机屏蔽部分词语并预测这些词语来学习语言的结构和语义。T5 的规模可调，从 T5-Small（6000 万参数）到 T5-XXL（110 亿参数），不同版本的模型在处理不同任务时能够在计算成本与性能之间达到最佳平衡。T5 的预训练数据集被称为 C4（Colossal Clean Crawled Corpus），是从互联网抓取的大规模文本语料，并经过清洗处理，确保数据的多样性和质量。T5 通过在这个大规模数据集上的训练，具备了处理广泛任务的强大语言理解能力。与其他模型不同，T5 在训练过程中尝试了多种不同的预训练任务，并且通过实验得出统一的文本生成任务可以显著提高模型的泛化能力。T5 的主要创新点在于其统一文本到文本框架，这一方法不仅简化了模型的使用和任务定义，也使得 T5 能够在处理广泛的自然语言处理任务时表现出极强的适应性。由于所有任务都被视为文本生成，T5 在不同任务间的迁移学习表现尤为突出。模型可以通过微调，在少量任务数据的情况下快速适应新任务。此外，T5 的双向编码器设计使其在处理依赖于全局上下文的任务中具有显著优势，如长文本摘要、复杂的推理问题等。在应用层面，T5 广泛应用于机器翻译、文本摘要、问答系统、情感分析等各种自然语言处理任务中。得益于其统一的文本到文本框架，T5 在少样本学习场景下表现优异，能够通过少量的标注数据快速适应新的任务需求。此外，T5 的多版本模型设计允许开发者根据任务的计算资源和性能需求灵活选择不同规模的模型，确保在各种资源条件下都能获得良好的性能表现。总的来说，T5 通过其灵活的架构和统一的任务框架，为自然语言处理任务提供了强大而通用的解决方案，是现代自然语言处理模型中的重要里程碑。

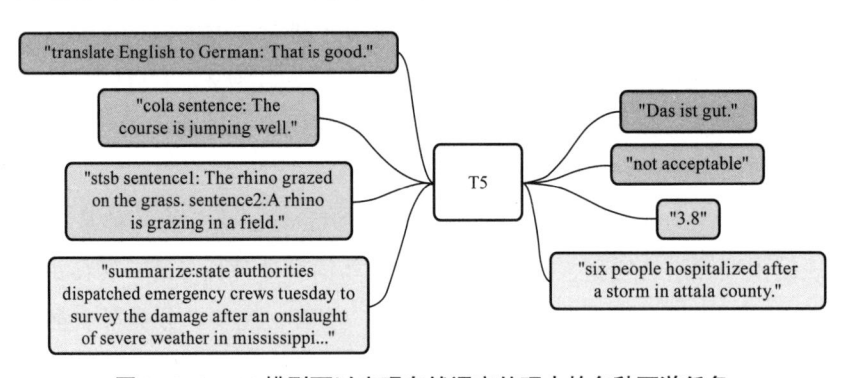

图 2-3-2　T5 模型可以实现自然语言处理中的多种下游任务

Chinchilla[48] 是由 DeepMind 公司开发的一种大规模语言模型，专注于优化参数规模与训练数据量之间的平衡。与其他主流的语言模型（如 GPT-3、PaLM 等）相比，Chinchilla 的独特之处在于其设计理念：适当缩小模型的参数规模并增加训练数据量，从而提高训练效率并改善模型性能。通过这种新的优化策略，Chinchilla 在多个 NLP 基准任务上表现优于同等规模甚至更大规模的语言模型。Chinchilla 的架构基于经典的

Transformer 模型，使用自注意力机制处理输入序列，捕捉序列中词与词之间的依赖关系。与 GPT 和 PaLM 等大型语言模型相似，Chinchilla 的核心技术依然是自回归语言建模，即通过输入序列的上下文预测下一个单词。然而，Chinchilla 的创新之处在于它不仅关注模型参数的规模，还特别强调训练数据量与模型规模的平衡。DeepMind 通过实验发现，当训练数据量与模型参数规模成比例增加时，模型的泛化能力和下游任务性能可以显著提升。因此，Chinchilla 采用了更小的参数规模（约 70 亿参数），但使用了更大量的训练数据，从而提升了模型的整体效率。Chinchilla 的训练数据包括了广泛的互联网文本资源，其数据量远大于同等规模模型的训练数据。这种海量数据训练策略使得 Chinchilla 能够更好地捕捉语言中的复杂模式和语义关系，进而在任务如语言建模、文本生成、问答系统等方面取得了优秀的表现。此外，DeepMind 的研究表明，现有的大规模模型（如 GPT-3）在训练过程中参数量远超其所需的训练数据量，因此 Chinchilla 通过调整这种关系，避免了模型训练中的资源浪费，提高了数据利用率。Chinchilla 的主要创新点在于其数据量与模型规模的优化平衡，这使得它在不增加模型复杂度的前提下显著提升了性能。在多个标准基准测试中，Chinchilla 在语言建模、文本推理、翻译和知识问答任务中表现超过了其他同类模型。通过减少参数规模并增加训练数据，Chinchilla 不仅降低了计算成本，还提高了模型的推理速度和下游任务性能。这种创新策略为今后大语言模型的训练提供了新的思路，证明了在不盲目增加参数量的情况下，通过增加高质量训练数据也能达到更优的效果。在应用方面，Chinchilla 适用于各种自然语言处理任务，如文本生成、机器翻译、问答系统、文本摘要等。得益于其优化的数据与参数比例设计，Chinchilla 在相对较低的算力需求下也能表现出色，因此适合在计算资源有限的环境中使用。Chinchilla 的研究成果不仅为大规模语言模型的发展提供了新的视角，也对模型训练中的资源利用问题提出了有效的解决方案。总体而言，Chinchilla 通过参数规模与数据量的巧妙平衡，在性能、效率和资源利用率方面做出了显著贡献，成为大语言模型领域中一种具有创新意义的模型。

GLM-130B[48] 是由清华大学推出的一种大规模双语语言模型，具备 1300 亿参数，专为中英双语处理任务设计。GLM-130B 采用了自回归和自编码相结合的架构，基于 Transformer 模型进行构建，能够在大规模文本生成、机器翻译、问答系统等多种任务中表现优异。与其他大语言模型相比，GLM-130B 的显著特点在于其泛双语设计，能够同时处理中文和英文任务，并在中英文之间无缝切换。这种设计不仅提升了跨语言任务中的表现，也使模型在多语言理解方面具备更强的适应性。GLM-130B 的架构创新体现在其结合了自回归（Autoregressive）和自编码（Autoencoding）的机制。自回归部分用于生成任务，能够根据输入的序列逐步生成下一个词；而自编码部分用于理解任务，能够对输入文本进行全局编码并生成语义表示。这种双重机制的结合，使得

GLM-130B能够兼顾生成和理解任务，成为一个全能型的大语言模型。同时，GLM-130B在训练过程中采用了基于预训练-微调框架的策略，模型首先在大规模中英文语料库上进行无监督预训练，学习语言的复杂模式和结构，然后在特定的下游任务上进行监督微调，以进一步提高其在各种任务中的表现。GLM-130B的训练规模巨大，使用了超过4000GB（吉字节）的中英文数据进行训练，覆盖了新闻、书籍、百科、社交媒体等多种来源的数据。在模型参数上，GLM-130B拥有1300亿个参数，并且通过优化的分布式训练策略实现了大规模模型的高效训练。相比于GPT-3等同类模型，GLM-130B不仅在中英文处理任务上具备更高的性能，其优化的架构也使得其在计算资源的使用上更加高效。

GLM-130B还在训练过程中使用了混合精度训练技术，这进一步提高了模型的训练效率，减少了硬件的负担。GLM-130B的主要创新点在于其双语兼容性和双重架构设计。通过将中英双语任务统一到同一个模型中，GLM-130B在跨语言任务上展现了强大的泛化能力，无须额外的调整即可处理中英文本之间的互译和生成任务。此外，GLM-130B的自回归和自编码机制使其能够同时处理文本生成和理解任务，而不是像传统模型那样需要针对不同任务采用不同的架构。得益于这种灵活的设计，GLM-130B在多种NLP基准测试中取得了领先的成绩，尤其是在中英文结合的任务上，其表现远超其他模型。在应用层面，GLM-130B广泛应用于中英文文本生成、翻译、文本摘要、对话系统等任务，特别适用于跨语言的应用场景。例如，在中英文机器翻译中，GLM-130B展现出了卓越的翻译准确性和流畅度，而在文本生成任务中，它能够生成逻辑连贯、语法正确且风格多样的文章。此外，GLM-130B的强大多任务处理能力使其在问答系统、知识抽取等任务中同样表现出色。总体而言，GLM-130B通过其高效的双语处理能力和灵活的架构设计，为中英文双语场景中的自然语言处理任务提供了一个强大且通用的解决方案，推动了大规模双语语言模型的发展。

目前中国国内涌现了多个大规模预训练模型，推动了人工智能技术的快速发展。这些大模型涵盖了自然语言处理、多模态理解、企业服务等多个领域，以下是一些具有代表性的模型：

（1）文心一言（百度）。文心一言是百度推出的多模态大模型，支持自然语言处理、图像理解、视频分析等多种任务，广泛应用于搜索引擎、自动驾驶、智能助手等场景。该模型凭借其强大的跨模态能力，成为中国大模型的代表之一。

（2）通义千问（阿里巴巴）。阿里巴巴推出的通义千问模型，特别适用于多任务处理和大规模数据分析。它通过支持企业级的人工智能服务，如客户支持、智能营销和内容生成，得到了广泛的应用。通义千问在多模态任务中的表现也十分出色，是国内综合能力领先的大模型之一。

（3）腾讯混元。腾讯的混元大模型专注于跨领域的 AI 应用，特别在金融、医疗、教育等行业有较强的落地能力。它能够处理复杂的任务，包括自然语言生成、知识图谱和数据分析，在实用性上具有显著优势。

（4）讯飞星火。科大讯飞推出的星火大模型具备语言理解、生成和推理等能力，主要应用于智能客服、办公自动化、语音识别等领域。它在语言处理和语音识别上表现突出，广泛应用于中文场景中。

（5）盘古大模型（华为）。华为推出的盘古系列大模型注重通用语言理解和生成任务，具有较强的泛化能力，特别适用于大规模的企业级应用场景，如文本生成、翻译和问答系统。

（6）豆包（字节跳动）。豆包是字节跳动推出的轻量化大模型，主要用于自然语言处理和人机交互领域，特别是在 AI 搜索、对话生成和内容推荐等场景中表现突出。豆包的快速增长得益于字节跳动的强大流量池和资源支持，其用户数量在短时间内迅速攀升。这使得豆包在大模型市场上占据了重要一席，特别是在移动端的应用中。

（7）Kimi（月之暗面）。月之暗面的 Kimi 模型在大模型市场中广泛应用，尤其是在多模态任务和深度推理方面展现了强大的能力。Kimi 主要针对用户的复杂需求进行优化，如文本总结、深度搜索和信息提炼。该模型通过浏览器插件、智能助手等应用场景，展现出强大的 AI 处理能力，并已经成为国内 AI 搜索和智能助手市场中的重要竞争者。

2.3.2 视觉大模型方面

视觉大模型（如 Vision Transformer[28]、Swin Transformer[29]、MAE[32]、DINO[50]）在计算机视觉任务中的表现极为出色。通过大量的预训练数据，视觉大模型在图像分类、对象检测、图像生成等任务上取得了跨越式进展（图 2-3-3）。比如图像生成与编辑：Stable Diffusion、DALL·E 等视觉大模型能够生成逼真的图像，甚至可以根据文本描述生成相应的图片。这些应用已经渗透到广告、设计、创意行业中，用于快速生成海报、插画等视觉素材。同时，图像识别与搜索上：视觉大模型在图像分类、特征提取等方面表现卓越，并已应用于智能安防、医疗影像诊断、自动驾驶等领域，提供高效、精准的解决方案。

Vision Transformer（ViT）是由 Google 提出的一种基于 Transformer 架构的计算机视觉模型，旨在将 Transformer 应用于图像分类等视觉任务中。与传统的卷积神经网络（CNN）不同，ViT 通过将图像划分为一系列固定大小的图像块（patches），并将这些图像块视为类似于自然语言处理任务中的词嵌入，然后使用自注意力机制（Self-Attention Mechanism）来建模这些图像块之间的全局关系。这种方法改变了以往依赖局部卷积操作的方式，使得模型能够有效捕捉图像中的长距离依赖和全局特征。ViT 的主要架构与

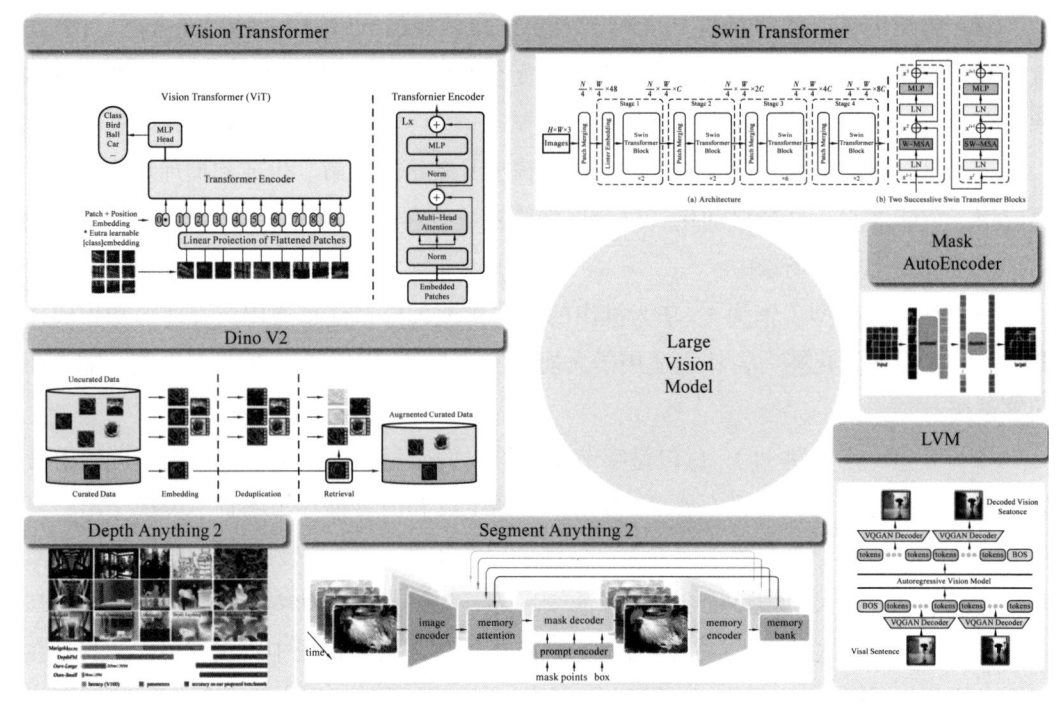

图 2-3-3 视觉基础模型

标准的 Transformer 模型类似，它将输入图像划分为固定大小的块（例如 16×16 像素），然后将每个图像块展平并通过线性变换生成向量嵌入。每个图像块嵌入都被添加上位置信息编码，确保模型能够区分图像块在原始图像中的位置。然后，这些嵌入通过一系列 Transformer 层进行处理，其中每一层都包括多头自注意力机制和前馈神经网络。与自然语言处理中的 Transformer 模型类似，ViT 通过这些层逐步提取和聚合图像的全局特征，最终通过分类头完成分类任务。ViT 的一个显著优势在于其能够更好地捕捉图像中的全局依赖，尤其是在图像尺寸较大时，传统的 CNN 需要通过多个卷积和池化层逐步提取特征，而 ViT 通过自注意力机制可以直接在全局范围内捕捉特征之间的关系。此外，ViT 在大规模数据集（如 ImageNet）上进行预训练时，展现出了与传统 CNN 模型相当甚至更好的性能，尤其是在数据量充足的情况下，其效果尤为显著。与 CNN 相比，ViT 依赖于更少的归纳偏置，这使得它在大型数据集上具备更强的泛化能力。ViT 的创新点在于其将 Transformer 应用于视觉任务，打破了传统卷积网络在图像处理中的主导地位。Transformer 架构的使用使得 ViT 可以直接处理整个图像的全局信息，而不需要逐层处理局部特征，这在高分辨率图像分类任务中尤为有效。与此同时，ViT 通过减少卷积操作和特征池化步骤，简化了模型架构，避免了在特征提取过程中信息丢失的问题。尽管在小规模数据集上，ViT 的表现可能不如传统的卷积网络，但在大规模数据集上，它的性能通常更好，特别是当模型参数较大时。在应用方面，ViT 主要用于图像分类、目标检测、图像分割等计算机视觉任务。通过大规模预训练，ViT在图像分类任务中展现出了与最先进的卷积网络（如ResNet、EfficientNet）相当甚至更优的性能。此外，ViT还被广泛应用于其他视觉任务中，如目标检测和语义分割，并逐步扩展到更多领域，例如医疗影像分析和遥感图像处理等。ViT的自注意力机制使其在需要捕捉全局图像信息的任务中表现尤为出色，而随着更多数据和计算资源的可用，ViT在计算机视觉中的应用前景将更加广泛。总的来说，Vision Transformer通过将Transformer成功应用于图像处理，为计算机视觉领域带来了新的解决方案，并在多个视觉任务中展现了强大的性能，成为现代视觉模型中重要的架构之一。

Swin Transformer（Shifted Window Transformer）是由Microsoft提出的一种创新型视觉Transformer模型，专为计算机视觉任务设计，旨在解决标准Vision Transformer（ViT）在高分辨率图像处理中的计算效率问题。Swin Transformer通过引入分层架构和移动窗口注意力机制（Shifted Window Attention），能够在保留全局信息捕捉能力的同时显著减少计算复杂度，并适应更高分辨率的图像。Swin Transformer成功地将Transformer的优势从自然语言处理拓展到视觉任务，同时保持了良好的计算效率。Swin Transformer的核心架构基于分层设计，其中图像首先被分割成固定大小的图像块（patches），这些图像块作为输入被处理。与ViT直接在全局范围内应用自注意力不同，Swin Transformer通过将图像划分为非重叠的窗口，在每个窗口内计算局部的自注意力。这种方法大幅减少了计算开销，尤其在处理高分辨率图像时更为有效。然而，为了避免局部窗口之间的信息隔离问题，Swin Transformer在每一层引入了移动窗口机制，即每隔一层，将窗口的位置偏移，使得相邻窗口之间可以共享信息。这种设计确保了局部信息可以在更大的范围内逐渐传播，同时维持了计算的效率。Swin Transformer的架构还包括多尺度特征提取，这一点与传统的卷积神经网络（CNN）相似。模型从较小的图像块开始，逐渐通过分层的方式合并信息，从而提取多尺度的图像特征。这种设计使得Swin Transformer不仅能够处理局部细节信息，还能逐步融合全局上下文信息，从而在各种视觉任务中展现出卓越的性能。此外，Swin Transformer可以方便地扩展到各种视觉任务中，包括图像分类、目标检测、语义分割等，使其成为一个高度通用的视觉Transformer框架。Swin Transformer的一个重要创新点在于其移动窗口自注意力机制，通过局部窗口的设计减少了自注意力机制的计算复杂度，同时移动窗口策略确保了窗口间的信息交流。这种设计极大地提升了Swin Transformer在高分辨率图像处理中的效率，使得它能够在不牺牲精度的前提下处理更大规模的图像。此外，Swin Transformer的分层结构使得它可以像卷积网络一样，通过层次化地提取多尺度特征，进一步增强了其在各种视觉任务中的表现。Swin Transformer在多个主流视觉任务的基准测试中均取得了最先进的性能，尤其是在大规模数据集上，其表现超越了许多传统的卷积网络和早期的视觉 Transformer 模型。在应用方面，Swin Transformer 广泛应用于图像分类、目标检测、实例分割和语义分割等多个计算机视觉任务中。特别是在目标检测和分割任务中，Swin Transformer 的多尺度特征提取和移动窗口机制使其在捕捉对象的细节和全局信息方面具有显著优势。Swin Transformer 还在医学影像分析、遥感影像处理等高分辨率图像任务中展现了强大的适应性。随着其计算效率的提升，Swin Transformer 不仅适用于数据量较大的训练环境，也为各种实际应用提供了更广泛的可能性。总体而言，Swin Transformer 通过移动窗口注意力机制和分层特征提取的创新设计，在提升计算效率的同时保留了 Transformer 在捕捉全局信息方面的优势。其在高分辨率图像处理和多任务适应性方面的突出表现，使其成为现代视觉 Transformer 模型中的重要创新之一，推动了计算机视觉领域的进一步发展。

Masked AutoEncoder（MAE）是由 Meta AI 提出的一种用于自监督学习的视觉模型，专为高效图像表征学习而设计。MAE 的核心思想是通过自监督训练的方式，从部分遮掩的图像中重建原始图像。它的设计灵感来源于自然语言处理中的掩码语言模型（Masked Language Model），如 BERT，通过遮掩输入中的一部分信息，然后要求模型预测这些被遮掩的部分，从而学习数据的潜在结构。在视觉领域，MAE 通过对图像部分内容的遮掩和重构，迫使模型捕捉图像中的全局信息和语义特征，而不仅仅是依赖于局部像素值。MAE 的架构基于自编码器（Autoencoder），并结合了 Transformer 模型的全局信息捕捉能力。具体来说，输入图像首先被分割成一系列固定大小的图像块（patches），然后模型随机遮掩掉其中大部分（通常是 75%）的图像块，只将剩下的少量图像块输入编码器（Encoder）。编码器是基于 Transformer 的，它处理这些可见的图像块，并生成特征表示。接下来，这些特征被送入解码器（Decoder），解码器会根据可见的图像块特征来预测并重建那些被遮掩的图像块。这种设计通过丢失大量的输入信息，使得模型必须学习到图像的高层语义结构，才能准确地重构出被遮掩的部分。MAE 的训练过程完全依赖于自监督学习，即无须大量的标注数据，仅通过遮掩和重建的过程就可以学习到有用的图像特征。MAE 通过这种简单的掩码机制，能够以极低的计算开销学习到丰富的图像表征。在训练过程中，编码器只处理一小部分未遮掩的图像块，因此计算效率非常高，而解码器则在重建阶段处理全部图像块，但只用于训练阶段。这种架构设计不仅减少了训练时间，也使得 MAE 在处理大规模图像数据时更具效率。MAE 的一个显著创新点是其高遮掩率和轻量编码器设计。通过遮掩高达 75% 的图像块，MAE 极大地降低了输入数据的规模，使得编码器只需处理一小部分输入。这与其他基于 Transformer 的视觉模型不同，它们通常需要处理整个图像。而 MAE 的解码器在训练时负责重构被遮掩的部分，因此编码器可以保持轻量化。这一策略显著提升了训练和推理的效率，同时通过自监督学习捕捉到了更高层次的视觉表征。在应用方面，

MAE 主要用于图像分类、目标检测、图像分割等任务，并且可以作为一个强大的预训练模型，提供卓越的图像特征表示。在图像分类任务中，经过 MAE 预训练的模型在多个标准基准数据集上表现出色，尤其在使用较少的标注数据进行微调时，其优异的特征提取能力得以充分展现。此外，MAE 的自监督学习能力使其在没有大量标注数据的场景下，依然能够为下游任务提供高质量的表征。这使得 MAE 不仅在视觉任务中应用广泛，还适用于遥感图像、医学图像等领域的特定视觉分析任务。总体而言，Masked AutoEncoder 通过掩码重建机制和自监督学习的结合，实现了高效的视觉表征学习。其创新的架构设计不仅提升了训练效率，还使得模型能够学习到全局的图像语义信息，成为视觉 Transformer 模型领域中的重要突破之一，推动了自监督学习在计算机视觉中的进一步发展。

  DINO（Distillation with No Labels）和 DINO V2 是由 Facebook AI（现为 Meta AI）提出的一种自监督学习方法，专为视觉任务设计，旨在通过知识蒸馏技术在没有标签的情况下学习图像表示。这种方法的核心思想是在没有标注数据的情况下，通过一个教师模型和学生模型的对比学习，使模型能够在自监督的环境中学习到高质量的图像特征。DINO 的创新之处在于，它结合了 Transformer 架构和对比学习的优势，从而无须手工标注数据便能够学到优秀的特征表示，这些特征可以应用于下游任务，如图像分类、目标检测和分割。DINO 的架构依赖于 ViT（Vision Transformer）模型，利用 Transformer 的自注意力机制来学习图像的全局特征。训练过程中，模型由教师模型和学生模型组成，两者共享相同的结构但有不同的参数更新方式。教师模型是通过指数移动平均（EMA）更新的，这种方法能够保持模型的一致性和稳定性。学生模型接收经过随机增强的图像输入，并试图模仿教师模型的输出，尽管输入图像经过了不同的变换。通过这种对比学习机制，DINO 模型在没有标签的情况下，能够对输入图像进行有效的聚类和分类。DINO 的自监督机制允许模型学习到更具判别力的特征表示，且无须对数据进行人工标注。DINO 的一个创新点是其对自监督对比学习的应用，尤其是在无标签条件下取得了与有标签监督学习模型相当甚至更好的性能。传统的自监督学习方法依赖于数据增强策略来学习表示，但 DINO 通过知识蒸馏的方法实现了更为稳定的特征学习，特别是在复杂的视觉任务中表现出色。通过对比不同增强视角下的图像，DINO 能够有效聚类并发现图像中的语义结构，从而学习到可以迁移到下游任务的高质量表示。在 DINO 的基础上，Meta AI 提出了 DINO V2，这是对原有模型的进一步改进。DINO V2 专注于提升自监督学习的效率和鲁棒性，并在多个下游任务中展现了卓越的性能。DINO V2 引入了更好的架构调整和优化策略，使得模型在无须大量计算资源的情况下便能够学习到强大的特征表示。特别是，在较大规模数据集上进行训练时，DINO V2 显著提升了模型的泛化能力，并在不依赖标注的情况下，在多种视觉任务中取得了最先进的表现。DINO V2 的另一个重要创新是其多尺度特征提取能力，它能够在不同尺度下有效地提取图像中的特征，从而在任务如图像分类、目标检测和语义分割中表现优异。此外，DINO V2 进一步优化了自监督训练的稳定性，通过减少教师模型和学生模型之间的差异，使得模型在复杂场景下的表现更具鲁棒性，且训练更加高效。DINO V2 还在预训练效率方面取得了显著进展，通过更加优化的训练策略减少了自监督学习的计算成本，使得其在大规模应用中更加实用。在应用方面，DINO 和 DINO V2 广泛应用于图像分类、目标检测、图像分割、聚类等多个视觉任务中。由于它们依赖于自监督学习，因此在没有大规模标注数据的情况下也能展现出强大的特征学习能力。这使得 DINO 和 DINO V2 在资源受限的场景中尤为实用，特别是在需要大规模图像理解的任务中。它们还可以作为预训练模型，用于在特定领域（如医疗影像分析或遥感图像处理）进行微调，显著提升下游任务的表现。总体而言，DINO 通过无标签知识蒸馏和对比学习，在视觉任务中实现了高效的自监督表征学习，而 DINO V2 则在此基础上进一步提升了训练效率和泛化能力。这两者的创新使其成为现代自监督学习模型中的重要代表，推动了计算机视觉任务中无监督学习的发展。

Segment Anything[50]（SAM）是由 Meta AI 推出的一种通用图像分割模型，旨在提供"一次训练，随处分割"的能力，使得模型能够在任何图像上实现高效、灵活的分割任务。SAM 的核心目标是开发一个通用的图像分割工具，无须针对具体任务进行专门的微调或额外训练，便能够分割出任何对象或区域。通过结合大规模预训练和提示驱动的分割机制，Segment Anything 模型可以接受多种输入提示，包括点、框、掩码等，并自动生成相应的分割结果。这一通用性设计使得 SAM 能够广泛适用于各种图像分割场景，而无须为每个具体任务重新训练模型。SAM 的架构基于 Vision Transformer（ViT），并通过大规模预训练实现了强大的图像理解能力。模型首先通过 ViT 将输入图像编码为特征图，这些特征图与用户提供的提示（如点、框或粗略的掩码）进行结合，进而生成精准的分割掩码。通过这种提示驱动的机制，SAM 能够根据不同提示灵活调整分割策略，从而在多种场景下表现出色。一个显著的优势是，SAM 不需要为特定的分割任务进行微调，用户可以在任何图像上通过简单的提示实现快速、准确的分割，这使得 SAM 具备了极强的泛化能力。SAM 的一个重要创新点是其提示驱动的分割机制。用户可以通过输入少量提示（如单个点或粗略的框）快速指定目标区域，模型会根据这些提示推断出完整的目标边界。这种机制显著降低了分割任务的复杂度和用户交互成本。为了实现这一目标，SAM 在大规模的多样化数据集上进行了预训练，这些数据集涵盖了大量场景和物体类别，从而确保了模型在各种环境下的高效泛化能力。此外，SAM 引入了快速实时交互分割功能，用户可以通过提供连续的提示（如不断调整框或添加点），迭代优化分割结果。这使得 SAM 不仅在静态图像中表现优异，还能够应用于动态场景或需要快速反馈的任务中。

Segment Anything 2（SAM2）[52]是在 SAM 的基础上进行的升级，进一步提升了模型的性能和适应性。SAM2 通过优化的架构设计和更大规模的预训练，增强了对更复杂场景和小目标的分割能力。与 SAM 相比，SAM2 在处理高分辨率图像时具备更高的效率，并且在物体边界处理上更加精细化。SAM2 的改进还包括引入了多模态输入的能力，不仅能够处理图像，还能结合文本描述或其他传感器数据进行跨模态的分割任务。这使得 SAM2 在需要复杂信息融合的任务中表现更佳，例如自动驾驶中的多传感器融合、机器人视觉中的场景理解等。SAM2 的另一个显著改进在于其自适应提示生成机制。不同于 SAM 依赖用户提供明确的提示，SAM2 可以在一些特定场景中自动生成初始提示，帮助用户快速确定目标区域。这一特性在大规模数据标注和高效图像处理场景中尤为有用，显著降低了用户交互的需求。此外，SAM2 在处理具有遮挡或模糊边界的复杂场景时，通过改进的边界检测和掩码优化技术，生成更精确的分割结果，进一步提升了模型的鲁棒性和可靠性。

在应用方面，Segment Anything 和 Segment Anything 2 广泛应用于图像分割、物体检测、视频帧标注、医疗影像分析等多个领域。由于其通用性，SAM 和 SAM2 不仅适用于传统的计算机视觉任务，还能够为自动驾驶、机器人视觉、AR/VR 应用、遥感影像处理等复杂任务提供强大的分割解决方案。特别是在需要大量数据标注的场景中，SAM 和 SAM2 凭借其强大的提示驱动机制和高效的分割能力，大大降低了人工标注的成本，提升了工作效率。SAM2 通过进一步提升的自适应性和多模态能力，为未来的智能分割任务提供了更加广泛的可能性。总的来说，Segment Anything 和 Segment Anything 2 通过其提示驱动的分割机制和大规模预训练，为计算机视觉任务中的图像分割提供了高效、灵活的解决方案。SAM2 进一步增强了模型的性能，尤其是在复杂场景中的表现，推动了通用分割模型的发展，并为各种实际应用中的图像处理任务提供了更加智能和高效的解决方案。

2.3.3 多模态大模型方面

多模态大模型（如 OpenAI 的 CLIP、DeepMind 的 Gato[53]）通过结合文本、图像、音频等多种模态，实现了跨模态的理解与生成能力，使得 AI 系统能够同时处理多种类型的信息，进一步推动了 AI 技术在创意和生产领域的应用。比如利用文本生成视频：多模态大模型可以根据文本生成视频内容，从而实现自动化的内容创作。这类技术被应用于广告视频、电影预告片的生成，极大简化了传统视频制作的流程。Meta 等公司正在探索基于多模态模型的高级视频生成技术，未来或将实现从剧本到影片的全流程自动化。

另一方面的多模态应用是跨模态搜索与内容推荐：用户可以通过输入图片找到相关的文本内容，或者通过文字描述查找与之匹配的图片、视频。这种应用提升了搜索引擎和推荐系统的智能化水平，更贴近用户的需求。

CLIP（Contrastive Language-Image Pretraining）是由OpenAI开发的一种多模态模型，通过同时学习图像和文本的特征表示，实现跨模态的理解和匹配。CLIP的核心思想是通过对比学习，将图像和文本嵌入到一个共享的特征空间中，使得模型能够理解和关联图像与其对应的自然语言描述。这种设计使得CLIP能够在不需要下游任务特定微调的情况下，直接处理图像分类、文本-图像检索、图像标注等任务，展现出极强的泛化能力和多模态融合效果。CLIP的训练方法依赖于大规模的图文对齐数据集，通过对比学习的方式进行预训练。模型采用了两个独立的编码器，分别处理图像和文本信息：图像编码器基于Vision Transformer（ViT）或ResNet，用于将图像嵌入为特征向量；文本编码器基于Transformer，将输入的自然语言文本转换为特征向量。在训练过程中，CLIP通过最大化图像和与之匹配的文本之间的相似度，最小化图像与其他不相关文本的相似度，来优化模型。这种对比损失函数（Contrastive Loss）确保了模型能够将图像和对应的文本描述嵌入到相同的多模态表示空间中。CLIP的一个显著创新点是其零样本学习能力（Zero-shot Learning）。在没有任何下游任务微调的情况下，CLIP可以直接通过自然语言描述对图像进行分类。例如，给定一张图片，用户可以提供几个文本标签作为描述，CLIP会根据图像与这些标签的相似度进行分类。这种能力使得CLIP可以在各种任务中灵活应用，而不需要依赖于特定的任务数据集进行训练。此外，CLIP在不同任务上表现出了强大的泛化能力，它不仅能够处理标准的图像分类任务，还可以用于图像-文本检索、图像生成和视觉问答等多模态任务。CLIP的训练数据包括了来自互联网上的大规模图文对齐数据，涵盖了各种图像和对应的自然语言描述。通过这种方式，CLIP学习到了丰富的语义信息，并能够理解图像中的复杂视觉概念与其文本描述之间的对应关系。CLIP在构建过程中并不依赖于特定领域的标注数据集，而是通过互联网图文数据的广泛分布，提升了模型在不同任务和场景中的适应能力。这使得CLIP能够处理大量未见过的概念，并在跨领域任务中表现出色。在应用层面，CLIP广泛应用于图像分类、图像检索、文本引导的图像生成、视觉问答等多模态任务中。特别是在零样本分类场景中，CLIP的性能尤为突出，用户只需提供文本标签或描述即可对图像进行分类，无须预先训练分类器。这种灵活性使得CLIP在许多实际应用中具有极高的实用性，如自动图像标注、内容检索、跨模态生成等。此外，CLIP还被用于推动图像生成模型的发展，例如DALL·E等生成模型可以利用CLIP的多模态理解能力，将自然语言描述转换为高质量的图像生成。总的来说，CLIP通过其多模态对比学习的创新方法，成功地将图像和文本嵌入到一个共享的表示空间中，打破了传统视觉模型和语言模型的单一模态限制。其零样本学习和强大的泛化能力使其能够处理各种多模态任务，推动了多模态人工智能的发展，成为视觉与语言结合任务中的重要工具。

BLIP（Bootstrapped Language-Image Pretraining）是由 Salesforce Research 开发的一种多模态模型，旨在通过结合图像和语言进行预训练，实现视觉和语言的联合表征学习。BLIP 的核心目标是通过对图像和文本的联合理解，提升多模态任务的性能，如图像描述生成、视觉问答、图像-文本检索等。BLIP 在大规模的图像和文本数据上进行预训练，学习如何从图像中提取特征并理解与之对应的自然语言描述。与其他多模态模型相比，BLIP 通过自监督学习和跨模态对齐的机制，优化了图像和文本之间的关系建模，从而提升了模型的泛化能力。BLIP 的架构基于两个核心模块：一个是图像编码器，通常采用 Vision Transformer（ViT），用于提取图像特征；另一个是文本编码器，基于 BERT 或 Transformer，用于处理自然语言文本。BLIP 的创新之处在于其自监督学习框架，通过一种称为引导式预训练（Bootstrapped Pretraining）的方式，动态生成伪标签以增强模型的学习效果。具体来说，BLIP 首先利用现有的预训练模型生成伪标签，这些伪标签用于指导模型在无标注的情况下进行视觉-语言对齐。在初始阶段，模型依赖于这些伪标签进行预训练，随着模型性能的提升，伪标签的质量也不断提高，从而形成一种自引导的学习机制。这种机制显著提高了 BLIP 在无监督和半监督场景下的学习效率。

BLIP 的预训练目标包括图像-文本匹配和跨模态对比学习。在图像-文本匹配任务中，BLIP 学习如何将图像与最相关的文本对齐，而在跨模态对比学习中，BLIP 通过最大化图像和与之匹配的文本嵌入之间的相似度来优化模型。这种多任务学习策略不仅使模型能够理解图像的视觉内容，还能将其与对应的自然语言描述进行精确匹配。此外，BLIP 还可以生成与图像相关的文本描述，这使得模型能够在图像生成任务中表现出色，特别是在需要生成高质量的图像描述或回答视觉问答问题时。BLIP 的一个重要创新点是其引导式预训练策略，通过自监督生成的伪标签，模型可以在没有大量标注数据的情况下进行有效的预训练。相较于传统的监督学习，BLIP 减少了对大规模人工标注数据的依赖，同时大幅提升了模型的泛化能力。此外，BLIP 引入了动态伪标签机制，随着训练的进行，模型生成的伪标签不断被更新和优化，进而提升了训练效果。这种设计使得 BLIP 在面对不同的视觉和语言任务时能够更加灵活和高效。在应用方面，BLIP 被广泛用于图像描述生成、视觉问答、图像-文本检索、跨模态对齐等多模态任务中。通过其强大的多模态理解和生成能力，BLIP 可以在不需要大规模标注数据的情况下处理复杂的视觉-语言任务。例如，在图像描述生成任务中，BLIP 能够根据图像生成准确且自然的文本描述，而在视觉问答任务中，BLIP 可以根据图像内容回答相关问题。此外，BLIP 在图像-文本检索任务中展现了出色的表现，能够根据图像或文本进行跨模态搜索，从而实现更精确的内容匹配。这种灵活性使得 BLIP 成为解决多模态理解和生成任务的强大工具，适用于自动驾驶、内容检索、图像生成等实际应用场景。总的来说，BLIP 通过其引导式自监督学习和跨模态对齐机制，为多模态任务中的视觉 - 语言表征学习提供了强大的解决方案。其创新的伪标签生成机制和动态学习策略，不仅提升了模型的效率，还显著增强了其在无监督和半监督场景下的表现。BLIP 在图像描述生成、视觉问答等任务中的优异表现，推动了多模态人工智能的发展，并为解决复杂的视觉 - 语言问题提供了新的路径。

BLIP-2（Bootstrapped Language-Image Pretraining 2）是由 Salesforce Research 开发的多模态预训练模型，它是对原始 BLIP 模型的改进和扩展，旨在通过更高效的架构设计和预训练方法进一步提升图像与语言的联合理解与生成能力。BLIP-2 的核心目标是实现更为紧密的视觉 - 语言对齐，同时优化计算效率，使得模型在处理复杂多模态任务时具备更强的适应性和泛化能力。通过创新的两阶段预训练策略，BLIP-2 显著提升了模型的表现，尤其在图像生成、视觉问答、图像 - 文本检索等任务中展现了出色的性能。

BLIP-2 的架构由三个主要部分组成：一个图像编码器、一个跨模态桥梁模块以及一个语言模型。与 BLIP 一样，图像编码器通常基于 Vision Transformer（ViT）或其他高效的视觉模型，用于将图像嵌入为特征向量。不同的是，BLIP-2 引入了一个跨模态桥梁模块，用于将视觉特征映射到语言模型可以处理的空间。这一设计使得 BLIP-2 能够与现有的预训练语言模型（如 GPT 或 BERT）无缝对接，而无须重新训练整个多模态模型。BLIP-2 的跨模态桥梁模块负责将图像嵌入和语言模型嵌入对齐，从而实现图像和文本之间的紧密融合。BLIP-2 采用了两阶段的预训练策略，以优化视觉和语言之间的对齐。在第一阶段，模型首先通过自监督学习在大规模的无标注图文对齐数据集上进行预训练，学习到图像和文本之间的基本语义关系。该阶段的目标是通过对比学习和图像 - 文本匹配任务，最大化图像与其对应文本之间的相似度，从而构建一个强大的多模态表示。在第二阶段，BLIP-2 通过与大型预训练语言模型（如 GPT-3）结合，进行跨模态的文本生成和理解任务。这一阶段通过强化学习和自监督学习，使得模型能够根据视觉输入生成高质量的文本描述，或根据文本提示生成对应的图像，从而显著提升了模型在生成任务中的表现。BLIP-2 的一个关键创新点是其跨模态桥梁模块，它通过优化图像特征与语言模型之间的连接，大幅减少了视觉 - 语言任务中的计算开销。相比于将图像和文本嵌入直接映射到同一个特征空间的传统方法，BLIP-2 通过引入这一模块，有效减少了模型的训练复杂度，使其能够在较少的计算资源下实现更高效的推理和生成。同时，BLIP-2 的两阶段预训练策略确保了模型能够首先学习到稳健的多模态表示，再结合语言模型进行更高级的生成和理解任务。这种分阶段的训练方法不仅提升了模型的整体性能，还增强了其对不同任务的泛化能力。在应用方面，BLIP-2 在图像生成、视觉问答、图像描述生成、跨模态检索等任务中表现出色。由于其灵活的架构设计和高效的跨模态对齐机制，BLIP-2 能够根据图像生成高质量的自然语言描述，或根据文本提示生成与之对应的视觉内容。例如，在视觉问答任务中，BLIP-2 能够理解复杂的视觉输入并生成合理的回答；在图像生成任务中，BLIP-2 能够根据自然语言描述生成对应的图像，展示了其在生成任务中的强大能力。此外，BLIP-2 还在跨模态检索任务中展现出卓越的检索性能，能够根据图像检索相关文本，或根据文本检索相关图像，为实际应用提供了强大的多模态解决方案。总的来说，BLIP-2 通过其跨模态桥梁模块和两阶段预训练策略，为视觉-语言任务中的表征学习和生成任务提供了更高效、更强大的解决方案。其在图像描述生成、视觉问答、图像生成等多模态任务中的优异表现，标志着多模态人工智能的发展进入了一个新阶段。BLIP-2 的灵活架构不仅提升了模型的计算效率，还为跨模态生成和检索任务提供了更广泛的应用前景，推动了视觉-语言模型的进一步发展。

CoCa[54]（Contrastive Captioners）是由 Google 推出的一种结合了对比学习和生成建模的多模态模型，旨在通过统一的架构处理图像与文本任务。CoCa 的核心思想是通过融合对比学习和图像描述生成这两种任务，实现一个能够同时处理图像-文本对齐和文本生成任务的多模态模型。CoCa 模型在大规模图文数据上进行预训练，并通过其创新的训练目标，在无须下游微调的情况下，表现出色的泛化能力，适用于广泛的视觉-语言任务，如图像分类、图像描述生成、视觉问答和跨模态检索。CoCa 的架构融合了对比学习和自回归文本生成两种主要机制，模型使用一个视觉编码器和一个文本编码器分别处理图像和文本信息。视觉编码器通常基于 Vision Transformer（ViT），用于将图像嵌入成特征向量，而文本编码器则基于 Transformer，用于将文本转换成嵌入表示。CoCa 采用了一种多任务学习的训练方式，首先通过对比学习最大化图像与其相应文本之间的相似性，以增强视觉-语言对齐能力；然后通过自回归文本生成进一步学习如何从图像生成自然语言描述。这种双重任务的设计使得 CoCa 不仅能在对比学习中有效匹配图像与文本，还能生成高质量的图像描述文本。CoCa 的训练过程包含两个主要阶段：对比学习阶段和生成建模阶段。在对比学习阶段，模型通过对比损失（Contrastive Loss），学习到图像和文本之间的全局对齐表示。具体来说，模型会最大化与输入图像相对应的文本嵌入的相似度，并最小化与其他不相关文本的相似度。这使得 CoCa 能够在跨模态检索任务中表现出色，例如根据图像检索相应文本，或根据文本检索相关图像。在生成建模阶段，CoCa 通过自回归方式生成文本描述，利用图像编码器生成的视觉嵌入作为条件输入，逐步生成与图像相关的自然语言描述。生成建模不仅增强了模型的图像理解能力，还使其具备强大的文本生成能力。CoCa 的一个显著创新点在于其融合对比学习与文本生成的双重任务训练，它在一个统一的框架内同时实现了对比学习和生成建模。传统的多模态模型通常专注于其中一个任务，而 CoCa 通过同时优化这两者，极大提升了模型的泛化能力和应用范围。此外，CoCa 的自回归文本生成模块通过利用视觉特征生成与图像相关的描述，使得模型在处理复杂视觉场景时能够生成准确且连贯的文本。这种双重任务的设计，保证了 CoCa 在处理多模态任务时具有更高的鲁棒性和多样性，适用于更广泛的视觉－语言任务。在应用方面，CoCa 能够在多种视觉－语言任务中表现出色，特别是在图像－文本检索、图像描述生成、视觉问答等任务中，展示了强大的跨模态对齐和生成能力。例如，在图像－文本检索任务中，CoCa 通过对比学习能够有效匹配图像和其对应的文本标签，而在图像描述生成任务中，CoCa 可以根据输入图像生成高质量的自然语言描述。此外，CoCa 在视觉问答任务中表现优异，能够根据图像内容准确回答基于图像的问题。由于其对比学习与生成建模相结合的设计，CoCa 能够在不同类型的多模态任务中保持一致的高性能表现。总体而言，CoCa 通过其对比学习与生成建模相结合的创新架构，为视觉－语言任务中的表征学习与生成任务提供了一个高效、灵活的解决方案。其在图像－文本检索、图像描述生成、视觉问答等多模态任务中的出色表现，标志着多模态人工智能的发展进入了一个新的阶段。CoCa 的灵活架构和强大的跨模态对齐能力，不仅提升了模型的整体性能，还为跨模态生成和检索任务提供了更广泛的应用前景，推动了多模态模型在现实世界中的应用与发展。

2.4 重点行业应用现状

大模型在各个行业中的应用已经展现出巨大潜力，特别是在交通、能源、金融、天气预报、医疗和生物等领域。

在交通行业，大模型广泛应用于智能交通管理、无人驾驶、交通流量预测等场景。大模型可以用于智能交通管理：通过深度学习和大模型技术，分析实时交通数据，优化交通信号灯、预测交通流量，减少拥堵。另外一个重点的应用方向是无人驾驶：以 Tesla 的 Autopilot 为代表，无人驾驶技术通过视觉大模型处理道路环境数据，实现自动驾驶功能。百度 Apollo 等系统也依赖大模型做出实时交通决策。

大模型在能源行业的应用很广泛，如智能电网、可再生能源优化、能源消耗预测等。比如智能电网：通过 AI 模型可以预测电力负荷，优化发电和输电网络的运行，保障电力稳定性和效率。华为在其能源 AI 平台中已经部署了多个基于深度学习的大模型，以实时调整电力调度策略（图 2-4-1）。同时可再生能源优化也可以使用大模型进行分析：风电、光伏等可再生能源受到气候条件的影响较大，大模型能够通过天气数据分析，提高能源利用率。

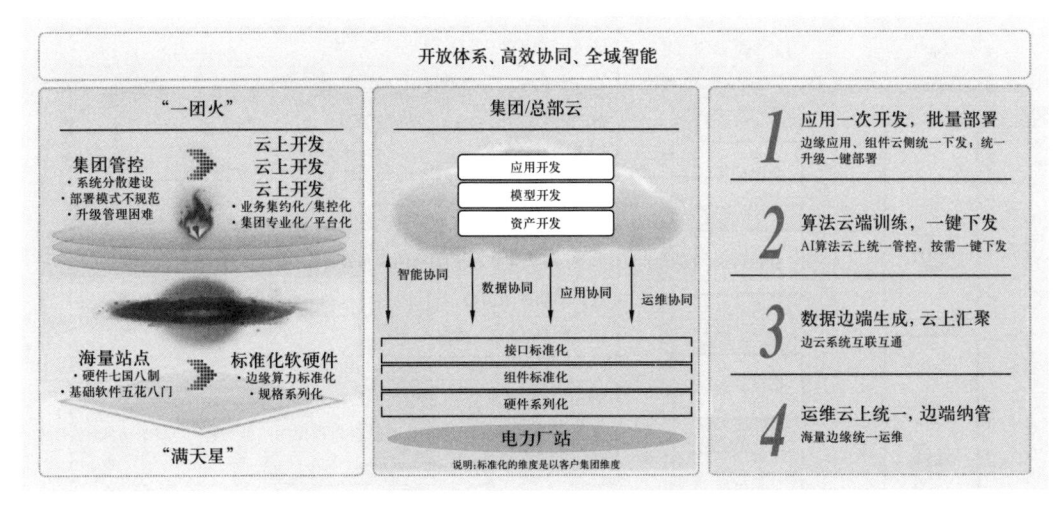

图 2-4-1 华为电力数字化解决方案赋能新型电力系统

金融行业对大模型的依赖主要体现在风险控制、市场预测、自动化交易等方面（图 2-4-2）。风险控制与欺诈检测：大模型在海量金融数据中捕捉微小的异常，帮助银行和金融机构识别潜在的欺诈行为。大模型还用于客户信用评估，精准预测违约风险。在市场预测与交易上，大模型用于量化投资公司利用大模型预测市场走势，优化投资组合，并通过自动化交易策略快速执行[55]。

在天气预报领域，华为[56]和 DeepMind[57]等公司通过大模型提升了天气预测的精度和时效性。华为的天气预报系统：结合卫星数据和地面观测数据，使用深度神经网络模型来分析大气动态，实现了更高分辨率和更长时间的天气预报。该系统在特定区域的短时强对流天气预警中表现尤为突出。DeepMind 天气预报系统：通过将传统数值天气预报模型与深度学习方法相结合，DeepMind 开发了一种基于机器学习的天气预测工具，实现了对短期降雨的准确预测。风乌大模型[58]是由上海人工智能实验室及多家研究机构联合研发的全球中期天气预报大模型，采用多模态和多任务深度学习方法，能够进行超过 10 天的精确预报。风乌大模型在预报精度方面表现出色，10 天预报误差相比 DeepMind 的 GraphCast 模型降低了 10.87%，相较于传统物理模型，误差降低了 19.4%。此外，风乌大模型的时效性也优于国际标准，其有效预报时长达到了 10.75 天。值得一提的是，风乌大模型在资源效率上具有明显优势，仅需单 GPU 即可在 30s 内生成高精度的全球天气预报。这些特点使风乌大模型在全球气象预报领域中展现出巨大的应用潜力，尤其在农业、航空和公共安全等行业中将发挥重要作用。

在医疗领域，AI 大模型已成为辅助诊断、药物研发、个性化治疗的重要工具。在辅助诊断领域，基于医学影像的大模型能够精准识别病变区域，例如 DeepMind 开发的眼科疾病检测系统，可以对糖尿病视网膜病变等疾病进行早期诊断。另外，大模型可以

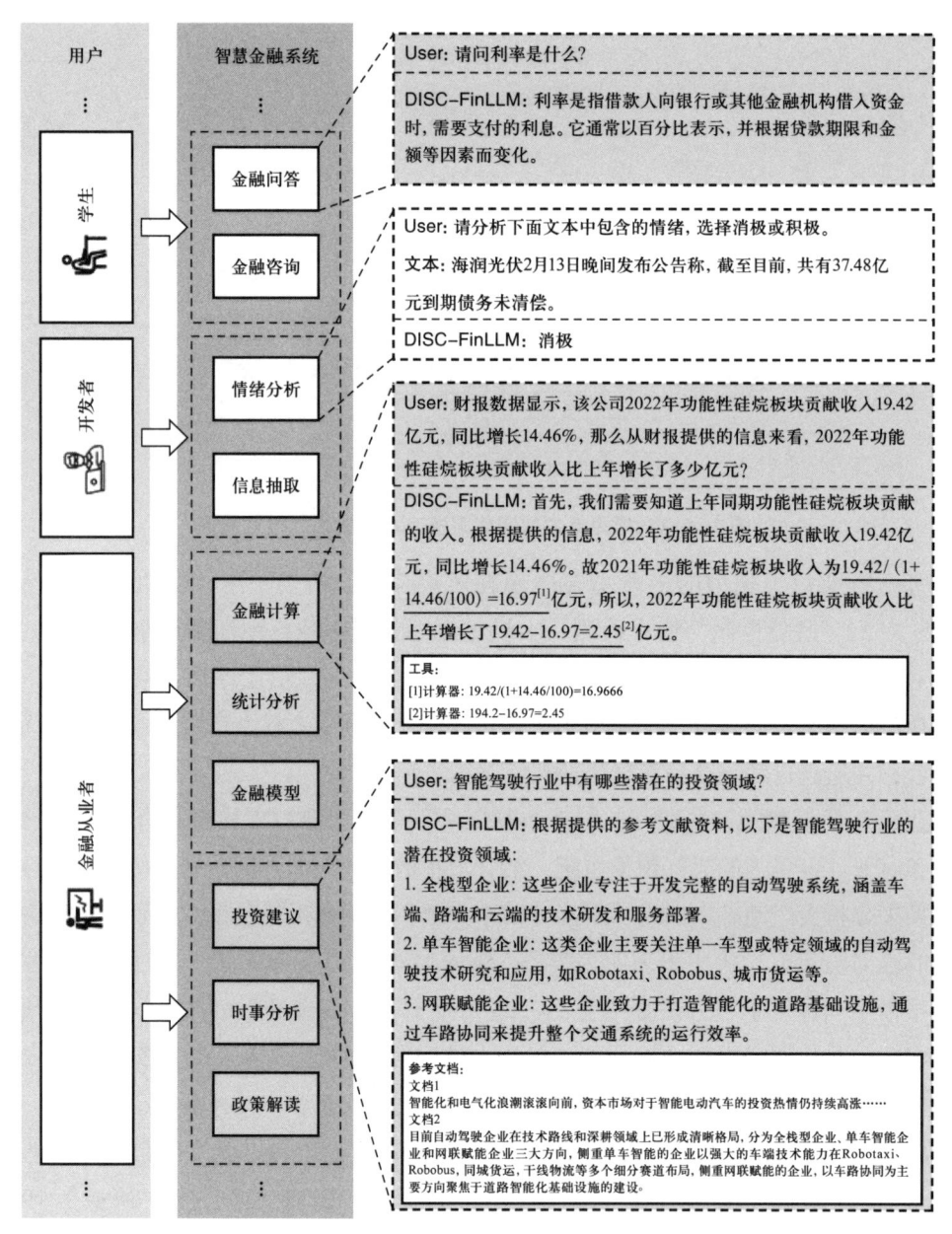

图 2-4-2　DISC-FinLLM 面向不同金融场景的 4 个模组（金融咨询、金融文本分析、金融计算、金融知识检索问答）构成的多专家智慧金融系统

进行个性化治疗：医疗大模型通过对患者数据的分析，能够提出针对个人情况的最佳治疗方案，提高疗效。

在生物学领域，AI 大模型正推动基因组学、蛋白质折叠和生物医药的创新。如蛋白质折叠：DeepMind 开发的 AlphaFold[42] 大模型能够精确预测蛋白质的三维结构，解决了生物学中的长期难题。这一技术已经广泛应用于药物研发和生物工程。在大模型推进基因组学方面，大模型可以通过分析基因数据，发现潜在的致病基因，推动了罕见病、癌症等重大疾病的研究。

大模型的行业应用展现了强大的跨领域能力，推动了诸多行业的智能化和效率提升。从交通、能源、金融到医疗、生物等行业，大模型不仅提升了自动化水平，还大大增强了决策的精度和效能。随着技术的进一步成熟，更多创新应用将在这些行业中落地。

2.5 油气大模型发展现状与挑战

当前油气行业大模型的发展正在成为油气行业数字化转型和智能化发展的关键推动力。目前，油气行业大模型的发展主要聚焦于语言大模型和视觉/多模态大模型在行业中的垂直应用。这些模型通过语言和视觉技术的结合，为油气行业提供了智能化解决方案。

2.5.1 语言大模型发展现状

国内外学者尝试以通用语言基础模型为基座，使用大量油气行业相关的文本数据进行预训练，推出了专注于油气领域的大语言模型。目前，油气行业的大语言模型主要应用于智能助手问答、地震勘探、储层表征和生产管理等方面，以提高工作效率和决策准确性。

2.5.1.1 智能助手问答应用

在智能问答助手方面，通过大语言模型，用户可以使用自然语言查询丰富的油气行业知识和实时数据，迅速获得所需信息。国内外研究者利用公共数据集和私有数据集进行增量训练，开发了多种基于大语言模型的智能助手和问答技术，助力油气行业的智能化转型。

部分国内外学者通过训练维基百科等公用数据集来应用大语言模型。Eckroth 等[59]提出了一种名为 PetroQA 的原型工具，用于在石油工业中通过 ChatGPT 回答自然语言问题。该工具利用 Petrowiki 的内容，使 ChatGPT 具备石油领域的相关知识，同时约束 ChatGPT 使其避免幻觉并引用相关知识的来源；同时，他们也正在开发和测试一款新的问答系统 GraphQA，通过使用 GPT-4 将自然语言问题转换为精准的图查询，使得用户可以利用该系统搜索由油井、油田、岩石类型等石油领域事实和概念构成的大型图形知识库，得到准确的石油领域知识答案。Marlot 等[60]用无监督多任务学习方法训练大语言模型，收集了包含 33000 份能源和石油天然气领域文件的高度多样化数据集。此外，针对特定的石油和天然气领域的问答对、提供首字母缩略词的完整定义以及领域内名词解释任务，对 GPT-2 基础模型进行了微调。研究结果表明，即使是经过领域特定数据精细微调的小型模型，其表现也优于在通用语料库上训练的大型模型，凸显了在技术领域微调语言模型的优势。

一些学者在使用公共数据集的基础上，额外引入私有数据集进行增量训练。2022 年，圣保罗州立大学（UNESP）基于 BERT 模型推出了针对葡萄牙语石油和天然气勘探领域的 PetroBERT[61]（图 2-5-1），PetroBERT 使用葡萄牙语石油和天然气领域工件存储库及私人每日钻井报告语料库，并结合了 BERT 多语言模型和 BERTimbau。其在这些垂直领域的私有数据集上执行命名实体识别（NER）和句子分类两项任务进行微调，研究结果显示 PetroBERT 在这两个任务中均展现出了一定的潜力。

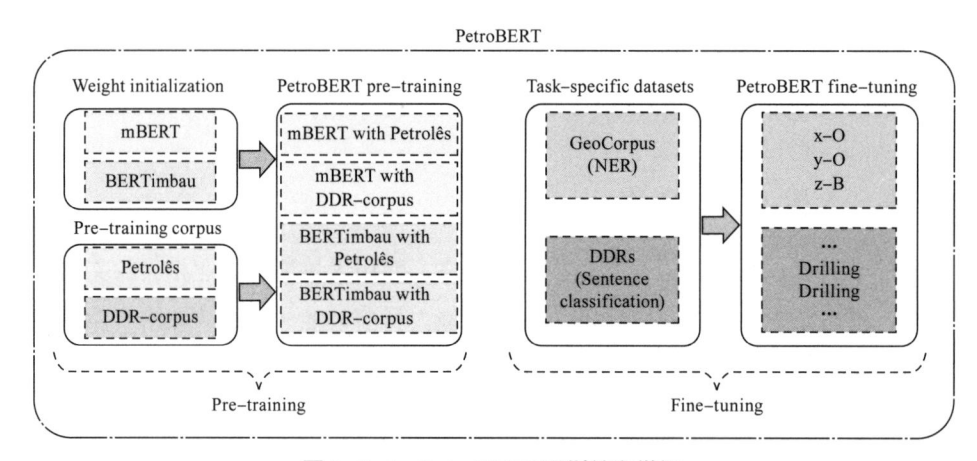

图 2-5-1　PetroBERT 预训练和微调

2023 年，埃克森美孚研究团队提出了 customLLM 模型[62]，旨在解决基础语言模型在处理工业语言时表现出的偏向问题。customLLM 通过引入领域标记，增强了模型在石油和天然气等专业领域的任务表现能力。预训练语料库结合了私有资源，如设备手册、工单和设备维护数据，以及公开数据源，如维基百科等，同时加入了物理和化学相关的名词解释。为了提升 customLLM 的学习能力，团队整合了维基百科的外部知识，重点涵盖材料、基本设备信息及石油和天然气行业的相关概念，增强了模型的行业知识储备。训练过程中，customLLM 采用基于分块决策的掩码语言模型，通过数据重叠确保组块之间的叙述流畅性，并使用聚类和文本生成任务进行微调，提升模型对设备数据的理解能力。这一策略显著提高了模型在自然语言理解中的表现，使其能够更好地应对石油和天然气领域中的专业任务。Kumar 等[63]的研究利用了参数规模超过 1000 亿的大型语言模型，通过微调和多种提示工程方法，成功处理了石油和天然气领域钻井活动生成的大量非结构化文本数据。这些技术用于实体识别、信息提取和摘要等任务，有效解决了油气领域非结构化文本数据审查与解读的难题。此外，Deng 等[64]在包含 55 亿个 Token（单词、标点符号或其他语言单位）的地球科学文本语料库上对 LLaMA-7B 模型进行了进一步训练，首次推出了针对地球科学的大语言模型——K2（图 2-5-2），并开发了一系列资源来促进大语言模型在地球科学研究中的应用，包括为 K2 模型及其他大语言模型提供了专门针对地学领域任务的训练数据首个地球科学指令微调数据集 GeoSignal、首个地球科学基准测试集 GeoBench 等，展示了大语言模型在地学领域的巨大潜力，也为未来大语言模型在油气行业的研究和应用开辟了新的道路。

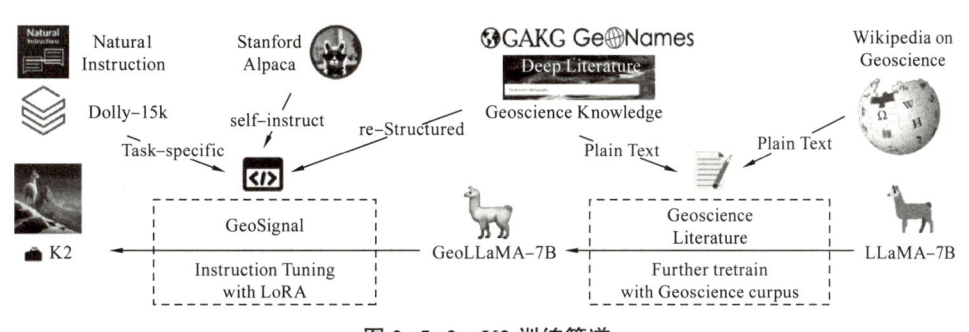

图 2-5-2　K2 训练管道

包括两个关键阶段：第一阶段涉及进一步的预训练，以整合地球科学知识，增强模型在该领域的专业知识；
第二阶段是使用低秩自适应（LoRA）进行指令调整

2.5.1.2　地震勘探与储层表征应用

大语言模型（LLMs）凭借其类人文本理解与生成能力，在油气领域的编程、自动化和代码生成等方面显著提升了软件开发、数据处理和运营效率。

在地球科学领域，Weijermars 等[65]将大语言模型（ChatGPT）整合到地震数据的编码和数据处理中，他们向 ChatGPT 输入了一个提示，请求一个基于维纳最优滤波的 Python 函数，以便对一系列地震炮记录进行尖脉冲反褶积，该人工智能有效地返回了一个函数，该函数能根据输入参数（如地震炮集、尖脉冲滤波器的长度和预白化百分比）生成反褶积后的地震数据（图 2-5-3）。

Dhelie 等[66]将 ChatGPT 应用于油气勘探任务，在叠前处理阶段（如去噪、去混叠等）成功处理了地震图像，展示了生成式人工智能在复杂地球科学数据处理中的深远影响。随着 AGI 技术的不断发展，它们与石油工程和地球科学研究的整合有望深化，为数据分析和解释提供更先进的工具。

在现代油气勘探与开发中，随着数据量的不断增长，传统的储层表征和地质建模方法已逐渐难以满足高精度和高效率的需求。为了应对这些挑战，人工智能与大数据技术开始广泛应用于石油工程领域，尤其是大规模预训练模型在地质数据分析中的崛起，为储层表征和地质建模带来了新的思路和技术突破。这些创新手段不仅提升了处理海量数据的能力，还为更加精准的油气藏描述和预测提供了支持。

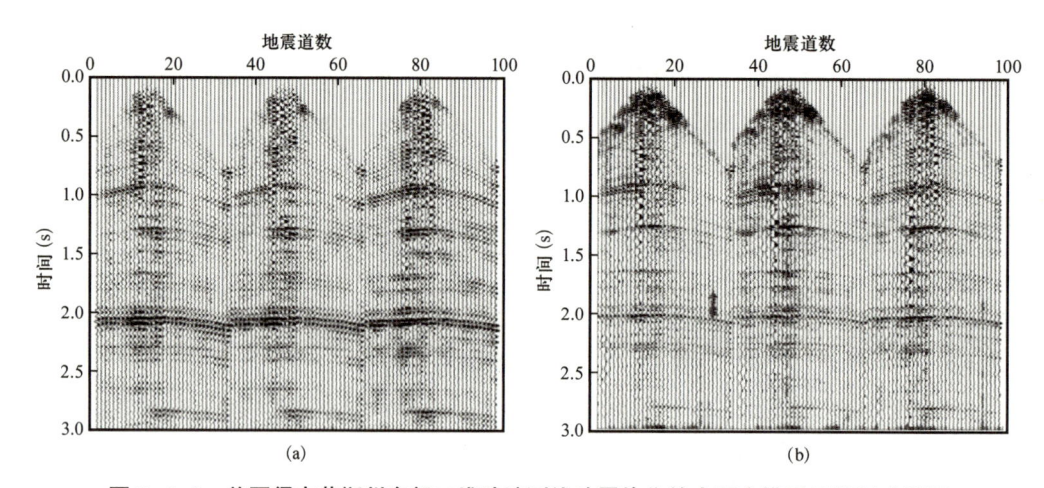

图 2-5-3　美国得克萨斯州东部二维陆地测线地震炮集的大语言模型反褶积成果图
（a）应用尖脉冲去卷积之前的地震射线集合，展示了未处理的原始数据；（b）应用尖脉冲去卷积之后的地震射线集合，显示了去卷积处理后的结果

在储层表征领域，通过大规模预训练模型，可以实现从大量非结构化文本中提取有价值的地质参数[67]，从而能够深入挖掘复杂储层的岩石物理特性和空间分布规律，促进了地下储层中岩石类型的划分和渗透率预测。与传统方法相比，大模型可以更高效地处理海量数据，并提高储层表征的精度，推动储层表征技术从数据驱动向知识驱动的转变。

地质建模在油气勘探开发中具有至关重要的作用，它是理解地下地质结构、预测储层分布和优化钻探作业的核心工具。通过地质建模，研究者能够构建地下的三维地质结构，精确描述储层的形态、分布和物性特征，从而为油气开发和管理提供决策支持。然而，传统地质建模面临着包括数据有限性、地下地质结构复杂性、多尺度问题以及跨学科数据整合等挑战。此外，模型验证困难、时间和成本高昂、动态更新不便等问题也限制了其效率和精度。在将 ChatGPT 等模型应用于石油和天然气工程的地质建模时，Ogundare 等[68]通过思维链[68]的方法，引导 ChatGPT 生成连续性方程和动量方程，并使用有限差分方法对这些方程进行离散化，提供了有效的建模方案。然而，ChatGPT 在超出简单领域的计算中表现较弱，这成为将大型语言模型（如 ChatGPT），全面整合到以复杂数学物理为主导的工业自动化和系统中的一大障碍。

2.5.1.3　生产管理应用

通过大语言模型分析大量行业数据、研究报告以及市场趋势，可以实现为管理层提供数据驱动的决策支持，并协助工程师解决日常工作中的技术难题。同时，大模型具备的强大的数据分析能力，能够使其从海量的操作参数和环境因素等多维数据中提取关键信息。通过识别这些数据中的潜在模式和趋势，模型可以提前预测设备的故障或性能下降。这种预测能力对于油气开采的设备维护和生产运营至关重要，可以帮助工程师在问题发生前进行预防性维护，从而减少非计划停机时间、降低运营风险和维护成本。

石油和天然气（O&G）行业产生大量数据，来自地震勘测、井日志和钻井报告等多种来源，这些数据通常存储在关系型或非关系型数据库中。然而，用户在查询相关数据时常常面临语言和技术上的挑战，需要了解数据库查询语法和模式定义。Avinash[70]等为解决该问题，提出了一种新的框架，通过自然语言与 O&G 数据库进行高效交互。他们采用了文本到文本转换变换器（T5），在多任务设置中将自然语言转换为结构化查询语言（Text-to-SQL）作为主要任务，同时辅以查询上下文和段落上下文的分类任务。此外，研究还提出了一种 SQL 到自然语言的增强方法，帮助用户以更直观的方式进行查询。通过引入数据库感知的查询消歧义功能，该框架能够有效处理拼写错误和打字错误。该模型在 1711 个自然语言查询的评估中表现优异，Text-to-SQL 任务的确切集合匹配准确率（EM）达到了 88.5%。同时，在查询和段落上下文分类任务中，F1 分数分别为 96.3% 和 87.7%。研究表明，多任务训练显著提高了 SQL 预测的准确性。Singh 等[71]提出了一种基于大型语言模型的对话式人工智能聊天机器人，该机器人经过训练能够回答与钻井和生产监控相关的问题，执行数据集查询和诊断分析，并生成改善运营的建议。借助 Text2SQL 等技术，用户可以通过语言或语音对话的方式快速查询和分析历史报告数据，从而提升数据访问的效率和便捷性。随着井施工过程中产生的数据量增加，如何有效利用这些数据优化未来的施工变得至关重要。Yi 等[72]提出通过整合传感器数据、晨报和完井报告等信息，创建了一个统一的数据库，并在云平台上训练模型，使用户能够快速检索相关信息。在 2024 年沙特阿拉伯通信技术与信息科技展（LEAP）上，沙特阿拉伯国家石油公司发布了其油气行业的大语言模型 Aramco Metabrain[73]，该模型拥有 2500 亿个参数，并使用了 7 万亿个数据点进行训练。该模型整合了沙特阿拉伯国家石油公司超过 90 年的历史数据，能够分析钻井计划、地质数据、历史钻井时间和成本，进而推荐最优的油井方案。Aramco Metabrain 还可以为成品油提供精确的预测，包括价格趋势、市场动态和地缘政治洞察。

此外，大语言模型能够分析海量的数据集，包括操作参数、历史性能数据以及环境因素等，通过识别数据中的模式和趋势预测潜在的设备故障。这种预测能力使得维护活动能够从传统的反应式维护转变为更为高效的预防式维护，从而在故障发生前进行干预[24, 74]。Abijith 等[75]认识到油气行业在处理大量非结构化数据和行业特定术语方面的独特挑战，开发了一个基于 RoBERTa 的定制大型语言模型，定制过程包括在一个专门为此目的收集的语料库上进行广泛训练，该语料库包括设备手册和工厂维护记录，以确保模型熟悉该行业的特定语言。此外，该团队还创建了自定义分词器，以便将文本准确分割为可分析单元，从而使模型能够有效解码油气行业的专业词汇。Paroha 和 Chotrani[76]微调了两个先进的大型语言模型，即 TimeGPT 和 Time-LLM，并将它们应用于预测石油生产中电动潜油泵（ESP）的维护需求。研究发现，这两个模型在识别 ESP 健康状况的关键指标方面均表现出色，这与行业现有的知识相吻合。其中，TimeGPT（图 2-5-4）相较于 Time-LLM，实现了更高的准确率、精确率、召回率和 AUC-ROC 值。这证明了大语言模型在提升该行业预测性维护策略方面的潜力。

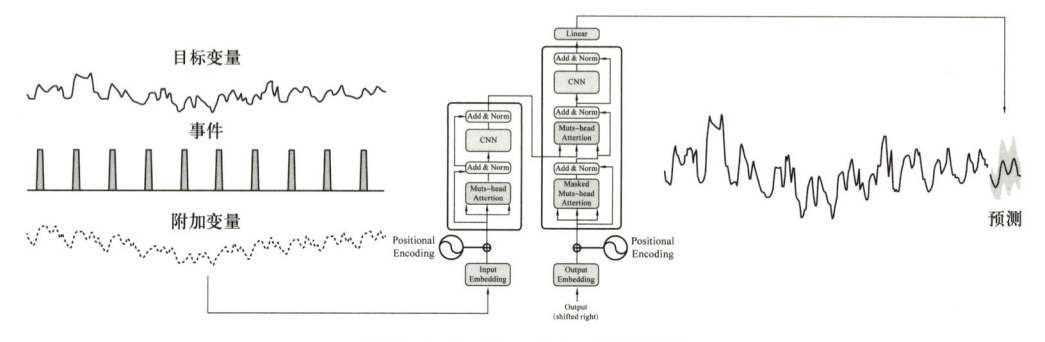

图 2-5-4　TimeGPT 的架构图

2.5.2　视觉/多模态大模型发展现状

相比于大语言模型，视觉大模型和多模态大模型在油气行业展现了强大的图像处理与分析能力。它们能够从岩心图像、地震物探图像、成像测井图像、遥感图像等多种图像和视频数据中提取关键信息，在油气领域的应用更加广泛。目前，国内外的学者已经在视觉大模型和多模态大模型的基础上，开展了诸多探索性研究，主要集中在知识提取、油气勘探、生产管控等任务上。这些模型为复杂地质结构的识别、储层表征和生产优化提供了强大的技术支持。

2.5.2.1　知识提取应用

油气行业在复杂而密集的作业过程中产生了大量的多模态数据，这些数据从文本和文档到图像和视频应有尽有。传统方法往往依赖于对单模态数据的手动处理，这对于行业多模态数据的语义表示和集成来说是不够的。多模态人工智能可以在从行业庞大且多样的数据中提取和组织知识方面发挥关键作用，这些数据通常是未结构化或半结构化的。

Huang 等[77]基于多模态数据的固有特点和标准知识组织框架，提出了一种从石油工业勘探开发标准数据中自动提取标准信息的知识提取方法，深化了多模态标准知识组织理论，为石油工业标准知识排序、精准知识服务和深度知识发现提供了有效支持。该方法主要包括两个模块，表提取和段落提取。两个模块都依赖于词性分类器。通过表提取，用户可以直接从表中派生出本体和指示项。段落提取允许用户从标准文档中适用的范围段落中捕获本体。然后将两种提取方法的输出合并并纳入指标数据库。图 2-5-5 给出了该方法的过程流程图。这种多模态 AI 系统的应用能够自动组织并对大量数据进行语义分析，不仅提高了效率，还增强了信息的准确性和可访问性。

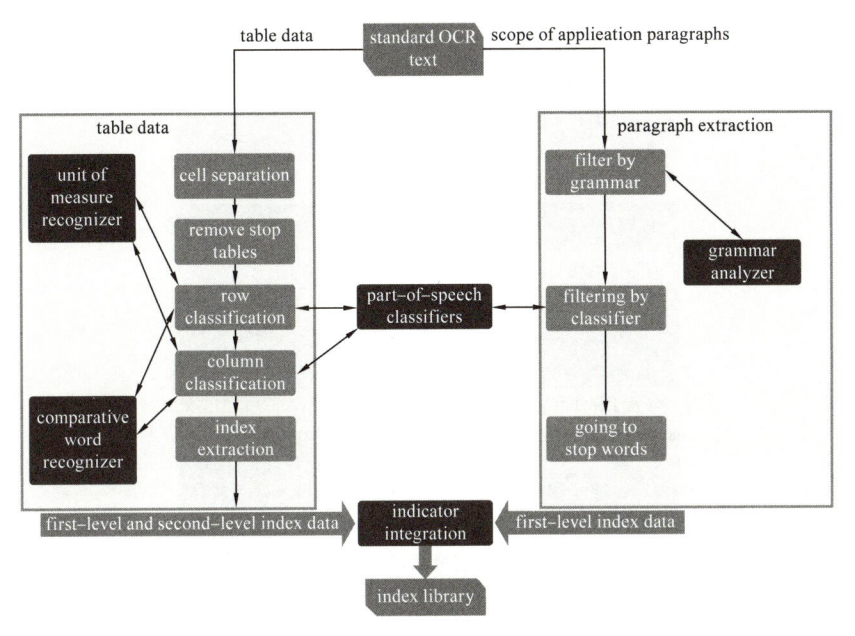

图 2-5-5　标准知识提取算法流程图

2.5.2.2　油气勘探应用

（1）岩心分析。

钻探岩心对于提供直接的地下信息和岩石地层连续记录具有无可估量的价值。因此，从钻探岩心样本中准确测量裂缝频率或裂缝密度提供了影响油气资源勘探与开发、地质灾害评估以及地下结构设计与施工的重要信息。与传统的手工岩心记录方法相比，人工智能（AI）模型为地质和岩土工程分析提供了一种自动化方法，展现出了卓越的性能和效率[78-79]。在图像分割领域，He 等[80]提出 Mask R-CNN 模型，Cheng 等[81]通过集成基于 Transformer 的架构并改进其前身能力提出 Mask2Former，它们在实例分割中展现了较高的精确性，但其仍然面临数据依赖性和需要大量标注工作的挑战。Kirillov 等[51]提出了 Segment Anything（SAM）模型，具备"零样本预测"能力，即不需要标记数据就能预测和分割新实例。它基于零样本学习的原则运行，模型能够从已见数据推广到未见数据，展示了一种与通用人工智能（AGI）趋势相符的方法。Li 等[82]测试了 Mask R-CNN、Mask2Former 和 Segment Anything（SAM）三种计算机视觉人工智能模型对岩心样本掩码的检测和分类任务（图2-5-6）。结果中SAM的泛化能力展示了人工智能模型向AGI发展的潜力，从依赖标记数据到能够在没有先前直接示例的情况下进行预测的转变，说明了人工智能系统日益增长的自主性，增强了它们在现实场景中的适用性，减少了部署所需的时间和资源。

图2-5-6 Mask R-CNN、Mask2Former和Segment Anything（SAM）三种AI模型对岩心样本实例分割（Mask over image）的效果对比分析，突出了各自在岩心样本识别中的准确性

（2）岩石薄片智能识别。

岩性识别方面，中国石油勘探开发研究院的FalconCore团队以Segment Anything（SAM）为基础模型，实现智能薄片识别，通过构建颗粒分割、矿物识别和孔隙类型智能识别模型，显著提高了识别效率[83]；并且提出了一种创新的多通道注意力变换器（MCAT）方法（图2-5-7），通过数据增强和整合不同光照条件下的图像序列，有效提升了特征学习能力，实现岩石薄片图像的实例分割，并在真实岩石薄片数据集上验证了其优越性[84]。其研发出的支撑薄片智能鉴定和扫描电镜孔缝分析的大模型，推动了智能技术在岩石学与油气勘探中的应用。

Zhang等[85]针对岩性识别问题，开发了一种用于大陆页岩岩性的厘米级智能识别系统。从400m的钻探岩心中构建了一个涵盖24种岩性和152种岩性过渡的十万/百万级别训练样本，还提出了基于Multiscale Vision Transformer（MVIT-V2）等大模型架构的厘米级别识别方案。

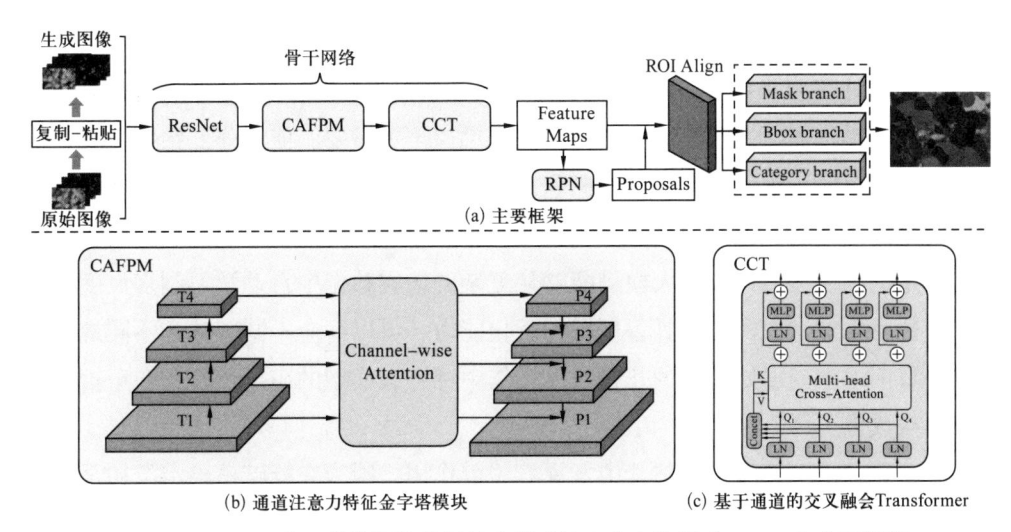

图 2-5-7　用于岩石薄片图像分割的多通道注意力变换器（MACT）主要框架

（3）数字岩石物理。

在储层建模中，强大的零样本学习 SAM 模型能满足其高精度分割的需求，该模型展现了在没有大量标记数据集的情况下，能够交互式和自动地分割图像的能力。传统的语义分割模型严重依赖于大规模的标注数据集，这使得它们的准备过程非常耗时，特别是对于复杂的 CT 和 SEM 岩石图像。SAM 通过提供零样本分割能力来改进分割过程，这对于数据量有限且图像特征复杂的数字岩石物理学来说非常重要。

Ma 等[86]针对岩石 CT/SEM 图像分割对 SAM 进行了微调，提出了 RockSAM 模型（图 2-5-8）。实验结果表明，微调显著增强了 SAM 在岩石 CT 和 SEM 图像上的性能，使其能够在数字岩石图像分析中生成高质量的分割掩模，克服了对复杂标注数据的需求，用最少的人工干预和数据进行学习和适应。不仅提高了数字岩石图像分析的准确性，而且预示着基础模型在石油和天然气行业的成功应用。

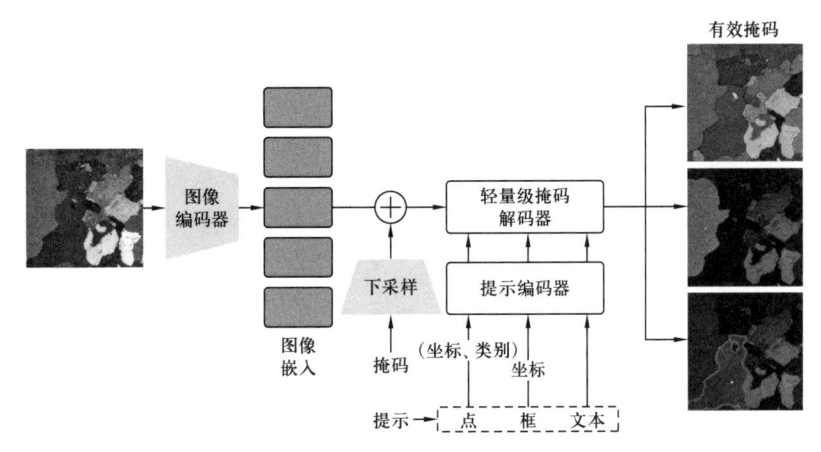

图 2-5-8　RockSAM 网络结构图

（4）地震数据处理。

地震数据处理涉及复杂的反演和成像技术，能够将从地表采集的地震波信号转化为清晰的地下地质图像。这对于油气资源的精准勘探至关重要，能够降低钻探风险、提高勘探效率，同时还可用于地热资源勘探和地震活动监测等领域。高效的地震数据处理能显著提升勘探决策的准确性，减少环境影响，节省成本。传统方法往往依赖于手工提取特征和预定义的模型结构，而大模型能够从复杂的地震数据中自动学习到多尺度的空间和时间特征。此外，大模型还具备良好的泛化能力，可以适应不同区域和不同规模的地震数据，目前地震数据处理中的几种常见操作中都有大模型的应用（包括初至拾取、插值、去噪与成像）。

初至拾取在地下速度结构估计中发挥着关键作用，因为它能够精确定位初至信号的起始点。近年来，深度学习方法在训练后能够在类似的数据集上实现出色的初至拾取结果。然而，这些方法的泛化性能显著受到噪声和数据分布差异的影响。由 Meta AI 开发的 SAM[51] 被视为计算机视觉领域的首个基础模型，通过在包含数百万图像和数十亿个掩模的庞大数据集上进行训练，SAM 展示了在广泛图像分割任务中提供高效分割结果的强大能力。考虑到地震数据中的初至拾取同样是一项分割任务，采用 SAM 进行此类任务具有良好的前景。

目前，有两种方法可以应用 SAM：第一种方法是直接利用 SAM 的自动分割特性，选择最大掩模作为初至拾取结果，因为在地震数据中，信号通常占据图像的最大部分。第二种方法涉及手动设置提示，适用于需要更精细分割的情况，且具有更快的运行速度。然而，这种方法的缺点在于需要人工干预进行提示设置。

尽管基于 SAM 的初至拾取方法在地震数据上表现出优异的性能，但仍存在多个亟待研究的问题。首先，当前基于 SAM 的方法效率相对较低。例如，在 Halfmile 数据集中，在不进行并行化的情况下，处理一条线道集大约需要 5s，这与工业级应用的要求相差甚远。因此，加速基于 SAM 的初至拾取算法将是未来的重要研究方向。其次，现有的 SAM 模型经过图像和文本数据的训练，但尚未针对地震数据进行适配，因此无法执行诸如断层检测和根据提示识别特定噪声区域等语义分割任务。未来的潜在发展方向包括利用 Adapter[87] 和 LoRA[88] 等技术对 SAM 进行地震数据微调。

由于数据采集条件的限制，原始地震记录常常存在数据缺失和各种噪声的问题。地震数据插值的目的是从稀疏样本中恢复数据，而去噪的目的则是从噪声中分离出有效信号。在地震数据处理中，地震数据通常被转换为类似图像的格式，因此可以采用图像处理大模型来开发地震数据处理大模型。

在原始地震数据中，缺失数据和噪声呈现出高度复杂性，并且不同地震数据之间的分布差异显著，这妨碍了模型的泛化能力，进而影响了深度学习方法的广泛应用。为确保经过训练的模型在各类地震数据集和处理任务中展现出稳健的泛化能力，当前有两种流行的大模型开发策略。第一种策略是基于预训练和微调。该策略最初利用大规模数据集，基于 Mask Autoencoder（MAE）框架[32]预训练具有大量参数的模型，然后在下游任务中进行微调，以实现更高的性能。第二种策略则基于生成模型的地震数据先验，例如扩散模型[89-90]和生成对抗网络（GAN）[91]。这一策略通常包括两个阶段：第一阶段是腐蚀编码器，它将不同类型的丢失数据和噪声编码到潜在空间中；第二阶段利用从第一阶段获得的嵌入作为提示，并采用预训练的扩散模型作为数据恢复的先验。例如，Lin 等[92]提出了盲图像恢复问题（DiffBIR）的扩散模型，该模型预训练了恢复模块以提高泛化能力，并通过 LAControNet 利用固定稳定扩散进行重建。而 Wang 等[93]提出的 StableSR 模型，仅需微调一个轻量级的时间感知编码器以捕获降级特征。

在地震数据处理领域，插值和去噪的大模型开发面临诸多挑战。首先，地球物理学中显著缺乏基于生成模型的数据先验的预训练模型。其次，与图像处理方案相比，地震数据包含更为广泛和复杂的噪声类型。因此，训练编码器以掌握噪声特征的任务成为重要问题。

地震成像是一种通过分析地震波形来创建地下结构图像的技术。目前，大模型的成功主要依赖于经验和生成性任务的应用。然而，对偏微分方程解的物理规律的理解与学习仍处于初级阶段。在地震成像中，反演波动方程（如 FWI）对正演模拟的依赖尤为显著，这也是 FWI 过程中最耗时的环节。因此，实现从地震数据到图像直接映射的大模型在短期内面临巨大挑战。

在此背景下，地震成像领域存在两个大模型的潜在发展方向。首先，FWI 的加速与波动方程的有效正演有着内在联系，因此，建立求解偏微分方程的基础模型是研究的首要方向。Ye 等[94]介绍了 PDEformer，这是一种基于图 Transformer 架构求解偏微分方程的基础模型。然而，该模型目前仅限于一维偏微分方程，因此在地震成像中的应用仍存在不足。第二个有前景的研究方向是将基础模型与传统方法相结合，以克服传统方法固有的瓶颈，例如缺乏低频信息。受到天气预报大模型的启发[95]，预测 FWI 过程中的梯度变化可能成为加速 FWI 的一种有效策略。在 FWI 过程中，调整梯度与天气预报任务类似，涉及对特定网格点在一定时间步长内的趋势进行预测，并可以基于当前时刻的结果进行校正。这些研究方向有望推动地震成像技术的进一步发展。Sheng 等[96]从全球收集的 192 个 3D 地震体积数据中，创建了一个包含 2286422 个 2D 地震图像的数据集，采用自监督学习预训练了一个基于 Transformer 的地震基础模型 SFM（图 2-5-9），有效解决了包括分类（如地震相）、分割（如地震地质体雕刻）、反演（如反射率估计）、信号处理（如去噪）和插值在内的地球物理问题。

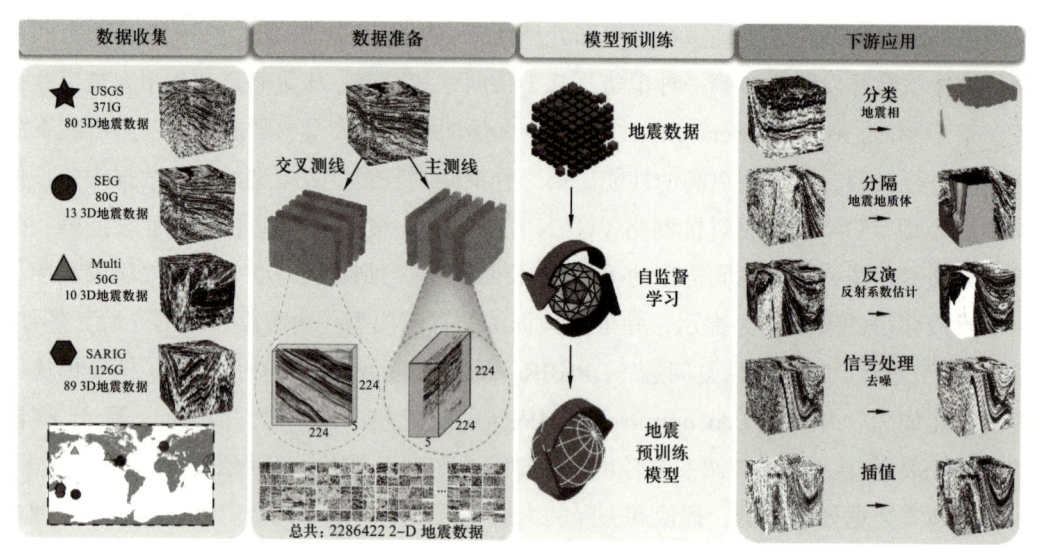

图 2-5-9 开发 SFM 的四个主要阶段

2.5.2.3 油气开发储运环节应用

在油气生产管控方面，Wu 等[97]为解决现有合成孔径雷达（SAR）图像中的油污检测方法在训练阶段需要大量精细标注的分割样本的问题，提出了一个复合油污检测框架 SAM-OIL，该框架包括一个物体检测器（如 YOLOv8）、一个改进的 SAM 模型和一个有序掩模融合（OMF）模块。SAM-OIL 是 SAM 在油污检测中的首次应用，超越了现有的基于语义分割的油污检测方法，达到了 69.52% 的平均交并比（mIoU）。Liu 等[98]基于 SAM 模型，提供了一种准确的自动水泄漏分割方法。该方法可用于油气领域盾构隧道漏水检测任务，简化了隧道维护，确保了这些关键基础设施的完整性和安全性。

Rahate 等[99]为证明多模态协同学习是研究缺失和噪声模态下传感器融合鲁棒性的有效方法，将气体监测系统作为一个案例研究，考虑了气体传感器数据和热图像的主要数据集来进行鲁棒性实验（图 2-5-10）。结果表明，多模态融合对缺失和噪声模态具有更强的鲁棒性。由于传感器输出可能因环境因素而不可预测并受到影响，多模态融合展现的这种能力在真实世界的工业环境中至关重要。

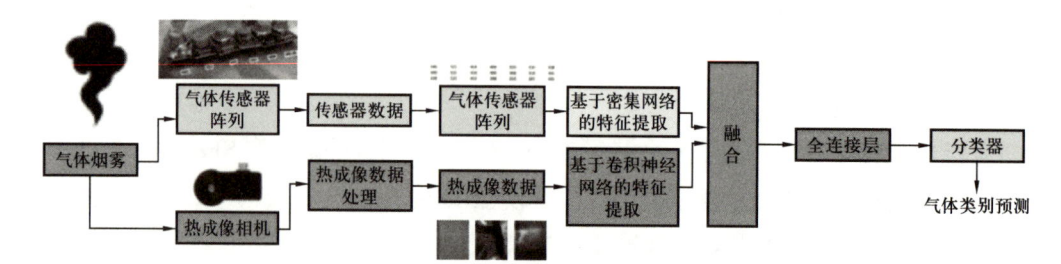

图 2-5-10 用于评估传感器融合鲁棒性的多模态共同学习系统架构

Attallah[100]引入了新的多模态数据融合策略,称为"中间"和"多任务"融合,中间融合涉及使用离散小波变换(DWT)等技术在中层集成特征,从而改善对空间、光谱和时间信息的处理,多任务融合则采用离散余弦变换(DCT)进行降维和来自不同AI架构的特征集成,提供了一种有效处理多模态数据的高效性且鲁棒性均较好的方法。该系统实现了高检测准确率(中间融合为98.47%,多任务融合为99.25%),相比之前的方法有显著改进。这一研究成果展示了多模态数据融合在工业应用中的巨大潜力和优势。

随着理论研究的深入,人工智能技术逐渐向实际应用转化。许多研究团队通过实验室的探索,验证了大模型在油气储运等方面的有效性。这些理论成果为国内的具体应用奠定了基础,一些领先的机构和企业已开始将这些技术应用于实际生产流程,推动了油气行业的智能化转型。中国石油管道局设计院联合百度公司推出了我国首个油气储运领域人工智能大模型WisGPT(首版发布于2024年2月)[101]。该模型基于油气储运行业知识、数据和应用场景特点,可以通过文字、语音、图像和视频等多种形式实现人机交互,为油气储运的各环节提供决策支持。

2.5.2.4 油气炼化应用

在油气炼化领域,大模型的应用正在推动技术创新和效率提升。中化信息技术有限公司发布的"天枢"智研化工大模型旨在将先进的人工智能技术应用于化工材料研发[102]。该模型能够通过数据驱动的方法,实现快速的化工知识检索和工艺流程的自主设计与优化,预期将显著缩短化工工艺的研发周期,并为实验室成果快速走向工业化提供可能。同时通过提升数据处理和工艺优化能力,该模型可以进一步提高化工领域的研发效率。中国科学院大连化学物理研究所低碳催化与工程研究部(DNL12)与华为技术有限公司联合开发的智能化工大模型1.0版本[103],已在华为"昇思人工智能框架峰会2024"上发布。该模型基于华为昇腾人工智能基础软硬件平台,能够高效处理化工领域的复杂数据,支持分子合成设计、反应条件的推荐与优化。智能化工大模型的推出,为化工领域的技术研发提供新的数据驱动范式,有助于推动化工工业软件的国产自主化。这两个大模型的应用不仅展示了大模型技术在油气炼化领域的广泛潜力,也为行业的智能化转型提供了强有力的支持。通过这些技术,化工研发的效率和准确性有望显著提升,同时也降低了市场风险,为未来的技术创新奠定了基础。

2.5.3 未来发展与挑战

油气大模型未来的发展方向有三点:
(1)基于现有基础模型的迁移。
现有的大模型已经在图像分割、目标检测、基于文本的语言任务等任务中取得了最新的成果，具有良好的泛化能力。因此，将现有模型转移到油气领域是一个很有前途的策略。适用于该转换策略的油气领域任务有一个共同的特点：输入数据可以转换为图像格式，输出是一个范围而不是一个特定的数值。以地震解释领域的应用为例，适用的任务包括地震初至拾取、断层检测、地质体识别与分段、相分类以及人机交互等。然而，由于一般的大模型未经过专门的地震数据训练，且缺乏基本的地球物理概念，因而难以提供有意义的输出。因此，当输出需要理解地球物理概念时，有必要根据地球物理数据对这些基础模型进行微调。微调过程引入了油气领域知识，同时保留了现有基础模型的上级性能。与从头开始训练基础模型相比，该转换策略不需要大量的训练数据，但需要高质量的数据。

（2）从头开始训练油气大模型。

在油气领域，大多数任务比计算机视觉或自然语言处理领域的任务更困难。例如，在地震数据处理中，数据损坏和噪声的类型比在图像处理任务中更复杂，并且地震数据被存储为浮点数，而图像数据被存储为整数。这使得现有的基础模型难以转移到地震数据处理领域，包括去噪、插值和地震成像。因此，从头开始训练也是开发油气大模型的必要策略之一。

（3）多代理协作框架。

现实世界的情况经常需要协作努力来实现最佳的任务执行。基于人类集体行为的原则，研究人员开发了一个多代理框架[104-105]。该框架旨在协同工作，使一组代理能够超越单个代理独立工作的能力。多代理系统（MAS）是一个由多个基于大型语言模型的代理组成的系统，这些代理在共享环境中相互交互[105]，对于解决单个代理无法独立处理的复杂问题非常有用，例如钻井工程。Xi 等[106]展示了地质导向钻井作业多代理协作框架（图2-5-11），每个代理除了基础大型语言模型中的一般知识外，还具备独特的专业知识，如地质学或钻井工程组成的网络，代理之间通过复杂的通信路径协同工作，从而实现实时协作和决策。代理间动态交互能使系统能够迅速适应复杂多变的勘探、开发、生产及市场环境，在油气行业中展现出了非凡的潜力，为行业的未来发展注入了强大的动力。

油气大模型可能遇到的挑战如下：

（1）数据方面。虽然开源的油气领域数据量巨大，达到 TB 规模，但油气大模型的发展仍存在一些限制。① 数据多样性不足：虽然单个勘探区可能具有大量的地震数据，但不同勘探区之间的数据分布存在显著差异。为了使油气大模型具有更好的泛化能力，需要来自不同勘探区域的多样化数据，而不是来自少数目标区域的大量数据。② 缺乏标签：对于野外地震数据，缺乏用于油气大模型训练的相应标签数据。③ 访问限制：由于保密以及法律的和隐私问题，一些油气领域数据不允许用于训练。

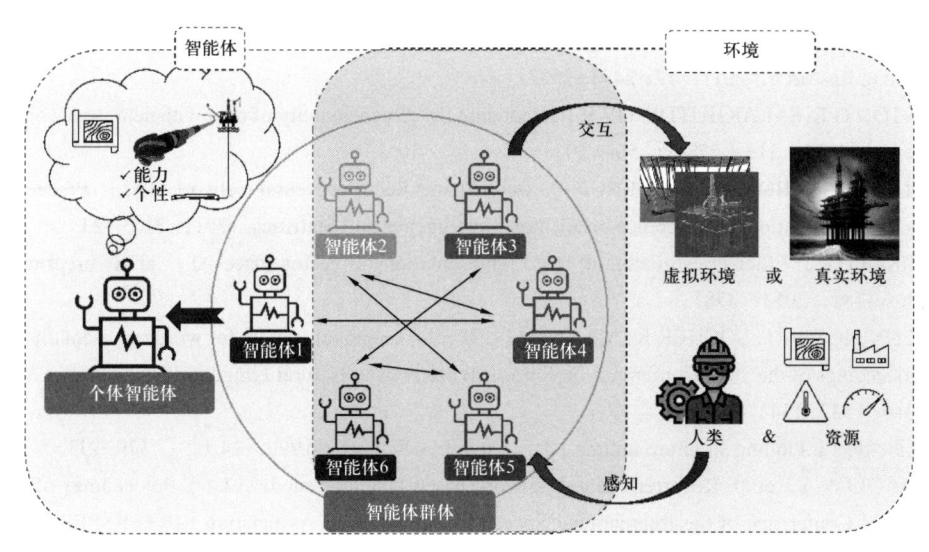

图 2-5-11　多代理协作框架增强地质导向钻井作业

（2）标准方面。深度学习方法在油气领域取得了巨大的成功和发展。然而，目前在该领域缺乏统一的基准。不同的研究者采用不同的数据预处理方法，这可能导致即使在使用相同的神经网络进行相同的任务时，所获得的结果也是不一致的。这就使得在一个统一的标准下，很难判断该领域不同模型的优劣。

（3）计算方面。目前的大模型，无论是用于训练还是微调，都消耗了大量的时间和资源，这超出了大多数研究人员和机构的能力范围。即使仅仅部署和利用大模型也需要大量的计算资源。这导致了一种情况，即获得尖端基础模型技术的机会往往仅限于资金充足的组织，为较小的机构和独立研究人员制造了障碍。

参 考 文 献

[1] JELINEK F. Statistical methods for speech recognition [M]. Cambridge: MIT press, 1998.
[2] CHEN S F, GOODMAN J. An empirical study of smoothing techniques for language modeling [J]. Computer Speech & Language, 1998, 13（4）: 359-394.
[3] RABINER L R. A tutorial on hidden Markov models and selected applications in speech recognition [J]. Proceedings of the IEEE, 1989, 77（2）: 257-286.
[4] CORTES C, VAPNIK V. Support-vector networks [J]. Machine Learning, 1995, 20（3）: 273-297.
[5] JOACHIMS T. Text categorization with support vector machines: learning with many relevant features [C]. Proceedings of the European Conference on Machine Learning, 1998: 137-142.
[6] LAFFERTY J, MCCALLUM A, PEREIRA F. Conditional random fields: probabilistic models for segmenting and labeling sequence Data [C]. Proceedings of the 18th International Conference on Machine Learning（ICML）, 2001: 282-289.
[7] YANN LeCun, et al. Gradient-based learning applied to document recognition [C]. Proceedings of the IEEE, 1998, 86（11）: 2278-2324.

[8] COLLOBERT R, et al. Natural language processing (almost) from scratch [J]. Journal of Machine Learning Research, 2011, 12: 2493-2537.

[9] HINTON G E, SALAKHUTDINOV R R. Reducing the dimensionality of data with neural networks [J]. Science, 2006, 313 (5786): 504-507.

[10] GLOROT X, BORDES A, BENGIO Y. Deep Sparse Rectifier Neural Networks [C]. Proceedings of the 14th International Conference on Artificial Intelligence and Statistics, 2011: 315-323.

[11] MIKOLOV T. Efficient estimation of word representations in vector space [J]. arXiv preprint arXiv: 1301.3781, 2013, 3781.

[12] PENNINGTON J, SOCHER R, MANNING C D. GloVe: global vectors for word representation [C]. Proceedings of the 2014 Conference on Empirical Methods in Natural Language Processing (EMNLP), 2014: 1532-1543.

[13] ELMAN J L. Finding structure in time [J]. Cognitive Science, 1990, 14 (2): 179-211.

[14] MIKOLOV T, et al. Recurrent neural network based language model [C]. Proceedings of the 11th Annual Conference of the International Speech Communication Association (INTERSPEECH 2010), 2010: 1045-1048.

[15] GRAVES A, LIWICKI M, Fernández S, et al. A novel connectionist system for unconstrained handwriting recognition [J]. IEEE transactions on pattern analysis and machine intelligence, 2008, 31 (5): 855-868.

[16] SUTSKEVER I, VINYALS O, LE Q V. Sequence to sequence learning with neural networks [J]. Advances in Neural Information Processing Systems, 2014, 27.

[17] VASWANI A, et al. Attention is all you need [C]. Proceedings of the 31st International Conference on Neural Information Processing Systems (NeurIPS 2017), 2017: 5998-6008.

[18] DEVLIN J, CHANG M W, LEE K, et al. BERT: Pre-training of deep bidirectional transformers for language understanding [C]. Proceedings of the 2019 Conference of the North American Chapter of the Association for Computational Linguistics (NAACL-HLT 2019), 2018: 4171-4186.

[19] RADFORD A, NARASIMHAN K, SALIMANS T, et al. Improving language understanding by generative pre-training. OpenAI Blog. [URL: https://openai.com/blog/language-unsupervised]. [2018-6-11].

[20] LIU Y, OTT M, GOYAL N, et al. RoBERTa: a robustly optimized BERT pretraining approach. arXiv preprint arXiv: 1907.11692. [DOI: 10.48550/arXiv.1907.11692].

[21] LAN Z. Albert: A lite bert for self-supervised learning of language representations [J]. arXiv preprint arXiv: 1909.11942, 2019.

[22] SANH V. DistilBERT, a distilled version of BERT: smaller, faster, cheaper and lighter [J]. arXiv preprint arXiv: 1910.01108, 2019.

[23] RADFORD A, WU J, CHILD R, et al. Language models are unsupervised multitask learners. OpenAI Blog, 2019.

[24] BROWN T B. Language models are few-shot learners [J]. arXiv preprint arXiv: 2005.14165, 2020.

[25] KRIZHEVSKY A, SUTSKEVER I, HINTON G E. ImageNet classification with deep convolutional neural networks [C]. Proceedings of NeurIPS, 2012, 25: 1097-1105. [DOI: 10.1145/3065386].

[26] SIMONYAN K, ZISSERMAN A. Very deep convolutional networks for large-scale image recognition [J]. arXiv preprint arXiv: 1409.1556, 2014.

[27] HE K, ZHANG X, REN S, et al. Deep residual learning for image recognition [C]. Proceedings of

the IEEE conference on computer vision and pattern recognition, 2016: 770-778.
[28] DOSOVITSKIY A. An image is worth 16×16 words: transformers for image recognition at scale [J]. arXiv preprint arXiv: 2010.11929, 2020.
[29] LIU Z, LIN Y, CAO Y, et al. Swin transformer: hierarchical vision transformer using shifted windows [C].Proceedings of the IEEE/CVF international conference on computer vision. 2021: 10012-10022.
[30] HE K, FAN H, WU Y, et al. Momentum contrast for unsupervised visual representation learning [C]. Proceedings of the IEEE/CVF Conference on Computer Vision and Pattern Recognition, 2020: 9729-9738.
[31] CHEN T, KORNBLITH S, NOROUZI M, et al. A simple framework for contrastive learning of visual representations [C].International Conference on Machine Learning. PMLR, 2020: 1597-1607.
[32] HE K, CHEN X, XIE S, et al. Masked autoencoders are scalable vision learners [C].Proceedings of the IEEE/CVF Conference on Computer Vision and Pattern Recognition, 2022: 16000-16009.
[33] RAMESH A, DHARIWAL P, NICHOL A, et al. Hierarchical text-conditional image generation with clip latents [J]. arXiv preprint arXiv: 2204.06125, 2022, 1 (2): 3.
[34] RADFORD A, KIM J W, HALLACY C, et al. Learning transferable visual models from natural language supervision [C].International Conference on Machine Learning. PMLR, 2021: 8748-8763.
[35] ALAYRAC J B, DONAHUE J, LUC P, et al. Flamingo: a visual language model for few-shot learning [J]. Advances in Neural Information Processing Systems, 2022, 35: 23716-23736.
[36] ACHIAM J, ADLER S, AGARWAL S, et al. GPT-4 technical report [J]. arXiv preprint arXiv: 2303.08774, 2023.
[37] ZHANG Z, HAN X, LIU Z, et al. ERNIE: enhanced language representation with informative entities [J]. arXiv preprint arXiv: 1905.07129, 2019.
[38] LEE J, YOON W, KIM S, et al. BioBERT: a pre-trained biomedical language representation model for biomedical text mining [J]. Bioinformatics, 2020, 36 (4): 1234-1240.
[39] RAFFEL C, SHAZEER N, ROBERTS A, et al. Exploring the limits of transfer learning with a unified text-to-text transformer [J]. Journal of machine learning research, 2020, 21 (140): 1-67.
[40] DU N, HUANG Y, DAI A M, et al. Glam: Efficient scaling of language models with mixture-of-experts. arXiv [J]. arXiv preprint arXiv: 2112.06905, 2021.
[41] LI J, LI D, XIONG C, et al. Blip: bootstrapping language-image pre-training for unified vision-language understanding and generation [C].International Conference on Machine Learning. PMLR, 2022: 12888-12900.
[42] JUMPER J, EVANS R, PRITZEL A, et al. Highly accurate protein structure prediction with AlphaFold [J].Nature, 2021, 596 (7873): 583-589.
[43] GU Y, ZHAO X, GONG C, et al. Deepfake video detection using audio-visual consistency [C]// Digital Forensics and Watermarking: 19th International Workshop, IWDW 2020, Melbourne, VIC, Australia, November 25-27, 2020, Revised Selected Papers 19. Springer International Publishing, 2021: 168-180.
[44] CHOWDHERY A, NARANG S, DEVLIN J, et al. Palm: scaling language modeling with pathways[J]. Journal of Machine Learning Research, 2023, 24 (240): 1-113.
[45] ENIS M, HOPKINS M. From LLM to NMT: advancing low-resource machine translation with claude

[J]. arXiv preprint arXiv: 2404.13813, 2024.

[46] CHEN M, TWOREK J, JUN H, et al. Evaluating large language models trained on code [J]. arXiv preprint arXiv: 2107.03374, 2021.

[47] TOUVRON H, LAVRIL T, IZACARD G, et al. Llama: Open and efficient foundation language models [J]. arXiv preprint arXiv: 2302.13971, 2023.

[48] HOFFMANN J, BORGEAUD S, MENSCH A, et al. Training compute-optimal large language models [J]. arXiv preprint arXiv: 2203.15556, 2022.

[49] ZENG A, LIU X, DU Z, et al. Glm-130b: An open bilingual pre-trained model [J]. arXiv Preprint arXiv: 2210.02414, 2022.

[50] CARON M, TOUVRON H, MISRA I, et al. Emerging properties in self-supervised vision transformers [C]. Proceedings of the IEEE/CVF International Conference on Computer Vision, 2021: 9650-9660.

[51] KIRILLOV A, MINTUN E, RAVI N, et al. Segment anything [C]. Proceedings of the IEEE/CVF International Conference on Computer Vision, 2023: 4015-4026.

[52] RAVI N, GABEUR V, HU Y T, et al. Sam 2: Segment anything in images and videos [J]. arXiv preprint arXiv: 2408.00714, 2024.

[53] REED S, ZOLNA K, PARISOTTO E, et al. A generalist agent [J]. arXiv preprint arXiv: 2205.06175, 2022.

[54] YU J, WANG Z, VASUDEVAN V, et al. Coca: contrastive captioners are image-text foundation models [J]. arXiv preprint arXiv: 2205.01917, 2022.

[55] CHEN W, WANG Q, LONG Z, et al. DISC-FinLLM: A Chinese financial large language model based on multiple experts fine-tuning [J]. arXiv preprint arXiv: 2310.15205, 2023.

[56] BI K, XIE L, ZHANG H, et al. Accurate medium-range global weather forecasting with 3D neural networks [J]. Nature, 2023, 619 (7970): 533-538.

[57] LAM R, SANCHEZ-GONZALEZ A, WILLSON M, et al. GraphCast: Learning skillful medium-range global weather forecasting [J]. arXiv preprint arXiv: 2212.12794, 2022.

[58] CHEN K, HAN T, GONG J, et al. Fengwu: Pushing the skillful global medium-range weather forecast beyond 10 days lead [J]. arXiv preprint arXiv: 2304.02948, 2023.

[59] ECKROTH J, GIPSON M, BODEN J, et al. Answering natural language questions with OpenAI's GPT in the petroleum industry [R]. SPE 214888-MS, 2023.

[60] MARLOT M, SRIVASTAVA D N, WONG F K, et al. Unsupervised multitask learning for oil and gas language models with limited resources [R]. SPE 216402-MS, 2023.

[61] RODRIGUES R B M, PRIVATTO P I M, DE SOUSA G J, et al. PetroBERT: A domain adaptation language model for oil and gas applications in Portuguese [C] //PINHEIRO V, GAMALLO P, AMARO R, et al. Computational processing of the Portuguese language [M]. Cham: Springer, 2022: 101-109.

[62] ABIJITH P Y, PATIDAR P, NAIR G, et al. Large language models trained on equipment maintenance text [R]. SPE 216336-MS, 2023.

[63] KUMAR P, KATHURIA S. Large language models (LLMs) for natural language processing (NLP) of oil and gas drilling data [R]. San Antonio: 2023 SPE Annual Technical Conference and Exhibition, 2023.

[64] DENG C, ZHANG T, HE Z, et al. K2: A foundation language model for geoscience knowledge

understanding and utilization［C］.Proceedings of the 17th ACM International Conference on Web Search and Data Mining, 2024: 161-170.

［65］WEIJERMARS R, BIN W U, SULEYMANLI K. Will ChatGPT and related AI-Tools alter the future of the geosciences and petroleum engineering［J］. First Break, 2023, 41（6）: 53-61.

［66］DHELIE P E, EVENSEN A K, BUGGE A J. Increasing your exploration success using AI, ML and ChatGPT［C］.84th EAGE Annual Conference & Exhibition. European Association of Geoscientists & Engineers, 2023, 2023（1）: 1-5.

［67］TVERITNEV A, KHANJI M, ABDULLAH S, et al. Applying machine learning NLP algorithm for reconciliation geology and petrophysics in rock typing［R］. Abu Dhabi: Abu Dhabi International Petroleum Exhibition and Conference, 2023.

［68］OGUNDARE O, MADASU S, WIGGINS N. Industrial engineering with large language models: a case study of ChatGPT's performance on oil & gas problems［R］. Athens, Greece: 2023 11th International Conference on Mechatronics and Control Engineering, 2023.

［69］WEI J, WANG X, SCHUURMANS D, et al. Chain-of-thought prompting elicits reasoning in large language models［J］. Advances in Neural Information Processing Systems, 2022, 35: 24824-24837.

［70］AVINASH L, PRASHANTH P, PURNAPRAJNA M, et al. Enabling contextual natural language search on oil and gas databases［R］. SPE 216349-MS, 2023.

［71］SINGH A, JIA T X, NALAGATLA V. Generative AI enabled conversational Chabot for drilling and production analytics［R］. SPE 216267-MS, 2023.

［72］YI M, CEGLINSKI K, ASHOK P, et al. Applications of large language models in well construction planning and real-time operation［R］. SPE 217700-MS, 2024.

［73］MALIN C. World's largest industrial LLM revealed！［EB/OL］.（2024-03-04）[2024-05-29］. https://www.middleeastainews.com/p/aramco-launches-largest-industrial-llm.

［74］DEVLIN J, CHANG M W, LEE K, et al. Bert: pre-training of deep bidirectional transformers for language understanding［C］.Proceedings of the 2019 conference of the North American chapter of the association for computational linguistics: human language technologies, volume 1（long and short papers）. 2019: 4171-4186.

［75］ABIJITH P Y, PATIDAR P, NAIR G, et al. Large language models trained on equipment maintenance text［C］.Abu Dhabi International Petroleum Exhibition and Conference. SPE, 2023: D021S065R003.

［76］PAROHA A D, CHOTRANI A. A comparative analysis of TimeGPT and Time-LLM in predicting ESP maintenance needs in the oil and gas sector［J］. International Journal of Computer Applications, 2024, 975: 8887.

［77］HUANG S. Automatic extraction of standard multimodal knowledge for the petroleum field［J］. Highlights in Science, Engineering and Technology, 2024, 90: 209-217.

［78］LI J X, TSANG M, ZHONG R, et al. Automatic coal mine roof rating calculation using machine learning［J］. International Journal of Coal Geology, 2023, 274: 104292.

［79］SU R, ZHAO Q, ZHENG T, et al. A framework for RQD calculation based on deep learning［J］. Mining, Metallurgy & Exploration, 2023, 40（5）: 1567-1583.

［80］HE K, GKIOXARI G, Dollár P, et al. Mask r-cnn［C］.Proceedings of the IEEE International Conference on Computer Vision, 2017: 2961-2969.

［81］CHENG B，MISRA I，SCHWING A G，et al. Masked-attention mask transformer for universal image segmentation［C］.Proceedings of the IEEE/CVF Conference on Computer Vision and Pattern Recognition，2022：1290-1299.

［82］LI X K，ZHANG T，ZHU Y，et al. Artificial General Intelligence（AGI）for the oil and gas industry：a review［J］. arXiv e-prints，2024：arXiv：2406.00594.

［83］LIU H，REN Y L，LI X，et al. Rock thin-section analysis and identification based on artificial intelligent technique［J］. Petroleum Science，2022，19（4）：1605-1621.

［84］REN Y，LI X，BI J，et al. Multi-channel attention transformer for rock thin-section image segmentation［J］. Journal of Engineering Research，2024：in press.

［85］ZHANG Z，TANG J，FAN B，et al. An intelligent lithology recognition system for continental shale by using digital coring images and convolutional neural networks［J］. Geoenergy Science and Engineering，2024，239：212909.

［86］MA Z，HE X，SUN S，et al. Zero-shot digital rock image segmentation with a fine-tuned segment anything model［EB/OL］.（2023-11-17）［2024-06-10］. https：//arxiv.org/abs/ 2311.1086.

［87］HOULSBY N，GIURGIU A，JASTRZEBSKI S，et al. Parameter-efficient transfer learning for NLP［C］. International conference on machine learning. PMLR，2019：2790-2799.

［88］HU E J，SHEN Y，WALLIS P，et al. Lora：Low-rank adaptation of large language models［J］. arXiv preprint arXiv：2106.09685，2021.

［89］SONG Y，ERMON S. Generative modeling by estimating gradients of the data distribution［J］. Advances in neural information processing systems，2019：32.

［90］HO J，JAIN A，ABBEEL P. Denoising diffusion probabilistic models［J］. Advances in neural information processing systems，2020，33：6840-6851.

［91］GOODFELLOW I，POUGET-ABADIE J，MIRZA M，et al. Generative adversarial networks［J］. Communications of the ACM，2020，63（11）：139-144.

［92］LIN X，HE J，CHEN Z，et al. Diffbir：toward blind image restoration with generative diffusion prior［C］. European Conference on Computer Vision. Cham：Springer Nature Switzerland，2024：430-448.

［93］WANG J，YUE Z，ZHOU S，et al. Exploiting diffusion prior for real-world image super-resolution［J］. International Journal of Computer Vision，2024，132（12）：5929-5949.

［94］YE Z，HUANG X，CHEN L，et al. Pdeformer：Towards a foundation model for one-dimensional partial differential equations［J］. arXiv preprint arXiv：2402.12652，2024.

［95］OGUNDARE O，MADASU S，WIGGINS N. Industrial engineering with large language models：A case study of ChatGPT's performance on oil & gas problems［R］. Athens，Greece：2023 11th International Conference on Mechatronics and Control Engineering，2023.

［96］SHENG H L，WU X M，SI X，et al. Seismic Foundation Model（SFM）：A new generation deep learning model in geophysics［EB/OL］.（2023-12-15）［2024-04-12］. https：//arxiv.org/abs/2309.02791.

［97］WU W H，WONG M S，YU X Y，et al. Compositional oil spill detection based on object detector and adapted segment anything model from SAR images［EB/OL］.（2024-01-15）［2024-04-12］. https：//arxiv.org/abs/2401.07502.

［98］LIU S C，CHEN J X，HE B G，et al. Adapting segment anything model for shield tunnel water leakage segmentation［C］//CHEN J X，WANG W，JEON G. Proceedings of the 2023 Workshop on Advanced Multimedia Computing for Smart Manufacturing and Engineering. New York：Association

for Computing Machinery，2023：13-18.
[99] RAHATE A，MANDAOKAR S，CHANDEL P，et al. Employing multimodal co-learning to evaluate the robustness of sensor fusion for industry 5.0 tasks［J］. Soft Computing，2023，27（7）：4139-4155.
[100] Attallah O. Multitask deep learning-based pipeline for gas leakage detection via E-nose and thermal imaging multimodal fusion［J］. Chemosensors，2023，11（7）：364.
[101] 中国石油. 我国首个油气储运人工智能大模型WisGPT发布［OL］. http：//www.sinopecnews.com.cn/xnews/content/2024-07/15/content_7100661.html.2024-7-15.
[102] 中化信息技术有限公司. 中化信息发布"天枢"智研化工大模型［OL］. http：//www.sinochemitech.com/s/32299-86755-307912.html.2024-5-27.
[103] 中国科学院大连化学物理研究所. 我所发布智能化工大模型［OL］. http：//www.dicp.cas.cn/xwdt/kyjz/202403/t20240324_7050498.html.2024-3-24.
[104] DEVI K V R，SMITHA B S，LAKHANPAL S，et al. A review：swarm robotics：cooperative control in multi-agent systems［C］.E3S Web of Conferences. EDP Sciences，2024，505：03013.
[105] WU Q，BANSAL G，ZHANG J，et al. Autogen：enabling next-gen llm applications via multi-agent conversation framework［J］. arXiv preprint arXiv：2308.08155，2023.
[106] XI Z，CHEN W，GUO X，et al. The rise and potential of large language model based agents：A survey［J］. arXiv preprint arXiv：2309.07864，2023.

3 油气行业对大模型的生产需求与主要应用场景

　　人工智能的快速发展对油气行业产生了广泛而深远的影响，油气行业主体技术正处于更新换代和智能化发展的机遇期，智能地震勘探、智能钻井、智能测井解释、数字孪生油气藏、智能油气藏开采、智能储运、智能炼化正在向我们走来。尽管在油气行业各个专业领域已经产生了各种各样的智能化解决方案，但是仍然还有许多采用常规人工智能技术难以解决的问题，成为制约行业高质量发展的"痛点"问题。自2023年以来，大模型以其具有的更好的泛化性、通用性和涌现性，已经引起油气行业高度的重视，各种探索相继展开。在油气行业大模型研究起步阶段，有必要做好顶层设计，这需要熟知油气行业"痛点"问题的行业内各个专业领域专家的引领，以生产需求带动技术与软件的研发。通过对生产需求与主要应用场景的剖析，准确把握制约行业高质量发展的"痛点"问题，才能研发出油气行业愿意用和好用的大模型。

　　本章对油气行业对大模型的生产需求分析和主要应用场景的介绍，将展现大模型在油气行业应用的愿景，回答大模型能够帮助我们解决什么问题，同时也期望为未来的油气行业大模型研究指明发展目标和重点攻关方向。所述的由生产需求析出的主要应用场景，大部分基于现有大模型技术，具有较强的可行性，经过研究有望落地应用；还有相当一部分应用场景是考虑到大模型技术的快速发展，根据生产需求"痛点"问题提出的，这部分内容站在当前的技术角度来看貌似难以实现，但具有一定的前瞻性，相信日新月异发展的大模型技术在不久的将来能够帮助解决这些"痛点"问题。

　　大模型在油气行业应用的生产需求与应用场景分析，即油气行业主要业务对大模型有何期待，希望大模型帮助我们解决什么生产需求问题，开展哪些具体业务场景应用，因涉及的专业方向非常广泛，这是一个超大型的研究课题。为此，难以做到面面俱到完整不缺的论述。尽管不能做到"很全面"，但本章力求提出的大模型研究生产需求和应用场景对行业发展都"很重要"，以"大模型必须干大事，干常规技术难以解决的事"为出发点，针对油气行业主责主业主要生产"痛点"问题加以分析。因油气行业学科庞大，且专业领域往往互有交叉，如勘探与开发就字面意义而言是两个大的学科，包含不同的专业方向，均涉及地质、地震、钻井、测井等多个细分专业方向，故而在此，对本章涉及的容易存在交叉学科的专业方向加以界定。本章论述的勘探业务主要是指除去勘探领域中地质、地震、钻井、测井等专业工作以外的适于开展大模型研究的主要工作内

104

容，也包含上述专业的多学科综合研究，但单独学科的地质、地震、钻井、测井业务对大模型的生产需求和应用场景分析，将分别加以论述；地质业务重点分析精细油藏描述地质研究涉及的大模型应用问题，不涉及勘探业务中野外地质、盆地模拟分析等内容；开发业务方面的分析主要针对油气田开发、采油工程和地面工程研究中的适于开展大模型研究的部分"痛点"问题。

3.1 勘探业务的需求与应用场景

油气勘探是一个高度复杂且技术密集的行业，涉及地质学、地球物理学、工程学等多个学科。随着油气勘探进程从陆上到海洋，从浅层到深层，从常规油气资源领域不断向超低渗透、致密、页岩等非常规油气资源领域转变，油气勘探业务高质量发展面临诸多"痛点"问题。油气勘探数据量的爆炸性增长和计算能力的显著提升，为采用人工智能技术提高油气勘探品质、效率与效益奠定了重要基础。近年来，生成式大模型技术得以快速发展，与传统人工智能技术相比，表现出更好的泛化性、通用性和涌现性，为解决油气勘探业务"痛点"问题带来了新的希望。

3.1.1 勘探业务对大模型的生产需求

如何将大模型技术应用于油气勘探，助力油气勘探主体业务的数字化转型，进一步提升油气勘探水平，存在以下几个方面的关键性生产需求问题。

（1）成熟盆地整体再认识。

成熟盆地指目前已进入较高勘探、较高开发阶段的产油气盆地，具有勘探工作量密度大、资源探明程度高、油气成藏与富集规律认识程度高的特点，积累了大量的地质和生产数据，通过大模型技术应用，通过再评价、再认识可以进一步提升盆地认识水平和快速实现规模效益增储。这里主要以渤海湾盆地为例，对勘探相对成熟盆地再认识的生产需求加以分析。

近年来，随着勘探开发力度的加大，渤海湾盆地不断有新突破、新发现。自2019年以来，中国海油渤海油田连续勘探发现渤中19-6、垦利6-1、垦利10-2、渤中13-2、渤中26-6等5个亿吨级油气田。2024年3月18日，中国海油又发布了一则令人振奋的消息：在渤海中北部海域，成功勘探发现亿吨级油田——秦皇岛27-3油田，探明石油地质储量高达1.04×10^8t。渤海湾盆地海上接二连三发现亿吨级油田，陆上能不能有令人惊喜的发现？据不完全统计，2017年大港油田获日产50t以上高产井14口、百吨以上9口；2018年再获百吨井，埕66X1井日产油157m³，歧古8井日产气16×10^4m³、日产凝析油46.3m³；2019年又在大港友谊油田连获3口百吨井，老区庄

1605-5井日产油104.5t，新区庄17101井日产油129.91t、庄1618井日产油112.4t。上述中国海油多个亿吨级大发现和大港油田打出多口百吨井，说明两个问题：一是渤海湾盆地还具有巨大深度勘探开发潜力；二是原本认为勘探开发相对比较成熟的盆地或者老油田，其实对资料的利用和认识还不够充分，存在重新再认识的必要性。

但是，视野的局限性，限制了对大区域的充分认识。盆地/油田级大区域地质认识体系，仅靠"零星分布"相对较小的勘探开发区块逐个开展人工研究，则难以建立。面临的难点问题与挑战是对盆地/油田级大区域构造与储层缺乏整体的认识。一方面，渤海湾盆地构造细碎，且复杂断块油藏已勘探开发区块分布零散，已知井在断块内相对集中，对于整个盆地而言，如同管中窥豹，对盆地/油田级大区域的整体认识不够。另一方面，渤海湾盆地复杂断块油藏的储层受断失、构造高部位沉积间断和地层抬升剥蚀等因素影响，地层统层对比分层难度大；不同时期的井，不同人进行的地质分层，可能存在错误分层的问题；甚至油田与油田之间，油田内部区块之间，可能还存在着不同的地质分层方案。地质分层不准确、方案不统一，影响地震大区域层位对比解释，造成难以对油气藏进行很好的整体认识，严重制约滚动勘探开发取得重大发现，也限制老区的深度开发。由此可见，制约油气勘探相对成熟盆地再认识的"痛点"问题，主要是复杂油气藏大区域巨量井统层对比地质分层难、地震资料大区域海量数据精细解释难（也源于大区域范围内是否具有全覆盖的地震资料）。

经过长期勘探开发，渤海湾盆地已开发油田积累了丰富的资料和数据，利用大数据、人工智能等数字技术，打破盆地/凹陷内油气田界限、油田内开发区块界限，重新整理并深度挖掘利用整个盆地/凹陷、整个油田的资料，常规与非常规、陆上与滩海、老区与新区、浅层与深层并举，以大数据与大模型驱动提升油田级大区域地质再认识，开展全盆地、全油田地质大复查，有利于将大数据变成"大油气"。

为此，有必要从已开发区块出发，以大数据与大模型为驱动，统一标准，在统层对比地质分层、盆地模拟、油气成藏、构造成图、储层预测等基础上，提升成熟盆地地质再认识，大模型助力地质大复查，站在大视野的角度，重构油田大区域地下认识体系，重新开展资源评价和储量大复算，查明新区方向和老区剩余油分布规律与潜力目标，是油气勘探业务成熟盆地再认识与深度效益勘探开发的重要生产需求。

（2）高熟领域区带再扩展。

高熟领域区带是指高勘探程度发现规模油气田并实现高效开发的领域区带，通常是盆地内储量产量贡献的主体，通过长期勘探开发，勘探对象逐渐转向深层、致密、周边及外围成藏条件复杂区，具有剩余资源高度分散、油藏薄、规模小、油水关系复杂、隐蔽性强，圈闭精准识别难度大等特点。这里以柴达木盆地干柴沟地区作为高熟探区的实例，探讨高熟领域区带再扩展对大模型的生产需求。

干柴沟地区位于柴达木盆地英雄岭，紧邻阿尔金山前，地表山高陡峭、沟谷纵横。1954年地面地质调查发现鼻状隆起构造，地表油砂多点出露，但历经60余年，前期勘探经过地面地质调查、地面构造钻探和山地二维地震攻关三个主要阶段，始终未取得大的突破和发现。2019年，借鉴邻区英西成功的三维地震技术经验，在干柴沟地区开展山地三维地震采集处理攻关。地震采集方面，综合利用"高密度高覆盖、震检组合、长排列接收"技术，三维覆盖密度、方位宽度和覆盖次数大幅提升，采集参数强化助力获取了高品质地震资料；地震处理方面，采用"真地表TTI各向异性叠前深度偏移"复杂山地地震处理技术，大幅提升构造主体陡倾角地层成像质量，首次在干柴沟地区取得有效地震反射和高品质地震资料，为刻画构造特征奠定资料基础。山地三维地震攻关为落实干柴沟地区构造特征，深化湖相混积型碳酸盐岩、碎屑岩等领域的成储、成藏研究奠定基础，油气勘探终获突破，不但发现了下干柴沟组构造油藏，英雄岭页岩油也展现出良好勘探开发前景。

干柴沟地区作为成熟探区，油气勘探历程长，积累了丰富的地震、钻井、测井和分析测试数据，特别是对于地震和钻测井数据而言，需要利用丰富的井震资料构建大模型，并利用新资料对大模型进行训练和循环迭代，逐渐使大模型能够符合地下实际情况，以指导油气勘探，加快油气发现进程。

（3）资料盲区领域新评价。

随着各大油田进入勘探开发中后期，面临资源接替的问题，低勘探程度区资源评价尤为重要。由于低勘探程度勘探投资极少，钻井、测井及地质资料少，因此迫切需要应用大模型技术，通过合理利用勘探程度较高地区的资料，采用多种方法类比求取、验证、评价关键参数，指导低勘探程度区域油气资源评价和勘探，从而为新发现提供技术支持。这里以柴达木盆地东部德令哈坳陷为例，对低勘探程度区的生产需求加以分析。

德令哈坳陷处于柴达木盆地东部地区北端，有利勘探面积15000km^2（图3-1-3）。石炭系油气勘探程度低，已有的勘探工作量主要包括1∶20万区域地质调查；1∶50万及1∶20万重力、磁力与电法普查；MT勘探840km；二维地震剖面4400km；钻井较少，以浅井为主，其中钻达石炭系的探井有埃北1井、石浅1井、柴页2井及几口煤田钻孔。区域地质调查发现柴达木盆地东部地区石炭系在埃姆尼克山、欧龙布鲁克山、扎布萨尕秀山及牦牛山等地广泛出露，厚度可达1300m，岩性多以灰色灰岩和黑色泥页岩为主，暗色泥质岩在石灰沟、都兰、扎布萨尕秀等地发育，厚度可达498m，变质程度较小。坳陷周边石炭系露头区多处发现沥青出露，油源对比来自石炭系烃源岩，并且柴页2井在上石炭统克鲁克组见天然气显示，表明德令哈坳陷石炭系烃源岩有过生烃过程，说明石炭系具有成烃潜力，可望成为柴达木盆地油气勘探的新领域。

该地区面临的难点问题与挑战是对石炭系全新领域成藏条件及资源潜力缺乏整体的

认识。第一，柴达木盆地经过多期构造运动，地层剥蚀严重，地震资料少，地层展布不清。第二，石炭系烃源岩是否具备生烃能力，野外露头见到煤、泥岩等烃源岩，部分钻井见到少量油气，但演化程度高，钻井少可供研究的地化资料少，整个盆地烃源岩生烃能力不明。第三，由于石炭系埋深较大，深层圈闭、储层等成藏条件不明，区域烃源岩分布、储层特征及圈闭分布等基本石油地质条件不明，石炭系资源潜力不明，有利钻探区带不清。由此可见，制约油气低勘探程度区的主要问题是，油气基本成藏条件不清，资源潜力及勘探区带不明。需要应用大模型技术，参考具有相似地质特征的成熟探区海量数据，通过指标对比，全面评估油气成藏条件、资源规模，从而评价资源潜力，优选出有利勘探区带，更高效的指导低勘探程度区油气勘探突破发现。

（4）页岩油气领域新评价。

页岩油气作为战略新领域，勘探和认识程度低，由于其成藏特殊性，油气富集受多种因素控制，传统的油气勘探方法往往依赖于人工经验和简单的数值模拟。然而，这些方法在面对复杂的地质条件和大量的勘探数据时显得效率低下。大模型技术的引入，尤其是机器学习和深度学习，可以为处理这些复杂数据提供新的思路，能够更准确地识别页岩油气地质特征、预测油气分布，并优化生产过程，提高生产效率和效益。

页岩油气以细粒沉积为主，油气储层在纳米级孔隙中，岩性变化快，在大规模勘探开发中，需要基于少量地质数据开展大规模预测，人工智能技术在岩性识别、储层参数、烃源岩参数及工程参数等预测方面显示出巨大的应用潜力。以大庆古龙页岩油为例，通过人工智能技术，能够综合钻井、野外及地震数据，开展细粒页岩油层的烃源岩总有机碳含量（TOC）、岩石中游离烃含量（S_1）及镜质组反射率（R_o）等数据的预测，从而能够明确有机质富集区。储层甜点是页岩油气的核心要素，通过分析已钻井岩性、岩相等变化，利用大数据模型技术，可以预测有利相带、优质储层分布。从而综合预测页岩油甜点厚度和分布。另外，页岩油气产量变化快，大模型技术在产量差异分析、压裂液产出规律、数据集成、产量预测等方面具有先天优势。因此在页岩油气勘探方面，大模型技术的应用前景广阔，从有机质含量的精确预测，到储层甜点精细刻画，再到工程品质预测及生产数据的联合分析等，未来的研究可以进一步探讨如何利用大数据与人工智能技术，提升页岩油气的勘探开发效率，降低生产成本，以期实现更高的资源利用率和经济效益。

（5）勘探业务管理与智能决策。

勘探业务管理是一个综合性的决策过程，包括从资源评价、矿权管理、储量管理、部署方案、规划制定与投资决策，是一项系统工程。资源评价是利用先进的地质勘探技术和数据分析方法，对潜在矿产资源进行准确评价，为决策提供依据。矿权管理通过的矿权管理，确保矿权的合法性和有效性，为勘探活动提供法律保障。储量评估运用科学的方法和技术，对矿产资源储量进行准确评估，为开发规划和投资决策提供基础数据。部署与规划基于资源评价和储量评估结果，制定科学的勘探部署和规划方案，确保勘探活动的有序进行。投资决策综合考虑资源、矿权、储量和部署规划等因素，进行投资决策，以降低风险并提高投资回报。管理出效益，如何基于大模型综合考虑多种因素，实现勘探管理各业务联动，进行智能化投资决策，提高勘探效率和效益，需要加强整体研究。

3.1.2 勘探业务大模型主要应用场景分析

生产需求定场景，应用场景定功能。从上述勘探业务对大模型的生产需求出发，提出勘探业务大模型主要应用场景如下。

（1）大区域智能地质分层。

与地质业务大模型应用场景中的地层对比分层不同，这里的地质分层是通过对更大范围的盆地或区域内所有井的整体批量输入，来获得区域地质分层优化方案和在该方案驱动下各井的重新分层数据，以及与原方案的对比分析。目标是解决成熟盆地再认识中的复杂油气藏大区域巨量井统层对比地质分层难的"痛点"问题。主要具有以下两个方面功能：

① 统层地质分层方案构建。在地震基础模型、测井解释基础模型、地质分析基础模型等行业基础模型的基础上，从已开发区块出发，利用大量已知井数据，包括井位、井轨迹、测井曲线、地质分层（单井单层）、录井、试井、岩性、含油气性等数据，大模型驱动智能生成全区统一适用的地质分层方案（表格）。

② 海量井批量地质分层。在生成上述区域地质分层优化方案的同时，在该方案驱动下生成各井的重新分层数据，同时给出大模型地质分层方案与原方案一致的（层位方案、名称一致，但深度不同）各井的分层误差数据表，实现大区域海量井批量地质分层。

（2）大区域自动构造成图。

与地震业务大模型应用场景中对单个工区地震层位解释数据进行构造成图不同，大区域自动构造成图是指对区域内已有的多个工区构造图进行"整合"，生成全区域构造图。目标是解决成熟盆地再认识中的盆地/油田级大区域构造成图难的问题。主要具有以下两个方面功能：

① 区域速度场构建。区域内已有的不同工区的构造图，因使用的速度场不同，即便在相互重叠区域也可能存在构造深度偏差，特别是在无井和低井控的部位。为此，需要在地震基础模型、测井解释基础模型、地质分析基础模型等行业基础模型的基础上，从具有地震解释数据的高勘探程度区块和已开发区块出发，根据大量已知井上的地质分

层"硬"数据、地震层位解释数据和构造图数据，大模型驱动重构区域速度场。

② 区域自动构建成图。在生成上述区域构造速度场数据的同时，根据区域内各工区的地质分层数据、构造图数据和地震断层与层位解释数据，给出大模型预测绘制的含断层的大区域构造图，指导整个区域的整体认识与评价。

（3）大区域构造圈闭分析。

盆地/油田级大区域构造圈闭分析工作，受范围和数据量巨大和可视化技术手段的影响，仅靠人力难以企及，这是以往对盆地/油田级大区域有利目标认识不够充分的主要因素之一。采用大模型技术开展大区域构造圈闭分析，通过智能批量快速落实圈闭，可以解决成熟盆地再认识中的盆地/油田级大区域有利目标分析难和准备不足的问题。主要具有以下两个方面功能：

① 现今构造圈闭自动分析。在生成大区域构造图的同时，大模型与知识图谱相结合，自动生成构造圈闭数据表，有利于发现新构造和滚动扩边，在已开发区域，通过对微幅度构造的批量分析，对快速发现剩余油富集区具有积极意义。

② 古构造圈闭自动分析。古地貌具有控源控储的作用。在油气生成与运移时期知识的指导下，根据区域内不同地质层位构造图数据，大模型与知识图谱相结合，自动生成构造圈闭数据表，有利于把握大区域油气资源分布状况（图3-1-1和图3-1-2）和发现新的油气资源有利目标。由图3-1-1和图3-1-2对比可见，古构造图基本揭示了该区域复杂断块油藏开发区的整体分布状况。如果在油田开发早期就能开展大区域统层对比地质分层、大区域统层地震资料解释、大区域有利构造圈闭分析，则必将极大地加快油藏开发的力度。

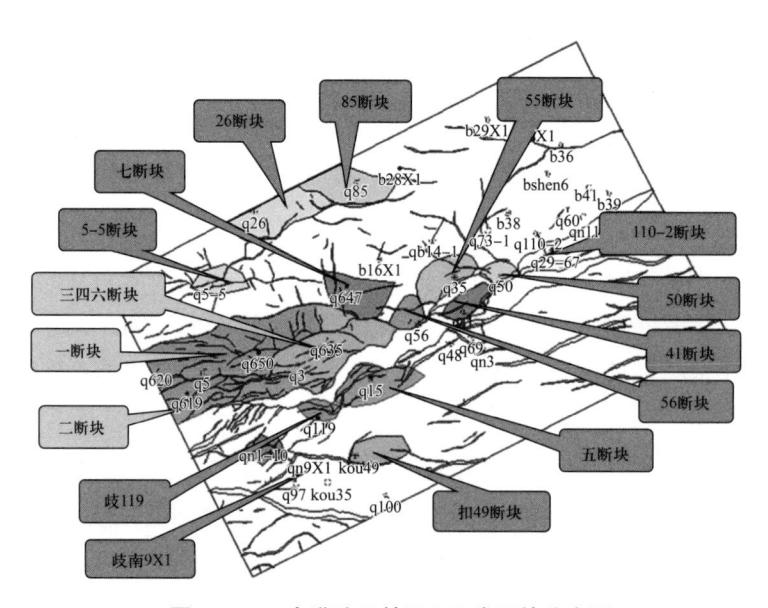

图3-1-1 大港油田某区已开发区块分布图

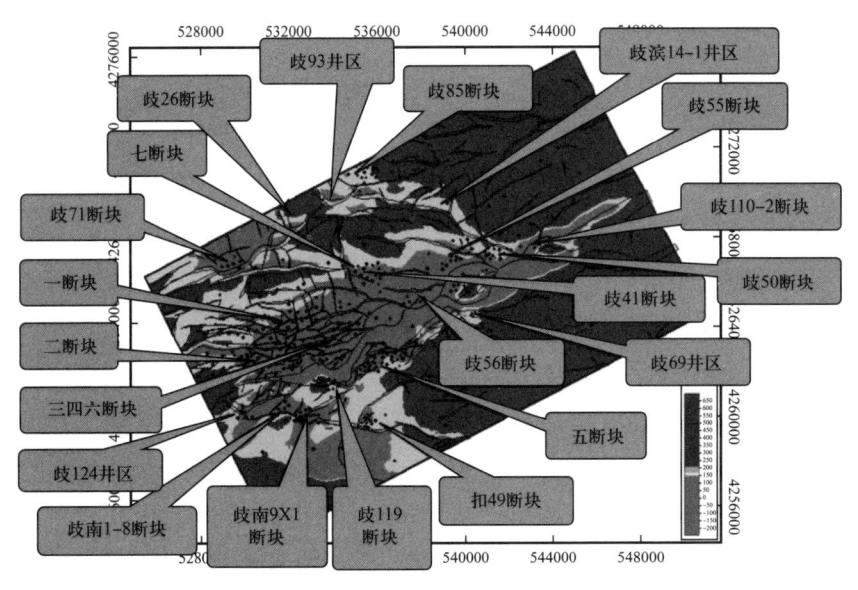

图 3-1-2　古构造分析图

（4）大区域自动储层展布预测。

大模型技术在储层展布预测中的应用主要体现在通过深度学习方法，利用海量钻井、测井和地震数据来预测储层的岩石类型、空间展布、孔隙度、渗透率和含油饱和度等参数，编制主要目的层区域沉积相图、有利储层分布图、有利储层厚度图等。此外，大模型技术还可以被用于实现勘探研究范式的转变，将地质认识数字化、地质建模智能化，并在数值模拟研究中展现出较强的数据迁移能力。在这些基础上，通过建立储层参数的四维模型，揭示储层参数在时间维的分布和演化规律，对剩余油的进一步挖潜具有重要的理论和现实意义。在后期开发方面，能够应用大模型技术对储层进行高精度的三维地质模型建立，包括地质构造模型、沉积微相模型及储层属性参数模型，为储层开发提供可靠依据。

（5）大区域资源潜力分析与有利区预测。

盆地／油田级大区域资源潜力分析工作，受范围和数据量巨大和可视化技术手段的影响，仅靠单因素分析难度较大，需要依靠大数据，对多因素综合，开展资源潜力分析，这是以往对盆地／油田级大区域资源评价不够充分的主要因素之一。采用大模型技术开展大区域构造资源潜力分析，目标是在海量数据动态分析基础上，通过规范化基础地质参数模型研究，解决有效烃源岩原始分布面积、排烃效率和裂解气计算等难题，从而更准确地计算生烃量与排烃量，快速智能评价油气生成与有利油气资源富集区预测，指导油气勘探。

① 烃源岩生烃史分析：在烃源岩地化特征及平面分布基础上，融合古水深、热流演化、构造演化及沉积环境等数据，结合烃源岩生烃动力学，生成不同层系烃源岩层的

演化模型，从而快速评价有利烃源岩层。结合勘探成果，能够快速明确主力生烃层的生烃强度及资源量，对于快速确定有利勘探层系具有重要意义。

② 有利聚集区分析：在埋藏史、热史和烃源岩生排烃史模型的基础上，在构造演化及基本石油地质条件指导下，应用大模型技术可明确油气的运移聚集过程，快速明确油气的运聚史，对有利勘探区及目标预测具有重要意义。

（6）圈闭智能评价、排队与优选。

利用大模型开展圈闭评价与优选，需要构建一个综合的评价体系，这包括地质条件、资源量预测、经济条件等多个方面的综合考量。首先，收集相关的地质数据、油气资源数据以及经济数据等。例如，大港探区的项目中就完成了 232 个油气勘探目标基础参数的收集整理，并建立了圈闭参数数据库。其次，根据不同的圈闭类型和发现级别进行分类整理，并针对不同类型的圈闭，从风险性、吸引力及经济性三个方面进行评价。这种方法已经在大港探区的应用中得到了验证，能够有效地对圈闭进行分类和评价，提高投资效益，降低勘探风险。再次，利用多维决策方法，将影响圈闭评价的各个因素系统合成为一个能从总体上度量圈闭优劣的单因子来进行评价优选。这种方法已经在四川盆地某区的实际应用中证明是有效的。再利用先进的计算机技术和通信技术来模拟圈闭综合评价过程，实现硬件、软件、评价决策者以及评价信息的快速互动。这不仅可以提高评价的效率，还可以保证目标决策的科学性和可靠性。同时，开展储备圈闭动态评价和管理，围绕富油凹陷富油带开展圈闭再评价，优选有利圈闭。这种方法可以确保在勘探过程中持续优化选择最有潜力的圈闭进行进一步的勘探开发。将上述过程和生产需求大模型化，可以有效地开展圈闭综合评价与优选，从而提高油气勘探的成功率和经济效益。

（7）勘探部署智能决策与动态评价。

勘探部署智能决策与动态评价系统是利用人工智能技术进行勘探部署决策支持和动态评价的系统。通过构建包含静态和动态数据的智能勘探基础数据库，实现资源、储量、矿权、地质条件、产量等数据和业务流的打通和赋能，数据可自动获取和一键更新，与勘探相关的信息智能展示，极大提高专业人员智能决策和工作效率。勘探部署智能决策与动态评价系统需架构融合数据处理、实时决策支持和风险评估与优化三大核心模块，旨在提高油田勘探的决策效率和成功率。一是数据处理与分析模块：能够自动从多个数据源中收集和整合数据，利用机器学习和数据挖掘算法分析这些数据，提供有关油田勘探的关键信息和趋势预测。二是实时决策支持模块：负责处理实时数据流，通过实时监测和分析，提供快速而准确的决策支持。三是风险评估与优化模块：通过模型建立和仿真技术，该模块能够评估各种决策方案的潜在风险，并提供优化的建议，有助于降低决策风险，提高勘探效率。

3.2 地震业务的需求与应用场景

地震业务是油气地震勘探领域最核心的业务之一，涉及地震资料的采集、处理、解释等诸多方面。地震业务具有数据量大、自动化、定量化、综合化、高效率等特点。从 2016 年以来，随着 CNN、ResNet 等网络架构以及 TensorFlow、Pytorch 等人工智能新框架的出现，地震技术迎来了智能化发展的大好机遇，取得了许多新进展。然而，如何实现工业化应用落地成了目前必须解决的关键问题。地震领域拥有大量的数据积淀，为大模型应用提供了良好的数据基础，并为大模型应用提高丰富的场景，基于大模型技术良好的泛化性能，发展地震场景大模型将有助于从不同角度提升原有技术的应用效率和精度。比如基于大模型地震初至拾取、断层识别、层位解释、沉积相划分、速度建模以及风险决策与评估等。借助大模型技术发展和由此催生的 AI 范式的变革，必将为地震业务发展带来革命性的变革。

3.2.1 地震业务对大模型的生产需求

基于工业应用场景的大模型可为行业或者局部领域提供技术解决方案。因此，其生产需求的背后是对于未来技术市场价值的把握，行业需要真正落地的应用是能够解决生产问题、业务问题的有效方案。油气地震业务大模型必须以技术融入产业生态，而不是产业生态融入技术，因此，透彻的分析智能化方法应用落地的关键问题，将有助于实现数据价值挖掘和智能化技术真正落地应用。这就需要厘清地震业务对大模型的生产需求。

（1）流程再造：满足重复性、高效率等业务场景需求。

地震业务领域存在许多耗时、耗力以及重复性的环节。典型场景如处理阶段的去噪、初至拾取、速度建模等；解释阶段的层位解释、断层解释、地震相划分、走滑断裂识别等，都是地震业务领域最耗时、重复性最高且最需要提高效率的关键环节。

随着地震野外采集技术的发展以及面对"低、深、海、非"等复杂场景高精度勘探的需求，地震资料从采集、处理到解释作业的周期越来越短，数据量越来越大，如节点地震采集在用激活道数已经大幅度增加到 10 万道以上级别、采集日效超过 8000 炮、地震野外采集数据量已经增加到 10TB/d 以上，单个工区（如科威特）可达 PB（拍字节）级、中东地区不少项目每天采集数据量可达 10TB，这一趋势随着地震采集技术的发展，已经越来越成为制约地震处理解释业务发展的主要瓶颈。

以地震资料处理环节去噪场景为例，由于涉及不同工区、不同采集时间段、不同采集装备、复杂的地震波场类型，噪声类型，并需要兼顾高保真、保幅等要求，实际工作中还需要针对不同的噪声类型涉及不同算法的应用、不同类型算法的组合应用等，尽管随着 CPU、GPU 等算力的增加，去噪仍然是处理环节中最耗时、耗力、重复性高卡点环节之一。要实现这样的目标，仅仅基础大模型和 L1 级地震大模型远远不够，还需要发展针对性的 L2 级别的地震场景大模型，如地震去噪大模型、速度分析大模型、初至拾取大模型等，这样可使得地震处理专家在应用 L2 级场景大模型的基础上，通过极少量的迁移性学习，实现去噪、速度分析以及初至拾取、甚至反演成像等处理流程再造。

（2）知识发现：基于海量数据中高效捞取知识。

提高勘探成功率，降低勘探风险，快速识别有价值的勘探目标和区域，是勘探家不断追求的目标之一，也是地震解释业务主要的攻关方向之一。其难点主要有如下两点：一是如何实现不同类型、不同尺度数据的整合。如地震数据蕴含大量的地下油气、构造、岩性等信息；测井数据类型众多，从常规测井到成像测井以及声波远探测等，可以获取诸如纵横波速度、地层密度、地层倾角、产状、含油气性、渗透率、孔隙度等多种信息；另外，还有大量的地面工程、地质等背景数据。如何使专家快速、准确挖掘这些信息意义重大，且极具挑战。二是如何将专家经验等领域知识科学、量化地应用于综合决策过程。勘探业务投资大、风险程度高，很多专家经验都停留在口头、文字报告等层面，且难以固化、量化，大模型技术使得勘探专家在一天内浏览、梳理成千上万的历史报告成为可能。而且完全不同于死板的全文检索，它可以快速从含义上来提取有用的信息。这种在两年前还是"高不可攀"的大神一般的知识处理能力，如今在大模型加持下变成"白菜价"，可助力勘探发现进入一个高度智能时期。

（3）知识创造：自动化知识创造和知识整合。

地震处理解释的过程乃至整个油气勘探的过程，其实就是知识创造的过程。大模型"智能涌现"的特性使得大模型具备包括一切知识创造的特点，如通过大量地震去噪样本的学习，可以获取去噪的能力，通过初至样本的学习，可获取地震初至拾取的能力等。

就传统地震业务来看，地震资料从采集、处理到解释的整个链条，都需要从大量的地震资料中，通过一系列降维处理手段获取高质量的地震处理结果，进而在解释阶段获取地下的构造、岩性乃至油气等信息，这就需要地震处理、解释专家通过一系列高度的抽象思维，去伪存真，并最终实现勘探目标的选择与评价。随着大模型技术的发展和在地震领域的应用，这一工作范式必将发生革命性的转变。依赖海量地震的、多样性的地震数据的地震大模型，可使得模型更加灵活、强大，这种多样性让 AI 系统更能够接近人类的感知和认知能力，使得 AI 在地震等诸多领域的应用更加深入和广泛。

另外，借助于 Agent 还可以快速分析和理解大量前人的研究报告、文献和数据，并通过诸如大语言模型自动化生成勘探报告、开发总结、项目进度报告等文档，减少人工编写工作量。这不仅提高了工作效率，还有助于实现大量数据的整合与综合应用。

（4）知识融合：跨专业跨学科的知识整合与数据整合。

油气领域是典型的跨专业、跨学科领域，具有大量不同类型、不同尺度的数据，如重磁电震数据、测井数据、地质数据、岩心数据等。另外，油气领域也有诸多场景需要将这些不同类型、不同尺度数据进行综合分析，这涉及数据融合的一个核心问题——多尺度匹配。如传统地震反演，需要以测井数据为硬约束，由井点外推获取相关的反演结果或者由井点属性数据作为约束构建反演初始模型等。在智能反演中，更需要将井点数据（包括测井以及井旁道地震数据）作为样本，预训练反演网络等。这其中涉及地球物理领域数据融合的一大难题——多尺度匹配。简而言之，就是需要将如测井类型的数据粗化（反演中通常叫作均化或者小层合并），将地震类型的数据尽可能细化，使得二者在尺度上能够匹配。常规的做法通常无论采取何种办法，都势必造成信息的丢失。然而，随着深度学习网络架构如CNN、RNN、Transformer的出现，为解决这一难题提供了基础。多模态大模型（MLM）等技术的发展，为融合不同类型数据特征提供了可能。在这些模型中，可以使用对应的特征提取器来提取数据的特征，然后再将这些特征进行融合，得到一个全局的表示，用于下一步的预测或者推理。在特征融合过程中，通常还会使用注意力（Attention）机制来加强对某些特征的关注度，以进一步提高模型的预测性能。

地震资料从采集、处理到解释，还涉及另一个重要问题——如何将专家经验等领域知识融合于业务场景。借助于常规的降维操作，大语言模型不仅仅可以将文字、图像、数据在更低的维度上进行变换和融合，更重要的是还可以在油气领域中将不同学科、不同专业的信息进行融合分析，如投资计划、勘探开发、地面地下工程、财务、市场营销等。在当前勘探开发一体化、地质工程一体化的业务融合背景下，大模型有可能提供最为庞大和最有力的决策支持。

知识图谱的出现，也为融合各种信息提供了强有力的工具。2012年，Google正式提出了知识图谱的概念，其最大的优势在于对数据的描述能力非常强大，各种机器学习算法虽然在预测能力上很不错，但是在描述能力上比较弱，知识图谱刚好填补了这部分空缺。随着人工智能的技术发展和应用，知识图谱作为关键技术之一，已被广泛应用于智能搜索、智能问答、个性化推荐、内容分发等领域。未来，借助知识图谱的表示形式，利用图神经网络进行知识的推断或推理，实现人工智能技术从感知到认知的跨越，将是一个很有前景的研究方向。在油气领域，如能够将知识图谱和专家领域知识结合，必将为勘探决策、风险评估提供最佳解决方案。

（5）人机融合：将模仿通用人类智慧的AGI与科技结合，形成巨大的认知能力。

关于地震大模型的未来的需求，正如通用人工智能的发展一样，必将发展为人机融合的高层次模型。确切来说，这一点要借助大模型的 Agent 拓展能力，充分发挥大模型的超强 AGI 能力，将其与不同行业领域的数据、工具和方法结合，构建一个智能应用的闭环，将原有的信息系统，升级为与专家思考模式一致的智能体系，让系统具有高度的行业认知和对问题的分析和解决能力。

基于此，地震行业现有的工作模式、处理解释等传统软件的形态可能会发生革命性变化，分析流程会被思考流程替代，软件更大程度地跟随专家的思维决策，提供更有针对性的分析和建议。

3.2.2 地震业务大模型主要应用场景分析

基于大模型为特征的智能地震业务，其核心就是"应用地球物理场景 + 地震基础大模型"赋能策略，通过将传统地球物理技术与大模型技术融合，发挥专家领域知识与 AI 两者优势，突破传统物探技术的瓶颈，挖掘物探数据内在的、深层的、传统技术无法发现的联系，提升处理、解释结果的科学性。

物探领域是油气勘探开发过程中最为基础、最具挑战性和难度的环节之一，人工智能与物探技术的结合将为解决诸多技术难题提供重要手段。自 2016 年以来，将人工智能技术与油气物探技术相结合，解决油气物探难题取得了长足进步。一是人工智能的模糊逻辑技术，能够基于"不完备"和"不完美"的数据进行有效预测；二是人工智能的深度学习技术分析基础是大数据，通过对海量地震数据的实时提取，实现数据挖掘和多元信息融合利用，盘活大量不活跃的"黑暗"数据，从而更精细、全面地描述地下储层展布规律。将人工智能技术用于物探领域，主要目的是为了减少人工参与度，实现智能化的、高效率的处理解释流程再造，降低处理解释过程中的时间成本和人力成本。

近期的研究表明，"应用地球物理场景 +AI"的赋能策略[2-3]，在费时费力环节，如初至拾取、速度拾取、层位解释等，以及助力打破传统物探技术瓶颈，攻克应用难题，具有重要意义。如能借助大模型等相关技术，该领域的发展将更加具备潜力。地震业务典型的应用场景很多，涉及地震资料采集、处理、解释等多个环节，未来可能还涉及智慧勘探、智能找矿。以下从相关技术进展角度，对地震业务的典型智能化应用场景加以分析。

（1）高效稳定自动初至拾取与速度分析。

初至拾取在构建精细近地表速度模型、计算静校正量、估算地层各向异性参数、反演地层吸收衰减参数等环节起着重要作用，是影响地震资料成像的关键因素之一。地震资料处理流程中，初至拾取和速度分析更是地震资料处理流程中非常基础、非常重要的环节，且极其耗时、耗力并需要不断重复迭代的高强度、劳动密集型过程。近几年来，有关智能化方法发展很快，也在实际生产中见到了较好的应用效果。另外，随着高密度高效采集技术在油田复杂区的广泛应用，低信噪比海量数据的初至波拾取工作面临巨大挑战，传统的初至波自动拾取方法抗噪能力差，大量人工操作不仅影响拾取精度和效率，同时严重制约了地震资料处理进程，实际生产中海量数据的高效稳定初至拾取和速度分析需求很大。

初至拾取和速度分析问题本质上是分类问题。近几年来，发展了许多智能化的初至拾取和速度分析方法，但没有从根本上解决自动拾取的稳定性和高效性，以确保在低信噪比、复杂地表等条件下提高拾取率和拾取精度。由于初至拾取和鉴于地震大模型一些良好的特性，构建初至拾取与速度分析大模型非常必要。

（2）高品质智能去噪。

将大模型技术等相关策略应用于地震资料处理，有很多场景，如拓频、去噪、异常道识别、混采分离、速度分析、成像等。去噪是智能物探最早取得进展的典型应用场景之一，也是未来地震大模型发挥作用的主要场景之一。2016年以来，发展了针对随机噪声、面波、强能量、混采分离等多种智能去噪方法，在实际应用中已见到了良好效果，展示了人工智能框架与地球物理算法结合解决地震资料处理难题方面具有良好的发展前景。图3-2-1给出了沙漠区智能复杂三维面波去噪技术实例，智能面波压制在简化了去噪流程的同时提高了对复杂面波的适应能力。该工区由于地表沙丘起伏导致面波特征极为复杂，传统单一技术很难将其有效压制，传统工业去噪需要分频面波压制、异常振幅压制等多个模块组合和采取复杂处理流程及大量参数测试，智能去噪方法与传统方法相比可以极大简化处理流程，显著提升处理效率。

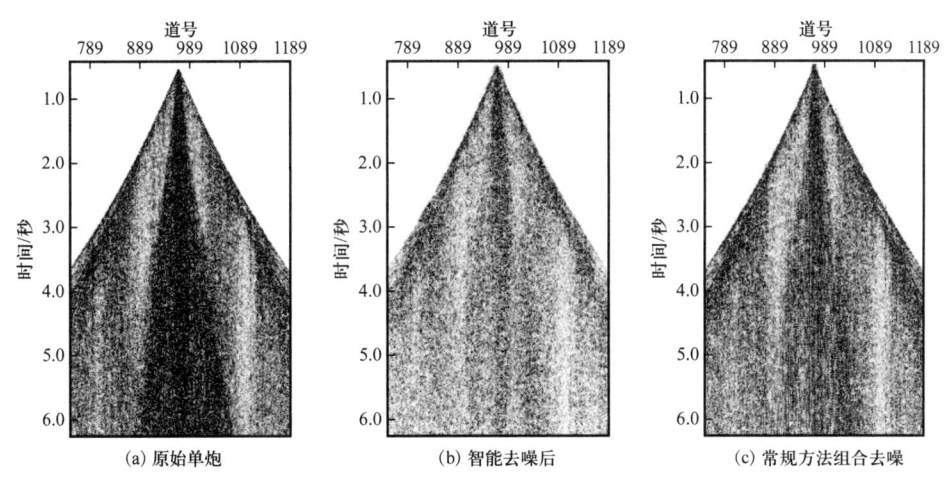

图3-2-1 沙漠区智能复杂三维面波去噪结果图
(a) 原始单炮　(b) 智能去噪后　(c) 常规方法组合去噪

从现有的研究来看，智能去噪的方法很多，技术发展很快。但如何将AI技术应用于地震数据去噪面临诸多的难题：其一，由于噪声类型多样、波场特征复杂，同传统方法一样，很难构建普适性的去噪网络，须针对不同的波场类型、噪声特点构建针对性的智能去噪网络，并在网络架构选择、超参数调整、专家经验的引入等方面进行深入研究；其二，不同探区，甚至同一探区不同工区，由于地表地下地质特征的差异，模型的泛化能力通常比较差，需要根据资料的不同特点，重新引入本地化的标签数据，进行迁移学习，以提高模型的泛化性能非常必要。因此，有关迁移学习、构建高精度样本数据集以及构建以地震大模型危机处理的地震去噪场景大模型是未来研究的重点，也是难点，只有构建更多具有代表性的标签数据集，才能真正推动智能化方法在去噪领域的深入应用。但在去噪以及涉及相关考虑振幅变化如反演成像、流体识别等方面的应用中，标签数据集的构建尽可能采用实际地震数据，尽量避免采用数模或物模数据，以免带来潜在风险。

（3）高精度智能断裂检测。

断裂检测是深度学习技术在油气领域应用研究最为深入的典型场景[4]，也是最早取得进展的应用场景之一。由于断裂检测仅仅检测间断性，可以采用合成数据、物模数据等作为标注数据进行学习，构建模型，并且所获得模型具有很好的泛化性。在最近的研究中，这方面的研究文章仍然较多，不同之处在于有的利用合成地震记录数据进行网络模型训练，然后将训练好的网络模型应用于实际地震数据；而有的则直接用实际地震数据进行训练，然后将训练好的网络模型应用于其他实际地震数据，前者解决训练数据集的标注问题，而后者一般需对部分数据集进行人工解释标注，或利用其他传统方法标注，如计算相干体作为断层概率等。

虽然在断裂检测领域已经取得了很好的进展，但从实际应用角度来看，还存在诸多难题。譬如如何提高断层检测的精度问题，检测结果中，哪些是真正的断层，哪些是由于岩性物性等引起的间断性，哪些是由于噪声影响产生的间断性等，这些问题都没有很好地解决。譬如如何进行断面的组合，剖面上不同的检测结果，哪些是属于同一个断层，进而实现真正的断层检测，为后续构造成图等提供便利条件，这是当前智能断层检测攻关的主要方向。为此，构建基于地震基础大模型的断裂检测场景大模型是未来解决断层识别精度，提高解释效率的必然选择。

（4）高效智能层位与层序解释。

层位和层序解释是地震资料解释最耗时的环节之一，获取高精度的层位、层序解释结果，对提高构造解释精度、油藏建模以及降低勘探风险具有重要意义。关于层位解释，有几个方向值得关注：一是采用多任务网络，引入专家领域知识，同时获得高精度的层位、断层、层序解释结果。二是利用构造分析技术逐步细化、逐级提高层位、断层解释精度的工作流程；三是基于图像分割思想，采用编码－解码器格式的卷积神经网络模型，将层位拾取问题转化为一个一维图像分割问题，用稀疏网格上的人工层位解释结果进行训练，然后用训练好的模型对整个数据体进行自动层位拾取处理。一般情况下，利用深度学习网络如 CNN 网络实现地层解释至少需要地震特征自学习（SFSL）和地层模型构建（SMB）两个步骤，每一步都在深层 CNN 中实现，后者是监督的，但前者可设计为不受监督，且不需要领域专家知识。

就目前的国内外进展来看，虽然研究的人员很多，方法也很多，但真正应用到生产中的成功案例比较少。其原因在于层位和层序检测存在如下两方面难点：一是如何获得高质量的标签数据对模型进行训练；二是如何将领域专家的知识引入，提高在复杂构造区、低信噪比地区的解释质量。基于大模型固有的特性以及上述分析，构建基于地震基础大模型的层位与层序解释大模型，必将有助于提升层位与层序的解释精度，进而实现真正场景下的工业化应用。

（5）智能地震相分类和异常体检测。

依据地震波形特征开展地震相分类、异常体检测，如河道识别、盐丘识别、火山岩体识别、溶洞识别、断熔体识别、走滑断裂识别等是地震资料解释的一项重要任务，也是地震大模型未来垂直应用的主要场景。

地震相可用于推断沉积环境，沉积搬运方向及地质演变等情况，精细识别和分析地震相在油气勘探中具有重要意义。利用地震数据划分地震相，属于典型的分类问题，通常依赖地震资料的相关标志，如外部形态、内部结构、顶底接触关系以及动力学与运动学等，工业化方法和软件较多。

近几年来，随着深度学习技术的发展，地震相分类方法发展更为迅速，取得良好实效（图 3-2-2）。如采用模糊聚类方法进行地震相分析，通过考虑不同聚类方法的测井数据和评价指数来提取聚类数，采用 KPCA 属性和 GK 方法的样本基聚类结果可以清楚地显示地震相单元和通道模式。也可以采用常规神经网络，如引入地震相分析的属性加权方法，将属性权重定义为自组织映射（SOM）响应和解释器首选项的函数，通过使用这样的权重，输入属性中的信息在 SOM 相图中充分地表现出来，而在具有高对比度的属性中则可实现无监督的地震相分析。还可通过使用深度自动编码器网络实现地震相划分，利用编码器－解码器卷积神经网络模型对地震相进行分类，对整条地震测线中的所有样本进行分类，同时提供优越的地震相质量，该方法基本实现了对全区地震相的自动划分，同时保证准确率，是深度学习在地震相划分应用中较为成功的案例。

在复杂异常体检测中，盐丘追踪解释是一项耗时的任务。研究证明，采用基于深度卷积网络的新型自动化工作流程，可以显著减少盐丘边界的手动解释量，这种新的自动化工作流程有可能将盐丘解释的周期，从大约一个月或更长时间减少到几小时。将人工智能用于地震数据中快速准确地解释盐丘对象，由深度学习提供动力，仅根据地震数据训练强大的解释模型，就可以获得精细的结果，而无须构建特定训练集。

图 3-2-2　典型工业软件生成的地震相图（a）和智能化方法生成的地震相图（b）

（6）智能岩性、物性、含油气性识别及相关参数定量解释。

岩性识别是了解油气藏特性的关键，准确识别油气藏的岩性是一项重要的基础工作。目前已有学者将智能化技术应用于岩石物理参数预测、流体识别等方面，如可以用级联法和一步法卷积神经网络模型由时间域角度道集反演深度域岩石物理参数（纵横波速度、密度和孔隙度、泥质含量、含水饱和度），以及用残差网络由叠前地震数据反演方位各向异性介质的速度和裂缝参数等。但总体进展不大，距离解决生产问题还有相当距离。

从现有的研究结果分析，将智能化方法应用于岩性检测与物性、含油气性等参数解释，其难点主要在标签数据集的构建，由于不同探区、甚至同一工区地层的岩性组合都存在差异，因此模型的泛化性能很难保证。从三个方向可以开展深入的研究：一是构建考虑专家知识的针对性检测网络，提高预测的准确性；二是构建基于多数据源的多尺度多模态网络，提高模型学习的能力；三是构建基于知识图谱或者深度学习的风险评估方法，对预测结果进行评估分析，给出定量化的可靠性评价标准；四是借助大模型的一些特性，提高算法的稳定性和适应性。多模态大模型具有潜在融合不同尺度、不同类型数据的特征，地震大模型未来在岩性识别、岩石物理参数解释、甜点与地应力预测等方面将发挥积极作用。

（7）智能地震反演。

将 AI 相关思想应用到地震反演领域，至少有助于解决如下两个关键问题：一是不同类型数据尺度融合难题，从理论上讲，可以较好地通过构建测井、地震、地震、岩心等不同尺度、不同类型的标签数据，然后通过多标签学习框架，很好地达到融合多尺度信息的目的；二是通过不同深度学习框架的应用，可以很好地引入专家知识等先验信息，有助于降低反演多解性，提高反演精度。未来这一领域的研究非常值得期待。2019

年之后，人工智能技术在反演成像方面的论文量剧增，涵盖了从反射系数到波阻抗反演、叠前弹性参数和岩性参数反演、全波形反演、地震初至旅行时层析成像反演等方面，所用方法包括 CNN、RNN、波尔兹曼机、GAN 等。

近期，基于深度学习方法求解偏微分方程（PDE）方面取得了很大进展，不仅能快速正演、快速反演，而且能很好解决非线性问题，能对更复杂、更高维的偏微分方程进行求解，有望颠覆传统偏微分方程数值求解技术，引发数值模拟技术的巨大变革，为地震成像反演技术发展带来新变革。

解决地震、测井标签样本不足，地震、测井、岩心、地质等数据的多尺度匹配难题，以及如何将专家领域知识应用到反演网络中，是智能反演走向实用化需要攻关的关键问题。如可以利用 Cycle-GAN 网络解决地震数据标签不足问题的方法，其中包括两个基于 CNN 的生成子网络模拟地震道的正演与反演过程，两个判别子网络用于约束合成地震道与实际地震道之间的分布一致性。试验对比显示这种方法优于一般的卷积神经网络方法。也可以利用物理模型约束和增强数据驱动的地震反演方法，该类方法借助卷积网络发展了几种基于物理信息的数据增强技术，并使用反演网络对生成的模型进行对比分析，表明基于物理模型约束的地震反演可以获得更精确的反演结果。Son Phan 和 Mrinal K.Sen 等给出了一种将玻尔兹曼机作为机器学习算法的 AVA 反演方法[5]，其流程如图 3-2-3 所示。其最大特点在于将机器学习引入反演流程中，并加入先验约束（图 3-2-4）。该方法的潜在价值在于如何将先验信息用于智能学习中，非常值得借鉴。Oh 等提出了一种利用 U-net 网络将可控电磁数据与地震数据结合来实现对盐丘准确反演的方法[6]，为解决多尺度融合问题提供了参考。

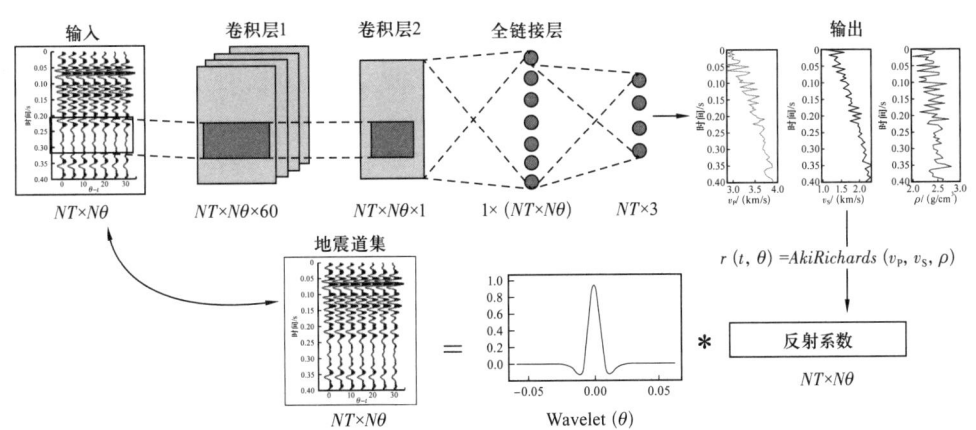

NT: 时间采样点数　$N\theta$: 地震道数　r: 反射系数　t: 时间　θ: 入射角　AkiRichards: AkiRichards公式
v_P: 纵波速度　v_S: 横波速度　ρ: 密度

图 3-2-3　基于物理意义辅助的 ML 学习反演算法框架

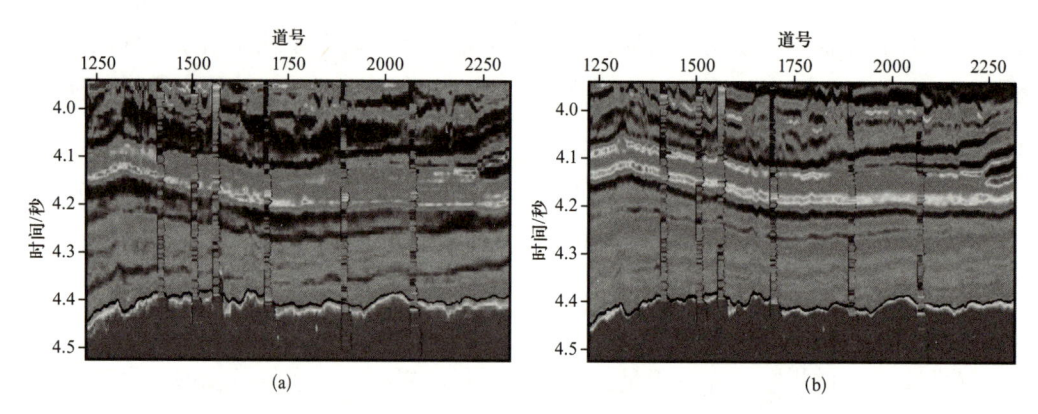

图 3-2-4　某工区传统技术反演波阻抗（a）和基于专家经验约束的智能化反演波阻抗（b）

3.3　钻完井业务的需求与应用场景

随着勘探开发业务的不断深入，油气钻采主战场逐步走向包括深地、深水、非常规和老油气田[7-9]，这对油气钻完井技术提出了更高要求。因此，如何高效、高质量地打好油气井，从而将油气采出，是油气勘探开发永恒不变的主题。钻完井包含多个过程与系统，涉及地质学、地球物理学、岩石力学、材料科学及控制工程等多个学科。油气钻井的过程中所产生的大量数值型数据（区块历史施工数据、录井数据、随钻测量数据及钻后、压后经济评价数据）与文本数据（钻井设计方案、钻井日志日报）是宝贵的资产[10-13]，可为后续的钻完井施工提供经验、参考及模板。然而，目前由于钻完井多源数据来源广、模态多[14-15]，数据的总体利用程度较低，且现阶段钻完井数字化智能化方案以及智能钻完井算法模型等在迁移性泛化能力、结果可解释性、人机交互性能等方面还存在诸多不足，亟须打破数据孤岛、挖掘数据潜力，提升模型迁移泛化能力与落地应用效果。大模型可通过对大量历史钻井数据的学习和分析，将现场实际、施工模板、优秀案例及经验知识从大量的历史数据中提取出来，为钻完井过程提供建议与参考，大模型与钻完井业务场景的深度融合可将各个钻完井环节之间的施工与优化流程进行紧密连接，有望大幅提升钻完井工作效率与质量。

3.3.1　钻完井业务对大模型的生产需求

近年来，融合了智能化信息化技术与钻完井工程的智能化钻完井技术在复杂油气勘探开发中优势凸显，被视为行业变革性前沿技术。然而，其在逐步落地推广的过程中，出现了迁移性泛化效果差、模型结果难解释、使用门槛高等痛点。大模型技术以其庞大的参数、可拓展的计算结构、出色的人机交互能力等技术特点与优势，可有效助力智能钻完井技术场景构建与落地应用,加快油气钻完井业务的数字化转型升级[16-19]。

首先,在业务层面,钻完井业务目前所面临的难题主要包括复杂油气钻井提速难、方案设计调整难、轨迹优化控制难、风险预警调控难、钻完井多参数协同优化难等。上述问题的主要原因在于目前油气钻完井领域多源多模态数据利用不足,模型迁移泛化效果差;智能钻完井模型算法与场景融合不够深入,算法性能无法充分发挥,优化决策结果难以满足现场需要;智能模型的黑箱性质与可解释性不足,现场施工人员难以调整或参考。

而大模型强大的多模态数据处理分析能力、非结构化数据处理能力、自然语言理解与生成能力、案例分析能力、知识存储与学习能力以及友好的人机交互方式,能够大幅提升数据利用效率、降低作业人员与智能体及智能模型之间的交互门槛、有望在钻井状态智能表征、钻井风险智能感知、钻完井方案智能设计、钻完井施工过程智能优化决策、装备智能调控等一系列场景中为钻完井业务赋能。基于此,本部分对应提出了钻完井业务大模型的三大核心需求。

(1)钻完井多来源多模态数据的深度挖潜需求。

作为油气勘探开发地质工程一体化中的重要一环,钻完井业务中所涉及的数据绝不仅仅只包含钻完井过程中所产生的数据:从来源上可划分为直接测量数据、测量解释数据、模型计算数据和人工分析数据等;按照环节或领域可划分为区块区域数据、地层数据、井眼数据、材料及工具装备数据、施工参数数据以及后续油气生产相关数据等;按照模态可划分为结构化数据(地震地层数据、综合录井、测井等一系列时序非时序性数据)、非结构化文本数据(日志、设计方案、大事纪要、文献教材等)、视频图像数据(井场、井下图像)等[14]。

为了提升钻完井效率与质量,强化钻完井各环节之间一体性,需充分高效地利用上述数据。目前,传统模型主要使用数值型的静态数据或动态数据、辅之以少量的视频监控或文本数据进行分析,地质信息、历史方案、施工数据、现场音视频等材料无法被集成分析,难以满足地质-工程一体化建模需求。大模型通过统一的编码方式,能够将多模态数据(如文本、图像、时间序列等)转化为同一语义空间表示,从而进行关联分析;基于深度神经网络架构,大模型可以从多模态钻完井数据中总结形成非线性、多层次的复杂关系;同时,大模型中采用广泛的Transformer架构支持大规模并行处理,能够快速分析钻井过程中产生的实时多模态数据流(如传感器、图像和文本记录);此外,针对新采集与新获得的相关数据,还可在预训练模型基础上,针对具体的钻井场景进行微调,快速适应下一钻完井场景的特定需求。

因此大模型的引入有望充分融合地质条件、装备系统、施工数据等多源多模态钻完井数据,大幅提升数据利用效率,充分满足高效钻完井数据挖潜这一关键需求,从而显著提升模型性能。

（2）智能钻完井模型算法性能提升需求。

在钻完井作业中，实时表征、感知与优化决策是确保钻完井效率与安全的关键。随着钻探区域地质条件的日益复杂，传统的决策方法难以应对高风险、高不确定性的作业环境。智能钻完井技术作为融合了人工智能与钻完井技术的行业变革性前沿技术，目前已建立的相关模型与算法在钻完井业务中具有强大的因素分析、数据拟合以及参数优化能力，在钻完井状态智能表征、感知认知、决策优化方面存在显著优势，然而这些智能化模型在研究开发、落地应用过程中被发现面临着模型迁移泛化效果差、结果可解释性不足、结果推理分析难、多过程协同优化难等一系列问题。

大模型庞大的模型参数在一定程度上为模型精度提供了保障，其迁移、微调的进化方式也可优化模型的迁移泛化效果；同时，智能钻完井大模型通过整合多源数据、提取非结构化专家知识、揭示关键因素与决策之间的关联关系，有效增强决策的透明度，实现了模型结果可解释、可追溯；通过调用多个智能模型进行深度推理与计算，并将计算结果整合到统一的决策框架中，可实现钻完井多过程、多模型、多智能体的协同决策优化。

因此，智能钻完井模型算法可依托大模型强大的智能体协同能力与计算分析能力，融合大数据与专家经验知识，在模型架构优化、多系统协同、计算效率提升和结果解释分析等方面实现突破。从而更精准地感知钻完井风险，为现场施工提供更加科学、实时的指导，进而显著提升钻完井效率、降低钻井风险，实现油气钻完井降本增效乃至推动整个油气行业智能化转型与高质量发展。

（3）钻完井全流程智能技术落地应用需求。

目前，随着复杂油气钻井技术、智能钻完井技术的不断进步，其算法与模型效果逐步提升，部分结果已经可以作为现场施工及操作的支撑。然而，大部分人工智能模型运行计算原理较难、模型复杂度较高、使用方式较特殊，对施工人员提出了极高要求，导致模型与装备之间的结合差、人机交互难，致使现场对相关模型的决策采纳率及使用效率并不高，模型推广与技术落地应用困难。

大模型的全面的模型模块、集成的多源数据接口、强大的人机交互能力让现场工程师与施工人员可以通过简单的自然语言、音频输入等方式与模型进行交互，而无须复杂的编程或专业知识，工程师可以直接询问钻完井参数优化、风险预测或施工策略建议，从而提升技术的可操作性和普及性；大模型借助语音与视频等多模态数据，通过虚拟现实（VR）或增强现实（AR）技术，实现操作场景的可视化。操作员通过佩戴设备与模型交互，实时查看井下地面工况，更直观地了解钻井风险或人员操作风险；通过多个数据接口或账号，基于历史井数据和当前工况，大模型可以根据操作员的经验水平或岗位划分，提供更便捷、更加个性化的指导。

因此，大模型可以通过自然语言交互、实时反馈、智能指导、可视化支持等方式，大大降低智能钻井技术的应用门槛，提高了现场作业人员查询、分析及操作效率，最终为智能钻井技术及其他先进钻井技术的实际落地提供可靠的保障。

3.3.2 钻完井业务大模型主要应用场景分析

（1）钻前方案智能设计与工程模拟。

目前钻井方案设计主要依赖于专家经验，通过基础的勘察分析，进行井身结构、工具装备、施工参数、施工计划等方案设计与评估。现有的依赖专家决策的钻井方案设计主要面临以下难题：一是多源数据融合利用不足；二是技术水平和经验的限制；三是钻井多目标耦合优化设计难；四是方案调整能力有限等。因此钻完井方案设计亟须借助大数据与大模型，高效合理地优化和生成钻完井方案（图3-3-1），最大限度地提升钻完井方案的质量。

图 3-3-1 钻前方案设计与模拟

① 钻完井方案智能设计与方案生成。

基于多模态大模型对多源多类型数据的融合治理能力，通过对大量历史钻井数据的学习和分析，包括地质信息、钻井参数与地层匹配关系、装备参数与性能指标等，获得不同地质环境下的最佳钻井方案。在此过程中，大模型基于输入的特定区域的地质构造、岩石类型和地层压力等信息，科学智能地推荐合适的钻头类型、钻井液配方以及钻压、转速、排量等参数。进而基于语义大模型一键式生成钻完井方案报告。

② 钻完井方案模拟与优化。

结合数字孪生和数据同化等技术，通过构建虚拟数据流，建立高精度的钻井过程数字化虚拟模型，模拟钻井全流程工况情况和各个系统动态过程，如钻柱的受力情况、井壁稳定性分析以及钻井液循环系统的状态等，包括提前分析钻柱可能出现的疲劳损伤位置和程度，从而提前制订维护计划，减少钻井事故的发生。更重要的是，常规钻完井整体方案庞大，人为调整部分参数会影响到整体方案的可行性，而基于大模型的推理与微调能力可以实现钻完井方案一体化的高效调整与优化。

③ 钻完井方案案例库与方案对比。

通过在短时间内生成多个钻前方案并存储在数据库中,依靠大模型强大的分析能力,综合考虑成本、时间、安全等因素,筛选出最优方案。如同时生成采用不同钻井技术和设备配置的方案,通过模拟计算和评估,选择出既能保证钻井质量又能降低成本的方案。

钻完井专业大模型凭借其强大的数据分析和模拟能力,能够避免人为因素导致的误差,提高设计的准确性和可靠性,从而为钻井的"钻前方案智能设计与工程模拟"提供精准、高效和可靠的支持,大大提高钻井的成功率和经济效益。

(2)钻井动态随钻优化与提速模板实时推荐。

与常规的钻井智能提速场景小模型所具备的业务能力不同,提速场景大模型能够处理和分析海量历史钻井数据,可涵盖多油田、多井况、长时间的钻井作业信息。大模型可通过提取、分析上述信息,生成针对特定区域内的钻井综合提速优化方案;也可结合场景小模型对实时数据进行处理分析,为每口井提供个性化提速方案。目标是解决复杂地质和工程条件下钻井提速提效难的"痛点"问题。主要具有以下三个核心功能:

① 跨区域、跨井况的钻井参数预测分析。在不同油田或井况间作业时,场景小模型用于和实时数据融合及自主模型更新,专业大模型用于不同区块和井况知识的提取和表征。通过大模型与小模型的深度融合,实现小模型在特定条件下的落地,并且实现在不同区块和井段的大规模迁移泛化,实现机械钻速、井底钻压等井下关键参数的高效准确预测。同时,在油井地质参数、钻头钻具数据库、钻井液参数等场景知识库的基础上,可借助检索增强生成方法,强化模型解释理解能力,弥补现有智能模型预测可解释性难的问题。

② 基于大小模型协同的钻井参数优化。提速大模型可作为决策协调者用于协调多个成熟场景小模型的耦合关系,例如机械破岩、管柱力学、井筒水力学等,实现对钻井子系统的协同优化与整体决策(图3-3-2)。针对不同井型和不同优化目标,如直井段需考虑钻头低效和机械钻速,水平段需关注机械钻速和井眼清洁、管柱屈曲等井下风险,大模型可根据当前钻井条件进行逻辑推理和全局决策,给出最优钻井参数方案。

此外,利用联邦学习技术整合各个油田区块的分散式私密数据,联合训练更新大模型,实现知识传播和钻井提速最优案例共享。同时各个油田可根据联邦学习的结果,调整优化特定区域的钻井参数,提升钻井综合效率。

③ 综合提速方案自动生成。大模型通过提取历史钻井数据的关键信息,包括结构化数据如钻井、测井、录井数据和非结构化数据如钻井日志等,结合场景模型预测结

果，自动生成包括钻井参数、钻井液性能、钻具组合等参数的个性化提速方案，并且能够实时调整以适应不断变化的地质条件和操作要求。该方案不仅提供具体的提速建议，而且可以模拟不同条件下的钻井效果，实现钻井提速方案的高效优选与调控，更快更好地完成钻井作业。

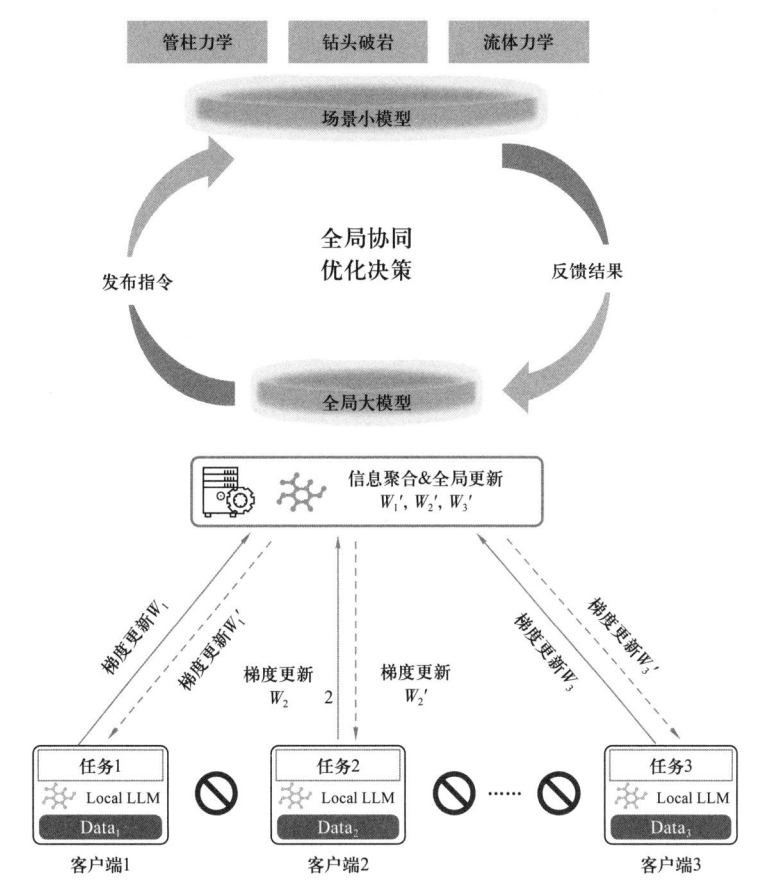

图 3-3-2　联邦学习下的大小模型协同优化更新流程

（3）井眼轨迹优化与智能导向钻进。

智能导向钻井系统被誉为石油工程技术"皇冠上的明珠"，需要攻克地质探测、轨迹优化、通信效率、井下闭环调控等难题。行业大模型的应用旨在显著突破当前智能系统的局限，显著提高复杂地层下导向钻井过程的智能化程度和自主决策效率，主要具有以下三个方面功能：

① 高精度地质探测解释与轨迹设计优化。通过整合多维数据（如地震数据、随钻测井数据以及历史钻井数据等），能够生成超高分辨率的地层模型，不仅具有更高的空间精确度，还能够捕捉微小的地质变化，为井眼轨迹的优化设计提供科学依据。此外，大模型可以在钻井过程中实时更新地层模型，并基于最新的地质预测，动态优化井眼轨

迹。基于专业大模型可实现静态地层分析到动态、实时地层优化的转变，为智能导向钻井技术的应用落地提供技术支撑。

② 井眼轨迹随钻自适应闭环控制。利用大模型强大的预测能力，可以在极端复杂的工况下，实时调整钻井和导向工具参数，适应不断变化的地层条件。这种自适应能力不仅能减少人为干预成本，还能降低钻井风险和提高储层钻遇率。基于广泛的基础知识，大模型能够处理多种优化目标和约束条件（如轨迹控制、钻井提速、风险预警、成本管控等），为复杂钻井任务提供最优解，实现从规则驱动到数据驱动的控制。

③ 新区块导向钻井的智能决策。大模型的主要优势是其全局学习和知识迁移能力。通过在不同区块和地质条件下的导向钻井数据上进行训练，大模型可以提取和整合多场景下的最佳实践经验，并将这些知识迁移到新场景中。例如，在一个油田中成功的导向钻井方案可以被快速应用到另一个具有类似地质特征的油田，从而实现新油田开发的高效启动和快速适应。与此同时，大模型具备从每次导向作业中自动学习和总结经验的能力，为未来的导向钻井提供更可靠的决策支持。从局部优化到全局智能的能力质变，是传统智能系统难以实现的。

（4）钻井风险动态监测预警与调控。

复杂油气钻井面临着地质参数不确定性、实时数据波动性强、噪声多、区块差异明显等挑战，现有方法依靠单一录井参数，人工设定阈值判断，没有充分考虑钻井作业、邻井知识以及地层不确定性等复杂条件。采用大模型技术开展钻井风险预警和处置方案推荐，目标是解决普遍面临虚警高、泛化性不足、处置方案推荐难以满足复杂油气钻井作业需求的难题。主要具有以下三个方面功能：

① 钻井风险领域知识提取与动态更新机制。针对地质参数的动态变化和区块差异，构建集成多学科知识的动态知识图谱。通过大模型技术，从钻井日志、录井-测井报告以及邻井经验知识等非结构化数据中自动提取实体和关系，提取关键风险特征信息，实现知识的高效组织与关联分析。通过知识图谱的动态更新与优化，提高对不同区块和场景的广泛适用性，确保能够在地层条件复杂多变的情况下，实现对风险特征的精确捕捉和实时响应。

② 基于多模态大模型的钻井风险预警。综合利用钻井过程中产生的实时录井数据、测井数据、地面监控视频以及钻井日志等多源异构数据，构建钻井风险智能预警多模态大模型。通过融合多模态数据，模型能够实现对地层复杂条件、多维实时数据波动以及历史案例的全面理解。大模型通过对多模态数据交叉响应特征提取和关联分析，有效提高风险识别的准确性和模型的性能，显著降低虚警率。同时，该方法增强模型对新区块、新工况的泛化能力，为实时钻井风险预警和决策提供更加可靠的技术支持。

③ 钻井风险溯因推理与处置方案推荐。利用大模型技术对钻井风险预警结果进行

因果分析，结合知识图谱和实时数据，挖掘风险发生的关键因素及其关联路径，识别风险来源及其形成机制。在溯因的基础上，大模型整合历史成功案例、邻井最佳实践以及专家经验，动态生成针对不同风险场景的多维处置方案。这种推荐技术能够充分考虑钻井作业的复杂性和多样性，有效提高方案的适应性和可操作性，显著提升风险处置的效率与精准度，为复杂油气钻井作业提供科学支持和决策参考。

（5）井场安全智能监控与事故预防。

钻井井场是一个高动态、高复杂性的作业环境，其安全监控需要处理来自多个数据源的大量非结构化信息，如监控视频、传感器数据、作业日志等信息。传统的监控系统通常专注于单一模态（如视频或传感器），难以实现跨模态的信息整合和深层语义分析，导致风险识别效率和准确性受到制约。以大模型为核心的井场安全监控解决方案，凭借其强大的表征学习、多模态融合、深层语义分析及全景式预测，在泛化能力、场景理解和实时监测等方面为井场安全监控带来了革命性飞跃。大模型在井场安全监控方面存在以下几个方面的关键性应用场景：

① 基于多模态数据融合的风险识别。大模型能够通过其强大的表征学习能力，打破不同数据模态间的屏障，进行井场风险的识别及报警。具体来说，大模型能够将视频、文本、传感器信号等多模态数据映射到同一语义空间中进行处理，通过整合视觉信息（如人员动作、行为轨迹）和环境数据（如温度、设备状态），实现在井场作业人员和设备状态的联动分析。例如，在井场作业中，大模型可以通过视频数据监测工人的姿态异常，同时结合温度传感器信息分析潜在的火灾。当这两种风险信号同时发生时，模型能够自动判定为高优先级事件，触发预警并启动应急响应。相比于传统监控系统依赖人类判断和多层级报警的模式，大模型整合多模态数据后形成的风险评估体系可显著减少响应时间和误报率，显著提高风险识别的准确性和全面性。

② 风险的全景式分析与预测。通过深度语义理解与时间序列建模，将多个风险事件以时间和空间为维度进行关联，形成从触发到结果的完整语义链条，能够通过多层次因果分析，识别出潜在的连锁风险。例如"作业设备缺失""泵房无人值守""井场发生火灾"等事件背后通常包含复杂的因果关系和触发机制。大模型通过构建多层次的语义网络，将单一事件的特征提取扩展为多事件关联分析。例如，在泵房无人值守的情况下，人员的异常行为可能会显著增加，这可能进一步导致施工延误或更严重的安全事故。传统监控系统在面对这种多层次风险时通常缺乏全局视角，而大模型通过事件链建模，能够自动发现这些关联并提供优化的应对策略。

③ 与此同时，大模型还能够对历史数据与实时信息的深度整合之后进行动态预测，推测当前风险的可能演化路径。例如，通过眼动数据的热点图与动态轨迹分析，大模型不仅能够实时识别工人的注意力分布，还能结合其历史行为轨迹，预测可能的操作失误

并提前发出警告。这种基于多模态历史与实时数据的预测，是传统单一模态模型无法实现的。

（6）钻井时效KPI分析与井史报告生成。

油气钻井过程中产生的数据量极为庞大，且种类繁多，包含大量的结构化和非结构化数据，如传感器数据、日志数据、操作记录等。人工进行KPI分析并撰写井史报告工作量大。而大模型通过其强大的数据处理与理解能力、自动学习能力、自然语言生成技术，以及实时模式识别与优化建议的能力，可以为油气钻井KPI分析与井史报告提供可行途径。

① KPI智能分析。油气钻井过程涉及多个关键性能指标（KPI），利用大模型进行KPI分析可以提升效率和精度，帮助工程师更好地评估和优化钻井性能。实时分析钻井数据，监测如工况用时、能量消耗等KPI参数，提高钻井效率。评估不同钻井参数对成本的影响，如井深、钻头选择、钻井液类型等，量化其对成本的贡献。优化关键性能指标（如燃料消耗、设备使用率等）以实现经济效益最大化。也可以分析各钻井团队在不同钻井作业中的表现，评估各项KPI的达成情况，辅助进行团队的绩效考核和激励。

② 报告自动生成分析。井史报告是记录整个钻井过程和各类操作的总结文件，对于后续井的设计和钻井作业至关重要。通过自然语言处理（NLP）能力，自动从钻井实时数据和日志中提取关键信息，并自动生成标准化的井史报告。将历史数据整理成易于理解的报告格式，使得钻井工程师能够快速掌握钻井历史，降低手动编写报告的工作量。从大量的钻井数据中提取与特定阶段、问题或事件相关的信息，例如卡钻情况、钻井液失效情况等，并进行总结。也可基于不同井的历史数据，生成对比报告，以帮助确定最佳的钻井参数和策略。

因此，基于大模型可实现庞杂钻井数据的快速处理、KPI智能分析并提供优化建议，最终实现井史报告的自动化生成，可大幅度提升钻井过程的透明度、效率和安全性。

（7）智能固井质量评估与方案优化。

智能固井大模型是一种基于大规模数据集和复杂神经网络架构的智能化模型，该技术能够对固井作业过程中的各种数据进行实时采集、处理和分析，从而实现对固井过程的智能化控制和优化。智能固井大模型不仅具备强大的数据处理和学习能力，还能够根据现场实际情况进行自适应调整，以满足不同的固井作业需求，主要包括以下几个方面：

① 固井作业方案设计。基于井深、井眼尺寸、地层特征、历史固井数据、地质勘探数据、施工环境参数（如温度、压力、流量等）在内的多维度数据，利用大数据分析技术和深度学习算法，大模型能够为不同地质条件下的固井作业提供科学合理的方案

设计，并利用仿真模拟技术，对生成的方案进行验证和评估，确保方案的可行性和有效性。

② 固井质量超前预测。在固井作业过程中，实时输入监测数据到训练好的深度学习模型中，进行固井质量的超前预测。这有助于及时发现潜在的质量问题，并采取相应的措施进行调整和优化，结合不同时间尺度的数据（如短期、中期、长期），进行多尺度的固井质量预测，有助于全面了解固井质量的变化趋势，为施工决策提供全面的支持。

③ 固井过程控制。通过实时数据采集和处理，智能固井大模型能够实时监测各项参数（如泵压、泵速、水泥浆温度等）的变化情况，提供实时反馈，并根据预设的控制策略进行自动调整和优化。

④ 固井质量评估。智能大模型可以自动生成固井质量评估报告，包括评估结果、问题诊断、建议措施等内容。这有助于减少人工干预，提高工作效率和评估结果的准确性。通过对固井后的井筒进行质量评估和分析，智能固井大模型能够及时发现并解决潜在的质量问题，确保油气井的长期稳定运行。

⑤ 固井 KPI 分析。智能大模型自动跟踪和分析固井作业中的关键性能指标（KPI），利用数据挖掘和深度学习方法，分析历史固井作业的 KPI 数据，预测未来作业的表现趋势，帮助制定合理的 KPI 目标（如固井周期、泵送速率、成功率等），分析潜在原因，并给出相应的改进措施。

因此，随着油气田开发的不断深入和技术的不断进步，智能固井大模型将在油气勘探与开发领域发挥越来越重要的作用。异常检测与预警机制能够及时发现并处理固井作业过程中的潜在风险，避免安全事故的发生，保障人员和设备的安全。自动化控制和实时监测功能可以显著减少人工操作量，提高作业效率。同时，通过优化控制策略，可以缩短固井作业周期，降低施工成本。

（8）智能完井方案设计与优化。

智能完井技术通过智能完井软件系统与装备对油井进行监测监控，通过实时采集、传输生产数据，分析井下生产状态与油藏状态，从而采用远程调控的方式实现生产优化与增产。智能完井的关键首先在于如何合理布置节流阀、封隔器等智能完井设备，基于收集到的生产数据进行入流剖面、产出剖面的预测反演，通过合理的装备调控来实时优化调控装备与生产。

① 完井方案智能设计。完井方案设计是保证后续油气开发的重要一环，通过收集历史井完井设计方案，包括地质条件、储层特性、压力和温度分布、钻井参数以及最终的生产效果数据，构建完井大模型。通过设定油气井产能最大化、油井使用寿命最大化、综合采收率最大化、开采成本最优等一系列目标，自动匹配合适的完井方式，优选

智能完井装备及工具的个数与分布等。为油气高效生产提供基础支撑。

② 产液剖面智能反演。生产动态反演与分析是通过油藏资料、历史与当前生产制度及实际生产数据来分析油藏实际的开采效果，为当前油藏开采状态评估、后续产能预测等提供有力依据。传统的预测方法多为数值模拟方法，建模复杂且受限于大量假设，在实际应用中精度不是很高。大模型技术的加入可将油藏地质、储层信息、井筒状态、开发方案、装备参数、生产动态静态资料进行充分融合，模型的大量参数将各类资料中的因素进行关联与耦合，从而实现综合分析。

③ 生产方案智慧调控。在油井生产过程中所产生的大量历史井生产方案与生产数据，往往难以有效存储利用。通过构建油井生产知识图谱与大模型，可充分分析在不同油藏条件、装备调控措施下油水井的生产动态变化规律，基于相似度计算等算法在大模型数据库中进行匹配，从而给出装备调控建议，实时调节封隔器、节流阀开度等装备参数，减少注水井的局部突进、底水锥进等，来避免严重的单层突进的状况。

因此，基于大模型进行完井方案设计与优化，可充分打破油藏、钻井、生产数据之间的孤岛，将大幅提升后续油气开采效率。同时，大模型的分析与报告生成能力也可用于生产报告的总结与生成。

（9）钻井装备监测与预测性维护。

随着大模型技术的发展，特别是在自然语言处理、计算机视觉和时间序列建模等领域的突破，为装备监测、异常诊断以及运维优化提供了全新的解决方案。通过整合多源异构数据并利用大规模深度学习模型，能够实现对设备的实时状态监测、智能诊断和预测性维护，从而全面提升作业的安全性、稳定性和经济性。研究将聚焦于钻井装备的监测与预测性维护场景，分析大模型的具体应用与优势，为行业智能化转型提供理论支撑与实践参考。

① 钻井装备实时状态监测与智能诊断。大模型通过整合多源异构数据，包括振动、温度、压力和电流信号等，能够实现设备状态的动态感知和实时监控。结合深度学习技术，大模型可以构建设备健康指数，对运行状态进行量化评估。大模型在异常诊断中的应用进一步增强了实时状态监测的效率。通过结合知识图谱和检索增强生成技术，能够实现对设备异常的精准检测与智能推理，还能结合知识图谱进行因果分析，推断出潜在的故障原因。例如，当模型检测到钻井装备的振动信号异常时，可以通过历史案例匹配和知识库推理，生成包含故障类型、可能原因和初步解决建议的报告。此外，系统还可以利用自然语言处理技术，将诊断结果转化为可操作的维修指令，帮助现场人员快速解决问题。

② 钻井装备预测性维护。通过时间序列建模技术与大模型代理（Agent）协作，能够动态预测设备的剩余寿命，为设备维护提供科学依据。基于设备历史运行数据和实时

监测数据，能够预测关键部件的寿命并标记高风险时间节点，进而通过 Agent 技术，可以根据实时数据灵活调用时间序列预测模型，并动态调整预测策略，使其适应复杂工况。利用这些预测结果，作业方能够科学规划检修时间，避免因维护不足导致的设备故障或因过早维护带来的资源浪费。同时，强化学习算法还可以进一步优化维护策略，实现维护资源的合理分配与高效利用，从而提升整体作业效率。

③ 钻井装备运维优化。运维优化是大模型在钻井装备管理中的重要应用场景之一。基于设备的实时运行状态和历史数据，大模型通过图神经网络分析设备间的关联性，从全局角度优化资源调度与维护策略。通过整合物联网数据平台，模型能够动态调整设备的运行参数与维护时间，以实现最佳运行效果。在具体实施中，大模型可结合强化学习算法生成个性化的维护计划，包括具体的检修时间、维护频率以及备件需求。这种动态维护模式帮助企业在满足生产需求的同时，将停机时间与维护成本降至最低。此外，大模型还可以生成详细的维修建议，包括操作步骤、备件清单以及工艺参数等，为一线人员提供直观的决策支持。更为重要的是，通过引入案例库与数据驱动的优化算法，模型能够自动识别运维过程中的薄弱环节并提出改进建议。

（10）基于大模型的钻完井人机交互与问答系统。

① 基于钻完井知识库与大模型的实时辅助决策。钻井智能问答系统通过结合检索增强生成（RAG）技术和知识库内容，能够动态整合实时数据和历史井案例，将不同类型的数据（如钻井报告、地层参数、设备状态）转化为高维语义表示，从而在统一的知识表示空间内生成优化建议。RAG 则通过将检索到的知识与生成式大模型相结合，增强了模型的答案生成质量（图 3-3-3）。由于在进行 RAG 向量生成和知识图谱实体关系识别的过程中，会大量使用大模型的 Token 数，产生的费用较高，通过本地化部署的方式可以有效解决这一问题。本地化大语言模型可以进行问题解析和答案生成，确保了高效、精准的问答能力。

在钻井过程中，系统利用 Transformer 模型（如 BERT）处理自然语言问题，结合实时井控和钻井液监测数据，快速生成压力调整、配方优化等方案。同时，系统能动态查询实时数据库，利用 SQL 和可视化工具（如 Echarts）呈现压力-时间曲线、异常趋势图等辅助工程师进行实时决策。

钻井报告分析模块则通过提取历史钻井报告中的关键洞察，分析非生产时间（NPT），帮助优化钻井作业并通过实时问答功能生成数据可视化图表，进一步支持决策。通过对大量的历史钻井报告进行数据提取和存储，大模型能够进行跨文档的洞察和趋势分析。通过比较不同井的非生产时间，可以识别出哪些井存在较高的操作中断时间，并提供进一步优化钻井作业的建议。

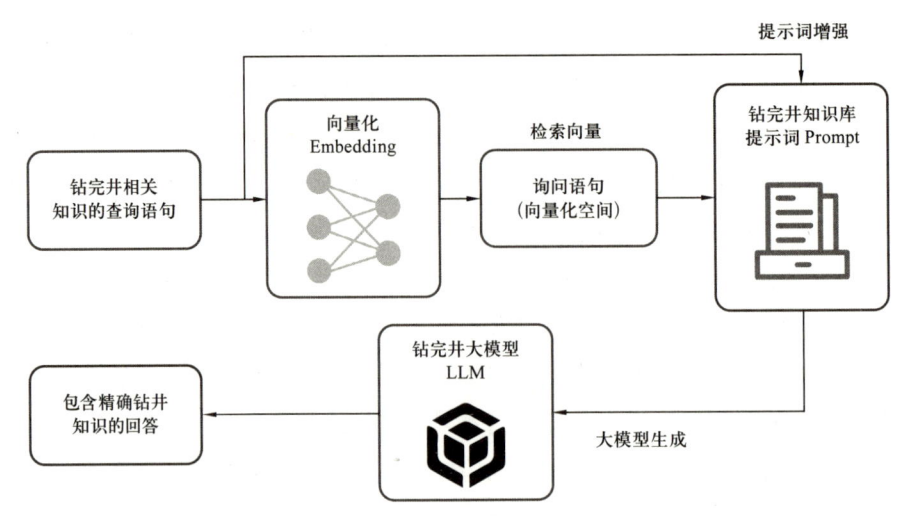

图 3-3-3　基于钻完井知识库与大模型的检索增强生成（RAG）技术

②基于多模态大模型优化的钻井知识问答系统。常规知识问答系统主要为单一对话，系统并无历史记忆且输出形式单一（文本），基于多模态大模型优化的钻井知识问答系统通过深度学习模型（如 LSTM 或 GRU）动态追踪对话上下文，深入挖掘用户需求，结合用户行为数据，系统能够通过分类模型动态调整问答风格。例如，对于钻井工程师，系统会提供参数化的建议，而对操作员则提供操作性指导。通过多轮交互技术（如 Seq2Seq 模型），系统在用户输入模糊或不完整时，能够主动提出澄清问题，逐步引导用户明确需求，从而提高交互效率和精确度。系统基于用户行为数据不断优化问答风格，提升交互体验。

同时，为了提升用户体验，系统采用多模态输出，结合文本、图表和图片形式，提供更为丰富的交互方式。生成图文并茂的操作建议，能够有效增强用户与系统的互动感受，提升操作的便捷性与直观性。通过这些多模态输出，系统不仅提高了交互效率，还能更好地满足不同用户在复杂情境下的多样化需求。

③多井场协同与跨阶段知识整合。智能问答系统利用知识图谱与图神经网络技术，将多井场的地层、钻井技术等知识构建为关联网络，涵盖地层相似性、钻井技术共享等方面，并利用关系推理算法解答跨井场协同作业相关问题，支持多井场协同作业。同时，系统通过统一的数据库将钻井、完井、维护和生产等各阶段的知识和数据进行整合，结合多模态深度学习（如 BERT 与 CNN 的结合），实现跨阶段的综合分析。通过关系推理和分布式问答功能，系统实现跨井场问题分析和实时信息共享。系统支持多井场间的实时信息同步与协同分析，利用 RPC 框架实现跨场景数据调用。通过与实时数据库（如 SQL 或 NoSQL）和知识库的联动，系统整合钻井与完井全生命周期内的知识，结合多模态学习模型进行动态分析，为跨阶段问题提供综合解决方案。实时数据库

和知识库的联动支持全生命周期内的优化决策和智能协作。

3.4 测井业务的需求与应用场景

测井技术是石油勘探与开发中至关重要的一环，涉及仪器装备、数据采集、处理解释等多个领域。随着科技的不断发展，测井技术也在不断地进行数字化转型和智能化发展，以满足日益增长的勘探与开发需求。在智能化发展方面，测井技术借助人工智能、大数据等先进技术，实现了对测井数据的深度挖掘和分析。通过构建智能模型，可以对测井数据进行自动识别、分类和解释，从而提供更加准确的地质信息。

然而，测井技术的数字化转型和智能化发展也面临着严峻的挑战。其中，数据获取成本高、数据质量问题突出是一个亟待解决的问题。另外，业务场景复杂，无法单纯依靠数据驱动，需要结合行业机理模型进行综合分析。此外，研发生态尚未成熟，短期见效慢，也需要持续投入和攻关。

随着技术的不断进步和应用场景的拓展，测井技术将在更多领域发挥重要作用，为石油勘探与开发提供更加高效、准确和可靠的技术支持。

3.4.1 测井业务对大模型的生产需求

如何将大模型技术应用于地球物理测井，助力测井主体业务的数字化转型，进一步提升地球物理测井水平，存在以下几个方面的关键性生产需求问题。

（1）沉积微相精细划分。

沉积微相是在沉积相的基础上进一步细分的沉积单元，它反映了沉积环境中的局部差异和特定的沉积作用。沉积微相可以通过岩性特征、沉积构造、古生物特征等进行综合判断。

沉积微相的研究对于油气储层的预测和评价至关重要。不同的沉积微相具有不同的储集性能和含油气性。例如，河流相的边滩微相和三角洲前缘的河口坝微相通常具有较好的储集性能，是油气勘探的重点目标。通过对沉积微相的分析，可以确定有利的储集相带，为油气井的部署提供依据。在油气开发过程中，了解沉积微相的分布可以优化注采方案，提高油气采收率。沉积微相的研究有助于深入了解地质历史时期的沉积环境和沉积过程。通过对不同沉积微相的识别和分析，可以重建古地理环境、古气候条件和古水流系统。沉积微相的研究也是地层对比和划分的重要手段之一。相同的沉积微相在不同地区的出现可以作为地层对比的标志，帮助确定地层的时代和顺序。

沉积微相类型是区域综合评价的基础，在油藏评价开发过程中起着决定性作用，在油田勘探开发全生命周期中也不可或缺。常规沉积微相类型识别工作量巨大且严重依赖人工，研究成果受到解释人员的主观经验和能力水平的影响。同时，在区域性测井相关资料的综合分析上，解释人员的知识局限性影响了分析结果的准确性。在当前构造主沉积环境的控制作用下，不同的沉积微相对测井曲线的影响在现有的认知框架下还不充分。虽然有一些普遍的认知，如河床滞留沉积微相在自然电位曲线和电阻率曲线上的表现，但对于其他沉积微相以及更复杂的情况了解有限。人们普遍认为河床滞留沉积微相由于其岩石颗粒较粗，在自然电位曲线上可能表现为相对高值，而电阻率曲线可能显示为中高值。人们迫切地希望通过人工智能的帮助揭示更多的沉积微相类型在测井曲线上的表现形式和组合关系。

（2）测井精细地质分层。

测井地质分层是石油与天然气勘探开发过程中的关键环节，它直接关系到油气资源的准确评价与有效开发。传统的测井地质分层主要依赖于地质学家与测井解释技术人员的经验和专业知识，通过分析区域地质特征、录井岩性数据、测井曲线形态等参数进行人工划分。每年的钻井井数多，常规测井曲线地质分层的工作量很大，不同地区的地质分层方式也不同。同时，地下地层的结构复杂多变，这些复杂性使得地质分层工作变得更加困难，尤其是在遇到特殊地质情况时，如断层、尖灭等。传统的地层划分严重依赖人工，划分成果受到解释人员的主观经验和能力水平的影响。

（3）储层参数准确预测。

储层参数预测是油气勘探开发中不可或缺的一环，是指通过测井数据来计算地层的孔（隙度）、渗（透率）和饱（和度）等关键参数。这些参数对于评估储层的储集能力和流体性质至关重要。孔隙度反映了地层中孔隙空间的大小，渗透率决定了流体在地层中的流动能力，而饱和度则揭示了地层中油、气、水的含量。处理解释人员根据测井曲线预测储层参数的传统方法存在以下痛点：第一，测井数据通常包含大量的信息，且这些数据往往存在噪声和异常值。处理解释人员需要对这些数据进行预处理，包括深度对齐、曲线平滑处理、环境校正和数值标准化等步骤，以确保数据的准确性和可靠性。这一过程繁琐且耗时。第二，孔、渗、饱参数的计算涉及多个步骤和公式，如使用阿尔奇公式计算含水饱和度和含油气饱和度，利用岩心分析资料与测井参数回归的经验公式计算渗透率等。这些计算过程复杂，容易出错。第三，由于测井曲线的多样性和复杂性，处理解释人员在解释和计算孔、渗、饱参数时往往依赖于个人经验和专业知识。这导致解释结果存在一定的主观性，不同人员可能会给出不同的解释结果。第四，对于复杂储层，如裂缝性储层、低渗透储层等，传统的计算方法可能无法准确反映地层的真实情况。这些储层的孔隙度和渗透率分布不均，流体性质复杂，给计算带来了更大的挑战。

（4）流体性质高精度识别。

测井处理解释流程中的流体性质识别是通过分析测井数据，如电阻率、声波速度等，来区分地层中的油、气、水等流体类型。这一步骤至关重要，因为它直接关系到油气勘探的准确性和效率，有助于确定储层的流体性质，评估油气藏的规模和商业价值，从而指导后续的开采决策。测井处理解释人员分析测井曲线判别流体性质的传统方法存在诸多痛点：第一，测井曲线通常包含大量的数据点，且这些数据点之间的关系复杂。处理解释人员需要花费大量的时间和精力来分析和解读这些数据，工作量大且容易出错。第二，测井曲线的解释和流体性质的判别很大程度上依赖于处理解释人员的经验和专业知识。不同的处理解释人员可能会对同一组测井曲线给出不同的解释结果，存在主观性。第三，传统的测井曲线分析方法可能无法准确捕捉到一些细微的流体性质变化，导致解释精度受限。同时，在区域性测井相关资料的综合分析上，解释人员的知识局限性影响了分析结果的准确性。

（5）固井质量快捷评价。

固井质量评价是对油气井固井作业完成后，水泥环与套管、地层之间的胶结情况进行评估和判断的过程。良好的固井质量可以有效地封隔不同压力层系，防止地层流体窜流，避免油气泄漏引发安全事故。例如，如果固井质量不佳，高压油气层可能与低压水层或浅层地层连通，导致井喷、环境污染等严重后果。当前，固井声幅测井是固井质量评价主流测井系列选择。固井质量解释评价流程复杂，图头输入以及解释参数选取存在较多重复劳动，解释效率低下。时域/频域套管波和地层波重叠，很难完全区分，不同刻度深度（部分井次刻度深度不明显或者没有）对结论影响较大，需要专家根据经验综合判定，难度大，交互处理时间长。每口井需要制作固井质量统计报表，耗费解释工程师大量时间。中国石油固井质量处理解释年均工作量近2万井次（占总测井工作量17%），从事固井质量解释人员近百人（占总解释人员8%），人均工作量巨大，急需通过人工智能新技术，提速提质提效。

3.4.2 测井业务大模型主要应用场景分析

从上述测井业务对大模型的生产需求出发，提出测井业务大模型主要应用场景如下：

（1）沉积微相智能精细划分。

沉积微相准确分类有助于识别油藏中的储层分布和非均质性。不同的沉积微相具有不同的储集性能，如孔隙度、渗透率等。了解单砂体沉积微相可以提高油藏描述的精度，从而优化油井部署和提高采收率。

目前针对单砂体的沉积微相类型识别和平面成图都完全依赖人工方法，研究成果完全依赖于研究人员的经验和能力，工作量大且存在不确定与不统一性。

本场景有望通过大模型技术综合分析处理海量的区域性测井、录井、岩心等资料，自动判别岩性类型及不同岩性厚度，识别测井曲线形态，建立相应的沉积微相类型识别样本库，自动处理分析单砂体沉积微相类型。通过样本库学习，能够快速成规模地识别所有井的沉积微相类型，并投射整个区块得到沉积微相平面展布图，提高测井油藏评价人员的工作效率和工作质量，减少人为误差，为油气的勘探开发提供重要支撑。

（2）测井智能地质分层。

本场景利用预测大模型技术，从预处理后的数据中提取出对地质分层有用的特征信息，如自然伽马、声波时差、电阻率等，作为模型的输入参数，构建适用于测井地质分层的预测模型。通过不断优化模型参数和算法结构，大模型能够显著提高地质分层的精度和可靠性。通过与实际地质资料、岩心观察等手段进行对比验证，评估模型预测结果的准确性。根据验证结果，对模型进行迭代优化，以提高其适应性和泛化能力。利用可视化技术将地质分层结果以数据表格或图形的方式进行展示，便于地质学家和技术人员进行直观分析和交流。提高交互式界面，允许用户根据实际需求灵活调整模型和地层划分标准，实现个性化地质分层。

本场景主要针对测井数据进行深度分析与智能预测，整合多种测井数据，如自然伽马、电阻率、声波时差等，结合地质、地球物理等多源信息，通过大模型对测井数据的自动分析和预测，实现地质分层的智能化和自动化，减少人工干预和错误。地质分层预测大模型的应用能够显著缩短单井解释与邻井对比周期，降低勘探成本，提高经济效益。

（3）储层参数智能预测。

应用预测大模型自动化地处理和分析测井数据，实现测井储层参数计算的自动化和智能化。同时，大模型还可以综合考虑岩心、测井参数等多种数据，提高计算结果的准确性。大模型可以实现更客观、更一致的孔、渗、饱参数计算，降低人为判断的主观性。这有助于提高计算结果的可靠性、准确性和效率，推动解释工作模式由人工解释向机器自动决策的转变。

本场景主要针对石油勘探过程中采集的多元化、高价值的测井数据进行深度分析与智能预测，在储层参数计算方面提供人工智能支持。引入大模型技术可以显著改进测井处理解释人员在计算孔、渗、饱参数方面的效率和准确性，为油气勘探和开发提供更加可靠的数据支持和决策依据。

（4）流体性质智能识别。

本场景应用大模型技术进行智能流体性质识别，基于试油气数据和测井曲线数据，针对不同区块不同储层流体性质进行判识，实现一键识别流体性质。能够有效提高测井解释人员的工作效率和工作质量，减少人为误差。在区域综合性解释评价上，测井大模型更能发挥数据优势，支持勘探决策，降低成本和风险，提升勘探效率和准确性。

大模型技术在测井行业的应用，将为油田的高效勘探和效益开发提供有效的技术支撑。打造老井复查"压舱石"工程和重点井新井跟踪解释评价的流体性质识别应用场景，自动读取目的层特征值（根据区域情况选择特征值或平均值），点在流体性质识别图版上，一键划分油层、气层、油气层、水层和干层等，大幅度提高新井测井解释与区块老井复查效率。

（5）固井质量智能评价。

测井大模型以多种测井曲线、井信息及 VDL 数据为输入参数序列，以人工解释结论为标注数据，基于大量人工解释结论数据对测井大模型进行预训练，使模型广泛地学习不同地质地层形态环境模式，及对应解释结论，从而获得对不同油田、区块及仪器类型等不同区域的泛化能力。完成样本数据的采集以及实现交互模式的自动化、智能化提升。测井大模型能够综合分析处理海量的区域性前期的固井质量、不同胶结程度评价、仪器相应特征等资料，获得井筒参数、井眼条件、地质条件等因素对声波传播的环境影响因素特征，为固井质量智能化评价提供重要支撑。同时，大模型相对于传统人工智能技术具有更好的计算性能、泛化能力、自动化水平、应用广泛性和可解释性，有望克服传统人工智能在工程应用中面临的技术门槛高、规模推广成本大等瓶颈难题。固井质量评价为基于多元输入序列进行按深度分类预测的问题。以选定测井数据为输入，以一界面和二界面的水泥胶结质量结果数据为预测目标，依据平均百分比误差、平均绝对值误差等指标综合判断模型的效果，依据分析结果对固井质量评价模型进行优化，提升模型效果，以满足业务需求。通过模型 API 接口与测井专业软件集成，用户使用软件可自动化完成数据导入、数据预处理、固井质量评价功能，一键化输出预测结果，提升数据处理的效率和评价预测准确性。

（6）成像测井缝洞智能量化分析。

通常岩心照片数据较大，需要通过裁剪再进行算法分析，不能够对岩心上的孔、洞、缝进行准确的分析，且人为因素较大，计算得到参数精度不高，可对比性不强。电成像测井裂缝受诱导缝、特殊矿物（如黄铁矿等）、泥质条带等复杂因素影响，真假区分难，受人为经验的判断影响，且效率低下，需要固化解释经验，自动识别真假缝洞，并计算真正缝洞的参数。对于同一口井，岩心滚扫图像提取的缝洞与电成像测井提取的缝洞要进行标定，既是图像的标定，也需要缝洞参数的标定，需要自动搜索对齐标定。

（7）伴生矿智能高效普查与复查。

全盆地伴生矿普查数据量巨大、测井时间跨度长、仪器系列多样、数据格式多样，人工复查存在主观因素影响大，处理解释标准可能不统一，复查和处理解释效果可能存在错误和漏洞。超 10 万井次的任务规模，人工和现有的 LEAD4.0 解释软件复查及处理解释耗费大量人力和资源，难以满足现场应用需求。工作量巨大，传统方式的人力、设备和时效面临难以逾越的挑战。伴生矿普查数据量巨大，数据不规范，常规技术处理内存和网络资源占用大，人工处理费时费力，解释主观因素影响大，难以满足大规模的复查需求。为此，有必要对测井数据进行深度分析与智能预测，自动从海量测井数据中提取特征，学习伴生矿普查、不同储层类型之间的复杂关系，实现更加精准、高效的储层划分，以及伴生矿有利区自动识别和解释评价。

本场景用户在有前景区块，筛选搜索测井数据；智能判识地质分层、计算泥质含量、渗透率和铀含量等定量参数；对计算成果进行多井平面展布成图分析。应用大模型技术可实现基于测井大数据平台的铀矿智能复查和解释评价，支持测井大数据平台分区域按井号查询或井号导入按井号/坐标查询、数据下载、合规性检查和筛选、资源释放、数据标准化、不同品位铀矿层筛查、地质分层、矿层储层参数计算、成果图件生成等功能，支撑重点盆地铀矿资源筛查和铀矿资源评价。基于中国石油统一测井数据库建立海量数据自动加载与批处理技术，融合传统成熟处理技术与智能模型技术，提升伴生矿普查的工作时效与计算精度，显著提升普查效果；伴生矿含量智能计算与甜点分析技术：基于岩心刻度测井的思路，建立由自然能谱测井为标签数据的伴生矿铀元素含量计算智能模型，充分利用已有测井数据，进一步提升铀矿普查的精度；此外，建立基于铀矿敏感参数的多维平面成图技术，有效指示矿产甜点区域，指导开发；智能地质分层模型实现人工划分到机器划分，成倍提升效率：通过构建智能地质分层模型，有效指示伴生矿层位，为铀矿敏感参数平面成图提供支撑，将人工分层由机器智能分层替代，成倍提升工作时效。

（8）综合报告自动生成。

测井解释报告编写需要查阅、摘录大量的区域地质背景材料，以及从现有的数据文件中人工提取相关信息，占据大量工作时间。在进行多井对比过程中，人工对比往往存在效率低、标准不统一、顾此失彼、数据量小等局限，写一篇测井解释报告少则2~3天，多则十多天（不同油田对报告要求不同）。大模型为测井综合解释人员提供强大的智能分析支持，有利于大幅提升测井解释报告编写时效，缩短单井测井解释周期，提升测井资料分析应用能力，减少人工参与的大量查阅方面的工作量，提高工作效率。

（9）原始采集数据高效质量分析。

不同地质条件下的测井数据具有较大的差异性和复杂性，对测井仪器的精度和稳定性提出了更高的要求，由于测井过程中存在的误差和干扰因素，如何确保采集到的数据准确且有效是一个重要问题。

现有采集软件普遍缺少有效的质量控制手段，实时测井过程中，对数据质量的评估主要依赖于现场工程师经验，随着井筒环境日益复杂和测井仪器采集数据能力的提高，这种传统的数据质量评估方式严重影响了采集时效性和可靠性。同时，针对测井曲线缺失值或异常值，传统只能依靠手工来进行预处理校正，效率低下，曲线质量分析存在过度依赖技术人员个人经验、验收标准不统一、人工处理时效低等问题。

基于上述存在问题，构建采集原始数据质量分析场景，基于仪器、井眼、测井曲线、区域地质及行业标准等综合信息，利用大模型预测分析能力，快速进行测井曲线异常值、曲线质量智能判断，开展智能预处理并形成采集原始数据质量分析报告，有利于减少人为因素对数据质量的影响。

3.5 地质业务的需求与应用场景

油气地质泛指与油气勘探、开发相关的地质研究的统称，其研究任务是寻找地下的油气矿藏，探明矿藏大小和分布，建立不同开发阶段油气赋存的多维度三维地质模型，并揭示油气开采过程中储层和流体的动态变化特征。

油气地质研究是实现"知识与数据"有机融合的过程，二者缺一不可，这与人工智能的场景应用实现是一脉相承的。"知识"指与油气地质相关的地质理论、表征技术、专家经验等，而"数据"指用于开展油气地质研究所需要的地震、测井、钻井取心及分析化验、地层测试与生产动态等资料。如何借助于大数据和人工智能技术，实现油气地质业务研究的根本性变革，是未来油气地质研究的核心发展方向。

油气地质研究是石油和天然气勘探开发的先决条件，贯穿于油气田发现、探明、开采，直至衰竭的全过程。在不同的勘探开发阶段，油气地质研究的基础资料不同，研究目标和研究任务也存在较大差异。为深化油气地质研究智能化场景需求分析，本节所述地质业务重点阐述油气藏进入勘探开发中后期后，开展精细油藏描述涉及的相关地质研究。

3.5.1 地质业务对大模型的生产需求

精细油藏描述是指油气藏进入勘探开发中后期后所开展的油气地质研究工作，该时期积累了大量的钻井、测井、地震、生产动态等资料，主要任务转变为通过多源、多尺度油气地质数据资料融合，建立精细的三维地质模型，揭示油气藏内部储层和流体的动态变化，明确剩余油气主控因素及分布规律，从而为油气田的开发调整和综合治理提供可靠地质依据。

与勘探开发早期相比，精细油藏描述研究阶段所涉及的油气地质问题更加复杂，对地质模型的精度要求更高。如何借助大模型实现场景业务中多维度、非线性映射关系的构建，提高油气地质研究精确度，并节约人力和时间成本，是油气地质智能化研究的关键问题。该阶段涉及的主要生产需求包括特殊岩性识别、储层构型精细刻画、动态储层参数计算、储层流体分布再认识、精细三维地质建模等。

（1）特殊岩性识别。

油气藏地质条件复杂，多种特殊岩性如碳酸盐岩，低渗透、特低渗透与致密砂岩及油页岩等广泛分布。这些特殊岩性的识别和评价对油气藏勘探与开发具有重要意义。然而，当前特殊岩性的识别主要依赖于地质专家人工分析，基于测井数据、岩心观察、实验室化验等手段进行。这种方式存在以下问题：

首先，工作量大、效率低下。油气田拥有大量的井位，人工逐一分析测井曲线和相关数据，需要投入大量的人力和时间，难以及时满足生产需求。

其次，主观性强、准确性不足。人工识别受制于专家的经验和知识水平，不同专家可能对同一岩性的判断存在差异。同时，复杂地质条件下，传统方法容易出现漏识、误识的情况，影响了对储层的准确评价。

再次，数据利用不足。随着勘探开发的推进，油气田行业积累了海量的多专业、多井的数据，但这些数据尚未得到充分挖掘和利用，未能形成对特殊岩性的全面认识。

上述问题制约了对储层的精细刻画，影响了钻井、完井和增产措施的优化设计，可能导致勘探误判，增加钻探风险和成本。为了提高特殊岩性识别的效率和准确性，迫切需要引入先进的技术手段，充分利用现有数据资源，实现智能化的岩性识别。

（2）储层构型精细刻画。

储层构型，也称储层建筑结构、构形、结构单元等，指储层及其内部不同级次构成单元的几何形态、大小、方向及相互关系。构型界面和构型单元是储层构型的基本要素。构型界面指一套具有等级序列的岩层接触面，据此可将储层划分为具有特定成因单元的块体，是储层本身层次型的集中表现。构型单元是构型界面控制下的构型实体，表现为不同几何形态、相组合及其层次性体现的特定规模的岩性体，即代表沉积体系内的特定沉积作用或一期沉积过程的产物，是储层结构性的表现形式。

油气藏勘探开发进入中后期以后，地下流体分布日益复杂，剩余油气多呈现"整体分散、局部集中"的特点。精细刻画小尺度构型单元及其空间结构性成为剩余油气挖潜、有效提高油气藏采收率的根本任务。储层构型研究仍属于沉积学研究范畴，以精细地层划分与对比、沉积模式及沉积微相分布规律等研究为基础。储层构型分析包含多尺度沉积界面识别、多类型沉积单元划分、多期次成因砂体空间关系解剖、隔夹层空间分布规律预测等。

地下储层构型的分析与露头分析具有很大区别。野外露头区通过测量、取样、分析等手段可以对储层构型进行直观分析；而地下储层只能借助有限的勘探、开发过程中获得的间接资料展开。如何充分利用勘探开发研究过程中获取的地震、测井、钻井取心以及动态测试资料，实现地下储层构型精细表征，是油气藏开发中后期精细油藏描述研究的关键任务之一。

（3）动态储层参数计算。

油气藏在长期注水开发或三次采油过程中，由于油水运动特别是注入水与储层岩石的相互作用，往往导致储层孔隙结构和物理性质发生明显的变化。前人研究表明，储层参数动态变化影响因素众多，包括储层岩石矿物成分、储层非均质性、注入水物理化学性质以及储层压力的变化等。

然而，受油气藏开发方式、储层特征差异等影响，储层的动态变化规律也存在较大差异。杜庆龙（2016）以大庆喇萨杏油田为研究对象，系统研究了不同渗透率储层水驱前后渗透率的变化规律，量化了不同渗透率储层水驱前后渗透率变化幅度，指出1300mD以上储层长期注水冲刷使得整体渗透性增加，300mD以下储层则具有下降趋势。刘强等（2017）分析了塔里木盆地哈得逊油田东河砂岩水淹后储层变化规律，指出黏土矿物的堵塞和迁出是导致储层物性变化的原因，黏土矿物粒径大小与喉道尺寸的匹配程度控制水淹前后物性变化方向。

明确开发过程中储层参数变化特征和变化机理，实现不同含水阶段动态储层参数的精准预测，是提高油气藏开发效率的重要支撑。储层宏观参数变化定量分析主要解决两个问题：一是明确储层特征参数变化的主控因素，揭示不同因素控制下的储层变化机理；二是利用已知的静态、动态生产等数据，确定时变参数表征指标与预测方法体系。人工智能新技术如何在其中发挥作用，显著提高动态储层参数计算的精度，是未来精细油藏描述的一项重要任务。

（4）储层流体分布再认识。

油气藏经过长期开发，尤其是经历注水开发或者三次采油以后，内部流体性质及其分布更加复杂。如何精细描述地下流体运移，揭示剩余油气分布，实现储层流体分布再认识，是提高油气藏开发效率所面临的关键问题。目前，储层流体分布再认识面临的主要难点包括如下几个方面：

首先，经过注水开发或者三次采油后，水或聚合物波及的区域已不存在纯的地层水，而是变为地层水与注入物质的混合溶液，其矿化度和电性特征发生了较大变化，原始油藏状态下的流体判别模型已不适用。

其次，地下流体的运移影响因素复杂，既包括砂体展布、储层质量差异、隔夹层分布、储层非均质性等静态因素，也包括了井网井距、注采机制等油藏工程因素，运移路径难以通过勘探开发数据直接刻画。

再次，剩余油气分布受砂体展布、微构造、储层非均质、井网密度、注采系统完善程度等因素控制，剩余油分布模式复杂，高精度描述不易。

为揭示油气运移规律，阐明剩余油气分布，当油气藏进入开发中后期后，需要开展老井复查、水淹层识别、连通性分析等研究。随着开发的深入，钻井增多，测录井等资料更加丰富，在多井对比基础上开展老井复查，可以深化地下流体认识，为油气藏挖潜提供物质基础。水淹层是油气藏进入中高含水阶段后，原状储层遭受注入水波及而形成的；与原状储层相比，水淹层含油饱和度降低，准确认识水淹层发育规律，是开展井间连通性分析的重要依据。以油气地质理论为基础，充分结合示踪剂、生产动态等资料开展井间连通性分析，是揭示地下储层流体运移路径的重要手段；在连通性分析基础上，可以进一步深化优势窜流通道认识，进而为完善油气藏开发方案、制订合理的开发技术政策提供支撑。

（5）精细三维地质建模。

三维地质建模是油气藏描述的核心内容之一，旨在充分利用钻井、测井、地震以及生产动态等多种资料，生成地下油气藏的三维定量地质模型，以便更加精确分析地下地质结构和开发过程中地下流体动态分布。地质模型是对地下油气藏三维空间的数字化再现，包括断层和层面特征、砂体或岩相分布及空间结构性、孔隙度和渗透率等储层属性参数的空间分布、地下流体空间分布等。

随着油气藏勘探开发程度的深入，三维地质建模也是一个由定性描述到定量表征不断深化的过程。三维地质建模方法包括确定性建模和随机建模，其中以随机建模为主，如序贯高斯模拟、序贯指示模拟、截断高斯模拟、多点地质统计模拟等，建模精度受已知资料丰富程度影响大。在油气藏勘探和评价阶段，建模资料以地震资料和少数的井资料为主，地质模型整体精度低；而随着油气藏的开发，钻井资料增多，且测井和生产动态资料更加丰富，能够更加精确地揭示地下储层和流体三维空间分布。

油气藏进入开发中后期，地质认识更加深入，三维地质建模研究内容也有所侧重，主要聚焦于低序次的中小断层、微构造、单砂体及隔夹层空间分布等模型建立。构造模型方面，在地震资料研究基础上，需充分结合钻井和生产动态数据，揭示小断层、微构造分布；储层表征方面，基于测井、钻井和生产数据，重点刻画不同成因砂体空间结构，精细表征不同尺度隔夹层空间分布。同时，通过静态地质、生产动态数据融合，构建动态的三维地质模型，从而为预测剩余油分布、优化注采井网布置提供依据，并可用于评估提高采收率技术的潜力和效果。

3.5.2 地质业务大模型主要应用场景分析

油气藏进入开发中后期阶段，钻井、取心、测井、油藏工程等多模态、多类型数据更加丰富，为油气地质精细研究提供了保障。然而，受地下复杂地质条件和流体分布影响，油气地质研究仍面临一系列难题。通过大数据、人工智能技术，构建多维度、非线性映射关系，是提高油气地质研究精度和效率的重要手段。

（1）小尺度地层单元智能划分与对比。

传统依靠人工解释的地层对比，在一定程度上依赖于研究人员专业认识水平、经验知识等，不同研究人员划分结果可能存在较大差异，难以建立统一的对比标准。同时，随着勘探与开发的不断深入，已开发油气藏钻井数量增加，导致地层划分与对比工作量增大，存在耗时、耗力等诸多不利因素。

近年来，为解决人工地层划分与对比过程中存在的问题，国内外学者在人工智能应用方面开展了大量研究，并在特定储层研究中取得了突破。然而，智能地层划分与对比仍面临泛化能力差的问题，尤其是强非均质条件下的小尺度地层划分与对比问题。为解决以上难题，需要针对不同的储层类型和特点，利用多类型的常规测井数据，同时考虑不同井的空间关系，构建小尺度地层单元高精度智能划分与对比模型。大模型支撑下的智能地层划分与对比需要重点解决以下难题：首先，地层对比模式嵌入问题，尤其是针对不同的砂体对比关系，如何提高模型的鲁棒性；其次，如何充分挖掘不同已知井的空间关系。

（2）多条件约束沉积微相时空分布规律研究。

沉积微相研究是个系统工程，涉及岩心及其分析化验资料、测井、地震、生产动态等多种数据类型，研究内容包括沉积模式建立、单井相分析、剖面相分析、平面相分析等多个方面。通过沉积微相研究，可以揭示古地理环境，为储集体类型、特征和展布规律研究提供理论支撑。

如何利用大模型实现多源数据融合，提高油气藏覆盖区沉积微相研究可靠度是沉积相微相智能研究和核心。主要应用场景如下：

① 沉积模式建立。沉积模式是开展油气藏覆盖区沉积微相研究的基础，主要依托钻井取心及分析化验资料、测井资料、地震资料等，明确沉积微相类型和特征，确定不同沉积微相单元规模及空间配置关系。主要任务包括岩心相分析、测井相分析、地震相分析等。

② 单井相分析。单井相分析的关键是通过"岩心刻度测井"，建立不同沉积微相与测井响应之间的映射关系，进而实现单井沉积微相划分，揭示沉积微相的垂向演化规律。受测井资料分辨能力限制，不同沉积微相的测井响应特征可能一致。如何降低测井沉积微相解释的多解性，保证垂向相序演化的合理性，是开展大模型单井相分析的成败所在。

③ 剖面相分析。剖面相分析以单井沉积微相解释结果为基础，以地层格架为约束，通过沉积模式指导，确定井间沉积微相的分布。剖面相分析必须充分考虑不同微相空间分布规律及其规模，同时考虑物源方向、相邻井空间位置关系与微相类型。

④ 平面相分析。不同类型沉积微相的定量规模及空间关系是沉积微相平面成图的

关键。通过现代沉积和野外露头资料，可以提取可类比沉积微相空间定量指标参数，从而约束井间微相边界刻画；以此为知识嵌入，结合单井沉积微相划分结果、平面砂地比参数等，可以生成沉积微相平面图。

（3）多信息融合砂体空间结构智能刻画。

砂体空间结构刻画是开展井间连通性分析、揭示空间剩余油分布的基础。砂体空间结构刻画旨在准确识别砂体发育特征，明确砂体横向与垂向的叠置关系，构建砂体的空间展布形态及发育格架，进而厘定储层砂体连通性。开展砂体空间结构刻画所要解决的主要应用场景如下：

① 井筒岩性智能识别。传统的井筒岩性识别一般是采用岩心刻度测井，建立测井响应与岩性之间的映射关系。然而，对复杂储层而言，如果岩石类型复杂，垂向变化快，则往往导致传统的测井岩性解释方法效果不佳。通过大模型技术，重点要解决岩石类型测井响应复杂、岩石类型样本不均衡等问题，需特别关注特殊岩性智能识别问题。

② 井震融合的空间砂体预测。地震资料可以有效解决井间砂体分布刻画的问题，但由于地震分辨率低，难以保证砂体的预测精度。实现测井与地震资料的深度融合与协同处理，是提高砂体预测精度的重要途径。针对井震协同的砂体预测问题，可采用多种技术思路。数据基础研究方面，可以采用地震资料分频处理、多地震属性融合等方法提高数据质量；在算法方面，需要建立岩心、测井和地震响应之间的多维度、非线性映射关系。

③ 动静结合的井间连通性分析。连通性分析是砂体刻画的重要目标，也是剩余油气分析的重要手段。井间连通性分析不仅要依靠静态地质认识，更需要油藏工程数据。静态数据包括砂体类型、有效厚度、孔隙度、渗透率、储层非均质性、空间井位关系等；油藏工程数据则包括示踪剂、产吸剖面、压力测试、生产动态、注采关系、油气藏开发措施等。智能化的井间连通性分析，关键是实现不同开发方式下的油气藏动态参数预测。

（4）测井智能二次解释。

测井二次解释是精细油藏描述的重要任务之一，旨在消除测井系统误差，依托丰富的岩心、分析化验等资料建立统一的测井解释模型，提高测井解释的精度和准确度，从而为油气田高效开发提供依据。大模型主要应用场景如下：

① 测井资料预处理。受测井仪器特点、测量环境、人为因素等影响，不同井的测井响应之间可能存在非地质因素造成的误差。为提高测井解释精度，必开展测井资料预处理工作，如岩心深度归位、测井响应一致性分析、测井曲线标准化等，从而提高测井数据质量。

② 测井参数智能解释。油气藏进入开发中后期，地下流体分布更加复杂，且受注

入水影响，储层特征也发生动态变化，从而影响了储层的岩石物理性质。为实现不同开发阶段的精细刻画，必须建立动态变化的测井解释模型。首先，要明确储层动态变化机理，确定岩电参数的动态特征；其次，基于不同的储层类型和水淹特征，建立特定的测井储层参数解释模型；最后，明确储层参数随开发过程的动态变化规律。

③ 水淹层解释。开发过程中，原状地层中的油气经过注入水驱动后，不仅含油气饱和度发生明显变化，而且储层特征、混合液电阻率等也与原状储层不同。有效识别水淹层，开展水淹层测井评价，是揭示剩余油气分布的重要依据。然而，受注入水性质、开发方式变化、原状储层特征差异等因素影响，导致水淹层测井评价难度大。通过大模型技术，有效提高水淹层识别准确度，是精细油藏描述的重要任务。

（5）流动单元精细刻画。

Hearn 等首次提出了流动单元（Flowunit）的概念。他认为流动单元是横向和垂向连续的储层，在该单元的各部位岩性特点相似，影响流体流动的岩石物理性质（孔隙度和渗透率）也相似。

流动单元研究已成为油气藏开发中后期储层结构及非均质性精细表征的有效手段。自概念提出以来，国内外学者开展了大量研究。由于流动单元受多元因素交互影响，其内在机制复杂难解，综合评价参数体系构建难度极大；分类评价与三维量化表征方法需要地质、开发、渗流等多学科理论支撑，研究难度颇高。

基于大模型技术，实现多源数据融合，并建立流动单元与评价指标之间的非线性映射关系，是提高流动单元研究的重要手段。首先，基于密闭取心井、测井、地质及开发等动静态资料，开展影响动态流动单元分布的静态地质、动态开发因素分析，建立动态流动单元评价参数体系，优选动态流动单元综合评价参数；其次，分析各项评价参数对流动单元的控制程度，建立流动单元分类评价方法；再次，在单井流动单元划分基础上，建立不同类型流动单元三维空间模型，定量描述不同类型单元的分布特征。

（6）油气藏智能三维地质建模。

储层三维地质建模是油气藏开发地质研究的核心任务，是油气藏储量计算、油气藏数值模拟研究的基础。近年来，在大量研究的基础上，储层建模技术取得长足发展。

储层建模方法包括传统建模方法和深度学习建模方法两类。传统建模方法以随机建模为主，包括序贯高斯模拟、序贯指示模拟、截断高斯模拟、多点地质统计模拟等。然而，传统的地质统计学建模方法以变差函数为驱动，变差函数主要参数三方向变程难以准确表征复杂储层特征，建模精度低；多点地质统计学建模方法的精度受到训练图像的代表性问题制约；常规的智能化建模方法面临样本数据不足、收敛速度慢等一系列难题，深度学习建模主要以生成对抗网络（GAN）为主，受算法架构限制，训练过程中可能存在梯度消失、模式崩溃、收敛消失等问题，并且现有技术建模过程复杂，模型精度受研究人员知识结构和经验影响大。

基于大模型，构建从井震数据到空间三维地质模型的直接映射，形成"数据到实体"的自适应建模方法，是三维地质建模智能化发展的必然趋势。同时，为降低三维地质模型的随机性，建模过程要充分融合地质模式、专家经验等知识的约束性。

3.6 开发业务的需求与应用场景

油气开发业务涉及油气田的开发方案部署、生产、监测、检测和调控等多个方面，是整个油气产业链中的关键环节。随着油气田开发难度的增加和数据量的不断增长，人工智能技术在油气开发中的应用越来越广泛和深入，并呈现快速发展的态势。建立了各种各样的智能化技术解决方案，提出实时感知、实时模拟、实时优化、实时调控等"实时油气田管理"的新期望。尽管油气田开发阶段具有大量的已知数据，然而即便是井距仅有100~200m的开发区块，对于广阔的地下空间而言，油气田现场数据仍具有"小样本"的特性。传统的人工智能技术泛化能力有限，在"未见过"的数据上表现能力往往不如人意。大模型技术当模型达到一定规模和复杂程度时，能够涌现出在小规模或较简单模型中未曾出现的"超常"认知能力，这为解决油气田智能开采中的瓶颈难点问题带来了新希望。

3.6.1 开发业务对大模型的生产需求

如何将大模型技术应用于油气开发，助力油气开发主体业务的数字化转型，进一步提升油气开发水平，存在以下几个方面的关键性生产需求问题。

（1）油气田智能开采。

纵观世界历史，每一次工业革命都极大地促进了社会生产力的跃升，创造了经济的繁荣，推动了人类文明的进步。目前阶段，第四次工业革命正在快速发展，其特点是大数据与人工智能技术引发全社会和全产业链的颠覆性变革。大数据与人工智能技术已经在互联网、金融、医疗健康、教育等多个领域得到了发展和应用，并取得了令人振奋的实用效果。石油工业作为国民经济的重要支柱，历来都是新技术、新方法的重要试验田。我国剩余油气储量开采难度越来越大，存在石油资源品位劣质化、老油田高含水、低油价、环境污染等问题的挑战。在低成本竞争环境下，第四次工业革命必然与石油工业深度融合，智能油气田的发展有望成为应对低油价的突破口。油气田智能开采是智能油气田建设的重要内涵，其以油气生产产业链关系为主线，在自动化数据采集和控制的基础上，通过管理转变和流程优化，建立全面感知、自动控制、智能预测、优化决策的油气田开采智能化生产体系，实现油气藏管理、采油工艺、生产运营的持续优化。油气田智能开采是油气田开发技术发展的需求，有望解决油气田开发过程中更多的实际难题。在人工智能大模型技术的助力下，进一步推动油气田智能开采朝着信息资源集成化和共享化、数据显示可视化和孪生化、决策部署协同化和高效化、生产管控远程化和实时化、业务管理一体化和精细化方向发展，是实现油气田开发领域数字化转型智能化发展的有效途径。

（2）老油田智能深度开发。

当前，国内陆上老油田大多已进入高含水、特高含水期，剩余油高度分散，三大矛盾突出，无效循环成为常态，区块间、井网间和不同厚度油层间动用差异逐渐变小，注水效率低，成本上升，给注采井网调整、措施挖潜及效益开发带来挑战。同时，受长期注水开发地层压力不均衡、固井质量差等因素影响，大量出现套损井。以大庆油田为例，喇萨杏油田平均每年套损井约1500口，破坏了井网完整性，影响剩余油开发效果，增加了补钻成本。因此，需要通过智能大模型的研究，进一步优化老区调整方案，开展井网、层系重组、深度调剖，提高老油田最终采收率；开展层内各方向和各部位剩余油监测与预测，缓解三大矛盾对开发的影响；开展低产低效井、长关井综合治理，降本增效。

（3）新区智能效益建产。

随着勘探开发程度的逐渐加深，新投入开发的资源对象逐年变差，新区整体呈现"深、散、低、差"，效益可动用难度加大。一是埋藏加深，开发井平均井深由2016年的2356m增加到2023年的2671m；二是区块零散，中国石油每年产建区块数由204个增加至目前的近300个，单个区块规模由3.5×10^4t下降至2.5×10^4t；三是渗透率低，动用储量中低渗透、超低渗透占比超70%；四是效益变差，百万吨产能建设投资由"十三五"早期的52.2亿元，上升至目前的63.8亿元。国内新区油气田建产节奏快，部分油气藏开发方式与油气藏条件不配套，开发方案中的设计产能、井网井距、采油速度等参数不合理，导致产能不达标。同时，非常规油气藏是目前开发的重要对象，虽然非常规剩余油气资源潜力大，但是现有技术还不能完全满足非常规油气建产需求，并且缺乏有效的补能手段，油气田投入开发即开始递减，效益开发难度大。因此，编制适配、合理的开发方案成为新区高效开发和建产的关键，急需发展井震动大数据综合分析、方案参数智能优化、智能注水与深度调剖、井筒智能重建等技术，以提高油气产量和采收率，降低成本，提高开发效率。

（4）数字孪生油气藏。

油气田开发立足于对油气藏的认识。现有油气田开发生产技术流程主要从储层地质建模、油气藏数值模拟出发，开展油气藏开发方案/开发调整方案设计、开发指标预测和生产优化与调控。然而，在油气田现场实际生产过程中，储层地质建模和油气藏数值模拟通常只是在油气藏开发方案或开发调整方案设计时才做一次。一个开发区块，受技术和建模数模耗时长等限制，几年都不做一次储层地质建模和油气藏数值模拟，日常生产优化与调控基本上是凭借积累的认识和经验开展，指导生产的及时性、针对性、准确性、有效性受人为因素影响往往大打折扣。如果油气田现场有现成的实时更新的动态迭代的"活"模型可直接利用，将会极大提高油气田现场各项设计、优化和调控工作的效率和质量，为实施各种"实时"的工作奠定基础。随着数字油气田、智能油气田、智慧油气田建设的不断递进和向更深层次发展，数据实现云化管理，多学科协同研究云平台的构建、发展与应用，必将促进在云端实施油气田的开发与管理。云端开发和管理油气田是油气行业上游业务数字化转型的发展目标，只有在云端建立实时更新的油气藏数字化副本——油气藏数字孪生体，实现油气藏系统的云端动态仿真，才能真正实现在云端对油气田进行优化开发与科学管理。因此，有必要采用更先进的人工智能技术开展数字孪生油气藏研究[19-20]，并在此基础上实施各种油气开采工程行为的模拟和仿真，实现云端"透明油气藏"智能开采。

（5）智能采油采气。

国内机采井量大面广、低产低效态势严峻，采油技术亟待升级换代。中国石油采油井23.5万口，其中机采井23万口，占总数97.8%，同时年增近万口井；包含近十万名采油/作业人员，机采井生产管理工作庞杂，生产能耗巨大，机采系统耗电近$110 \times 10^8 kW \cdot h$，采油和作业成本581亿元，占总操作成本的58%；近年来，油田用工成本增加，随着员工成本逐年上升（年均上升7.2%），减员增效是当前企业高质量发展面临的主要任务；传统管理方式粗放，复杂流程依靠人力完成，效率低，发现问题、解决问题滞后，以皮带断为例，从发现问题到解决问题需要8h。机采系统传统管理方式难以为继，随着技术发展，智能采油采气将成为机采高质量发展的引擎。国外油气大公司快速布局机械采油采气工程智能化，智能采油采气具有三大要素：自动数据采集、智能优化决策、闭环生产管控。自动数据采集由人工稀疏测试向物联网实时监测转变；智能优化决策由人工数学建模向大数据驱动自学习自优化；闭环生产管控由人工调控向基于边缘计算的精细自调控发展。以美国Ambyint公司为例，将无线物联网和大数据技术结合，实现了实时监控载荷电流、云端分析工况、生产参数自动调整，新井机采方案实现在线设计。国内各油田也正在从数字化向物联化和智能化快速过渡与转型，并在提高管理水平、降低成本、减员增效等方面初见成效。因此，通过油井气井生产大数据构建智能采油采气大模型，在能够准确表征油井生产共性的基础上，兼顾不同举升方式、油气藏条件等油气井生产差异性，构建以井筒仿真为核心的各种采油采气工程过程的动态模拟、仿真、表征、分析和优化，对指导油气井高效生产，大幅提高采油采气系统效率，降低油气井生产物联网的建设成本，促进油气田减员增效，具有积极的意义。

（6）地面工程设计智能化。

随着油田开发进入成熟阶段，地面工程设计在油气田开发中扮演着至关重要的角色。然而，当前油田企业正面临一系列挑战。首先，经验丰富的老员工陆续退休，新员工数量不足。老员工积累了多年的实践经验和专业知识，他们的离开意味着宝贵的知识财富可能流失。而新员工由于缺乏实际经验，对地面工程的知识和技术掌握尚不全面，不够熟练，难以迅速承担起复杂的设计任务。其次，知识传承机制不健全，经验难以系统化。传统的师带徒模式受限于时间和人力，无法确保每位新员工都能充分继承前辈的经验。而且，经验多以口传心授的方式传递，缺乏系统的整理和沉淀，知识碎片化严重。再次，地面工程设计涉及多学科、多专业，包括工艺工程、土木工程、电气自动化等，知识体系庞杂。新员工在短时间内难以全面掌握各领域的专业知识，影响了设计效率和质量。另外，信息化程度不高，知识管理缺乏智能化手段。现有的知识库多为文档、图纸的堆积，检索困难，利用率低。缺乏智能化的知识服务工具，无法满足设计人员对知识快速获取和应用的需求。这些问题导致地面工程设计团队的整体能力难以提升，影响了油田地面工程项目的推进和质量。同时，知识的断层和流失，也增加了设计的风险和成本，不利于企业的长远发展。因此，如何有效传承宝贵的设计经验，构建全面的知识体系，提升新员工的技能水平，成为亟待解决的关键性生产需求。利用先进的技术手段，实现知识的系统化、智能化管理和共享，已成为必然选择。

更为重要的是，在油气田的开发过程中，老区油田的地面工程设施，如集输管线、站场、储罐、机泵设备等，经过长时间的运行，面临着设备老化、布局不合理、安全隐患增多等问题。首先，地面工程设施布局复杂。由于历史原因，老区油田的地面设施建设通常是分阶段、逐步扩建的，缺乏统一的规划布局。随着生产需求的变化和新设施的增加，地面工程的平面布局变得错综复杂，设施间的距离、排列方式、管线走向等可能不符合现行的安全规范和标准。其次，安全隐患突出。地面设施密集，设备老化，可能存在防火间距不足、逃生通道受阻、危险区域未有效隔离等安全问题。一旦发生火灾、爆炸、泄漏等事故，可能导致严重的人员伤亡和财产损失。同时，老区地面设施的安全管理难度大，传统的巡检和监测手段难以及时发现和预防安全隐患。再次，缺乏数字化、智能化的管理手段。老区油田的数据多以纸质档案或独立的电子文件形式保存，缺乏统一的数字化平台。地面工程的设计图纸、设备资料、维护记录等信息分散，难以及时获取和更新。这种信息的不对称，影响了安全管理和决策的效率。此外，无法满足现行规范和环保要求。随着国家对安全生产和环境保护要求的提高，老区地面工程的布局和设施可能不符合最新的法律法规和标准，存在隐性合规风险。如果不及时整改，可能受到监管处罚，影响企业声誉和可持续发展。上述问题给老区油田的安全生产和经营管理带来了巨大挑战。为了保障人员和设施的安全，提升地面工程的管理水平，降低安全风险，亟须对老区地面工程平面布局进行全面的安全评估和优化。然而，传统的手工评估方法效率低下，难以及时、准确地发现问题。因此，需要引入先进的技术手段，实现地面工程平面安全布局的数字化、智能化管理。

3.6.2 开发业务大模型主要应用场景分析

大模型在油气开发领域的应用，要与当前急需解决的生产需求相结合。面对我国主力油气田普遍进入开发后期亟待加强提高采收率工作的局面，重点要做好四个方面的应用研究：一是，利用大数据分析、人工智能技术等手段，实现多套井网重组、多层系合采开发，重点驱替主流线之外区域的剩余油，提升油田最终采收率；二是，利用智能分注和深度调驱手段，进一步实现精准配注和完善注采系统，增加油气井多向受效方向，大幅度提高各类驱替体系波及体积，充分提高动用差层系的生产能力；三是，深入开展DAS光纤、纳米机器人及人工智能等技术综合应用研究，实现层内各方向和各部位驱替过程监测与预测，缓解三大矛盾对开发的影响，提高驱替开发效果；四是，开展井筒智能重建技术研究，实现套损井筒精准修复与重建，实施工艺技术配套和地面技术改造，大力发展智能注采工艺，助力油气田可持续发展。除这些应用领域之外，还存在以下几个方面的主要应用场景：

（1）油气藏智能快捷动态模拟。

目前，油藏数值模拟大多基于网格体系，即对油藏计算域进行网格剖分，并采用相关的网格类数值计算方法开展油藏渗流方程的模拟计算。常用的基于网格体系的油藏数值模拟方法主要包括：有限差分方法、有限体积方法、有限元方法及边界元方法。其中，有限差分方法一般基于笛卡尔网格，对油藏复杂边界、复杂地质条件的适应性较差；有限体积方法能够适用于广泛的网格拓扑结构（尤其是正交网格）和渗流控制方程组，且满足局部物质守恒，因此在油藏数值模拟中得到了广泛应用。有限元方法会存在高质量匹配性网格生成困难、网格数多导致计算效率低、自适应分析困难等问题。针对网格体系难以刻画复杂地质条件几何特征的局限性，仅需要布点表征油藏模型的无网格法则可以显著降低油藏模型复杂几何特征的表征难度。无网格法采用基于点的近似，不需要网格的初始划分和重构，有助于消除网格效应，不仅可以保证计算的精度，而且可以减少计算的难度。目前，无网格法已在油藏渗流模型领域进行了少量相关研究，虽然取得了不错的计算效果，但存在对包含强对流特征的饱和度方程计算精度低等问题。对此，赵辉等提出了基于连通性的连接体系数据驱动模型（INSIM），该方法将油藏三维流动等效为井间一维连通网络上的流动，并定义传导率及连通体积两个特征参数来表征井间一维流动通道。在此基础上，基于现有背景网格，利用节点物性、权函数以及连接单元几何信息估计压力拉普拉斯算子，通过最小二乘法求解节点控制体积，建立了各连接单元传导率和连通体积计算方法。基于广义有限差分、路径追踪及神经网络代理模型等方法在连接单元上进行一维流动压力和饱和度精确求解，提高了计算收敛性，实现了较少节点下保证流动结构的完整性，形成了基于无网格连接体系的油藏快速动态模拟方法。同时，采用井点作为节点形成了介于传统油藏工程与数值模拟之间的动态预测模型，实现了油藏开发快速动态模拟。近年来，为了克服实际应用时网格数巨大导致的数值模拟计算代价高、历史拟合和生产优化难等问题，基于统计学习或者数据驱动的代理模型得到了迅速发展，例如基于神经网络的各类生产动态及生产优化模型、基于数据空间反演方法的历史拟合及动态预测模型等。这为在油气藏模拟领域深入应用人工智能技术指出新的发展方向，如何利用大模型技术发展新一代代理模型，实现油气藏智能快捷动态模拟，将是油气藏模拟领域今后研究的重点。

（2）油气藏智能自动历史拟合。

自动历史拟合基于油藏数值模拟技术，通过对生产历史数据拟合修正油藏数值模型参数，是进一步了解油藏地下流体分布、预测油藏生产动态以及进行油田开发方案评估的重要手段。随着油气田开发智能化的不断推进，生产决策对油藏数值模型的精度要求越来越高；另外，储层流动机制复杂、非线性强、数值模拟计算耗时，因此自动历史拟合是一个高维、求解难度大、计算耗时长的反问题。通常基于贝叶斯概率推理框架建立历史拟合目标函数，在过去的二十多年中已有大量文献研究提高历史拟合求解效率，包括基于集合的数据同化方法，如集合卡尔曼滤波，基于线性与高斯假设，求解高效收敛快速，但是难以解决强非线性问题；基于最小化的随机类优化方法，如随机梯度近似算法、进化优化等，结合矩阵分解方法求解更加灵活，对问题没有作过多假设，但是收敛速度慢、计算耗时。近年来，机器学习领域的变革性突破为自动历史拟合技术的更新换代带来了新的契机。张凯等提出使用数据驱动的进化计算求解裂缝性油藏裂缝网络反演，实现快速求解非线性自动历史拟合问题，显示出进一步结合大模型技术提高自动历史拟合效率和精度的必要性。

（3）剩余油气分布智能预测。

经过几十年的开采，我国主力老油田大多数已进入或是接近特高含水的开发后期。水驱开发存在着突出的注采矛盾和复杂的储层流体分布，增大了剩余油的开采难度[21]。认识剩余油气分布规律对合理调整注采策略、挖掘潜力层以及提高驱油、采气效率至关重要。在传统的剩余油气预测方法中，地质研究方法、室内试验方法以及现场监测工艺技术等研究方法，受限于较小的研究范围，无法应对大规模剩余油气分布预测；物质平衡法参数计算方式、物质平衡方程形式选择等因素受现场人员主观因素影响较大；油藏数值模拟方法对油藏专业数据的精度和完整性有较高要求，同时历史拟合周期长导致预测时效性差。因此，有必要引入剩余油气分布推演大模型，利用大模型的学习能力深度融合地球物理学、开发地质学、油气藏工程等多学科领域数据与经验，挖掘复杂油气藏工程规律；应用大模型的推理能力实现剩余油气分布动态刻画；并通过大模型的自动迭代能力实现模型参数自动优化，使大模型在使用过程中随着数据的积累自动优化升级，提升剩余油气预测精度。

（4）油气藏数字孪生体构建。

通过油气生产物联网，将实时采集的生产数据与油气藏参数模型相关联，采用大模型技术动态预测油气藏参数的变化，"实时"迭代更新油气藏参数模型，构建油气藏数字孪生体（油气藏参数"活"模型），最大限度地动态逼近真实的油气藏，有利于为开展以油气藏为核心的各种开采工程行为的实时模拟和仿真奠定基础。

以稠油油藏关键参数场的动态预测为例，利用大模型技术构建稠油油藏数字孪生体主要是实现稠油油藏关键参数场的动态预测与优化应用场景。包括以下功能：

① 多源数据融合与动态建模。利用大模型强大的数据处理能力，整合地质、测井、生产动态、监测数据、地震资料等多源数据，包括温度、压力、饱和度、黏度等关键参数。应用深度学习和迁移学习等先进算法，建立稠油油藏的动态预测模型。模型能够捕捉油藏参数场的时空变化规律，刻画热力采油过程中参数的动态非线性特征。

② 关键参数场的实时预测与可视化。基于实时或准实时的生产和监测数据，模型能够对油藏内部的压力场、温度场、饱和度场等关键参数进行动态预测，提供高精度的参数场分布。将预测的参数场以三维可视化形式展示，呈现油藏内部参数的空间分布和变化趋势，便于直观分析和决策。

③ 生产优化与决策支持。利用预测的关键参数场信息，辅助制定和优化注汽量、注汽压力、采油方案等生产参数，提高热力采油效果。预测可能出现的高温高压区域、储层受热不均等情况，提前采取措施，防范生产风险。通过对剩余油分布的准确预测，指导调整井网布局和开采策略，挖掘剩余油潜力，提升油藏最终采收率。

（5）注入受效智能分析与优化。

油气田开发过程中，为了维持地层压力、提高采收率，通常采用注水、注气或化学驱等方式对油藏进行二次或三次采油。然而，注入受效受多种因素影响，包括地质条件、注入介质性质、注采井布局、注入参数等，导致注入受效分析复杂而繁琐。目前，注入受效分析主要依赖于专业的数值模拟软件。这些软件需要大量的输入数据，涉及地质、工程、生产、测试等多种类型的数据，数据种类繁多且来源多样。由于井层对应关系复杂，注采井之间的真实对应关系难以准确确定，传统方法常常需要专家依据经验进行人工分析。然而，传统分析方法存在以下问题：首先，分析周期长、效率低下。数值模拟需要建立复杂的地质模型和流体流动模型，参数调整和模型校正过程耗时长，难以及时反映生产动态，无法满足迅速决策的需求。其次，人工工作量大、精度受限。面对庞大的数据量和复杂的井网结构，人工分析容易出现遗漏和误判，影响了分析结果的可靠性和准确性。再次，环境多样、系统兼容性差。不同的软件和工具之间数据格式不统一，导致数据传输和共享困难，增加了数据处理的复杂性。这些问题导致注入受效分析难以及时、准确地反映油藏动态特征，无法有效指导生产决策。注采矛盾得不到及时发现和解决，注入介质在地层中的推进现状无法实时掌握，影响了注采方案的优化和调整，制约了剩余油的动用和油藏最终采收率的提高。因此，亟需一种能够充分利用多源数据、自动化程度高、分析精度高的智能化注入受效分析方法。利用大模型技术，构建注入受效智能分析与优化应用场景，是解决当前注入受效分析效率低、精度有限等问题的有效途径。主要包括以下两个方面的功能：

① 注采对应关系的智能识别与精细刻画。通过整合地质、工程、生产、测试等多源数据，利用机器学习和深度学习算法，自动识别注采井之间的真实对应关系。大模型可以处理复杂的井网结构，考虑地层非均质性和各向异性等地质特征，实现对注采分层的精细刻画。这样能够快速、准确地理清注采对应关系，为注入受效分析奠定基础。

② 注入受效的动态跟踪与智能评价。建立适用于不同类型油藏和驱替方式（如水驱、化学驱等）的注驱受效分析大模型，构建注驱动态知识库。利用油藏的动静态数据和测试资料，实时分析注驱受效方向，生成注水或化学驱剂饱和度动态分布图。模型可对井组或区块的注驱受效情况进行分阶段的动态跟踪和智能评价，及时发现注采矛盾，帮助生产人员动态掌握注驱推进现状。

（6）智能生产动态分析。

生产动态分析通过生产资料来分析各类注采信号的联动响应关系，为井间连通性分析、剩余油分布预测、生产曲线预测等提供有力依据，是油气田进行注采关系优化以及设计其他增产措施的前提和基础。考虑储层流体流动呈强非线性特征以及注采井之间互相干扰，生产动态分析是典型的多变量、非线性问题。传统的油藏工程方法往往基于单井信号进行分析且未考虑其他注采信号的影响，导致计算精度难以得到保证。近年来，人工神经网络、支持向量机和群体智能等机器学习方法在生产动态分析领域得到了广泛的应用。Sun 等利用长短期记忆神经网络方法对油田产量进行预测，相比于传统的递减曲线分析方法在预测精度上得到了明显的提高；蔡骏驰利用基于粒子群优化的最小二乘支持向量机方法对页岩气藏进行了产量预测应用，结果表明该方法具有良好的收敛性和预测精度；Balashov 等利用无监督聚类的机器学习方法对油藏测井曲线进行分析，利用地层性质与油井产量之间的关联特性可以有效提高预测精度。相比于传统的油藏工程和数值模拟方法，机器学习方法具有以下优势：① 数据驱动，无须复杂的物理建模过程，模型简洁且具有更强的适用性；② 更强的映射能力，能够更加精准地反映生产数据之间非线性响应关系；③ 更强的鲁棒性，机器学习模型无须依赖专家经验，能够应用于相近的油藏数据；④自我学习能力，模型通过梯度或无梯度方法自动更新参数，能够满足油田生产不同阶数据分析的需要。作为机器学习领域最先进的技术，大模型以其具有的更强的泛化能力等技术特性，有望在油气藏生产动态智能分析中发挥更显著的优势。

（7）井网井位智能优化。

油田开发前期的设计和开发中后期的调整中均不可避免地涉及井网井位的部署。在过去的研究中，大量的进化算法、随机算法等智能算法被用于解决井网井位优化问题，通过合理配置井的数量、位置、形状、类型、布井时机等参数使油田整体生产经济效益最大。通常，选取经济净现值构建井网井位优化数学模型，优化变量包括井数、位置、时间等。井网优化求解方法可划分为解析方法、油藏数值模拟试验和基于数值模拟技术的最优化方法。李阳等提出了矢量井网方法，可根据渗透率的性质调整某个方向上的井距以达到均衡驱替的目的。Zhang等使用非结构化网格剖分方法实现了在复杂油藏条件下生成大规模高质量的三角形和四边形自适应井网。冯其红等建立了致密油多级压裂水平井井网参数分级优化数学模型提高寻优效率。井网井位优化研究面临复杂大规模油藏高维求解难题、离散变量优化问题以及计算昂贵问题。借助于迁移学习、高效动态取样、多任务学习等机器学习技术，研究智能算法或可促进井网井位优化的进一步发展。

（8）注采调控智能一体化优化。

注采调控一体化优化属于复杂大系统控制问题，主要包含两个方面，即注采参数的优化和井网井位的优化，其目标是最终实现两者的协同优化。通常将油藏视为一个复杂的动态系统，以最大产油量或经济效益为目标建立注采关系优化数学模型，不仅要考虑稳油控水，还需要考虑单井生产界限（如最大、最小注采量）、区块总注入量及单井含水率等工程约束。注采调控一体化优化过程中涉及的参数众多，且存在尺度差异大、时变性强的特点，受制于传统油藏数值模拟技术效率低下，实际模拟时间长、效率低。另外，注采参数优化、井网井位优化分属不同类型的优化形式，前者为连续性动态优化问题，而后者为离散的优化问题。为此，针对两种优化问题，建立注采参数和井网井位耦合优化方法，才能实现注采开发调控的一体化优化。多任务优化即在油藏生产优化过程中并行优化多个模型，从多油藏模型中获取知识进行模型间知识迁移，有利于提高每个油藏模型的优化性能。在油藏生产优化中，大模型与小模型相结合实现多任务间的知识迁移，有利于实现井网井位与注采参数的一体化智能优化。

（9）压裂智能化辅助设计。

在油气田开发过程中，压裂是提高低渗透、致密储层油气产能的重要技术手段。通过对储层实施水力压裂，可以形成有效的人工裂缝网络，增强油气流动能力，显著提高油藏的产量和最终采收率。然而，压裂设计是一个复杂的过程，需要综合考虑地质条件、岩石力学参数、流体性质、完井方式等多种因素。设计人员需要分析大量的地质和工程数据，进行复杂的模型计算。传统的设计方法主要依赖于工程师的个人经验和专业知识，手工计算和分析工作量大，效率低下。对于复杂的储层条件，经验方法可能无法准确预测压裂效果，导致设计方案的可靠性受到限制。油气田在勘探开发过程中积累了大量的地质、测井、试井、生产动态等数据。但是，这些数据分散在不同的系统和部门，缺乏统一的管理和集成。数据之间关联性未能充分挖掘，导致宝贵的数据信息未能在压裂设计中得到有效利用，影响了设计的科学性和准确性。由于地质条件复杂多变，压裂施工过程中可能出现裂缝延伸方向不确定、支撑剂充填不均等问题，影响压裂改造的实际效果。传统的数值模拟方法需要大量的参数输入和计算时间，难以及时对不同设计方案进行比较和优化，无法快速响应现场需求。这些问题导致现有技术压裂设计效率低、周期长、效果不理想，影响了油气田开发的经济效益和生产效率。为了提高压裂设计的科学性和高效性，迫切需要引入人工智能和大数据技术，实现压裂设计的智能化，充分利用海量数据和先进算法，辅助工程师进行高效、精准的压裂设计，提高压裂改造效果和生产效益。

（10）高品质油井示功图诊断优化。

传统油井工况诊断基于单个示功图，应用数学物理模型分析功图形状，诊断和确定工况，存在如下问题：由于仅依靠示功图，其他因素考虑少，故障井诊断精度低，准确率不足80%；仅能定性化诊断，只能给出故障类型，不能定量给出故障程度；只能事后诊断，无法实现故障预警。随着物联网普及，测试数据极大丰富，以及大数据挖掘技术快速发展，为精确、定量化诊断和工况趋势预测提供了技术基础。

① 多参数精确工况类型诊断。自动抽取功图特征，将二维图形转换为一维特征数据，再与油藏、生产等其他参数融合，形成图形＋油藏参数＋生产参数深度融合的多参数工况类型诊断技术，使工况诊断符合率达到98%以上。

② 多参数油井工况定量诊断。综合考虑示功图面积、载荷线波动、载荷差、产液量、动液面等参数，建立供液不足、气体影响、固定阀漏失、游动阀漏失、结蜡、油管漏失等工况程度标定模型，通过对海量样本的训练，形成大数据深度学习模型，从而实现对多种工况的定量诊断，并指导维护作业。

③ 高精度工况趋势预测。以单井时间序列的生产数据为输入，以功图、产量为输出，预测未来时段内的产量和功图，确定工况发展趋势。预测一个月内的功图和产量，并对预测功图进行诊断，从而实现作业预警、有效指导最佳作业时机。

（11）机采井低成本电参诊断分析。

国内已开发老油田开井机采井普遍面临低产低效的局面，降低物联网投资、提高智能化水平是精益生产的迫切需要。用电参取代示功图，机采物联网成本可降低80%。针对应用电参数诊断油井工况和量油这一项全新的技术难题，急需研发基于电参数大数据分析的高性能抽油机井智能工况诊断与量油技术，并开发相关软件，实现无功图高精度工况诊断、在线量油等功能。

① 连续电参数上下死点识别。从油田采集大量电参曲线样本，对其特征进行分析；通过整理现场人员丰富经验，综合考虑多项特征，并借助载荷曲线中已有人工经验，建立电参数上下死点标定方法；通过增强概率法将人工经验加入深度学习算法，建立基于时序特征预测的上下死点识别深度学习算法。

② 抽油机井工况电参数高精度诊断。建立电参数转示功图进行诊断的深度学习模型、电参数直接进行工况诊断机器学习模型，采取多模型集成化诊断方法，对于样本数量大的工况，利用大数据深度学习技术将电参数转化为示功图后进行诊断，对于样本稀疏的工况，采用机器学习模型进行诊断。

③ 基于电参数的抽油机井数字量油。建立电参数转示功图进行量油的深度学习模型，通过电参数转功图大数据模型—三维杆柱力学模型—柱塞漏失系数大数据模型三者的结合，实现基于电参数的高精度数字量油功能。综合考虑三维井身结构和杆、管、泵、液相互作用，建立三维杆柱力学模型，精确求解井下泵功图，为准确计算斜井/水平井有效冲程提供基础；传统功图量油未考虑柱塞漏失，导致误差大，通过对柱塞漏失影响因素进行相关性分析，建立柱塞漏失系数求解方法，提高数字量油精度。在此基础上，建立电参数直接进行数字量油深度学习模型，实现高精度数字量油。

（12）地面工程设计知识图谱与智能支持。

基于大模型和知识图谱技术，构建地面工程设计知识图谱与智能支持的应用场景，解决当前知识传承和应用中的难题，推动油田地面工程建设的高质量发展。主要包括以下功能：

① 地面工程全领域知识图谱构建与智能问答。收集、整理地面工程设计相关的各类文件、图纸、规范、标准和专家经验等，利用自然语言处理和大数据技术，构建覆盖工艺工程、土木工程、电气自动化等领域的多维度、多层次知识图谱。基于大模型的强大语言理解和生成能力，开发智能问答系统。设计人员和新员工可以通过自然语言提问，快速获取所需的知识和信息。系统能够理解专业术语和复杂问句，提供准确、详尽的回答，提高知识获取效率。

② 经验分享与个性化学习。收集老员工的经验案例、经典设计方案、常见问题及解决方法等，形成经验案例库。通过知识图谱关联，方便查询和学习。根据新员工的专业背景、工作岗位和学习需求，利用大模型提供个性化的知识推荐和学习路径规划，帮助新员工快速提升技能水平。建立知识更新机制，鼓励老员工和设计人员将新的经验和

知识录入系统，不断丰富和完善知识图谱，保持知识库的鲜活性和先进性。

（13）老区地面工程平面安全布局优化与智能管理。

基于大模型构建老区地面工程平面安全布局优化与智能管理的应用场景，解决当前老区地面工程安全管理中存在的痛点。主要包括以下功能：

① 地面工程数字化建模与智能评估。利用无人机航测、激光扫描等技术，对老区地面工程设施进行高精度的数据采集，建立地面工程的三维数字化模型。模型包括设备的位置、尺寸、材质、运行状态等详细信息。将现行的安全规范、标准（如防火间距、安全距离、逃生通道要求等）内置于大模型中。利用人工智能算法，自动评估地面工程布局与规范的符合性。系统通过对数字化模型的分析，智能识别布局不合理、安全隐患区域，生成风险评估报告，标注高风险点，提出整改建议。

② 地面工程布局优化与仿真。基于大模型的优化算法，综合考虑地理空间限制、生产工艺流程、安全规范等因素，提供地面工程布局优化方案。方案包括设施的重新布置、管线走向调整等。利用仿真技术，对优化方案进行模拟，例如模拟火灾、泄漏等事故情景，评估优化后的安全性能，验证方案的可行性和有效性。建立统一的地面工程数字化管理平台，为管理层提供直观的可视化界面，展示地面工程的布局、风险分布、监测数据等，支持安全管理决策和应急响应。

3.7 储运业务的需求与应用场景

我国正积极响应能源行业智能化发展的战略需求，特别是在油气储运业务领域，人工智能大模型的研究与应用已成为推动能源行业高质量发展的关键力量。在能源转型和实现"双碳"目标的大背景下，油气储运行业的数字化转型、智能化发展显得尤为迫切，而人工智能大模型正是这一转型的核心工具。油气储运业务对大模型的生产需求主要考虑以下几个方面。

智能决策与业务优化：油气储运业务覆盖勘察、设计、施工、监理、运维等多个环节，人工智能大模型通过数据分析预测和自动化决策流程，显著提升业务效率和响应速度。

安全监控与风险预警：针对油气储运过程中的易燃易爆等安全隐患，人工智能大模型能够实时监控生产数据和运行情况，及时预警和排除安全隐患，保障作业区安全。

资源配置与效率提升：人工智能大模型的应用有助于油气储运企业在资源最优配置、工作效率提升、现场管理优化等方面做出更精准的决策，提高资源利用效率。

智能化水平提升：人工智能大模型具备丰富的行业知识，并能够不断学习和更新，有助于提高油气储运行业的智能化水平，推动行业创新。

响应国家战略：油气储运业务开展人工智能大模型研究与应用不仅是行业发展的需要，也是响应国家战略、保障能源安全、提升行业竞争力的重要途径。

3.7.1 储运业务对大模型的生产需求

通过在油气储运管网系统智能决策、管道选线业务、超长距离管道非开挖穿越业务、重大风险防控与安全保障业务、数字化设计业务以及施工焊接业务等多个领域的应用，人工智能大模型技术将为油气储运行业带来革命性的变化，实现更高效、更安全、更智能的运营，为国家的能源战略和可持续发展目标做出贡献。

（1）油气储运管网系统智能决策业务的大模型需求。

如何将大模型技术应用于油气储运管网系统智能决策，助力油气储运管网业务的智能化转型，促进能源和信息深度融合，推动能源互联网新技术、新模式和新业态发展。存在以下两个方面的关键性生产需求问题。

① 一体化油气储运管网大数据中心。

大数据是近年继物联网、云计算之后最炙手可热的技术。管道信息系统所产生、存储和使用的数据总量正在逐年递增，数据所承载的业务内涵、数据管理的复杂性也在不断攀升，其所蕴含的价值成为企业重要的资产。采用何种手段，可以更有效地使用数据、分析数据、挖掘数据价值、提高数据使用效率、缩短数据分析周期、更快地为管理提供支持，是业内亟须解决的"数据海量、信息缺乏"的问题。

目前，大数据分析在油气储运管网系统的应用案例较少，仅限于在管道风险分析、内检测等方面进行了初步探索，尚未实质性应用。管道物联网作为数据管理的新模式，开启了管道企业数据管理的新篇章，是形成管道系统大数据的基础，两者的结合将成为数据管控的新模式。面对管道生产运行过程中快速增长的管道数据，需要选择特定的模型计算框架，开发部署大数据分析模型，自动适应数据量的成倍增长，在满足模型计算可靠性和准确性的前提下，确保模型运算的速度。如何将这些数据快速存储并应用于大数据分析，是大数据分析模型服务于实际生产的关键。

利用管道数据中心，从原来分散的海量数据库中抽取形成各类专题数据，满足各专业的数据检索和应用。利用大数据分析工具，对工程建设、生产运行、维修维护、应急响应、日常监控等业务中产生的大量数据开展挖掘分析，找出隐藏在现象背后的规律、预测变化趋势，指导设备预检预修，优化生产作业方案，减少非计划停输，实现安全高效运营。大数据分析将是管道企业未来发展的重要趋势之一，是实现管道智能化决策的重要手段。

② 油气储运管网系统智能仿真平台。

依托大数据分析结果，可以采用软件建模方法给出各类可能的解决方案，并根据所有可用数据、技术限制、风险和经济学方法来评估替代方案的优越性，为优化决策提供信息并改进生产运行计划，实现管道的生产优化。

为了更好地实现智能管网的管理、运行、优化，数字平台与仿真平台的支持必不可少。数字平台是智能管网的核心，整合了传感器数据、管道信息、监测系统及决策支持系统等部分。在数字平台之上构建仿真平台，通过数字化信息对管道系统进行虚拟仿真和实时模拟。智能仿真平台能够评估不同操作策略和应对突发事件的效果，为智能决策提供参考依据。此外，还可以提供培训和演练的操作平台，帮助操作人员熟悉管道系统的应急处理流程，提高应对突发事件的能力。智能仿真能够实现对智能管网的全面监控、智能管理及优化决策，提高油气行业管道运营的安全性和效率。

全时域全空域覆盖的管网仿真技术是智能仿真平台的关键要素。全时域仿真是指对管道系统进行动态仿真，模拟管道在不同工况下的运行状态，包括管道内部流体的变化、温度和压力的波动等以及管道的动态响应。全时域仿真能够实现管道系统在各种情况下运行特性的全面了解，为智能管网的设计、运行及优化提供支持。而全空域仿真则将仿真范围扩展到整个管网，涵盖各个分支管道、节点及连接点的仿真分析，模拟整个管网的运行状态，包括液体和气体在管道网络中的流动、压力变化以及能量传输等。通过这种综合仿真分析，可以评估不同操作策略对整个管网系统的影响，并优化管网的运行效率和稳定性。全时域全空域仿真技术的应用，不仅能够为智能管网的设计、运行及优化提供重要支持，还能通过模拟各种紧急情况（如泄漏、爆炸、管道损坏等），评估应对措施的有效性和管网的抗灾能力，帮助预测和识别潜在的安全风险，为应急响应和灾害管理提供指导，最大限度地降低事故发生的可能性和损失。

（2）油气储运管道选线业务的大模型需求。

① 管道路由评价模型研究。从经济、安全、环保、施工便利性等出发，建立路由评价体系，确定评价因子及各因子间的加权指标，形成管道路由评价模型。

② 管道智能选线数据研究。对影响管道路由选择的要素进行梳理，包括法律法规、标准规范、各项评价、地方规划以及自然条件、施工要求等，建立路由选择数据分类及标准体系，利用 GIS 方式建立空间数据库。

③ 管道智能选线算法研究。建立一套适用于油气管道工程的最佳路径算法。

（3）油气储运超长距离管道非开挖穿越业务的大模型需求。

① 技术模拟与预测。

地质结构模拟：大模型利用先进的地质勘探数据和三维建模技术，构建出穿越路径沿线的高精度地质模型，该模型能够准确反映地下岩层的分布、厚度、硬度以及地下水文地质条件等关键信息。在地质建模的基础上，大模型还能考虑地质构造的复杂性和动态变化性，如断层、褶皱、岩溶等地质现象对穿越过程的影响。通过模拟地质应力的变化，预测穿越过程中可能遇到的地质风险，结合地质模型，大模型可以评估穿越路径沿线地层的稳定性，包括地层的承载能力、变形特性等。这有助于在设计施工方案时，选择合适的穿越方法和加固措施。

施工风险预测：通过大模型，可以模拟整个超长距离非开挖穿越施工过程，包括推进速度、轨迹控制等，以优化施工方案，减少施工过程中的不确定性和风险。大模型可以根据地质模拟的结果，预测穿越过程中可能遇到的地质灾害，如塌方、涌水等。通过提前预警和制订应对措施，降低地质灾害对施工的影响，结合施工过程模拟的结果，对施工参数进行优化调整，提高施工效率和质量。大模型还可以评估超长距离管道非开挖穿越施工对环境的影响，通过模拟施工过程中的噪声、振动、扬尘等带来的污染物的排放情况，评估施工对周围环境和居民生活的影响程度，根据评估结果制订相应的环保措施和补偿方案。

② 优化设计与创新。

优化设计：大模型可以基于历史数据和经验知识，对超长距离管道非开挖穿越的设计方案进行优化，如改进钻头的结构、优化钻井液的循环路径等，以提高施工效率和降低成本。采用高精度地质勘探技术和三维地质建模软件，对穿越路径沿线的地质结构进行精确勘察和建模，通过细化地质分层、准确反映地层变化，为施工方案设计提供可靠的地质依据，利用大数据分析技术，对地质勘查数据进行深度挖掘，发现地质规律，预测潜在的地质风险，为施工过程中的风险防控提供有力支持，根据地质勘察结果和工程要求，科学合理地设计施工方案。在方案设计中，充分考虑地质条件、施工设备性能、施工工期等因素，确保施工方案的可行性和经济性，同时引入模块化设计理念，将施工过程划分为若干模块，每个模块独立设计、独立施工，降低施工难度，提高施工效率。根据施工方案要求，选择合适的施工设备和工具，在设备选型过程中，注重设备的性能参数、可靠性、耐用性等因素，确保设备能够满足施工需求，优化设备配置方案，合理布局施工设备，减少设备间的相互干扰，提高设备的使用效率。

技术创新：大模型还可以为超长距离管道非开挖穿越业务的技术创新提供有力支持，如开发新的施工工艺、研发新的施工设备等，以推动该领域的持续进步和发展。通过优化设计措施，提升施工效率和施工质量，探索新型施工材料和工艺，如高强度、耐腐蚀的管道材料、高效能的焊接工艺等，提高管道的耐用性和安全性。采用信息化管理手段，建立施工管理信息系统，通过实时监控施工进度、质量、安全等方面的信息，实现对施工过程的全面掌控和精细化管理。建立跨部门协作机制，加强与设计单位、监理单位、施工单位等之间的沟通与协作，形成合力，共同推动工程项目的顺利实施。引入智能化施工设备和控制系统，如智能钻机、智能监控系统等，通过智能化手段实现对施工过程的自动化控制和远程监控，提高施工效率和安全性，利用大数据、人工智能等先进技术对施工数据进行深度挖掘和分析，发现施工过程中的潜在问题和优化空间，为施工决策提供科学依据。

③ 数据分析与决策支持。

数据分析：大模型可以对施工过程中的各种数据进行实时采集分析，对采集到的原始数据进行清洗，去除噪声和异常值，确保数据的准确性和可靠性。同时，对数据进行预处理，如数据压缩、格式转换等，以便于后续的分析和处理，采用统计分析、机器学习、数据挖掘等多种方法对数据进行深入分析。例如，利用统计分析方法计算数据的均值、方差、相关系数等统计量，以了解数据的分布情况和变化趋势；利用机器学习算法对数据进行分类、聚类、预测等处理，以发现数据中的隐藏规律和模式。最后，将数据分析结果以图表、曲线、动画等形式进行可视化展示，使工程师能够直观地了解施工过程中的各种参数变化情况和施工效果。

决策支持：基于数据分析结果，大模型可以辅助工程师做出更加科学合理的决策，以提高施工效率和质量，基于数据分析结果，大模型可以对施工参数进行优化调整，通过优化施工参数，提高施工效率和质量。大模型能够实时监测施工过程中的各种风险因素，如地质灾害、设备故障、施工安全事故等，并提前发出预警信号。同时，根据预警结果制订相应的应对措施和应急预案，以最大限度地降低风险对施工的影响。在施工方案设计阶段，大模型可以基于地质结构模拟、施工过程模拟以及历史施工数据等信息，为工程师提供多种可行的施工方案。通过对比分析不同方案的优缺点和适用条件，选择最优的施工方案，确保施工过程的顺利进行和管道的安全运行。大模型还可以提供智能决策辅助功能，如智能推荐施工参数、智能评估施工效果等，通过整合多源数据和专家知识库中的信息，为工程师提供全面、准确的决策支持，提高决策的科学性和准确性。

④ 智能监控与预警。

智能监控：大模型可以集成智能监控系统，能够集成来自多个传感器和设备的实时数据，这些数据涵盖了地质条件、施工设备状态等多个方面，同时在施工区域安装高清摄像头，通过视频画面，可以直观地观察施工设备的运行状态、施工人员的操作情况以及周围环境的变化，对超长距离管道非开挖穿越过程进行全天候、全方位的监控，确保施工过程中的安全和质量。通过实时监测和数据分析，大模型可以及时发现潜在的安全隐患和质量问题，并提前发出信号，以便工程师及时采取措施进行处理。同时，设立远程监控中心，将施工现场的实时数据和视频画面传输至中心进行集中展示和分析，监控中心配备专业的技术人员，负责实时监控施工情况，及时发现并处理潜在问题。

预警系统：预警系统对智能监控系统采集到的实时数据进行快速分析，通过预设的算法和模型，识别出施工过程中的异常情况。根据异常情况的严重程度，预警系统将预警信息划分为不同的等级，不同等级的预警信息对应不同的应对措施和紧急程度。一旦发现异常情况并达到预设的预警等级，预警系统将自动触发报警机制，通过声音、光信号等方式在施工现场进行报警。同时，将预警信息发送至远程监控中心和相关人员的手机或电脑终端，确保相关人员能够及时收到并处理预警信息。预警系统还应配备完善的应急响应机制，当接收到预警信息后，相关人员应迅速启动应急预案，组织力量进行现场处置。根据预警等级的不同，可以采取不同的应急响应措施，如暂停施工、加强监测、调整施工方案等。智能监控与预警系统应与其他相关系统实现联动与协同，例如，与地质勘探系统、施工管理系统、安全管理系统等进行数据共享和协同工作。通过多系统联动，可以更加全面地掌握施工情况，提高预警的准确性和及时性。利用人工智能技术对预警信息进行智能分析和处理，通过机器学习算法和大数据分析技术，对历史数据和实时数据进行深度挖掘和分析，发现潜在的风险因素和规律，基于这些分析结果，为相关人员提供科学的决策支持。

（4）油气储运重大风险防控与安全保障业务的大模型需求。

在当前全球能源需求不断增长的背景下，油气行业面临诸多挑战，尤其是在油气储运环节。这个环节不仅涉及管道的安全性、经济性和环保问题，更迫切需要借助先进技术来提升运营效率和风险管控能力。遥感大模型与风险逻辑推理大模型的结合，为应对这些复杂问题提供了强有力的支持，成为行业数字化转型的关键助力。

油气储运遥感大模型技术的核心在于其高精度的数据处理能力。高精度的地物识别是实现安全运营的前提，油气管道的周边环境如地形、植被和建筑物等信息必须被准确识别。这些基础数据不仅为风险评估提供了依据，还为后续管道管理打下了坚实的基础。通过遥感大模型，企业能够在广泛的地理区域内快速获取和更新信息，提升数据的实时性和可靠性。

风险评估与预警功能是遥感大模型在油气储运中的关键应用之一。在管道的高后果区，潜在风险因素随时可能出现，因此持续监测显得至关重要。遥感大模型通过对历史遥感数据的分析，能够快速评估风险等级并提供预警信息。这种实时的风险监控能力使管理人员能够迅速采取应对措施，有效降低事故发生的概率。

油气储运风险逻辑推理大模型则从另一个角度强化了风险管理的能力。通过对多种风险因素的逻辑关系建模，该模型能够深入分析潜在风险的成因和相互影响，为管理决策提供更加全面的支持。这种模型结合数据挖掘和推理技术，能够分析历史事故数据，识别出影响事故发生的关键因素，形成科学的风险评估框架。

在具体应用场景中，风险逻辑推理大模型可用于构建风险评估体系，对各类潜在风险进行定量分析。例如，结合气象数据、地质信息和历史事故记录，模型可以评估特定区域内发生泄漏或其他事故的概率，并为管理人员提供决策依据。这种基于推理的分析方法，不仅提升了风险管理的准确性，还能够为企业制订针对性的风险防控措施提供指导。

在管道选线优化方面，遥感大模型与风险逻辑推理大模型的结合展现出巨大的应用潜力。传统的选线方法往往依赖于经验，缺乏科学依据，可能导致管道建设后面临潜在的地质灾害风险。通过整合多源遥感数据和风险推理分析，企业能够科学评估不同路径的风险和经济性，为管道选线提供全面的决策支持。这不仅降低了运营成本，也提升了管道的整体安全性。

在运维巡检环节，遥感大模型与风险逻辑推理大模型的结合也具有重要意义。传统巡检方式效率低下，难以满足现代油气行业对高效、快速响应的需求。通过引入遥感技术，模型能够自动识别管道沿线的异常情况，结合推理模型分析潜在风险，提供更为精准的巡检方案。这种智能化的巡检方式不仅提高了巡检效率，还有效降低了运维成本，使油气企业能够更专注于核心业务。

管道的完整性管理是确保安全运营的关键环节。遥感大模型通过定期获取的遥感数据，持续监测管道的运行状态。同时，结合风险逻辑推理大模型，可以实时分析潜在的风险因素。一旦发现管道出现缺陷或异常，如泄漏、腐蚀等，模型能够即时发出警报，促使企业采取及时的修复措施。此外，结合灾害模拟技术，遥感大模型与风险推理模型能够为管道风险管理提供更为科学的决策支持，确保管道在各种情况下的完整性不受损害。

为了更好地应对上述业务需求，长输管道企业需要构建全面的数据采集与管理能力，涵盖管道设计、建设和运营等各个环节，并动态更新地理空间数据库。这一数据库不仅为风险评估和决策支持提供必要的数据基础，还可以与实时监测系统相结合，提升对突发事件的响应能力。

企业还需建立智能化的风险评估工具，结合遥感大模型和风险逻辑推理大模型，基于时空耦合机制，实现对长输管道重大风险的实时评估与预警。通过智能化的工具，企业能够快速识别风险并采取相应的防控措施，从而降低事故发生的概率。动态风险管理与辅助策略的制订也是关键，结合多模态数据和灾害系统动力学，企业应制订科学的防灾减灾策略，确保管道在全生命周期内的安全性。

在管道的规划、测量和建设阶段，遥感技术与风险推理模型提供了全新的视角与手段，能够高效获取地形、植被分布及其他环境特征信息，为科学决策提供有力支持。在勘察与建设阶段，通过遥感大模型和风险逻辑推理的分析，企业能够更加精准地评估施工过程中的环境影响，确保建设过程符合环保要求并降低潜在风险。

由此可见，油气储运行业对遥感大模型和风险逻辑推理大模型的生产需求主要体现在高精度地物识别、风险评估与预警、管道选线优化、运维巡检和管道完整性管理等多个方面。随着技术的不断进步，这些应用场景将不断扩展，推动油气储运行业的数字化转型与智能化升级。通过深入挖掘和利用遥感大模型及风险逻辑推理大模型的潜力，油气储运行业不仅能够提升运营效率，还能为保障国家能源安全贡献重要力量。

（5）油气储运数字化设计业务的大模型需求。

设计手段是随着科技进步而发展的，从早期的手工绘图到现代的计算机辅助设计（CAD），再到集成人工智能的智能设计系统。近年来，生成式大模型技术快速发展，与传统人工智能技术相比，表现出更好的泛化性、灵活性，为解决油气储运智能化设计业务"痛点"问题带来了新的希望。如何将大模型技术应用于智能化设计，助力智能化设计业务朝着更高水平发展，存在以下几个方面的关键性问题。

① 更专业和准确的数据来源。

为了提升智能化设计的专业性和准确性，大模型训练需要大量的高质量数据。因此，数据收集和处理是关键环节，智能化设计需要不同类型、不同来源的数据，以满足不同设计任务的需求。比如在工程设计中，需要用户需求数据、技术参数数据、地理信息数据等。因此需要大模型能够收集和学习多样性的数据为智能化设计提供更全面的信息，提高设计的准确性。随着数据量的增多，数据准确性也变得更加重要，不准确的数据可能导致设计方案出现错误，影响设计的质量和效果。因此需要对数据进行处理，包括数据清洗、标注、验证和审核等操作，以确保数据的质量和可用性。同时，设计数据也存在更新迭代问题，如管道线路段周边的情况会随时间变化而变化，进而会影响管线高后果区等情况，因此智能化设计需要建立有效的数据采集和更新机制，确保数据的时效性。对于数据收集和处理都需要大模型技术来进行支持，大模型能通过不断的自我学习和训练，能够生成和识别与训练数据相似但全新的学习内容。

② 更专业和准确的规则库和专家系统。

智能化设计借助先进的计算机技术和人工智能算法，能够快速、准确地生成设计方案，提高设计效率和质量。然而，要实现真正高效、可靠的智能化设计，就需要更加完善的规则库和专家知识库的支持。设计标准会不断更新升版，规则库中的规则也需要不断地更新和完善。因此，需要大模型通过不断的自我学习和训练，及时将新的设计规则和标准纳入规则库中，保证规则库中的规则具有较高的准确性和可操作性，以便智能化设计程序能够准确地理解和执行这些规则。另外，油气储运智能化设计需要涉及多专业和各个设计阶段，因此规则库应该支持多专业和各个设计阶段的规则。对于专家系统，应该确保知识涵盖多专业领域和多个层次，包括基础理论知识、实践经验知识、创新设计知识等，还应确保知识具有较高的质量和可靠性。最后就是专家系统知识需要共享和交流，进行不断完善和更新，最终要实现从辅助智能化设计到完全自动设计。规则库和专家系统的打造都需要大模型技术来进行支持，通过大模型不断自我学习，增加对行业规则和知识的理解。

③ 更全面和准确的数字孪生体。

在油气管道领域，数字孪生体的构建和应用正逐渐成为提升管道管理效率和安全性的关键技术。智能化设计阶段的设计模型是构建未来孪生体的基础，数字孪生体通过创建物理管道的虚拟模型，结合传感器数据、历史运维信息和专家知识，实现对管道状态的实时监控、预测性维护和优化决策支持。因此需要大模型处理和分析大量的数据，提供高精度的管道状态模拟和预测。包括管道的物理行为、环境影响以及潜在的故障模式，从而为维护和修复提供科学依据，以及对实时数据进行分析，在紧急情况下，如管道泄漏或破裂，能够迅速做出决策。另外，为了便于用户理解和操作，数字孪生体需要提供直观的可视化界面，也需要大模型生成详细的三维模型和模拟结果，帮助用户更好地理解管道状态和潜在问题。

（6）油气储运施工焊接业务的大模型需求。

① 油气管道焊接作业的建设与维护。

油气管道作为现代能源体系的核心基础设施，其安全性与稳定性至关重要。从设计规划至施工建设，直至后续的维护保养，每一步均需精细操作，以确保管道在复杂多变的环境中（如高山峡谷、河流湖泊、沙漠戈壁等）长期稳定运行。焊接接头作为关键环节，其质量直接影响管道的整体性能与安全，面对穿越各类恶劣地形时的严苛考验，加之焊接过程中人为因素、材料性能及工艺参数等变量的影响，焊接质量控制难度显著。传统的人工目视检查与无损检测方法虽有一定效果，但面对油气管道建设规模扩大与复杂度提升的现状，其低效、易受人为因素干扰及难以捕捉隐蔽缺陷等局限性愈发明显，难以满足行业对高效、精准、智能化检测的需求。因此，探索高效智能的焊接接头质量评估技术成为行业共识。

同时，油气管道在运行期间需抵御地质变动、气候变化及人为破坏等多重挑战，这些外部因素潜藏着对焊接接头质量的威胁，增加了安全事故的风险。鉴于此，对焊接接头在服役期间实施实时监控与风险预警显得尤为重要。特别是对于长距离、跨区域的油气管道，传统监控与诊断方式受限于地理位置与人力资源，难以实现全面监控与快速响应，这进一步凸显了远程监控与智能诊断技术的重要性。

此外，油气管道建设与运维过程中累积的海量焊接与运行数据，不仅是评估管道性能与安全性的关键依据，也是优化管道运营策略与管理效率的重要资源。因此催生了对大数据与人工智能技术深度融合的强烈需求。基于大模型的智能评估系统，正是为了满足这一需求而逐步成为关键工具。该系统通过利用先进的算法与大数据处理能力，实现对焊接过程中多源数据的实时分析，迫切需求其能够智能化评估与预测焊接接头质量，构建高精度缺陷识别模型，以提升检测效率与准确性，避免人工检测的局限性。同时，油气管道运行安全性的高标准要求系统能够实时监控焊接过程，结合运行数据与历史记录，提前识别并预警潜在的安全隐患，确保管道稳定可靠运行。远程监控与智能诊断的迫切需求，驱动着系统通过网络连接实现远程监测与即时故障识别，结合智能算法加速故障定位与修复，从而提升维护效率，降低维护成本与安全风险。更为重要的是，面对海量焊接与运行数据的积累，行业亟需一种能够集中管理、深度分析并提炼关键信息与知识的解决方案，以支持科学决策。因此，该系统强大的数据驱动决策能力，成为油气管道全生命周期管理中不可或缺的技术支撑，它能够帮助行业精准总结焊接工艺参数影响规律，预测管道剩余寿命与潜在风险，为管理决策提供了坚实的数据基础。

② 复杂结构与复杂环境下的焊接作业。

在油气储运领域，面对复杂多变的环境与结构进行焊接作业，对焊接技术的要求远非传统手工焊接所能满足。这种复杂性不仅体现在施工环境的多样性上，还涵盖了管道结构的特殊性、材料性能的差异以及严苛的安全标准等多个维度。因此，通过大模型技术赋予焊接设备或焊接机器人持续学习的能力来应用到油气储运的需求主要有以下两个方面：

a. 环境适应性。油气储运管道往往穿越山川湖海、荒漠戈壁等复杂地形，这些环境对焊接作业提出了极高的挑战。极端温度、高湿度、强风、沙尘暴等恶劣条件会严重影响焊接质量，甚至威胁到施工人员的安全。基于大模型技术的焊接系统通过内置的环境感知与调整机制，能够根据实时环境数据自动调整焊接参数，如电流、电压、焊接速度等，从而确保在不同环境下焊接质量的稳定性和一致性。这种高度的环境适应性是手工焊接难以企及的。

b. 结构精确性。油气储运管道的结构复杂多样，包括直管、弯管、三通、法兰连接等多种类型，且对焊接接头的精度要求极高。手工焊接由于人为因素的存在，难以保证每个接头的焊接质量完全一致，特别是在处理复杂结构时，更容易出现偏差。基于大模型技术的焊接系统则通过精确控制焊接路径、角度和深度，实现焊接接头的精确对接和高质量焊接。这不仅提高了焊接效率，还大大降低了因焊接缺陷导致的管道泄漏和安全事故风险。

③ 焊接工艺的智能化改造。

在油气储运管道的焊接过程中，传统的焊接过程监控往往依赖于人工巡检和离线检测，缺乏焊接质量的实时监控和动态调整，往往难以保证焊接质量的一致性和稳定性，在此期间不仅需要考虑到工艺参数、结构参数还要考虑到环境参数等情况。通常存在以下几个方面的问题：

a. 材料兼容性。油气储运管道使用的材料种类繁多，包括不同牌号的钢材、合金材料以及复合材料等。这些材料在焊接过程中的热影响区、熔合比、力学性能等方面存在差异，对焊接工艺的要求也各不相同。

b.质量控制与追溯。油气储运管道的安全运行对焊接质量有着极高的要求。传统手工焊接过程中，焊接质量的控制主要依赖于施工人员的经验和技能水平，难以保证每个焊接接头的质量都达到标准。如何利用大模型技术，对焊接过程中可能出现的缺陷进行预测，并提前采取措施进行预防，是保障油气储运安全的关键。

c.焊接工艺知识库构建与共享。在油气储运领域，焊接工艺知识的积累和共享对于提升焊接工艺水平具有重要意义。如何构建焊接工艺知识库，并实现知识的共享，是当前面临的一个挑战。如何利用大模型技术对焊接工艺知识的整理和挖掘，构建系统化的焊接工艺知识库，并利用自然语言处理等技术实现知识的智能检索和共享，是目前面临的一项挑战。

（7）油气储运管道完整性业务的大模型需求。

在开展管道完整性业务的过程中，需要通过大模型赋能，实现数据误差和错误的容忍，确保在数据质量不一的情况下仍能进行有效的风险评价；简化推理过程，减少对评价人员认知水平的依赖，避免因推理过程的复杂化而导致的风险评价结果不适用；利用大数据技术不仅对管道当前状态进行评估，还能准确预测未来风险；实现高后果区内人员的实时分布监控，确保监控数据的准确性和实时性，减少基于建筑物评判的误差；提升数据处理和分析能力，并从中提取有价值的信息。

深刻挖掘数据信号中更深层次的特征信息，实现全自动化的智能数据分析和处理。借助于目前流行的计算机视觉、机器学习和深度学习等人工智能技术，依靠图像分类、目标检测等卷积神经网络技术手段，针对管道特征和金属损失建立学习和验证样本库，设计不同类型的深度神经网络结构模型来对数据集进行训练，形成一系列识别效率高、场景适应性好的智能识别模型，解决内检测数据分析生产中遇到的难题。

3.7.2　储运业务大模型主要应用场景分析

3.7.2.1　油气储运管网系统决策业务大模型应用场景

（1）基于数据－机理融合的管网仿真与运行优化。

一体化油气储运管网大数据可应用于数据－机理融合的管网仿真与运行优化，将实时数据与物理模型相结合，通过机器学习算法和深度学习模型，从大数据中提取有价值的信息，并将其纳入仿真模型。综合采用多种方法实现机理模型和数据模型的耦合，提高瞬态工况下的计算精度，实现特定业务场景与知识利用的集成，形成深度融合的智能协同工作机制。同时，融合机理的数据驱动模型将实现更高效的仿真建模和参数优化。通过数据驱动的参数优化，仿真模型可以更好地拟合实际运行数据，并提供更准确的仿真结果，为智能管网的决策和优化提供可靠的依据。

（2）油气储运管网系统智能仿真。

智能仿真技术可以应用于智能仿真平台，为智能管网的设计、运行及优化提供关键支持。构建基于数据资产化的在线仿真平台对油气储运管网全生命周期、全业务场景数据资产化下的多元动态在线仿真，实现油气管网高效、安全、经济、低碳的智慧化运行与管理。

智能仿真可以实现单相或多相介质在各类结构管网中的稳态和瞬态水热力分布模拟、动态变化过程模拟、设备操作及控制模拟，其应用涵盖管网规划设计、投产、运行管理等阶段。油气管网仿真将向更通用、更高效、更智能等方向发展，以期实现在不同需求场景下的准确快速预测，并通过辅助决策支持工具实现人机协同决策。未来仿真技术将从机理模型和数据模型两个核心出发，在实时性仿真、预测性仿真以及多介质能源系统综合性仿真 3 个方面进行研究与应用，进而构建基于数据资产化的油气管网在线仿真平台，以满足管网智慧化所带来的新业务需求。

3.7.2.2 油气储运管道选线业务大模型应用场景

（1）管网规划应用。综合考虑管廊带内的已建管道、地形地貌、地质条件、土地利用、植被、水域、道路条件以及规划和环境保护等影响因素，形成路由最优路径模型，利用 GIS 空间分析功能，开发基于最短路径算法的路由智能规划模块，根据管道规划方案在管廊带内形成推荐路由。

（2）管道路由设计。从经济、安全和环保 3 个维度出发，应用管道智能选线算法和路由评价模型，建立管道智能选线数据库，研发智能选线和评价软件。实现可研和初步设计项目的油气管道项目路由选择，改变以往人工选线、选线标准以及评价标准不统一的现状，对提升管道设计智能化水平、提高路由设计水平具有重大意义。

3.7.2.3 油气储运超长距离管道非开挖穿越业务大模型应用场景

（1）施工方案分析与优化。

大模型可以通过分析施工区域的地质环境、土壤结构和周围建筑物等因素，为超长距离管道非开挖穿越提供科学的施工方案，包括确定合适的穿越路径、选择最佳的施工方法（如定向钻穿越、隧道穿越等）以及制订详细的施工计划。基于地质勘查结果，对施工区域可能遇到的地质风险进行评估，包括地层塌陷、地下水涌出、岩石硬度变化等风险，以及这些风险对施工进度、成本和安全的影响。根据地质条件、施工环境和技术可行性，选择合适的穿越方式，进而根据施工需求选择合适的施工设备、工具和材料，优化选用性价比高、质量可靠的施工材料，降低材料成本，通过科学管理减少材料浪费和损耗；优化设备配置方案，提高设备使用效率，降低设备购置和租赁成本，制订详细的安全施工措施和应急预案，确保施工过程中的人员安全和设备安全，加强施工人员的安全培训和教育，提高安全意识。

（2）数据分析与决策支持。

大模型可以对施工过程中产生的海量数据进行深度挖掘和分析，还可以整理和分析过去类似项目的数据建立数据库，为当前项目提供参考和借鉴。运用统计学方法对收集到的数据进行处理和分析，找出数据之间的规律和趋势，揭示施工过程中的规律和趋势，为决策提供科学依据。借助机器学习算法，对数据进行学习和训练，构建预测模型，提高决策的准确性和科学性。借助大数据分析和人工智能技术，建立智能决策系统，能够自动处理和分析施工数据，同时通过可视化技术，将复杂的数据分析结果以直观、易懂的方式展示出来，便于管理人员理解和决策，为管理人员提供决策支持。智能决策系统可以根据施工过程中的实际情况综合考虑施工风险、成本、进度、质量等多个因素，进行综合评估和权衡，自动生成多种施工方案和应急预案，供管理人员选择和优化。

（3）施工过程监控与指导。

利用现代网络技术和传感器技术，建立实时的施工监控系统，大模型可以集成实时监控系统，对施工过程进行全天候、全方位的监控，通过数字化图形处理，将采集到的数据以直观的方式展示在监控屏幕上，便于施工人员和管理人员随时掌握施工动态，及时发现并解决施工过程中的问题，确保施工顺利进行。除了对施工本身的监控外，还可以对施工环境进行监测，包括地质条件的稳定性、地下水的变化、周围建筑物的安全等，通过环境监测，可以及时发现并预防潜在的环境风险。基于实时监控的数据和智能算法，大模型可以建立智能指导系统，该系统能够根据施工过程中的实际情况，自动调整施工方案和参数，为施工人员提供科学的指导。同时建立专家远程指导机制，邀请具有丰富经验的专家通过视频会议等方式对施工过程进行远程指导，专家可以根据施工现场的情况提出专业意见和建议，帮助施工人员解决技术难题。制订应急预案和应急指导方案，明确在发生紧急情况时的应对措施和流程，一旦发生紧急情况，能够迅速启动应急响应机制，为施工人员提供及时的应急指导和支持。

（4）风险评估与应对。

大模型可以对超长距离管道非开挖穿越过程中可能遇到的风险进行全面评估。包括地质风险（如地层塌陷、地下水涌出等）、施工风险（如设备故障、人员失误等）以及环境风险（如生态破坏、污染泄漏等）。通过对识别出的风险进行定性和定量分析，评估其发生的可能性和可能造成的后果。利用风险矩阵等工具，将风险划分为不同等级，以便制订针对性的应对措施，提前制订应对措施并降低风险发生的概率。一旦在施工过程中发生紧急情况或突发事件，大模型可以迅速启动应急响应机制，包括提供紧急救援方案、指导现场人员疏散和撤离以及协调外部救援力量等，通过快速有效的应急响应，可以最大限度地减少损失并保障人员安全。

（5）智能化运维管理。

在油气储运管道投入运营后，大模型可以继续发挥作用进行运维监控，利用物联网技术，在隧道、井口等位置部署传感器和监测设备，实时采集管道运行数据，如压力、温度、流量、振动等。这些数据通过无线网络传输至监控中心，实现远程监控。这包括对管道的运行状态进行实时监测和评估，对潜在的安全隐患进行预警和排查，对管道的维护计划进行智能调度和优化等。通过不断学习和积累知识经验，大模型可以为运维人员提供准确的技术支持和问题解决方案，同时也可以通过知识共享和传承推动整个行业的进步和发展。根据管道的运行数据和业务需求，智能运维系统可以自动调整资源配置，如调整泵站功率、优化流量分配等，以提高资源利用效率和系统性能。

3.7.2.4 油气储运重大风险防控与安全保障业务大模型应用场景

在油气储运行业中，确保安全与降低风险是企业的首要任务。随着行业的不断发展，油气储运业务对大模型的需求逐渐显现出多重方面。实时数据分析与处理能力的提升是当前行业面临的重要需求。油气储运过程中产生的数据量庞大，涵盖了自然灾害，尤其是地质灾害相关的监测信息，传统的数据处理方法难以满足实时分析的需求。因此，企业急需大模型技术，尤其是深度学习和机器学习算法，以实现对海量数据的快速处理与智能分析。这些模型能够自动识别数据中的异常模式，提供早期预警，有助于企业在风险发生前采取相应措施。

复杂环境下的风险评估成为油气储运业务中的关键环节。由于油气管道通常途经多种地形和气候条件，潜在风险因素复杂多样，大模型可以通过多源数据的集成与分析，评估不同环境条件下的风险。例如，模型能够结合遥感、地质和气象数据，进行多维度的风险评估，从而实现对重大风险的有效防控。

智能化决策支持系统的需求也日益增强。随着油气储运业务的复杂性增加，企业需要智能化的决策支持系统，以帮助管理者制订科学的运营决策。大模型技术可以集成多种数据源，通过对风险因素进行动态模拟，提供多种应对策略的预测和分析。这将使企业在面对突发事件时，能够迅速、有效地作出反应。

提高管道巡检与维护的效率同样是大模型的重要应用方向。传统的管道巡检往往耗时耗力，且存在盲区。大模型可以应用于自然灾害监测，通过分析历史数据与实时监测数据，自动识别潜在的风险点。这不仅提高了巡检的效率，还能减少人工成本和错误率，确保管道的安全运行。

此外，随着全球对可持续发展的重视，油气储运行业在运营中需要考虑环保因素。在这一背景下，大模型技术能够帮助企业优化资源配置和降低能耗，以实现环境友好型运营。例如，通过模型的优化分析，企业可以有效降低碳排放，提高资源利用效率，满足日益严格的环保法规。

综上所述，油气储运业务对大模型的生产需求不断增加，主要体现在实时数据处理、风险评估、智能决策支持等多个方面。大模型的应用场景丰富多样，包括管道监测、事故模拟、环境影响评估等。这些技术的深度结合不仅提高了油气储运的安全性与效率，也为企业的可持续发展提供了强有力的支持。随着大模型技术的不断进步，油气储运行业的未来将更加安全、智能和高效。

3.7.2.5 油气储运数字化设计业务大模型应用场景

不同的业务需求对大模型的应用场景也有所不同。从上述智能化设计业务对大模型的需求出发，提出大模型主要应用场景。

（1）智能数据中台。

通过打造多源异构数据接入、数据可视化治理、总线式的数据交付功能的智能数据中台，目标是解决油气储运设计中数据来源多样，数据结构复杂，数据集中管理和推送难度大的问题。主要具有以下几个方面功能：

① 数据采集和存储。智能数据中台能够采集和存储大模型训练和应用所需的各种数据资源，包括文本数据、图像数据、音频数据等。同时，智能数据中台还能够对数据进行清洗、去重、标注等处理，提高数据的质量和可用性。

② 数据处理和分析。智能数据中台能够对大模型训练和应用所需的大规模数据进行快速处理和分析，包括数据预处理、特征提取、模型训练等。同时，智能数据中台还能够利用人工智能技术对数据进行智能化处理和分析，提高数据的质量和价值。

③ 数据服务和共享。智能数据中台能够为大模型提供高效、可靠的数据服务，包括数据查询、数据推送、数据接口、数据融合等。同时，智能数据中台还能够支持数据共享和数据开放，促进大模型的发展和应用。

（2）油气储运智能助手。

目前通过油气储运行业的大语言模型，学习行业标准、规范和成果，对接企业级系统，目的是提高工程设计人员及管理者的工作效率。主要具有以下几个方面功能：

① 实现智能问答。基于通用大语言模型，结合行业标准、专业技术、管理规定、项目经验等专业领域方面的文库，通过对智能问答专业模型的学习训练和调优，最终生成油气管道行业专用的智能问答专业语言模型并实现智能化问答、查询、定位、展示等功能。

② 辅助设计。基于通用大语言模型，通过对辅助设计专业模型的学习训练和调优，实现固定格式的报告、数据表、信函等文件的定制化智能生成。

3.7.2.6　油气储运施工焊接业务大模型应用场景

（1）焊口质量智能评价。

基于大模型技术下的焊口质量智能评价在油气储运领域不仅能够提升焊口质量评估的准确性和效率，还促进了油气储运工程的整体安全性和可靠性。主要功能有：

① 高精度焊口质量检测。大模型技术通过深度学习算法，能够处理和分析海量的焊接数据，包括焊接过程中的电流、电压、速度等参数，以及焊后焊口的外观图像、内部组织结构等信息。这些数据经过大模型的训练和优化，可以构建出高精度的焊口质量评价模型。该模型能够自动识别焊口中的缺陷，如裂纹、夹渣、未熔合等，并对其进行准确的定位和量化评估。这种高精度的检测能力，为油气储运工程提供了可靠的焊口质量保证。

② 智能化数据分析与诊断。大模型技术还具备强大的数据分析与诊断能力。在焊口质量评价过程中，大模型能够自动收集和分析焊接过程中的各项数据，通过数据挖掘和机器学习算法，发现数据之间的关联性和规律性。这些分析结果不仅可以帮助工程师了解焊口质量的整体状况，还可以为后续的焊接工艺优化提供数据支持。此外，大模型还能够对焊口缺陷进行智能诊断，分析缺陷产生的原因，并给出相应的改进措施和建议。

③ 实时监控与预警。基于大模型技术的焊口质量智能评价系统，可以实现焊接过程的实时监控和预警。系统通过集成传感器和物联网技术，实时收集焊接过程中的各项数据，并将其传输到大模型中进行处理和分析。一旦发现焊接过程中的异常情况或焊口质量不达标的问题，系统能够立即发出预警信号，提醒工程师及时采取措施进行处理。这种实时监控和预警机制，有助于及时发现并纠正焊接过程中的问题，避免焊口质量问题的发生。

④ 知识库与案例库支持。大模型技术还具备丰富的知识库和案例库支持。在焊口质量评价过程中，大模型可以调用知识库中的专业知识、行业标准和历史案例等信息，为焊口质量的评估提供全面的参考依据。同时，大模型还可以将新的焊口质量评价案例和结果保存到案例库中，不断丰富和完善自身的知识库体系。这种知识库和案例库的支持，使得大模型在焊口质量评价过程中更加准确和可靠。

⑤ 多场景适应性。基于大模型技术的焊口质量智能评价系统，还具备多场景适应性。油气储运工程中的焊接作业涉及多种不同的场景和条件，如不同的材质、厚度、焊接位置等。大模型技术通过训练和优化，可以适应不同场景下的焊口质量评价需求。无论是长输管道、储罐还是其他油气储运设备，大模型都能够提供准确的焊口质量评价服务。

（2）自动焊程序。

基于大模型下的自动焊程序在油气储运应用领域中，其需求主要源自对焊接工艺的高精度、高效率以及智能化控制的迫切要求。油气储运工程作为能源行业的重要组成部分，其建设与维护涉及大量复杂的焊接作业，这些作业不仅要求高质量的焊缝以保证管道的密封性和结构强度，还要求高效的作业流程以缩短工期、降低成本。因此，大模型下的自动焊程序在油气储运领域的应用可以实现多方面的焊接作业，主要功能有：

① 复杂结构焊接。油气储运工程中的储罐、管道等设施往往具有复杂的几何形状和焊接结构。传统的焊接方法难以保证在这些复杂结构上的焊接质量，而基于大模型的自动焊程序则能够通过精确的路径规划和参数设定，实现复杂结构的高精度焊接。大模型通过其强大的数据处理和学习能力，能够模拟不同焊接参数下的焊接效果，从而优化焊接工艺，提高焊接质量。

② 大规模焊接作业。油气储运工程的建设规模宏大，涉及大量的焊接作业。传统的手工焊接或简单的自动化焊接设备难以满足大规模焊接作业的需求，不仅效率低下，而且焊接质量难以保证。而基于大模型的自动焊程序，则能够实现焊接作业的智能化控制，通过预设的焊接程序和参数，自动完成大规模的焊接作业，大大提高焊接效率和质量。

③ 远程监控与故障诊断的需求。油气储运工程中的焊接作业往往需要在野外或恶劣的环境条件下进行，这给焊接作业的监控和故障诊断带来了很大的困难。基于大模型的自动焊程序，能够实现实时远程监控焊接过程，通过传感器收集焊接过程中的各项数据，如焊接电流、电压、温度等，并将这些数据实时传输到远程监控中心。监控中心的大模型能够对这些数据进行分析处理，及时发现焊接过程中的异常情况，并进行故障诊断和预警，确保焊接作业的安全和质量。

④ 智能化决策与优化。油气储运工程中的焊接作业还涉及大量的决策和优化问题，如焊接参数的选择、焊接路径的规划等。传统的方法往往依赖于经验判断或简单的试验验证，难以达到最优的焊接效果。而基于大模型的自动焊程序，则能够通过其强大的学习和优化能力，对焊接过程中的各项参数和路径进行智能化决策和优化。大模型能够根据历史数据和实时数据，学习不同焊接条件下的最优焊接参数和路径，并实时调整焊接工艺，以实现最佳的焊接效果。

⑤ 适应复杂环境。油气储运工程中的焊接作业往往需要在复杂的环境条件下进行，如高温、高压、腐蚀等。这些复杂的环境条件对焊接设备和焊接工艺提出了更高的要求。基于大模型的自动焊程序，能够通过其强大的适应性和鲁棒性，适应各种复杂的环境条件。大模型能够学习不同环境条件下的焊接规律，并实时调整焊接参数和路径，以确保在复杂环境下的焊接质量。

（3）智能焊接系统。

基于大模型的智能化焊接系统，通过预设的焊接程序与参数，能够实现对大规模焊接作业的精准控制。系统能够自动调整焊接速度、电流、电压等参数，以适应不同材质、不同厚度的焊接需求。同时，系统还具备强大的多任务处理能力，能够同时控制多台焊接设备协同作业，大幅提升焊接效率。此外，智能化焊接系统还具备高度的灵活性与可扩展性，能够根据工程进度的变化及时调整焊接计划，确保整个建设过程的顺利进行。

3.7.2.7 油气储运管道完整性业务大模型应用场景

（1）管道风险评价。

应用大数据技术的管道风险评价，消除了目前数据采集过程中对评价数据精度和准确度的苛刻要求，即使获取的数据有误差或错误，也可以自动识别、自动剔除；应用大数据处理技术弱化了因果关系、简化了推理过程，不再受风险评价人员认知水平的限制及推理过程的理想化和复杂化，推断出适用的风险评价结果；应用大数据技术不但能对管道当下的状态进行评判，也可对未来管道的风险进行预测，真正实现管道完整性管理的初衷。

（2）高后果区管理。

应用大数据技术实现高后果区内人员的实时分布监控，真正做到以人为本的目标，消除依据建筑物评判的误差。

（3）缺陷识别分析。

基于人工智能技术已可以实现管道环焊缝、法兰、弯头等特征以及单一的金属损失、凹陷等缺陷的自动识别，大大提升了数据分析效率，下一步还需要解决有交互影响的缺陷和特征的精确识别问题。此外，随着漏磁数据量的增加，如何实现管道特征和缺陷的快速、精准识别和标注也是需要重点研究的。

（4）缺陷分类分析。

利用大模型对缺陷内外分辨、金属损失缺陷类型、焊缝、三通等特征分类准确率还需要进一步加强。此外，针对焊缝开口裂纹等漏磁内检测有信号反应的缺陷尚需开展大量研究，建立环焊缝裂纹、未熔合等缺陷智能分类算法。

（5）缺陷量化分析。

按照定期检验规则，具备内检测条件的管道投产3年内必须完成内检测作业，通过现场检测，各内检测单位和管道运营单位积累了大量的缺陷样本，这些海量样本已经被用于量化模型的训练中并取得了较好的效果，但相关研究仍未大规模进行工程应用。下一步还应该使得量化模型更加具有通用性和可迁移性，并在实际工程中不断检验模型的可靠性。

(6) 缺陷重构分析。

现阶段，国内已开发出多物理场内检测装备，同时具备漏磁测试金属损失缺陷，涡流测试管道裂纹，强弱磁测量管道应力集中，IMU 测量管道中心线偏移等。多物理场测试数据间关联融合分析将是未来内检测和人工智能技术结合的重要研究方向。

3.8 炼化业务的需求与应用场景

近些年来，以云计算、大数据、物联网、人工智能大模型等为代表的信息技术快速发展，引领传统制造行业发展，并推动管理变革，促使生产制造向智能化方向转变。特别是经历 2008 年全球金融危机之后，以制造业为核心的实体经济的重要性被世界各国重新认知，纷纷制订国家层面的战略和行动计划。人工智能正如同一股不可阻挡的潮流，悄然却深刻地渗透进各行各业的每一个角落，以其无与伦比的智慧之光，点亮了传统行业的转型之路，引领着一场前所未有的变革风暴。快速发展的人工智能大模型技术通过海量的参数训练得到的大规模神经网络模型，具有更强的鲁棒性，能够在大量复杂的数据中生成高质量的预测输出，具有强大的学习能力与适用性，能够积累经验持续迭代实现自我升级，进而探索更多可能的新模式和新知识，为解决复杂问题提供新的思路和方法。大模型在炼化行业根据不同的使用场景以及业务能力赋予其不同的能力，对于炼化企业内部而言，主要面向一线员工与管理运营者，在油气生产、炼化生产、运营管理、经营决策、综合办公等方面为企业赋能。对于企业外部来说，涉及客户与供应链上下游企业，为消费者提供智能服务，为能源化工行业从业者、石油化工小型企业、供应链上下游企业提供行业知识和能力输出。生产环节是油气炼化行业增加价值、增长利润的中心环节，是提高油气企业竞争力的重要领域。油气炼化生产环节作为典型的流程制造业，其产品种类多、工艺流程长、物料物性杂、工况苛刻，且多涉及重点监管的危险化工工艺、重点监管的危险化学品和重大危险源，更加凸显大模型在油气炼化生产环节的应用潜力。

3.8.1 大模型在新材料研发中的需求与主要应用场景

在现如今新能源汽车快速发展的背景下，市场对于燃油的需求量即将达到顶峰，传统的油气炼化产品市场需求变小，因此传统炼厂需要通过升级产品，对油气炼化产品进行深加工，生产附加值更高的产品，如乙烯、聚乙烯等产品来增加效益。新材料研发是对化学、物理、材料科学等多学科知识的深度融合，通过充分发挥各自领域的优势，形成合力推动新材料技术的突破。但是目前各学科之间存在专业性差距，沟通和合作难度较大，相关的综合性人才短缺，难以满足跨学科研究的需求[22]。

另外，新材料研发不仅需要将化学、物理、材料科学等领域的专业知识融为一体，还需要与各行各业下游用户的技术和业务融合。新材料开发的后续验证，需要产、学、研的紧密结合，进行生产验证，不同领域专业人士专业知识上的差异，使得沟通和合作难度较大。因此需要搭建跨学科的交流机制和合作平台，促进不同学科之间知识交流与融合。随着计算机技术与网络技术的快速发展，为知识的快速传播创造便利条件，只有实现知识快速共享融合，才能快速实现先进技术从实验室走向工厂。

因此，通过构建知识大模型，以其强大的信息处理能力，搭建连接不同学科的桥梁，高效地整合并分析来自各个学科领域的海量数据，使得原本分散、孤立的知识点得以汇聚，形成全面而深入的知识体系。这种知识的共享与传递，不仅加速了学科间的信息流通，更打破了传统学科界限，为研究者提供了跨领域探索的广阔舞台。将先进的理论知识与实际生产过程相融合，将实时生产数据与科学理论知识相关联，实现知识大模型的不断迭代，产、学、研联系更加紧密，最大限度实现最新成果的快速转化。通过大模型，构建数字化智能化孪生新材料研究模型，快速、准确、及时、有效地为油气炼化生产提供指导，是油气炼化行业生产过程中最为重要的一项需求。

3.8.2　大模型在生产工艺方面的需求与主要应用场景

油气炼化行业面临国际原油价格持续上涨、加工资源重质化和劣质化以及产品质量升级和环保要求不断提高的新形势，传统油气炼化企业需要根据外界环境实时调整生产经营过程，并对战略决策进行模拟和调整。油气炼化行业作为传统的流程工业，具有原料复杂、生产工艺复杂、涉及专业繁杂等特点，为了快速应对经济环境和内部生产复杂多变的因素，炼化企业需要进行任务和生产上的多级优化。在传统炼厂中，调度员综合多种因素，需要4～5天才能产出一份生产调度计划。为此，急需可以实时根据多方面因素，快速更新迭代的人工智能大模型来辅助炼化企业及时、针对、准确地完成生产计划和生产工艺的编排，提高油气炼厂的生产计划编排效率和质量，为最大化利润打下基础[23]。

另外，油气炼化行业作为高耗能行业，在生产过程中，面临着能源价格和运营成本不断上涨、全球化和国际竞争日趋激烈、环保和监管约束更加严格等挑战，为积极响应"双碳"政策，油气炼化企业都在寻找新的方法，改进或者升级现有能源管理方法，实现能源利用的最优化，因此必须促进云端炼厂的开发和管理。云端炼厂是油气炼化行业数字化智能化的发展目标，通过大模型可实现云端能源计划、运行、统计分析、评价、能源优化的全流程管理；实现企业用能设备与公用工程（蒸汽、燃料和动力系统）系统的实时数据采集与监控，并进行用能效率、成本、能量平衡的分析。

因此，有必要通过工业互联网技术，将炼化生产过程中产生的海量数据与炼油生产优化模型相互关联，生成智能化的云端炼厂，并不断迭代更新模型参数，为炼化生产提供及时的、有针对性的、准确的炼化生产计划与工艺建议，尽可能地增加炼厂减碳能力与经济效益。大模型深度参与油气炼化生产环节是炼厂提质增效不可忽视的重要需求，将传统的油品和石化产品生产与现代智能化、信息化和自动化技术融合集成，使这些信息集成化、模块化和可视化，实现对企业生产、经营和装置操作等各种活动信息的及时采集、传输、分析处理和综合应用，敏捷响应生产计划出现的变化和要求，进而实现炼化企业稳定高效的生产运营。

3.8.3 大模型在装置与设备智能化发展中的需求与主要应用场景

目前，国内的炼化企业装置的硬件设备、工艺技术等方面已经迎头赶上国际先进水平，但是由于智能化、自动化等软领域的差距，导致我们与国际一流的油气炼化企业在劳动生产率、安全管理和经济效益等方面仍存在较大的差距。目前国内炼化装置的改造升级大多体现在仪表、控制、数字化信息平台、信息展示、计划优化和调度优化等工厂管理层次的建设方面，对于工艺操作智能化方面还有较大的差距。另外，油气炼化企业是设备密集型企业，设备资产价值高，维护保养费用极高，尤其是大型机组设备具有价格昂贵、无备机和检修周期长等特点，一旦发生故障导致停机检修，将造成整个生产装置的全面停产或大幅度减产，造成重大的经济损失，甚至引发安全生产事故。设备资产的可用性和可靠性可能落后于基本的性能预期，设备停机时间不能满足客户要求，而且可能带来灾难性的安全后果。故障和不合时宜的维护可能造成浪费、破坏且效率低下[24]。

因此，基于以上业务痛点，对于装置控制应当结合人工智能大模型实现高精度的工艺动态模拟，建立机理和数理的智能动态模型研究，分析装置瓶颈，提出工艺优化与摆脱瓶颈工艺改造初步建议方案；根据大模型的特性，实现对装置的智能化异常诊断与预警分析，并针对异常工况进行指导操作，通过大模型生成的炼厂的智慧"云端大脑"，根据装置负荷、原料性质变化和进料波动等实现装置的自动化无人操作，达到装置各种工况的平稳过渡及最终产品切割与能耗优化的目的。对于炼厂的设备，结合大模型对炼厂进行数字化孪生，通过设备的监测信息，对装置的运行状态进行实时预测，实现故障以及潜在故障的智能诊断分析和提供设备的预测性维护建议，使装备管理水平向更高水平的预测性维修、主动维修迈进，形成设备的全生命周期所有管理过程具有全面感知、安环受控、生产智能和全厂优化特点的智能化管理平台。大模型深度参与炼厂的装置与设备的智能化管理，是企业提高综合效益、精简管理流程、提高炼化企业的竞争力的必经途径。

3.9 决策业务的需求与应用场景

在我国石油企业的提质增效战略中，从传统管理向精益化管理的转变是一项关键举措。油气生产经营决策业务的智能化和精细化是推动精益化管理的核心环节，也是实现数字化转型的重要抓手。生产经营决策的目标是实现油气生产的价值最大化，需要借助大量的勘探开发数据资料，结合历史知识、经验和规范细则，进行合理、科学的推理和演绎。大模型技术的应用内涵与生产经营决策业务的需求高度契合，能够为其提供强有力的技术支撑。

大模型在生产经营决策管理业务中具有广阔的应用前景（表3-9-1），可以显著提升决策管理的科学性、准确性和效率，为企业创造更大的经济效益和社会价值。

表 3-9-1 部分决策类业务应用 AI 化方向

分类	应用场景	描述
生产优化与决策	开发方案的AI化	利用AI技术将地质、工程、地面方案一体化，正向、逆向双循环优化，实现采收率最高、最终可采储量（EUR）最大、储量动用程度最佳。打破传统业务思维，形成多领域、多学科、多专业的高度聚合，优化开发方案
	动态分析的AI化	基于AI实时分析油田生产动态数据，预测生产趋势，提供优化建议。提高生产监控能力，及时调整生产策略，提升产量和效益
	井况控制的AI化	通过即时和全要素的AI化控制，优化井筒流态，追求供给侧和采出侧的协调，实现气井高产，提高采气效率，延长设备寿命，降低运营成本
	综合调整方案编制的AI化	利用AI快速编制油田综合调整方案，及时识别潜力和问题，作出判断和决策，使每项工作和投入都精准有效。避免无用功，提高工作效率和投资回报
工程设计与运营	工程设计的AI化	利用AI辅助完成工程设计，如管道布局、设施选型，提升设计质量和效率。减少设计周期，降低设计错误，提高工程质量
	地面工程系统的AI化	应用AI优化地面工程设计和运行，提升地面设施的效率和安全性。降低能耗，减少故障率，提高安全水平
	大型复杂模拟实验的AI化	利用AI进行地下煤气化（UCG）、定向高能微波迭代等复杂模拟实验，提升实验效率和准确性。加速新技术研究，降低实验成本，提高实验结果可靠性
	科研试验平台的AI化	建设AI化的科研试验平台，支持多学科融合研究，加速科技创新。提高科研效率，促进跨领域协作，推动技术进步
数据分析与解释	多元数据一体化智能化综合解释	将震、钻、测、录、试等多元数据进行一体化智能解释，提升数据利用价值。提高数据解释的准确性，避免错误信息混杂，发现潜在问题，优化生产策略

续表

分类	应用场景	描述
数据分析与解释	AI勘探	利用AI分析地质数据，辅助油气勘探，提高勘探成功率。提高勘探效率，降低勘探成本，发现更多资源
	智能钻井	应用AI技术实现钻井过程的智能化控制，提高钻井效率和安全性。缩短钻井周期，降低事故风险，降低成本
	智能压裂及缝网监测	利用AI优化压裂设计和缝网监测，提升增产效果和监测精度。提高压裂效果，优化增产措施，降低环境影响
风险管理与安全	风险评估及控制的AI化	应用AI对生产运营中的风险进行评估和预警，提供风险控制方案。提高安全管理水平，减少事故发生
	场站无人值守的AI化	通过AI实现油气场站的无人值守管理，包括设备监控和故障处理。降低人力成本，提高运行效率，增强安全性
市场分析与决策支持	市场分析的AI化	利用AI分析市场动态，预测油价走势，辅助营销决策。把握市场机会，优化销售策略，增加收入
	AI监督	应用AI对生产运营、工程建设等进行智能化监督，确保合规和效率。提高监督管理效率，减少违规风险，提升工作质量
员工发展与内部流程优化	AI岗位自我提升	利用AI辅助员工学习和技能提升，提供个性化培训和知识推荐。员工通过AI掌握岗位所需的法规、制度、标准等，并结合实际提出完善和创新，实现员工个人成长与业务成长一体化
	AI办公	应用AI提升办公效率，包括文档生成、PPT制作、会议管理等。减少重复性工作，提高办公效率，让员工专注核心任务
	AI的数字孪生	建立油田设施和生产过程的数字孪生模型，实现虚拟仿真和优化。提高对生产系统的理解，优化生产计划，预测故障
	AI战略顶层设计与融入式AI攻关合作	构建企业AI战略顶层设计，引领算据、算法、算力建设，推进业务融合和模型升级。与科技公司建立常态化合作，在具体业务中融入AI团队，持续攻关业务智能化模型，加速AI在业务中的应用落地和升级迭代

实际上，大模型应用到生产经营决策管理业务中，可从技术、管理和效益三个方面形成推动力和应用效率。

从技术角度来看，大模型可以有效整合和分析海量的油藏、钻井、生产、管道等数据，揭示隐藏的规律和趋势，为决策提供全面、客观、可靠的依据。通过深入挖掘不同指标间的关联关系，大模型能够预测油气产量、优化开发方案、评估投资风险，助力油田实现精细化管理和智能化生产。例如，大模型可以综合考虑油藏的地质特征、钻井工艺参数、生产动态数据等多源异构信息，构建油藏的数字孪生模型，模拟不同开发方案下的油气流动过程，预测未来产量变化趋势，这为油田制订科学合理的开发部署方案提供了强大的技术支撑。同时，大模型还可以通过对钻井、完井、工艺、管道等生产环节的数据进行关联分析，识别关键影响因素，优化生产工艺参数，提高油气采收率和单井产量；通过对设备运行数据的实时监控和异常检测，大模型能够实现设备的预测性维护，降低设备故障率，保障生产的连续性和安全性。

从管理角度来看，大模型的应用将推动决策管理模式的革新。传统的经验式决策将逐步让位于数据驱动的科学决策。管理者可以基于大模型的分析结果，制订更加符合油田实际情况的发展战略和运营计划。例如，通过对不同区块、井组的综合评价，大模型可以甄别出优选的投资方向和重点开发对象，合理配置人力、物力、财力等关键资源，在满足当前生产任务的同时，为企业的可持续发展奠定基础。同时，大模型也为不同部门间的协同决策提供了平台，促进跨部门、跨领域的知识融合和优势互补。各部门可以将各自掌握的专业数据和业务规则输入大模型中，通过模型的关联计算和情景模拟，探索多部门联动的最优解决方案，推动企业内部管理流程的优化再造。

从效益角度来看，大模型在提高决策准确性、降低勘探开发风险方面的价值将直接体现在经济效益提升上。通过优化资源配置，减少无效投入，提高单井产量，延长油田生命周期等措施，大模型可以帮助实现成本节约和效益提升的双重目标。一方面，大模型可以通过全周期数据分析和情景模拟，甄别出高风险、低收益的投资项目，避免盲目决策带来的资金浪费；另一方面，大模型还可以挖掘生产过程中的关键影响因素，提出切实可行的技术改造方案，在保障油气产量稳步提升的同时，最大限度地降低生产成本，提高投资回报率。

3.9.1 决策业务对大模型的生产需求

基于可操作性和实用性，如何将大模型技术应用于决策业务，助力油气田主体业务的数字化转型，进一步提升油气田各层级管理决策水平，存在以下几个方面的关键性生产需求问题。

（1）单井效益趋势跟踪。

油气田开发以单井为生产基本单元，单井生产状况直接决定整个区块乃至油田的整体效益。开展单井效益评价，是将效益管理目标细化到最小生产单元的重要手段。目前评价工作重点在事后评价，对产量、成本、效益等关键指标的动态变化趋势分析还不足，影响了对单井生产状况的整体把握，导致生产管理决策滞后。

若能运用大数据分析技术，通过机器学习算法深入分析单井产量、成本、效益、价格等指标的历史变化规律和未来预测，形成单井全生命周期的效益画像和写实，则可为油气生产、投资决策、成本控制提供量化依据，优化油田开发策略，提高整体经济效益。

此外，实现单井效益跟踪与油藏动态监测、生产措施优选、经营决策等业务流程的紧密融合，可促进从油藏到井筒、地面的全系统集成优化，平衡好采油速度和采收率、当期效益和长远效益的关系。

总之，利用大模型实现单井效益趋势的实时跟踪分析，构建涵盖地质、工程、生产、经济等多要素的智能分析预警模型，并与生产管控决策流程深度融合，是充分挖掘油田海量生产数据价值，运用人工智能新技术提升精细化管理水平，推动传统油气开发向智能时代转型的关键需求。通过对单井效益的精准刻画和趋势预判，可以优化生产运行，压降成本费用，提高投资效益，对稳产增产、降本增效具有重要意义。

（2）采油厂对标指标管理深化应用。

石油企业的对标管理是指通过选择行业内外的标杆企业，对标分析关键指标，找出差距，制订改进措施，不断提升管理水平和经营业绩的一种管理方法。面对日益激烈的市场竞争和复杂多变的经营环境，石油企业越来越重视对标管理，将其作为提升核心竞争力、实现高质量发展的关键抓手。采油厂承担着油气生产和成本控制的主体责任，是价值创造的能量级和发力点，其生产经营状况直接影响油气产量、开发效益和投资效能。建立完善的采油厂层面对标体系，统一评价标准，健全评价机制，对提升生产管理和运营质量至关重要。

传统对标体系存在指标单一、频次低、粒度不够等问题，难以适应生产管理精细化需求。数智化技术的发展，为深化采油厂对标管理奠定了新的基础。通过大数据分析实现数据的全量采集、自动清洗和实时存储，打通"数据孤岛"，构建一体化数据中心。运用智能算法，建立多层级、全方位、动态化的对标评价指标，实现多频次、多粒度的纵横向对比。

基于对标指标，通过多维分析和情景分析，可挖掘各油气生产环节的联系和演变规律，将结果性指标量化分解，剖析指标背后的深层原因，协助生产管理人员找问题、挖潜力、寻方向、补短板，通过自身不断进步、采油厂之间形成你追我赶的良性竞争态势，努力实现高质量可持续发展。运用深度学习和迁移学习，可学习借鉴先进经验，模拟仿真对标措施效果，找出最佳实践路径。将对标管理的前沿理念和方法充分运用到位，逐步实现全业务领域的常态化对标，推动管理提质增效。

采油厂对标需与现场管理深度结合，充分利用统建与自建系统的各类数据。运用人机交互和可视化技术，开发态势感知大屏和移动终端应用，实现评价结果的实时推送和在线展示，做到分级预警、溯因分析和沟通联动，形成良性闭环。深化采油厂对标评价体系，构建智能对标一体化平台，是推动精益管理、提升效益的重要抓手，是增强核心竞争力的必然选择。

（3）油气田开发优化运营和智能决策。

油气田开发通常以区块为基本单位进行统筹规划和综合部署。区块生产能力和产量潜力受油藏地质条件、开发程度、生产制度、工艺措施、资金投入等多重因素影响。传统区块管理模式存在油藏认识不足、生产诊断滞后、产能研判不清等问题，制约了产量的有效释放和持续稳产。

大数据、人工智能等数字化技术为区块产能跟踪、潜力挖掘、综合优化管理提供了新思路和新方法。通过融合勘探开发数据进行关联分析，应用机器学习挖掘油藏非均质性特征，识别优质富集区和剩余油潜力区，为井网部署、注采优化提供决策和调整依据。利用数字孪生技术构建全系统数字化模型，实现生产全过程的实时动态仿真模拟，量化评估各因素对区块产能的影响，提前预判未来产量走势，优化生产运行参数，平衡当期产量和长远效益。

油田开发中后期，部分区块面临产量递减、水淹加剧、投资回报率下降等复杂局面。需建立区块群综合对比评价体系，借助大数据分析和专家经验知识，科学考虑各因素，实现区块群智能分类，形成有针对性对策建议。运用大模型在全局视野下统筹关键资源，重点发力潜力区块，兼顾整体效益，实现区块群均衡持续发展。

实现区块产能动态跟踪和预测分析，构建集地质认识、生产诊断、产能预测、对策优选等功能为一体的区块智能管理平台，已成为提升油气田开发水平的迫切需求。通过系统梳理区块生产动态，科学评估产能影响因素，优选开发对象，优化注采部署，合理控制投资节奏，在稳产、增产、降本增效等方面取得预期突破，可大幅提升区块管理精细化、智能化水平，对充分释放储量潜力、实现油田长远良性发展具有重大意义。

（4）作业单元安全高效运行。

油气开发生产涉及钻井、完井、修井、试油、带压作业等高风险作业，事故多发于井场、站库等相对封闭的环境，极易造成人员伤亡和设备损毁。因此，确保每一个作业单元的本质安全，是油气生产的生命线，也是效益提升的基石。

随着大数据、云计算、人工智能、5G等新一代信息技术的融合创新，为提升作业现场安全管控和效率保障带来难得机遇。通过部署物联网传感器，构建全方位监测体系，可实现生产作业全过程的实时动态监控，及时发现隐患和异常。运用大数据分析，挖掘历史作业数据背后的规律，构建多维度作业风险评估模型，精准预判作业活动的安全等级，超前制订防控措施。利用数字孪生、虚拟现实等先进技术还原逼真的作业场景，模拟复杂工况下的生产流程，优化工艺参数，规范操作行为，大幅降低作业风险和人为失误。

同时，通过视频监控、无人机巡检等数据接入智能分析平台，运用图像识别、语义理解等人工智能算法，实现对人、车、物的行为识别和规范管理，层层传导压实安全生产责任。运用知识图谱、专家系统汇聚安全管理领域的法律法规、标准规程、案例警示等，搭建资源共享、实时更新的协同应用平台，为员工提供便捷的安全技能学习和知识检索，营造"人人讲安全、时时想安全、事事保安全"的浓厚氛围。

总之，实现作业单元的本质安全是确保员工生命健康、维护石油企业稳定发展的重要保障，也是推动数字化转型、释放智能化效能的重要路径。通过搭建集安全监控、风险预警、辅助决策、仿真演练、知识赋能等功能于一体的智慧安全管理平台，充分运用信息技术手段，将先进的安全装备、规范的安全作业流程、扎实的安全技能、牢固的安全意识根植于每一个生产场景之中，才能从源头防范化解重大风险，为油气田持续安全、稳定、高效发展保驾护航。唯有万无一失，方能行稳致远。

（5）人才账本全景画像。

石油企业拥有庞大的专业人才队伍，具有完整的上下游产业链，涵盖油气勘探、钻采、炼化、管道、销售、科研等各个领域。面对复杂的专业分工和不断变化的业务需求，如何实现专业人才的精准配置和动态优化，成为亟待解决的现实难题。

传统的人才管理模式往往依赖人工经验和主观判断，难以全面考虑员工的各项属性指标，更无法实现全局优化。而智能专业人才结构树的引入，为破解这一难题提供了新思路和新方法。

构建智能专业人才树形结构图，首先需要建立一套涵盖企业人力资源管理、岗位需求分析、员工绩效评估等方面的行业基础模型。这些模型从宏观层面刻画了油气行业专业人才配置的一般规律和基本要求。

在上述基础模型研究和沉淀基础上，大模型通过全面整合分析企业现有员工的各类数据，包括个人基本信息、工作经历、技能水平、绩效考核、培训记录等，形成员工画像的多维属性矩阵。利用机器学习算法从海量员工数据中提炼共性特征，并结合行业基础模型嵌入的专业知识，智能生成一套适用于全企业的人才需求优化方案。该方案从整体角度描绘了企业对各业务领域技术人才的数量、素质、结构等方面的理想诉求，能够为后续实现员工与岗位的精准匹配提供方向性指引。

在人才需求优化方案的牵引下，大模型进一步利用员工画像矩阵，通过相似度计算、关联规则挖掘等算法，将每个员工的属性特征与岗位需求进行智能匹配，形成员工与岗位的多对多映射关系。一方面，每个员工可匹配到与其能力经历最契合的岗位；另一方面，每个岗位也将推荐一组胜任力最强的人选。

同时，大模型还可生成匹配方案与原有人员配置方案的对比分析报告。报告从员工个体和岗位群体两个层面，量化分析智能匹配方案相对原方案在员工胜任力、团队互补性等方面的优化幅度，以及可能存在的问题和改进空间，为管理者提供直观、可解释的决策参考。

总之，专业人才树形结构图的智能化生成，代表了人才管理模式的重大变革。它以数据驱动、模型赋能，将分散的人才数据汇聚成高维人才图谱，并对人才需求、人岗匹配等关键环节进行整体优化，实现管理理念从经验决策向科学决策的跨越，有望显著提升人才队伍的科学化、精细化管理水平，推动核心业务和战略目标的达成。

（6）法律法规智能辅助与合规管理。

在油气田行业，法律法规、规章制度的遵循和落实对企业的生产运营、安全环保、合规经营具有至关重要的作用。随着国家对能源行业监管力度的加大，各类法律法规、行业标准和内部规章制度不断更新和完善，涉及范围广泛，内容复杂。然而，当前企业在法律法规和制度落实方面面临诸多挑战。

① 信息获取不便，更新不及时。法律法规、规章制度分散在不同的平台和文件中，员工难以及时获取最新的法规信息。对于一线员工和管理者，在繁忙的生产工作中，缺乏便捷的途径了解与自身岗位相关的法律要求。法律法规和制度文件专业性强，语言复杂，员工在理解和应用时存在困难。不同岗位的职责和风险点不够明晰，导致执行过程中存在偏差。

② 合规管理难度大。企业规模庞大，员工众多，如何确保所有员工都遵守相关法规和制度，防范法律风险，是一项复杂的系统工程。传统的合规培训和管理方式效果有限，难以及时发现和纠正违规行为。缺乏智能支持工具，目前缺乏一个集成的、智能化的法律法规支持平台，无法满足员工对法规查询、学习和应用的需求。法律合规部门的工作量大，人工处理效率低，容易遗漏关键风险点。

上述问题可能导致企业存在合规风险，影响生产运营的安全性和合法性，甚至可能引发法律纠纷和经济损失。因此，迫切需要引入先进的技术手段，构建一个精准高效的法律法规智能辅助平台，帮助员工及时获取和理解相关法规，明确岗位职责和风险，落实法规制度在生产中的应用。

3.9.2 决策业务大模型主要应用场景分析

生产需求定场景，应用场景定功能。从上述生产经营决策类业务对大模型的生产需求出发，聚焦单井效益智能分析与决策、采油厂生产决策智能对标与优化、油气田生产运行智能优化、作业单元安全管控智能辅助决策、专业人才精准配置与发展决策优化等方面，提出油气田大模型五大决策应用场景。

3.9.2.1 单井效益智能分析与决策

通过对油气井生产、成本、效益三个方面的全要素分析，识别单井成本效益状况和变化规律，为油气田开发、生产、经营决策提供全面、及时、准确、科学的决策数据。

主要具有以下两个方面功能：

（1）单井成本效益全要素画像构建。在单井投入产出数据基础上，利用大量已知井数据，包括产量、成本、市场价格等技术经济数据，应用大模型与知识图谱挖掘效益变化规律。全面刻画单井地质属性、工程参数、生产指标、经济数据等关键要素，形成涵盖单井全生命周期的效益画像，立体化展现单井全生命周期成本效益状况和变化规律。

（2）单井生产经营智能决策。聚焦单井投入产出决策优化，通过大数据分析与机器学习，挖掘单井效益变化规律，构建智能决策模型。围绕是否投产、启动生产、采取增产措施、修复停产井等关键决策需求，综合考虑地质工程、生产运行、经济效益等多维因素，在摸清单井成本效益变化规律基础上，围绕单井产能和措施投入以及低效井治理等生产经营决策需求，赋能一线管理提质增效（图 3-9-1）。

实施范围	单井效益优化	价值成效	提升单井决策效率，优化成本效益		
场景实施的前置条件	数据收集	模型微调	输出需求	场景落地条件分析	工作计划
语料条件评估（输入需求）	地质工程数据：井史资料、地质模型、生产参数 生产运行数据：实时监测、历史数据、设备维护 经济效益数据：成本分析、收益分析、财务报表 增产措施数据：措施效果、历史措施、潜力分析 低效井数据：低效井识别、治理措施、效果评估	油单井全生命周期数据：井筒参数、油藏动态、生产数据、作业记录等，形成单井全景数字画像 投入成本与效益数据：各环节成本费用，单井产量产值、利润贡献等，建立成本效益数据集	效益预测模型：基于单井历史数据，预测不同生产策略下的产量、成本、效益等 智能决策模型：综合油藏工程、生产运行、经济效益等因素，优化单井生产经营决策	单井投产建议：提供基于地质工程、经济效益综合分析的投产建议 增产措施推荐：输出最优增产措施及其预期效益评估 停产井修复方案：提供经济性修复建议及收益预测分析	现有数据基础：需具备完整的单井历史数据和生产运行数据，确保数据质量高、覆盖面广 技术支持能力：要求具备强大的数据处理与模型训练能力，能够及时进行模型微调与优化	第一阶段：数据收集与模型初建。收集并整理单井相关数据，初步构建智能决策模型 第二阶段：模型优化与系统集成。进行模型微调，集成生产管理与财务分析系统 第三阶段：系统测试与部署应用。全面测试系统功能，优化用户体验，正式部署并推广应用
集成系统	单井效益评价系统 生产管理系统 财务分析系统 地质建模系统				

图 3-9-1 单井生产经营决策 AI 化

3.9.2.2 生产设备智能预警与能耗优化管理

生产设备智能预警与能耗优化管理主要解决生产过程中设备管理难题，通过人工智能技术对生产数据进行深度分析，提升设备管理效率和生产效益，实现精益管理。

（1）生产物联网设备告警阈值智能分析模型：针对采油厂生产物联网设备告警阈值设置难度大、准确性低的痛点，应用机器学习算法和专家经验，实现阈值智能化设置。通过分析海量历史数据，挖掘设备工况与告警的关联规律，优化阈值范围。引入增强学习、迁移学习技术，基于实时反馈动态调整阈值，利用同类设备告警规律复用经验。智能阈值识别与自适应优化，减少误报漏报，降低人工成本，提高告警可靠性和实用性，助力设备的健康管理。

（2）油气田设备能耗指标智能分析模型：针对油气田设备能耗高、节能空间难以量化的痛点，应用数据挖掘和能效对标算法，实现能耗指标智能分析（图 3-9-2）。采集设备参数、产量、能耗等数据，构建能效指标库。通过聚类分析和对比挖掘，刻画设备能效等级，识别能耗异常点。评估设备健康状态，匹配最佳工况，形成节能策略库。利用强化学习和能耗预测模型，量化节能潜力，生成节能方案，推送至一线控制系统。构建设备全生命周期能效管理闭环，持续降低能耗。

图 3-9-2 油气田设备能耗管理 AI 化

3.9.2.3 油气藏开采措施方案智能优化设计

油气藏开采措施智能推送围绕区块内各油气藏、井组的开采措施优化与调整开展，利用人工智能技术赋能，实现区块油气藏开采措施的精细化、个性化、智能化优选和推送。目标是解决区块油气藏开采措施"千篇一律"这一痛点问题，主要具有以下两个方面功能：

（1）油气藏/井组画像构建。汇聚地震、测井、录井、试井、生产动态等多源异构数据，通过大模型与知识图谱结合，从海量油气藏/井组静动态数据中挖掘开采措施与效果的内在规律，构建涵盖地质特征、油藏参数、生产工况、开发现状等全要素的油气藏画像和井组画像，多维度刻画不同区块、油气藏、井组的差异化特征。

（2）油气藏开采措施。在油气藏和井组画像基础上，通过聚类分析、迁移学习等技术，借鉴不同区块成熟开采措施的实践经验，构建适用于不同油气藏和井组的开采措施知识库；结合油藏工程、产能预测等行业知识模型，应用强化学习、深度学习等算法，围绕含油气性、井型、井距、射孔、压裂、注采参数等关键要素，为每个油藏和每类井组量身定制开采措施优化方案，并根据生产动态实时更新迭代，不断提升方案的针对性和有效性，最终实现"一藏一策""一井一策"的精准管理，助力企业提质增效（图 3-9-3）。

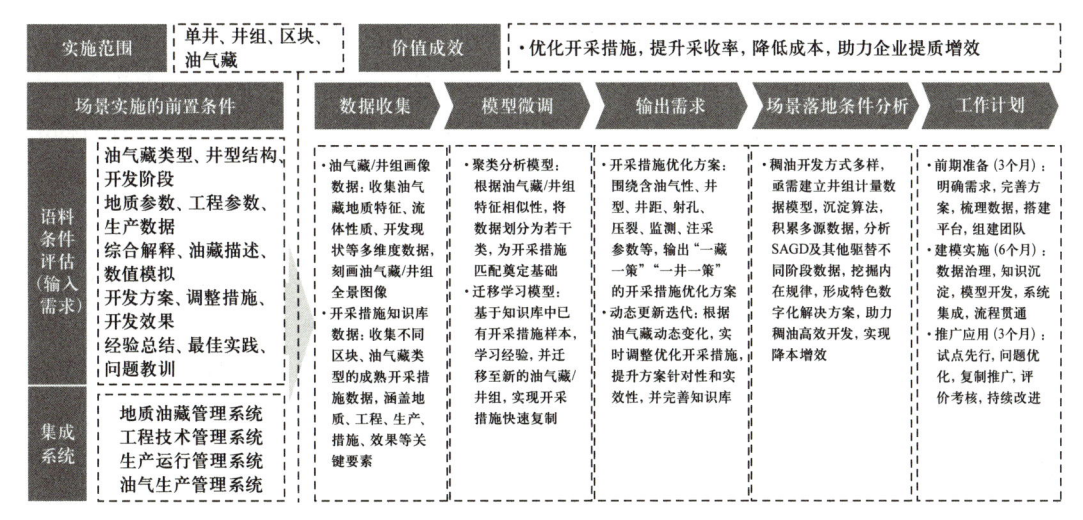

| 实施范围 | 单井、井组、区块、油气藏 | 价值成效 | 优化开采措施,提升采收率,降低成本,助力企业提质增效 |

场景实施的前置条件	数据收集	模型微调	输出需求	场景落地条件分析	工作计划
语料条件评估（输入需求） 油气藏类型、井型结构 开发阶段 地质参数、工程参数、生产数据 综合解释、油藏描述、数值模拟 开发方案、调整措施、开发效果 经验总结、最佳实践、问题教训	油气藏/井组画像数据：收集油气藏地质特征、流体性质、开发现状等多维度数据，刻画油气藏/井组全景图像 开采措施知识库数据：收集不同区块、油气藏类型的成熟开采措施数据，涵盖地质、工程、生产、措施、效果等关键要素	聚类分析模型：根据油气藏/井组特征相似性，将数据划分为若干类，为开采措施匹配奠定基础 迁移学习模型：基于知识库中已有开采措施样本，学习经验，并迁移到新的油气藏/井组，实现开采措施快速复制	开采措施优化方案：围绕油气性、井型、井距、射孔、压裂、监测、注采参数等，输出"一藏一策""一井一策"的开采措施优化方案 动态更新迭代：根据油气藏动态变化，实时调整优化开采措施，提升方案针对性和实效性，并完善知识库	稠油开发方式多样，亟需建立井组计量数据模型，沉淀算法，积累多源数据，分析SAGD及其他驱替不同阶段数据，挖掘内在规律，形成特色数字化解决方案，助力稠油高效开发，实现降本增效	前期准备(3个月)：明确需求，完善方案，梳理数据，搭建平台，组建团队 建模实施(6个月)：数据治理，知识沉淀，模型开发，系统集成，流程贯通 推广应用(6个月)：试点先行，问题优化，复制推广，评价考核，持续改进

| 集成系统 | 地质油藏管理系统
工程技术管理系统
生产运行管理系统
油气生产管理系统 |

图 3-9-3 油气藏开采措施 AI 化

3.9.2.4 作业单元时效差异分析

与传统作业现场分析中的单次数据评估不同，这里的时效差异分析是基于所有作业单元的整体批量输入，获得现场作业时效优化方案，并在该方案驱动下生成各现场的时效改进数据，以及与原方案的对比差异。目标是解决小规模作业单元中时效管理和流程优化这一"痛点"问题。主要具有以下两个方面功能：

（1）统筹作业时效优化方案构建。在作业流程模型、资源分配模型、效率评估模型等行业基础模型的基础上，从已完成的作业现场出发，利用大量已知数据，包括作业时间、人员配置、设备使用、任务完成情况、环境条件等数据，大模型驱动生成全区域统一适用的作业时效优化方案。

（2）作业单元批量时效分析。在生成区域作业时效优化方案的同时，大模型能够对各个作业单元进行批量时效分析。根据优化方案，自动分析出各个作业现场的时效改进数据，并生成一份详细的时效差异数据表，实时展示时效优化的效果。方便管理者全面了解大区域内海量作业现场的时效提升潜力，有针对性地制订改进措施，实现动态优化，适应生产环境的变化。

3.9.2.5 人才账本结构树智能推送

与传统的人才管理方法不同，AI 技术能够整合大量数据，提供更精准的分析和预测，帮助企业优化人力资源配置。通过人工智能赋能下的人才账本结构树智能推送，目标是解决传统人才管理中，缺乏针对性的人才培养路径设计、精准高效的人岗匹配与人才需求预测能力这一"痛点"问题。主要具有以下两个方面功能：

(1)人才培养路径智能设计。AI技术通过分析员工的工作经历、技能水平、绩效考核和培训记录等数据,构建个性化的培养路径。系统自动推荐适合的培训课程和发展计划,使员工技能与行业需求紧密匹配。这一功能解决了传统培养方式中缺乏针对性的问题,提升了员工的专业能力和职业发展速度。

(2)精准岗位匹配与智能预测。在人才管理中,岗位匹配的准确性至关重要。AI系统利用大数据分析,结合企业的岗位需求、员工技能和职业兴趣,智能生成岗位匹配方案。系统还可以预测未来的人才需求趋势,帮助企业提前做好人才储备。这一功能有效解决了传统岗位分配中效率低下和不匹配的问题,确保企业在发展过程中拥有合适的人才支持;不仅可以提高人力资源配置的效率和精度,也能最大限度地激发员工的工作热情和潜力,实现人尽其才。

3.9.2.6 法律法规智能助手与合规管理

基于大模型构建法律法规智能助手与合规管理应用场景,解决当前企业在法律法规落实和合规管理中的痛点,有助于员工"学明白、守得住、用得好",保障企业的合法、合规运营,促进油气田行业的健康发展。主要包括以下功能:

(1)法律法规智能查询与学习。收集整理国家法律法规、行业标准、企业内部规章制度等,建立全面的法律法规知识库。知识库内容保持实时更新,确保信息的准确性和时效性。利用自然语言处理(NLP)和大模型技术,员工可以通过关键词或自然语言提问,快速查询与自身岗位或工作内容相关的法律法规。系统提供通俗易懂的解读和应用指南,帮助员工理解法规要求。为每个岗位建立"岗位责任清单"和"风险提示清单",明确岗位职责、合规要求、底线红线和高压线。系统可根据员工的岗位信息,主动推送相关法规和风险提示。

(2)合规管理与智能预警。将法律法规和制度要求嵌入业务流程,提供实时的合规指导。例如,在合同审批、工程施工、采办采购等环节,系统自动提示相关的合规要求和注意事项。利用大数据分析,对业务活动进行合规性监测,发现潜在的合规风险。对于可能的违规行为,系统及时发出预警,提醒相关人员采取纠正措施。提供在线的法规制度培训课程,结合员工的岗位需求,制订个性化的学习计划。系统支持在线考核,检验学习效果,强化员工的合规意识。

参 考 文 献

[1]刘文岭,周新茂,胡水清,等.高含水油田储层精细表征理论与关键技术[M].北京:石油工业出版社,2022.

[2]杨午阳,魏新建,何欣.应用地球物理+AI的智能化物探技术发展策略[J].石油科技论坛,2019,38(5):40-47.

[3] 杨午阳，魏新建，李海山．智能物探技术的过去、现在与未来［J］．岩性油气藏，2024，36（2）：170-188.

[4] 杨午阳，杨佳润，陈双全，等．基于U-Net深度学习网络的地震数据断层检测［J］．石油地球物理勘探，2021，56（4）：688-697.

[5] PHAN S，SEN M K．Deep learning with cross-shape deep Boltzmann machine for pre-stack inversion problem［R］．San An-tonio，Texas：SEG International Exposition and 89th Annual Meeting，2019.

[6] OH S，NOH K，YOON D，et al．Cooperative deep learning in-version：Seismic-constrained CSEM inversion for salt delineation［R］．San Antonio，Texas：SEG International Exposition and 89th Annual Meeting，2019.

[7] 王作乾，范喆，陈希，等．2023年度全球油气开发现状、形势及启示［J］．石油勘探与开发，2024，51（6）：1331-1346.

[8] 温志新，王建君，王兆明，等．2023年全球油气及伴生资源勘探形势分析与思考［J/OL］．石油勘探与开发，1-12．http：//kns.cnki.net/kcms/detail/11.2360.TE.20241108.1020.002.html．［2024-11-19］.

[9] 罗良才，张焕芝，张珈铭，等．国内外油气勘探开发形势及发展趋势［J］．石油科技论坛，2024，43（4）：18-24.

[10] 檀朝东，刘合，高小永，等．中国陆上油气田生产智能化现状及展望［J］．前瞻科技，2023，2（2）：121-130.

[11] 裴学良，黄哲．胜利工程智能钻井关键技术探索与建议［J］．石油钻探技术，2024，52（5）：62-68.

[12] 丁建东．地质录井技术在高效钻井中的应用策略［J］．中国石油和化工标准与质量，2024，44（18）：155-157.

[13] 任泽坤，王舒迟，刘欢，等．油气勘探开发地质工程一体化平台研发与应用［J］．录井工程，2024，35（3）：1-10.

[14] 张菲菲，王茜，王学迎，等．油气井工程多源多模态数据融合技术与展望［J］．天然气工业，2024，44（9）：152-166.

[15] 宋先知，李根生，祝兆鹏，等．钻井数字孪生技术研究现状及发展趋势［J］．石油钻探技术，2024，52（5）：10-19+171.

[16] 刘合，任义丽，李欣，等．油气行业人工智能大模型应用研究现状及展望［J］．石油勘探与开发，2024，51（4）：910-923.

[17] 杨明澔，李小波，曾倩，等．大语言模型在油气上游业务落地的技术实践［J］．信息系统工程，2024（6）：61-65.

[18] 熊华平，赵春宇，刘万伟．油气大模型发展方向及实施关键路径［J］．大庆石油地质与开发，2024，43（3）：214-224.

[19] 刘文岭，韩大匡．数字孪生油气藏：智慧油气田建设的新方［J］．石油学报，2022，43（10）：1450-1461.

[20] 刘文岭，等．数字孪生油气藏云端智能开采理论与技术［M］．北京：石油工业出版社，2024.

[21] 王吉涛，李俊键，张博文，等．高含水老油田剩余油再富集质量评价及影响因素［J］．油气地质与采收率，2023，30（1）：153-160.

[22] 王华．油气企业数字化转型需求与实践［J］．计算机与应用化学，2018，35（1）：80-85.

[23] 王华．多炼厂计划优化模型应用设计研究［J］．化工进展，2007，26（1）：134-137.

[24] 刁俊武，乔志强．炼化企业生产智能化规划与实施路径［J］．智能制造，2021（3）：66-69，74.

4 算力需求与优化方法

利用生成式人工智能大模型解决制约行业发展的技术"痛点"问题是油气行业数字化转型智能化发展的新期望。众所周知，生成式人工智能大模型需要持续的、巨大的算力资源，而从目前国内外智算技术发展和市场情况来看，我国相关硬件发展水平有限，同时还要面对国外高端芯片的出口限制，致使中国企业获取高性能 GPU 芯片困难重重，建设和运维成本居高不下。为此，急需开展算力优化技术研究，尤其是在油气行业的典型应用场景研究，以切实降低油田企业经济成本支出，提高研发的收益比。

4.1 高端芯片进口限制

高端芯片进口管制是导致我国算力成本居高不下的主要原因之一，由此也直接阻碍了生成式人工智能大模型在我国各经济领域的应用研究进程。高端芯片进口管制的主要手段包括芯片采购限制、芯片设计限制、芯片制造装备限制和芯片服务管制。

4.1.1 芯片采购限制

美国商务部先后在《出口管制清单》中正式新增了"特定高性能计算芯片产品"（3A090）和"包含高性能计算芯片的计算机、电子组件和部件"（4A090），限制向中国出口高性能计算芯片，要求满足以下两个性能条件之一：（1）芯片的 I/O 带宽传输速率大于或等于 600GB/s；（2）数字处理单元和原始计算单元的总算力大于或等于 4800TOPS[1] 的 GPU。同时，美国商务部下属的工业和安全局进一步设定了"总计算能力"和"性能密度"的新阈值，将限制条件从"同时满足"改为"任一"条件违反即触发出口管制。此外，对中国实行"推定拒绝"政策，即在没有充分理由的情况下，工业和安全局默认拒绝出口申请。

4.1.2 芯片设计限制

美国将中国视为科技领域的主要竞争对手，通过多种方式在芯片设计领域进行限

---

[1] TOPS——Tera Operations Per Second 的缩写，是处理器运算能力单位，1TOPS 代表处理器每秒可进行 10^{12} 次操作。

制。一方面，限制芯片相关技术对华出口；另一方面，将华为（海思）、海光、龙芯中科、壁仞科技、摩尔线程等重要半导体芯片企业列入"实体清单"，限制购买美国的芯片设计技术产品，包括电子设计自动化（EDA）、知识产权（IP）、设计工具等。

4.1.3 芯片制造装备限制

光刻机等设备是半导体生产关键，美国、日本、荷兰等国禁售严重制约中国半导体产业技术升级和发展，如禁止对华销售用于制造 128 层堆叠以上的 NAND 闪存芯片设备，禁止 ASML 公司出售部分深紫外（DUV）光刻机给中国芯片制造商，导致中国无法获取先进芯片制造技术，半导体供应链受冲击，中国芯片制造企业难以跟上全球技术发展步伐。

4.1.4 服务限制

在实体芯片被禁后，美国政府对华半导体管制的严格程度已经突破了传统的实物管控逻辑，不仅全面管控与半导体相关的货物贸易，还将云计算租赁、人员交流、配件销售及售后维修等服务贸易纳入出口管制范畴，实质上已将其上升到与核技术和生化技术相同的军事管制等级。国内企业本可以通过租用国外云计算服务来获得 AI 应用所需的算力。但如今，新的限制政策要求亚马逊、微软等美国云服务提供商，在向中国企业提供使用先进制程 AI 芯片的云计算服务前，必须首先获得政府许可。

总之，美国通过"实体清单"、《出口管制清单》和行政命令，不断加强对中国芯片技术进行打击，国内企业通过正规渠道获得国际高性能芯片越来越难。在这种大背景下，如何利用好已有算力资源，并发展国产替代技术，满足大模型训练与推理的需要，是行业大模型发展的重要基础。

4.2 国产算力资源分析

近年来，国产算力在技术创新方面取得了显著成就。随着国内芯片设计、制造和封装测试等环节的不断发展，国产算力芯片在性能、功耗和成本等方面逐渐与国际先进水平接轨。尤其在人工智能和高性能计算等领域，国产算力芯片已经具备了较强的竞争力。例如，华为海思技术有限公司、中科寒武纪科技股份有限公司（简称寒武纪）、海光信息技术股份有限公司（简称海光信息）等企业纷纷推出了一系列高性能的 AI 芯片和 GPU 产品，为国产算力的发展提供了有力支持。

尽管国产算力在技术创新方面取得了显著进展，但与国外在算力性能和生态建设方面还存在明显差距。

4.2.1 国产主要 AI 芯片分析

目前，国内 AI 芯片厂商有许多，呈现群雄逐鹿的局面，包括但不限于以下几家：

瑞芯微（Rockchip）：国内领先的集成电路设计公司之一，专注于智能应用处理器芯片和数模混合芯片产品及解决方案的研发。瑞芯微的产品覆盖了从入门级到高端的各类应用，尤其是在智能语音和视觉处理方面有着显著优势[1]。

算能科技（BanmaTech）：致力于人工智能芯片、RISC-V 指令集高性能 CPU 服务器以及相关产品的研发与销售。算能科技已成功推出多代人工智能芯片，适用于深度学习领域的专用张量加速计算[1]。

寒武纪（Cambricon）：中国最早一批进入 AI 芯片领域的公司之一，专注于研发 AI 芯片。寒武纪的产品包括云端智能芯片、边缘智能芯片以及终端处理器 IP 等，是国内乃至全球知名的 AI 芯片新星[1-2]。

海光信息：国内 x86 服务器 CPU 与协处理器领先企业，其 AI 算力芯片采用了先进的架构和工艺，具备强大的计算能力和高效的加速能力，可应用于语音识别、图像处理等领域[2]。产品已广泛应用于大数据处理、人工智能、商业计算等领域，并得到了市场的广泛认可。

紫光国微：专注于集成电路芯片设计领域，业务涵盖智能安全芯片、半导体功率器件及超稳晶体频率器件等方面。紫光国微的 AI 算力芯片主要包括 CPU、GPU、FPGA 和 ASIC 等类型，广泛应用于移动通信、金融支付等多个领域[2]。

另外，华为、百度、壁仞科技、天数智心、摩尔线程、沐曦、景嘉微等企业也在致力于高端芯片产品研发。这些厂商在国内 AI 芯片领域具有较高的技术实力和市场影响力，不断推动 AI 技术的快速发展和应用普及。

国内主要芯片产品与国外英伟达公司产品对比情况如下：

（1）华为昇腾 910。2018 年，华为推出了昇腾系列（HUAWEI Ascend）芯片，主要产品包括昇腾 310、昇腾 910、昇腾 910B。昇腾 910 是业界算力最强的 AI 处理器之一，基于华为自研的达芬奇架构 3D Cube 技术，提供了卓越的 AI 性能与能效。测试数据显示，昇腾 910 算力是英伟达 V100 的两倍，略超 "A100 80GB PCIe" 版本。昇腾 910B 算力与性能对标英伟达 A100，它成为英伟达 A100 在中国市场的热门替代产品。

（2）百度昆仑芯二代。百度已发布两款产品，均部署在百度云服务器上。第一款是于 2018 年下半年发布的昆仑芯一代，基于三星 14nm 工艺，支持训练和推理，但主要用于推理。第二款是于 2021 年发布的昆仑芯二代，采用昆仑芯科技自研的第二代 XPU 架构，基于 7nm 工艺制造，搭载 GDDR6 高带宽显存，支持 256TFLOPS（INT8）算力，性能接近 V100，能够用于训练和推理。

（3）寒武纪思元590。寒武纪最好的产品思元590，采用ASIC架构，其性能接近A100的90%；思元590基本支持主流模型，综合性能约为A100的80%。目前，百度文心一言在训练端主要使用英伟达产品V100和A100，在推理端主要使用英伟达A100和百度昆仑芯2代，小规模部署了寒武纪思元590。

（4）海光DCU Z100。海光DCU Z100L加速卡基于通用GPGPU架构设计，适合为人工智能计算提供强大的算力。它拥有60组计算单元，共计3840个计算核心，以及超高速32GB HB平方米内存和高达1TB/s的内存带宽，FP64算力达到10.8TFLOPs。海光信息DCU Z100与英伟达A100在算力上存在一定差距，但海光信息的产品正在不断追赶。海光信息"深算一号"（即DCU的第一代产品）与英伟达A100相比，生产工艺同为7nm制程，内存频率和显存位宽与A100基本相当，但显存容量、显存带宽和显存频率相当于A100的50%左右，多卡协同的交互速率只有A100的30%。总体而言，"深算一号"的性能应该能达到英伟达A100的40%以上水平。海光信息发布的"深算二号"性能相对于"深算一号"提升100%以上，据此估计，此款产品性能至少已达到A100的80%[3]。

总体而言，国内已经批量生产的AI芯片性能，大多相当于英伟达A100的上一代产品。

4.2.2 软件生态分析

国产GPU芯片在自主研发方面任务艰巨，不仅在技术上与国外先进水平存在差距，而且在生态系统建设上也远不如英伟达。这使得国内许多厂商在采用国产芯片时持谨慎态度，目前大多数大模型厂商仍依赖英伟达的A100和A800芯片及其完善的CUDA生态系统。CUDA平台的高效性和广泛应用使得英伟达GPU成为实际应用中的经济选择。国产芯片虽然在算力上有所提升，但在软件适配和兼容性方面仍面临挑战。面对美国的出口限制政策，国产GPU要在竞争中突破重围，仍需付出巨大努力。可喜的是，为了完善通用计算平台的国产生态，海光信息发起成立了海光产业生态合作组织，联合了体制内外的高校、科研院所和产业链上下游企业，开展"产学研用"相结合的协同攻关，为突破行业内关键共性技术提供助力[3]。有报道称，百度、阿里等互联网企业已认证通过海光信息的DCU产品并推出联合方案，打造全国产软硬件一体全栈AI基础设施；科大讯飞、商汤和云从等国内头部AI企业，已有大量模型移植并运行在海光DCU平台上[3]。中科曙光是多源异构算力跨域调度与一体化运营服务模式的倡导者，早在2020年就上线了全国一体化算力服务平台（ac.sugon.com）。2022年10月，中科曙光推出全国一体化算力服务平台4.0[4]，对平台设计、核心功能、交互方式和后台技术等进行了重构，并新增了跨域传输、快捷入口等多个功能，以"更直观""更自由""更高效"的性能表现，通过输出算力—存储—数据—环境—应用为一体的服务，加速海量复杂行业应用创新与落地。

4.3 行业算力资源现状

近年来，随着全球能源转型的加速推进和数字化技术的迅猛发展，我国油气行业正经历着前所未有的变革。一方面，为了应对日益复杂的地质条件和提高资源利用效率，油气勘探与开发需要大量依赖高性能计算（HPC）、人工智能（AI）、大数据分析等先进信息技术；另一方面，国家实施大数据发展战略，大力推进传统产业数字化转型智能化发展，大数据、人工智能、云计算、物联网、区块链、5G等新一代信息技术正在与油气产业深度融合。油气行业高质量发展需要足够的高端算力资源支撑。

4.3.1 国内油气行业算力资源现状

近年来，随着数字化、智能化技术的快速发展，国内油气企业纷纷加大在算力基础设施方面的投入，建设了一批高性能计算中心、数据中心等基础设施，中国石油、中国石化、中国海油都已建成集团数据中心＋区域中心＋地区公司中心三级的算力资源架构。

以中国石油为例，目前已形成以"三地四中心"集团公司级数据中心、12个区域中心和若干地区公司级数据中心构成的算力资源架构。

集团公司级"三地四中心"包括北京昌平主数据中心、勘探院数据中心、吉林数据中心和新疆数据中心。昌平主数据中心规划总建筑面积约 $5.43 \times 10^4 m^2$，其中数据中心建筑面积 $4.9 \times 10^4 m^2$，共设计标准机柜容量 4500 个，作为集团公司级统建信息系统的主运行中心，并与勘探院数据中心和异地灾备数据中心互为备份；勘探院数据中心建筑面积 $4324m^2$，其中主机房面积 $2469m^2$，设计容量 934 个机柜，主要作为统建系统运营中心；吉林数据中心总用地面积约 $30 \times 10^4 m^2$，机房面积约 $5800m^2$，机柜总数 2010 个，主要承担着重要业务系统的异地灾备职能；新疆数据中心总建面 $5.27 \times 10^4 m^2$，共有 18 个模块机房，能够容纳 2543 个标准机柜，约 53000 台 IT 设备，该中心已建成具备 1.3 万台虚拟机、14PB 存储的服务能力，已面向科研生产、经营管理等多个方面开展应用。

区域中心以大庆油田为例，该油田提出建设"两地三中心"的云数据中心架构，依托租赁云数据中心机房建设油田高性能计算云中心、基于中国石油勘探开发研究院机房建设科学研究云中心，与昌平云数据中心结合，形成信息化基础设施建设"两地三中心"的总体布局。勘探开发高性能计算云中心共有机柜 106 个，计算节点 451 台，存储 13PB，主要以面向油田生产急需的地震波场成像、地震波场正演、油藏地质建模、油藏数值模拟等高性能计算和地震、测井原始数据及中间成果等大块数据的备份存储为主，满足油田地震、地质、开发生产需求；科学技术研究云中心共有机柜 112 个，计算节点 632 台，存储 9.8PB，主要以围绕大庆油田勘探开发重大技术攻关、重大技术储备、大数据挖掘等核心业务，开展地震资料目标处理深化研究、地震地质一体化的综合研究、油藏建模、数模攻关性研究、勘探开发核心技术新技术储备研究等工作为主；生产经营管理云中心共有虚拟机 941 台，主要以运行油田智能辅助决策系统、OA 等经营管理类系统为主，满足油田日常办公及经营管理需求。

通过近年来的建设，油气行业智能算力资源也得到了一定程度的发展。中国石油部署了 25PFLOPs 的算力，用于打造认知计算平台；中国石化胜利油田自建人工智能计算资源池，配套 GPU 算力 816TFLOPs/s（FP32），计算资源池以私有云方式部署，面向全油田提供智算服务；中国海油构建了总算力 20PFLOPs 的智算资源池，开展了大小模型技术栈应用[5]。

4.3.2 面临的挑战

尽管国内油气行业在传统算力资源建设方面取得了显著成效，但在智能算力资源建设方面仍面临一些挑战。

（1）智能算力资源建设有待加强。

据《2022—2023 中国人工智能计算力发展评估报告》，2021 年中国智能算力规模达 155.2 EFLOPS（FP16），预计到 2026 年中国智能算力规模将达到 1271.4 EFLOPS。2021—2026 年期间，预计中国智能算力规模年复合增长率达 52.3%，但国内油气行业在高端算力建设方面，现有智能算力资源难以很好地满足新增的旺盛的人工智能应用需求，算力建设与应用需求之间的矛盾尤其表现在生成式人工智能大模型的训练与推理方面。据有关报道，美国 OpenAI 公司训练 1750 亿参数的 GPT-3 的总算力消耗约为 3640PFLOPs·d（即每秒计算 1000 万亿次，需要计算 3640 天），需要 7~8 个算力 500PFLOPs 的数据中心才能支撑运行[6]。而我国油气行业单个计算中心或数据中心的智能算力池资源通常仅为数十 PFLOPs 的水平，甚至更低。尽管行业大模型或许并不需要开展像 OpenAI 通用大模型那样大规模的训练，但油气行业产业链条长、专业领域广、业务场景多，大模型研究与应用多种多样，算力需求量大，现有智能算力资源存在明显不足。

（2）智能算力所需芯片采购困难。

全球供应链紧张与地缘政治因素交织，使得国外先进制程的 AI 芯片无法采购，油气企业只能在国内寻觅稀缺资源，但往往面临库存不足、交货期长及价格高企等难题。这不仅延缓了智能应用的迭代速度，也增加了技术研发与产品商业化的不确定性，对油气行业智能算力产业链的健康发展构成了挑战。

（3）智能算力生态技术自主可控性不足。

在油气行业数字化转型过程中，部分关键技术、计算机硬件设备与软件仍依赖国外进口，这不仅增加了企业的运营成本，还存在一定的技术安全风险。因此，加强智能算力生态技术自主可控性是当前亟待解决的问题之一。

4.3.3　发展对策

面对挑战，国内油气行业正积极探索算力资源建设的新路径：

（1）推动算力资源优化配置。

构建开放、共享的算力资源平台，特别是加大支持大模型的 GPU 算力资源配置，结合云计算、边缘计算等技术手段，实现算力资源的按需分配和动态扩展，降低企业的运营成本和提高资源利用效率。

（2）多措并举确保芯片供应。

加强与国内芯片供应商的战略合作，争取更稳定的供应渠道，协助推进芯片自主研发与国产化进程，降低对外部市场的依赖，同时优化库存管理和采购计划，灵活应对市场变化，积极参与芯片回收与再利用项目，提升资源利用效率，确保油气行业智能算力发展的可持续性。

（3）推动人工智能生态产业链协同发展。

加大研发投入力度，鼓励产学研合作，针对油气行业特点定制开发适用于特定场景的算法模型和技术解决方案，同时，积极引进和消化吸收国外先进技术成果，加强技术自主可控性建设，提升企业在全球油气行业中的竞争力。

总之，国内油气行业在算力资源建设方面已取得显著成效，但仍面临诸多挑战。未来，随着技术的不断进步和市场的不断变化，油气行业将继续加强算力资源建设和技术创新力度，推动行业数字化转型进程不断向前发展。

4.4　算力需求成本分析

在当前全球能源转型与数字化浪潮的双重驱动下，油气行业正面临着前所未有的变革与挑战。作为传统能源行业的支柱，油气企业不仅需要适应快速变化的市场环境，还要应对复杂多变的地质条件，这一切都离不开强大的算力支持。

4.4.1 算力需求分析

油气行业作为传统的能源产业，其业务链条长、数据量大、复杂度高，对智算能力有着极高的需求。随着勘探开发技术的不断进步和生产管理的精细化要求，石油企业需要通过大数据分析、人工智能算法等手段提高决策效率、降低运营成本、提升安全环保水平。特别是，近年来随着生成式人工智能大模型的快速发展，建设我国油气工业生成式人工智能大模型系统，已成为未来我国油气工业实现智能化发展的重要途径。因此，构建强大的智算能力体系是油气行业发展的必然选择。

（1）融合算力建设的必要性。

油气行业在实际应用中面临算力资源如何合理配置、动态调度的挑战。采取公有云、私有云与边缘计算相结合的混合算力策略，将是解决这一问题的有效途径。这种策略既能保障数据安全，又能灵活应对算力需求波动，降低成本。同时，建立灵活高效的算力资源调度机制，利用容器化、微服务架构提升资源利用率，实现算力资源的按需分配和动态扩展，对智算算力提出了更高要求。

（2）数据全生命周期管理的算力需求。

油气勘探开发的数据具有高度专业性和复杂性，包括地球物理数据、井筒数据、油气开采生产动态数据等，这些数据获取难度大、成本高，且质量参差不齐，在构建和训练人工智能模型时，低质量的数据会直接影响模型的准确性与可靠性。因此，油气企业需要强化数据标准化与治理，建立统一的数据标准和规范，促进数据的标准化、格式化，提升数据的可用性和互操作性。这一过程中，智算算力成为关键支撑，它需要高效处理海量数据，确保数据在清洗、整合、分析等环节中的高效流转。

（3）自主算法开发的算力需求。

当前，油气行业在采用先进算法时，常面临算法依赖、版权纠纷及核心技术不可控的风险。因此，自主开发适合行业特色的算法，实现关键技术国产化替代，成为行业发展的迫切需求。油气行业应用的特殊性要求算法不仅要具备较强的复杂问题处理能力，还要能适应行业特有场景，如地质层位解释、油藏模拟、设备故障预测等。这些算法的开发与训练，需要强大的智算算力支持，以确保算法模型的准确性和高效性。

（4）前沿业务场景中的算力需求。

油气行业在勘探开发、油气生产、储运、炼化等前沿业务场景中，对 AI 规模化应用的需求日益增长。例如，智能自主机器人在复杂环境中的应用，需要实时处理大量传感器数据，并作出快速响应；油气工业物联网、云端智慧油气田建设和高性能计算机群（HPC）的深度融合，则要求算力能够支持大规模数据处理和复杂计算任务。这些应用场景的算力需求，不仅体现在计算速度上，还体现在计算精度、稳定性和可扩展性等方面。

（5）工业元宇宙与虚实协同的算力需求。

随着工业元宇宙的加速落地，油气资产将实现"虚实协同"发展。在元宇宙环境中，通过动态数据实时驱动，油气企业可以测试数千种潜在场景，为生产选择最佳策略。这一过程中，智算算力将发挥重要作用，支持虚拟世界与现实世界的实时交互和数据同步，确保企业在虚拟环境中进行高效模拟和决策。

综上所述，油气行业在数智化转型过程中，对智算算力的需求日益迫切，从数据全生命周期管理、融合算力建设、自主算法开发到前沿业务场景应用，再到工业元宇宙的虚实协同，每一个环节都离不开智算算力的支撑。未来，随着技术的不断进步和应用的深入拓展，油气行业对智算算力的需求将持续增长。加强智算算力基础设施建设，提升算力资源的利用效率和管理水平，将是油气行业实现高质量发展、保障国家能源安全的重要途径。

4.4.2 算力成本分析

算力投资主要涉及硬件采购（如服务器、存储设备）、软件许可费用、数据中心运维（电力消耗、冷却成本）、网络带宽和人力资源等。其中，硬件折旧、能耗和维护成本占据较大比重。此外，随着算力需求的增长，对数据中心的空间和电力供应也提出了更高要求，增加了间接成本。

（1）硬件与基础设施投资。

构建高性能计算集群或数据中心是满足油气行业算力需求的基础，其初始投资成本高昂。根据市场调研，一套中等规模的高性能计算机群（HPC）系统，包括服务器、存储设备、网络设施等，总成本可能高达数千万元人民币。此外，为了保证系统的稳定运行与数据安全，还需额外投资建设物理安全措施与冗余备份系统。

（2）软件与许可。

软件及其许可费用在算力成本中也占据重要地位。这些软件专为复杂数据处理、模拟分析等高要求任务设计，能显著提升工作效率与成果质量。然而，伴随其卓越性能的是高昂的许可费用，这些费用依据软件类型、版本及授权方式等因素而异，构成了算力成本中的一大开支。因此，在规划算力投入时，合理预估并控制专业软件及其许可费用至关重要。

（3）运维与能耗成本。

算力基础设施的日常运维成本也不容忽视，这包括但不限于电费、冷却费用、人员工资及设备维护更新等。以电力消耗为例，一个大型数据中心的年均电费可达数百万至数千万人民币，具体数值受地区电价与设备能耗影响。同时，为了保持算力资源的最优化配置，定期升级硬件与软件也是必要的支出项。

（4）技术研发与人才引进。

在数字化转型的背景下，油气企业还需加大对技术研发与专业人才的投入。据行业报告，2022年中国油气行业在IT领域的研发投入占总营收比例平均为2%左右。其中相当一部分用于算力相关的技术研究与人才队伍建设，鉴于高级别IT人才的稀缺性，企业在招聘与培养这类人才上的成本往往高于普通员工。

在上述各项成本之中，硬件成本是制约生成式人工智能大模型发展为核心，主要包括购置和维护高性能计算设备（如GPU、TPU、CPU集群等）的费用。这些设备，尤其高端芯片是执行大量计算以训练大模型所必需的，芯片成本居高不下。Anthropic创始人达里奥·阿莫迪（Dario Amodei）在接受《纽约时报》采访时表示，构建大模型，每次迭代都需要使用大力的计算资源，目前训练一个大模型的成本大约为1亿美元，上下浮动2~3倍；Anthropic现在正在训练的模型成本将接近10亿美元；在2025年和2026年，他预计，模型训练成本将接近50亿美元或100亿美元，未来构建大型模型、核心基础模型工程正变得越来越昂贵[7]。

在讨论基础模型时，一个突出的话题是它们的推理成本。尽管人工智能公司很少透露训练模型所涉及的费用，但普遍认为这些费用高达数百万美元，并且正在直线上升。根据报道，OpenAI对GPT的训练成本参数量相对较小的模型约为140万美元，对于一些更大的模型，训练成本介于200万~1200万美元之间[8]，GPT-31750亿参数量大模型训练一次成本达1200万美元。OpenAI训练GPT-4的FLOPS数量约为2.15×10^{25}，在大约25000个A100上训练了90~100天[9]，如果以1美元/每A100小时计算，理论上训练成本大约是6300万美元。OpenAI的首席执行官Sam Altman提到，GPT-4的培训成本超过1亿美元[7]。而在推理应用方面，OpenAI开发的ChatGPT每天大致要处理1300万独立访问量，这需要大量的计算资源来支持。为此，ChatGPT需要3万多片英伟达A100 GPU来支持其计算需求，初期投入达到8亿美元[8]。另有报道，Meta公司的Llama3.1405B大模型训练过程中使用了1.6万块英伟达H100GPU，在超过15万亿个Tokens（的数据集）上进行训练[10]，仅芯片投资便高达数亿美元。

在石油领域，沙特阿美公司继在2024年3月发布了2500亿参数的AI工业大模型Metabrain AI之后，与AI芯片创新企业Groq宣布双方将共同在沙特阿拉伯建设一座全球规模领先的推理数据中心。该数据中心初期即配备19000个Groq独有的LPU（语言处理器），具备日处理数十亿Token的强大能力，预计2025年该数据中心的处理能力将跃升至每天数千亿个Token[11]。这一壮举彰显了沙特阿美公司在数字化转型方面的雄心。

"无芯片，不AI"，大模型大力出奇迹的逻辑决定了"算力为王"，大模型对算力的需求不断飙升。由上述可见，训练百万级到千万级参数量的大模型，对高端芯片的需求量由数百块增加到上万块，训练成本从数百万美元到上亿美元。

对于像 OpenAI、Meta、谷歌等全球科技大企业而言，百万至千万美元级别的训练成本并不便宜，但尚在可接受范围内。但是，这种高额的费用投入，将会使大学、传统企业和研究机构被排除在以大模型为代表的新一轮科技竞赛之外，使他们无法开发自己的领先基础模型。值得借鉴的是，为应对此种局面，美国政府正探索制定关于人工智能发展的行政命令，试图通过创建国家人工智能研究资源来消除 AI 大厂和传统企业、学术界之间的差距，该资源将为非 AI 行业参与者提供进行更高级别的人工智能研究所需的计算和数据[12]。

4.5 算力优化技术方法

为了进一步优化算力资源的使用，除了在模型软件算法方面提升计算效率之外，在硬件的高效利用方面，可以采用分布式训练中的并行技术，包括数据并行、张量并行、流水线并行以及混合并行技术。同时，使用 Zero 技术对优化器数据进行并行优化，并结合硬件结构特点，使用 falsh attention 技术进行进一步的加速优化，以提升算力的利用效率。

（1）数据并行技术。

数据并行是最常见的并行形式，因为它很简单。在数据并行训练中，数据集被分割成几个碎片，每个碎片被分配到一个设备上（图4-5-1）。这相当于沿批次（Batch）维度对训练过程进行并行化。每个设备将持有一个完整的模型副本，并在分配的数据集碎片上进行训练。在反向传播之后，模型的梯度将会聚合（All Reduce），以便在不同设备上的模型参数能够保持同步[13]。

（2）张量并行技术。

张量并行训练是将一个张量沿特定维度分成 N 块，每个设备只持有整个张量的 $1/N$，同时不影响计算图的正确性。这需要额外的通信来确保结果的正确性。以一般的矩阵乘法为例，假设我们有 $C=AB$（图4-5-2）。我们可以将 B 沿着列分割成 $[B_0\ B_1\ B_2\cdots B_n]$，每个设备持有一列。然后我们将 A 与每个设备上 B 中的每一列相乘，我们将得到 $[AB_0\ AB_1\ AB_2\cdots AB_n]$。此刻，每个设备仍然持有一部分的结果，例如，设备（rank=0）持有 AB_0。为了确保结果的正确性，我们需要收集全部的结果，并沿列维串联张量。通过这种方式，我们能够将张量分布在设备上，同时确保计算流程保持正确[13]。

图 4-5-1　数据并行示意图

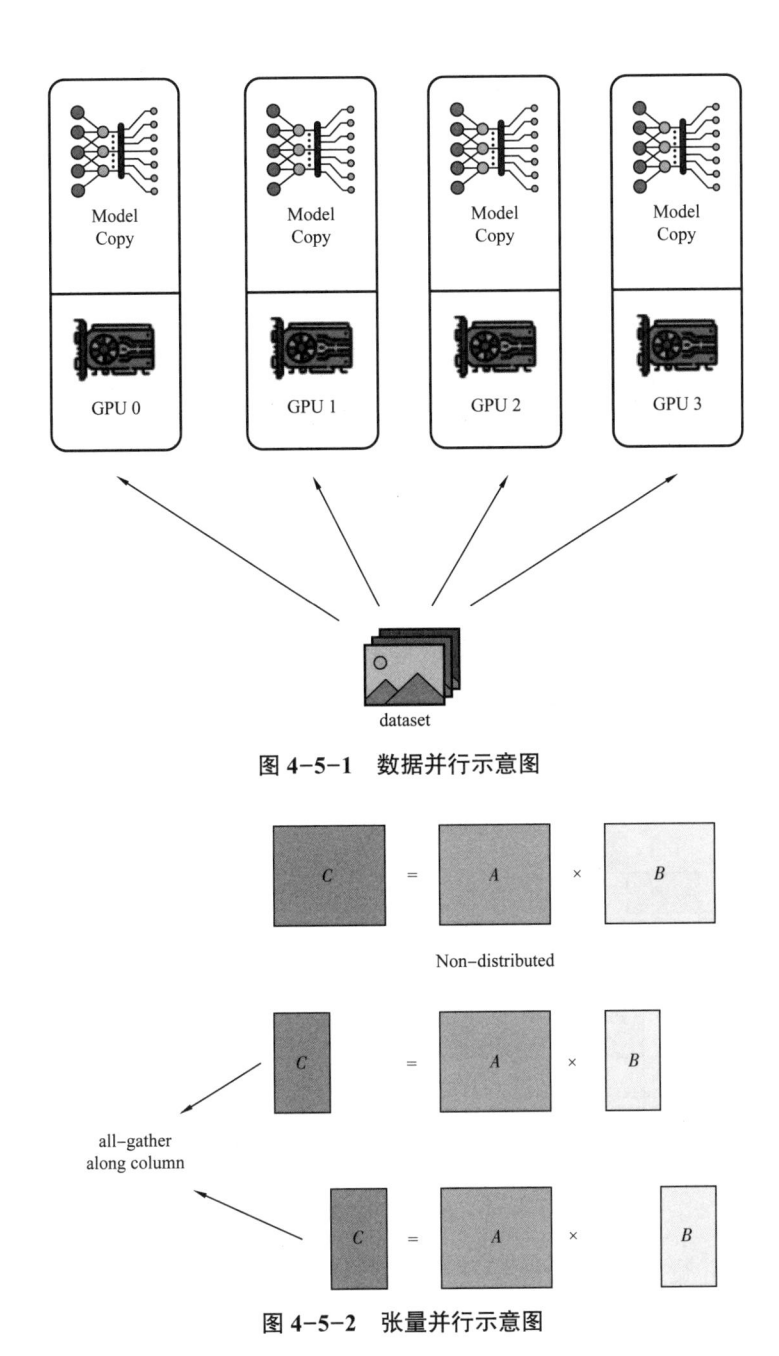

图 4-5-2　张量并行示意图

（3）流水线并行技术。

流水线并行的核心思想是，模型按层分割成若干块，每块都交给一个设备。在前向传播过程中，每个设备将中间的激活传递给下一个阶段；在后向传播过程中，每个设备将输入张量的梯度传回给前一个流水线阶段（图 4-5-3）。这允许设备同时进行计算，从而增加训练的吞吐量[13]。

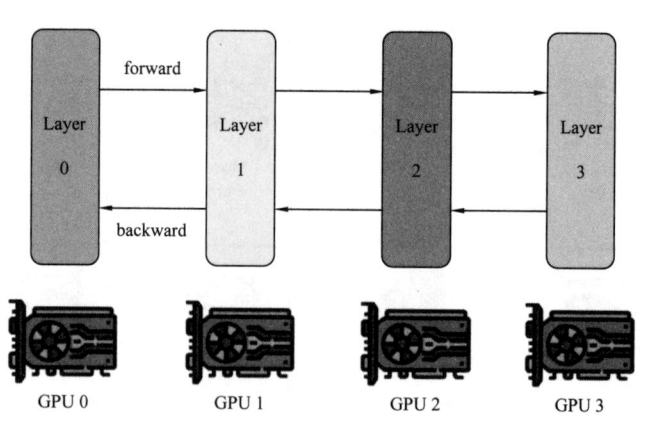

图 4-5-3　流水线并行图

流水线并行训练的一个明显缺点是训练设备容易出现空闲状态，因为后一个阶段需要等待前一个阶段执行完毕，导致计算资源的浪费，加速效率没有数据并行高。可以通过提高模型训练的并行度的方法改进流水线并行训练效率。在流水线并行的基础上，利用数据并行的思想，将 mini-batch 细分为多个更小的 micro-batch，送入 GPU 进行训练，来提高并行程度（图 4-5-4）[13]。

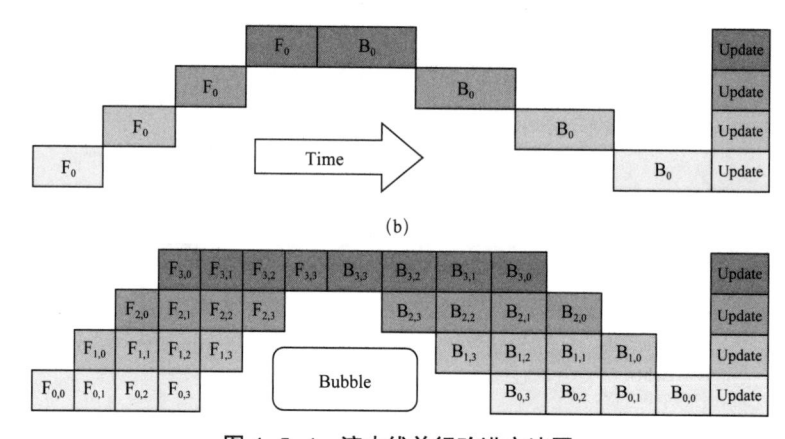

图 4-5-4　流水线并行改进方法图

通过流水线并行，改进流水线并行训练效率。最常见策略为 1F1B（One Forward pass followed by One Backward pass）模式，一种前向计算和反向计算交叉进行的方式（图 4-5-5）。在 1F1B 模式下，前向计算和反向计算交叉进行，可以及时释放不必要的中间变量[13]。

（4）混合并行技术。

混合并行指将数据并行、模型并行和流水线并行等多种并行技术结合起来进行分布式训练（图 4-5-6）[13]。

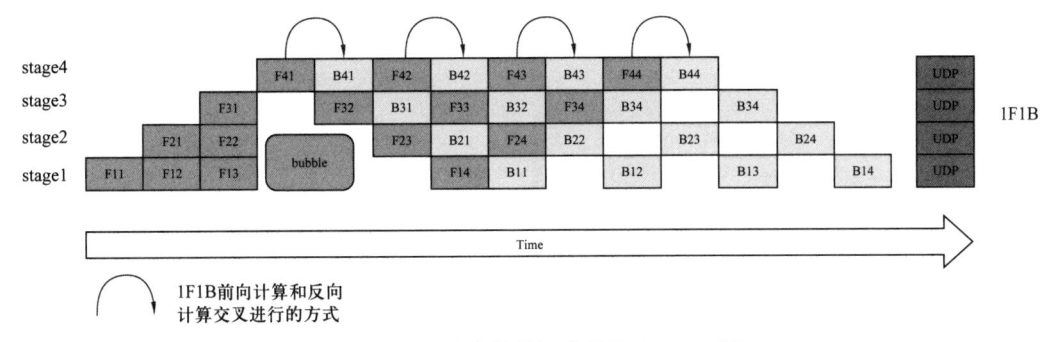

图 4-5-5　流水线并行改进策略 1F1B 图

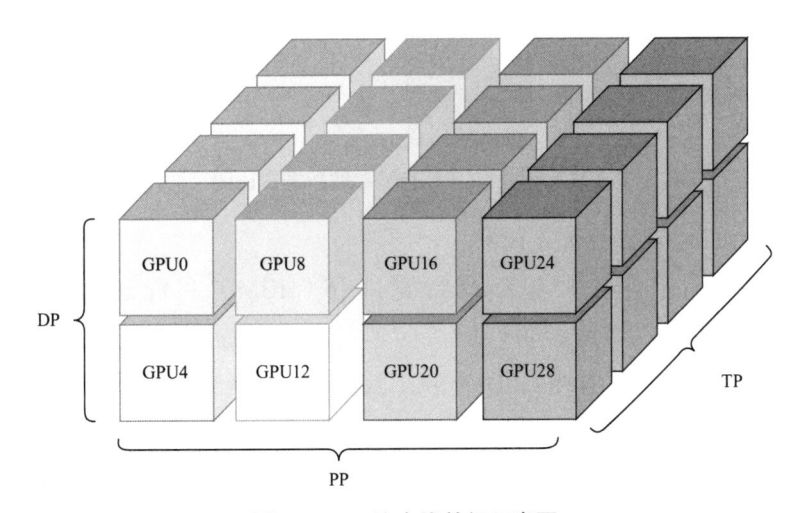

图 4-5-6　流水线并行示意图

（5）Zero 优化器并行技术。

随着模型越来越大，单个 GPU 的显存通常无法装下整个模型，那么就要对占显存的地方进行优化。模型训练的过程中，GPU 上需要进行存储的参数包括了模型本身的参数、优化器状态、激活函数的输出值、梯度以及一些临时的 Buffer[13]。各种数据的占比如图 4-5-7 所示。

优化器相关的并行就是一种去除冗余数据的并行方案，最流行的方法是 ZeRO（即零冗余优化器）。针对模型状态的存储优化（去除冗余），ZeRO 使用的方法是分片，即每张卡只存 1/N 的模型状态量，这样系统内只维护一份模型状态。ZeRO 有三个不同级别，对模型状态进行不同程度的分片：

ZeRO-1，对优化器状态分片（Optimizer States Sharding）。

ZeRO-2，对优化器状态和梯度分片（Optimizer States & Gradients Sharding）。

ZeRO-3，对优化器状态、梯度分片以及模型权重参数分片（Optimizer States & Gradients & Parameters Sharding）。

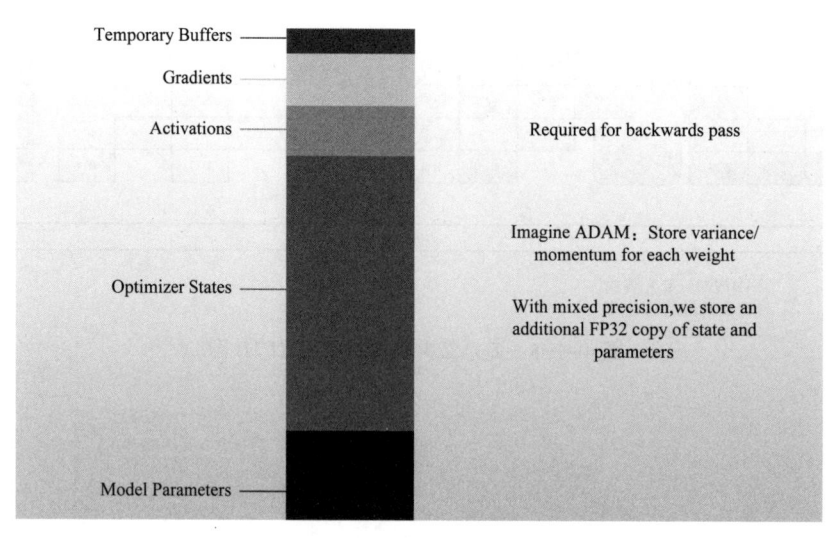

图 4-5-7　GPU 存储参数数据占比图

（6）Flash Attention 计算优化技术。

GPU 中的存储单元主要包括高带宽内存（HBM）和静态随机存取存储器（SRAM）。HBM 具有较大的容量，但访问速度较慢；而 SRAM 则容量较小，但具有较高的访问速度。以 A100 GPU 为例，其搭载了 40～80GB 的 HBM，带宽可达 1.5～2.0TB/s。同时，每 108 个流式多处理器上配备了 192KB 的片上 SRAM，其带宽估计约为 19TB/s[14]。从这些数据可以看出，SRAM 速度比 HBM 快一个数量级，但尺寸要小许多数量级。

而 FlashAttention 则将数据拆分成小块，每次在 SRAM 中处理一小块数据，保证在前向传播过程中通过逐个一小块进行处理的结果和原始的 Attention 运算的结果一致。并且在后向传播中可以通过重新计算 Attention Score 矩阵的方式，以时间换空间，避免读取 HBM 的 IO 操作，实现运算加速。

FlashAttention2 在 v1 的基础之上，进行一下计算优化。调整算法以减少非矩阵乘法操作的浮点运算次数（Nvidia GPU 上的张量核心，可让矩阵乘法的吞吐量相比非矩阵乘法高 16 倍）。除了批次和头数维度之外，在序列长度维度上同时并行化前向传播和反向传播。

FlashAttention3 开发了三种主要技术来加速 Hopper GPU 上的注意力机制：

① 通过 warp-specialization 重叠整体计算和数据移动。

生产者 – 消费者异步：定义了一种专门针对 warp 的软件流水线方案，通过将数据的生产者和消费者分成不同的 warp，利用数据移动和张量核心的异步执行，从而扩展算法隐藏内存和指令发出延迟的能力。

② 优化交错块状矩阵乘法和 softmax 操作。

将 softmax 中涉及的相对低吞吐量的非 GEMM 操作（如浮点乘加和指数运算）与 GEMM 的异步 WGMMA 指令重叠执行。重新设计了 FlashAttention-2 算法，以规避 softmax 和 GEMM 之间的某些顺序依赖。

③ 利用硬件支持 FP8 低精度的不一致处理，使用块量化和非相干处理技术来减轻转向 FP8 精度所导致的精度损失，从而可以支持更有效的 FP8 训练。

FlashAttention-3，在 H100 GPU 上实现了 1.5～2.0 倍的加速，FP16 达到最高 740 TFLOPs/s（75% 利用率），FP8 接近 1.2 PFLOPs/s。

（7）算力优化案例。

Colossal-AI 是一个开源的深度学习框架，专为大规模并行训练设计，以提高大型神经网络模型的训练效率和扩展性。Colossal-AI 最新推出的 LLaMA2 训练加速方案，通过算力优化技术，700 亿参数 LLaMA2 训练加速 195%。使用 8 卡训练/微调 LLaMA2-7B 时，Colossal-AI 能够达到约 54% 的硬件利用率。而对于预训练任务，Colossal-AI 仍能保持出色的性能，训练提速高达 195%[15]。

展望未来，国产算力的发展仍然任重道远。为应对全球科技竞争，必须加大对算力基础设施的投资，加强芯片设计与制造技术的研发，完善算力生态系统。通过优化和共享算力资源，提升资源利用效率，降低成本。推进技术创新，推动智能化资源调度与异构计算资源整合，将是提高算力水平的关键途径。未来，国产算力有望在技术创新和国际合作中取得更大突破，为中国的人工智能发展提供更强有力的支撑。

参 考 文 献

[1] 国内 AI 算力芯片厂商群雄逐鹿，创新产品引领边缘计算新风尚[OL]. https://baijiahao.baidu.com/s？id=1804996277678200235&wfr=spider&for=pc.[2024-7-19].

[2] AI 算力芯片，这 6 大核心龙头公司关注好[OL]. https://baijiahao.baidu.com/s？id=1805159681583980374&wfr=spider&for=pc.[2024-7-21].

[3] AI 芯片受限，海光信息 DCU 能否扛起国产替代"大旗"[OL]. https://baijiahao.baidu.com/s？id=1795244450796626437&wfr=spider&for=pc.[2024-4-3].

[4] 算力服务再升级！曙光发布「全国一体化算力服务平台 4.0」[OL]. https://www.geekpark.net/news/310154.[2022-10-8].

[5] 央国企上云洞察系列 | 从中国海油 AI 实践看人工智能如何赋能央国企高质量发展[OL]. 云计算与大数据研究所. https://mp.weixin.qq.com/s？_biz=MzU2OTM4MTU1Mg==&mid=2247491368&idx=1&sn=15abf1728dc531e8687f55a7c7e9ac5a.[2024-5-22].

[6] ChatGPT 需要消耗多少算力？抢注 AI 风口下的高算力赛道[OL]. https://zhuanlan.zhihu.com/p/606778269.[2023-2-26].

[7] 揭密 | 世界主流 AI 大模型训练成本分析[OL]. http://www.idcquan.com/cpcnews/201988.shtml.[2024-4-17].

［8］ChatGPT 有多烧钱？大模型训练一次 200-1200 万美元［OL］. https：//baijiahao. baidu. com/s？id=1758217866061724558&wfr=spider&for=pc.［2023-2-19］.

［9］GPT-4 内幕！1.8 万亿巨量参数，13 万亿 Token 训练，斥资 6300 万美元［OL］. https：//baijiahao. baidu.com/s？id=1771100245076014620&wfr=spider&for=pc.［2023-7-11］.

［10］Meta 发布开源 AI 模型 Llama 3.1，训练期间使用 1.6 万个英伟达 H100 GPU［OL］. https：//baijiahao. baidu. com/s？id=1805470307087451157&wfr=spider&for=pc.［2024-7-24］.

［11］沙特阿美携手 Groq 打造全球最大推理数据中心［OL］. https：//m. elecfans. com/article/5790248. html.［2024-9-19］.

［12］斯坦福 HAI 发布最新白皮书：两年来，美国 AI 国家战略进展甚微！［OL］. https：//cloud. tencent. com/developer/article/2207368.［2023-1-9］.

［13］知乎，AI 工程 大模型分布式训练并行技术［OL］. https：//zhuanlan.zhihu.com/p/598714869？utm_id=0.

［14］FlashAttention-3：Fast and Accurate Attention with Asynchrony and Low-precision，https：//tridao. me/publications/flash3/flash3. pdf.

［15］700 亿参数 Llama 2，0 代码一站解决！［OL］. https：//baijiahao. baidu. com/s？id=1777855036567602585&wfr=spider&for=pc.

5 数据治理与数据集准备

油气大模型是指在石油和天然气行业中的大型模拟和预测模型，一般用于解决油气勘探、开发、生产和运输中的复杂问题，数据驱动是其重要特点。由于油气行业的数据具有多解性、不确定性、小样本和多模态等特点，因此要开展生成式大模型研究与应用，首先要通过全业务领域、全生命周期的数据治理，构建全面、系统、安全与高效的数据治理平台，来提供高质量数据，从而为油气大模型的训练与推理提供有效的数据集。因面向油气大模型训练的数据准备与传统数据处理相比具有不同的工作流程与特点，因此以大模型训练为目标开展数据治理与数据集准备有助于确保数据的质量、一致性和可用性，提高大模型推理的准确性与可靠性。

5.1 油气行业的业务流程与数据特点

油气工业分为上游、中游、下游业务领域，其中上游的勘探开发是业务与数据最为复杂的领域。从业务流程入手，明确其从数据采集、管理到逐步转化为领域知识的过程，是油气大模型的研究与建设的基础。

5.1.1 油气产业上中下游业务划分

油气行业从产业流程上分为上游、中游、下游业务领域，涵盖了从勘探、开发、生产到加工、销售的全过程。

勘探与生产专注于石油和天然气的勘探、开发与生产。其中油气勘探是利用地质、地球物理等手段寻找新的油气田，包括二维和三维地震勘探、地质调查等；油藏开发是对发现的油气田进行经济评价、设计开发方案，然后进行钻井、完井等活动，使油气田进入生产状态。生产是对油气藏的开采，并对采出的油气进行初步处理，使之成为可以运输的形态。上游业务数据主要包括地质数据（包括地质样本、地质图、地质层位数据等）、勘探数据（地球物理及钻探数据等）、生产数据（油气井的产量等实时监控数据）、环境监测数据（勘探和生产过程中对周边环境影响的监测数据）。

储存与运输是指油气产品的运输与储存设施与流程。油气储存是建立储油库或天然气储存设施，用于暂时存放未能及时加工或出售的油气产品；油气运输是通过管道、船舶、铁路等方式将原油或天然气从生产地运输到加工厂或消费市场；而油气的加工处理是对某些油气产品进行初步加工，如天然气净化、原油脱水等，使其适合长距离运输。中游业务数据主要包括物流数据（运输路线、运输工具、运输时间、运输量等）、仓储数据（库存量）、储存条件（温度、压力、储存设备状态等）、管道数据（管道压力、流量、温度等实时监测数据）、环境数据（对运输和储存条件的影响数据，如大气压力、湿度等）。

炼制与销售专注于石油产品的精炼及最终产品的销售。炼制是将原油经过一系列化学反应和物理处理转变为各种成品油，如汽油、柴油、润滑油等；销售是将炼制好的成品油通过加油站、批发商等渠道销售给最终消费者；分销是指通过物流系统将成品油配送至各个销售网点。而客户服务则负责提供售后服务和技术支持，确保客户的满意度。下游业务数据主要包括生产数据（炼油厂的加工能力、加工流程、产品质量等）、销售数据（销售量、销售渠道、客户信息、市场价格等）、市场调研数据（市场需求分析、竞争对手情况、营销策略等）。

上中下游业务各环节紧密相连，相互依赖。上游业务为中游业务提供原材料，中游业务连接上下游，保证原材料的运输与储存，而下游业务则将产品转化为最终用户所需的商品。

5.1.2 油气勘探开发业务流程及数据特点

以较为复杂的油气勘探开发业务为例，从业务流程的梳理出发，对油气产业的数据特点进行概括。

5.1.2.1 油气勘探开发的业务流程

油气行业数字化是对油气业务流程与技术的数字化，流程剖析是业务数字化的起点。因此要进行油气数字化的总体设计，必须对油气勘探开发的业务概念及其工作流程有一个系统的认识和清晰的理解。油气勘探开发业务流程是一个非常复杂的体系（图5-1-1），在"项目进入"和"废弃退出"之间，是油气勘探、油气藏开发、石油工程等三个较大的领域。其中油气勘探主要包括勘探规划、地质研究、勘探部署、勘探施工部署、圈闭储量管理和油气藏评价；油气藏开发包括开发方案设计、产能建设、采油采气生产监测与优化、三次采油等重要阶段；石油工程则包含钻井工程、测录井、地面工程等施工项目，且由于石油工程主业服务性质，常常被当作勘探开发业务的一部分。

（1）油气勘探业务。

油气勘探业务的主要目的是发现与落实新的油气储量，并对油气储量的品质进行初

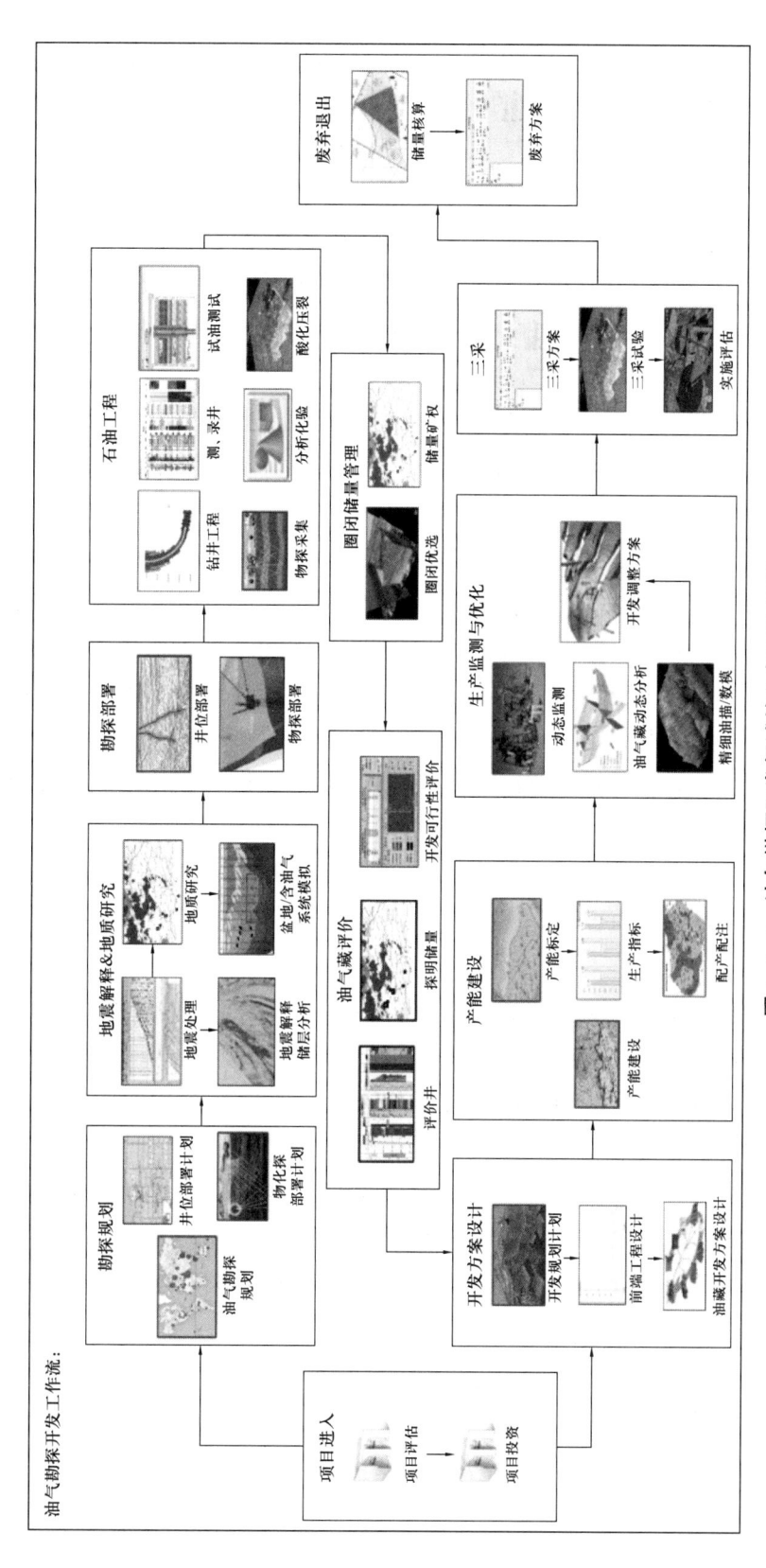

图 5-1-1 油气勘探开发领域的业务工作流程

步的评价,最大幅度地增加油气后备储量。油气勘探阶段的划分有多种思路,结合油气田勘探工作的管理流程与工作节点的职责划分,各油田需要选择不同的油气勘探程序划分阶段来适应本地的实际管理流程。其中,中国石油油气勘探程序为区域勘探、圈闭勘探、油气田(藏)评价勘探[1]。

区域勘探是在一个大区或盆地进行油气勘探过程的第一阶段,是指从盆地的石油地质调查开始到优选出有利含油气带的全过程。通过对整个盆地或凹陷进行整体地质调查,查明区域地质和石油地质条件,进行早期含油气远景评价和资源量估算,评选出最有利的凹陷和构造带,提出预探方案。

圈闭勘探是在有油气远景的二级或局部构造圈闭上进行的勘探工作,识别和优选圈闭,通过探井钻探发现油气藏,探明含油气性,提供评价井位。而油气藏评价勘探是指从圈闭预探获工业性油气流开始到探明油气田的过程。要查明油气田的各项参数(油气田构造形态、主要断层分布和性质、油气水边界、油藏类型、油藏储集类型、流体性质、产油能力等),探明油气田,提交控制储量和探明储量,为编制开发方案提供依据。

(2)油气开发业务。

油气开发业务的目的就是依据详探成果和必要的生产性开发试验,在综合研究的基础上对具有工业价值的油气田,从油气田的实际情况和生产规律出发,制订出合理的开发方案,并对油气田进行建设和投产,使油气田能够按预定的生产能力和经济效果长期生产,直至开发结束。

油气开发业务在分公司层级涉及开发生产、综合研究、开发业务管理三方面的业务工作,各方面的工作内容既有所侧重,又相互依赖,构成了完整的油气藏开发管理体系。

开发生产业务一般由油田的采油厂(包括采油矿、管理区)负责,工作内容是油藏开发动态分析与管理,围绕单井、注采井组、开发单元不同的管理对象,在全面收集油藏动态与静态资料基础上,综合运用多学科的知识和技术,采用综合的分析、判断方法,动态地把握已投入开发的油藏的开发趋势,针对生产过程中出现的各种产量下降问题提出油田开发的调整措施和总体规划,并根据实施效果修正规划方案和调整方案,以期使每个油藏都达到较高的最终采收率。通过这一管理过程不断地循环优化,完成油田从发现到枯竭的管理。开发生产业务收集的各类生产动态资料及得出的成果资料还能为综合研究、开发管理提供基础分析资料。

综合研究业务主要由专门的研究部门(如各油田公司的勘探开发研究院)负责,工作内容可概括为以下几个方面:

① 油气田的早期评价和开发可行性研究。包括开发试验方案的设计与实施指导,为油气田是否全面开发提供依据。

② 油气田的开发设计与全面开发。包括进行油气藏描述、选择合理的开采方式、合理划分开发层系、部署井网、确定油气田合理的开发速度及生产水平、采用油气藏数值模拟等方法进行各种开发方案的计算、确定油气田钻采工艺及测井技术、结合地面设施，全面进行经济技术指标的分析和对比，选择出最佳的开发方案、制订方案实施细则等内容。

③ 针对开发生产中出现的问题开展专项技术研究。主要进行油藏地质研究、剩余油分布研究、提高采收率技术研究；完成新区产能建设方案、综合开发方案及中长期开发规划编制等复杂的研究工作。

研究成果一方面指导开发生产各项措施的优化制订，另一方面为开发管理提供了完整的油藏管理方案。

开发业务管理由油公司开发管理单位负责，主要工作内容是负责油气田开发规划、老油田滚动勘探、油藏评价、新区产能、老油田开发管理、油藏动态监测、天然气开发管理、开发方案及开发井位设计的审批、开发生产动态管理、三次采油及提高采收率、先导试验、开发信息管理、油藏经营管理、油田开发储量管理等；同时，负责编制油田开发管理制度、技术规范、开发技术政策、新技术推广应用方案等；负责对各项油田开发管理工作的实施运行监督和实施效果评价，从宏观角度为开发生产、综合研究提出工作目标及相应的工作要求。

（3）石油工程业务。

石油工程的概念范围较广，在不同国家甚至不同企业中，其概念的内涵存在一定的差异。一般通用的石油工程定义是指根据油气和储层特性建立适宜的流动通道并优选举升方法，经济有效地将深埋于地下的油气从油气藏中开采到地面所实施的一系列工程和工艺技术的总称。包括油藏、钻井、采油和石油地面工程等。石油工程是集多种工艺技术和工程措施于一体，多种工艺技术相互配合、相互渗透、相互促进和发展的综合工程。

石油工程在某些领域会与某些特定工程定义混用，如按油田开发现场管理的习惯说法，所有实现油田开发方案的各项技术手段与措施统称为"采油工程"。依据面向的对象和研究的技术内容，采油工程可细分为4项技术内容，它们分别是采油技术与管理、注水技术与管理、钻井技术与管理、修井（又称井下作业）技术与管理。

采油技术是通过一系列可作用于油藏的工程技术措施，使油、气畅流入井，并高效率地将其举升到地面进行分离和计量；其目标是经济有效地提高油井产量和原油采收率。

注水技术是保持油藏地层压力的有效技术，如何提高注水的有效率，保持油藏地层压力不减，是注水技术研究与注水管理的目标。

钻井技术主要包括井身设计、钻头和钻井液的选用、钻具组合、钻井参数配合、井斜控制、钻井液处理、取岩心以及事故预防和处理等相关提高钻井质量的技术。

井下作业技术主要包括油气藏渗流能力改造和油水井井下设备维修两大部分，是提高油藏采收率重要的实施手段，因此在这方面开展的新工艺、新技术研究也很广泛。而且，近年随着非常规油气规模的逐步扩大，面向非常规油气（致密油、页岩油气等）的水平井压裂和开采技术的比重也逐渐增加。

5.1.2.2 油气勘探开发业务的数据特点

油气勘探开发的业务体系和技术体系庞大、运行机理复杂，仅油气勘探领域就涉及地球物理、地质构造演变、岩石与古生物、有机质成烃、流体模拟、钻井工程、测录井等细分的专业，这些大量的专业体系不仅需要长期的学术和实践研究，其在不同地理与地质环境下也具有不同的理论体系和技术方法。

首先是软件工具和成果数据的丰富化。从进入到退出，从勘探开发到石油工程，每个业务板块都有着复杂而相对独立的理论方法和软件工具。与软件工具相对应的，是油气行业的数据成果极其复杂，不仅包括各个专业的结构化数据，还有大量的从地球物理数据、地质构造数据、油藏模型到工程数据模型，这些数据模型是从油气井的钻测录，到地震处理解释、地质综合研究、地质与油藏建模、模拟、钻井与压裂等一系列专业数据加工与分析构建的过程，所有这些环节目前都具有成熟的方法和配套的软件工具。

其次是油气数据加工过程具有业务价值的长链特征。基于油气上游业务的复杂性和长期性，油气的勘探开发业务流程的各个业务板块和技术领域，共同构成了一个完整的业务链和价值链。从早期的盆地、区带与圈闭勘探，到油藏开发、采油生产、石油工程等业务领域，这些阶段一般具有前后衔接关系并共同构成了完整的业务闭环，这一闭环的形成保证了油气上游工业每一个环节都能基于商业价值而有效运行。这种长周期的业务闭环特点，决定了在应用大模型进行油气预测分析的过程中，数据之间的概念是密切关联和前后衔接的，这是后期数据分析中及其重要的关键问题。

5.1.3 油气数据的处理加工流程

油气业务是一个综合多学科持续不断开展知识创造的过程。那么，落实到油气的数据管理和知识管理，其实就变成了数据管理和知识管理服务对象和应用模式的分析。

5.1.3.1 从数据到知识的加工过程

油气行业的数据应用具有典型的行业特色。由于油气行业面对的地质及油气藏的复杂性，其数据体系也存在海量、多源异构、体系复杂、组织多样的特点，数据的分析和处理具有高度的复杂性，这预示着油田的数据应用过程是一个高度集成化、图形化、知识化和智慧化的过程。

如图 5-1-2 所示，这是由埃克森公司制订的"综合盆地分析"的项目运行图（Green 等，1997）。该图从盆地油气资源评价的角度阐述了油气从勘探到最终经营效益分析的全过程。从勘探选区开始，到综合应用沉积学、地质学、化学、地球物理学等基础技术展开地质综合研究；到形成油气勘探中地质思想认识；而后通过知识的汇合集中进行创新，进而展开油气参数分析；最终通过资源与风险评价实现经济效益。在这个典型的石油勘探开发的业务过程中，数据的应用贯穿始终，从战略时期的规划数据，到地质研究时期丰富的技术手段带来的数据库信息，最终在地质认识过程中加工和处理为知识，而后通过汇合集中和油气参数分析过程中转化为智慧，实现数据的转变，也实现了数据应用的演化和升级。

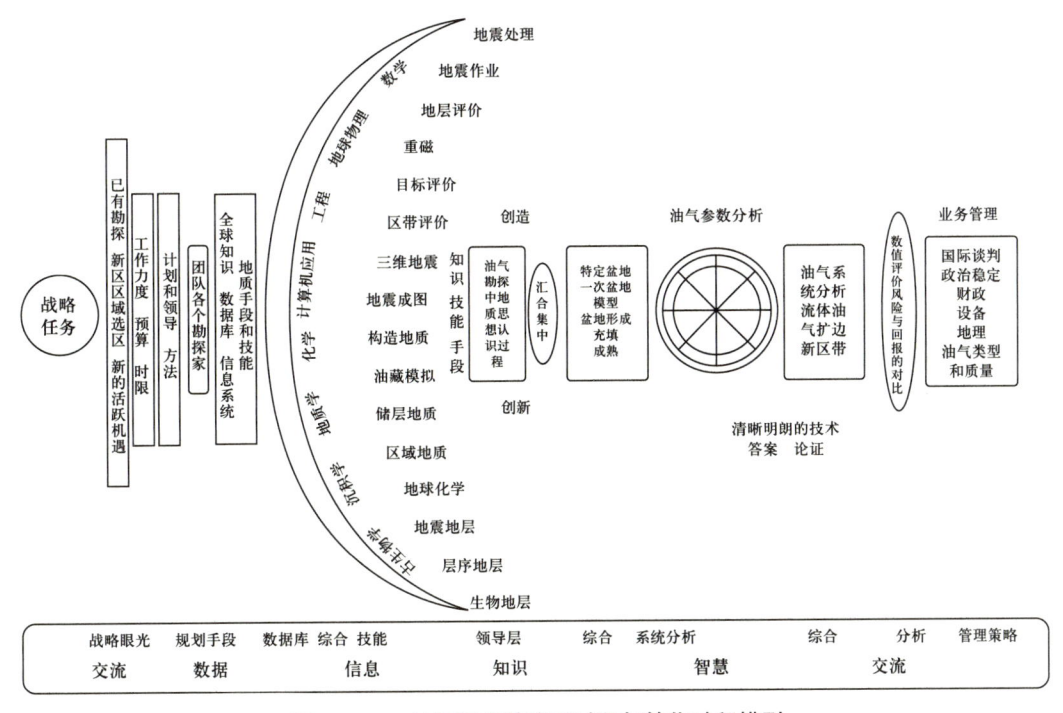

图 5-1-2 油田数据的应用过程与转化过程模型

5.1.3.2 油气数据加工流程与特点

通过上述业务流程及其数据转化流程的分析，我们针对油气勘探开发领域的数据总结出以下几点认识：

（1）数据的应用以基于数据库的数据集中服务为基础。油气勘探开发的数据体系建设，就是将行业中分散的、异构的各类数据以业务为核心进行关联和集成，从而为信息组织和知识的产生创造条件。

（2）数据的应用是一个从数据、信息，到知识的加工提炼过程。数据的应用是利用数据来分析油气目标，进而形成针对油气藏的认知，并最终成为业务解决方案，指导油气生产和研究的过程。

（3）数据的应用是以软件的形式实现沟通和交流。数据库中的数据存在数据量大、形式多样、结构复杂的特点，尤其油气勘探开发领域的数据具有海量和多源异构的特点，通过 GIS、图表、二三维图形等技术实现数据分析和数据处理，进而达到获取知识的目的。

（4）数据应用具有模型化和可视化特点。油田业务是针对地下地质状况和油气藏现状进行预测和分析的过程，是一个根据探测的数据不断加深对地下地质认识的过程。因此，油田数据最终是要形成一个完整的数据模型并以可视化的方式来表述地下地质概况，从而提供油气工作者直观认识地质对象的形象化手段。

（5）油气数据是一个不断整合的知识创造的过程。每一个数据生命周期的加工过程，就是一个数据加工后形成表征新知识的新数据的过程。

但数据并不等同于知识，人类专家在长期油气工业实践中所积累的经验和知识，也无法快速传递给以数据处理为特点的机器系统。因此基于上述的油气勘探开发数据的加工流程和特点，油气数据管理和知识管理区别不在内容而在应用模式，即明确油气数据管理和知识管理的目标、服务方式和服务内容。

传统的油气数据管理（如 POSC），其内容覆盖了基础井震数据采集、处理加工成果、建模成果和模拟分析成果、成果图件与报告等。当前的油气知识管理内容则包含基础数据采集之外的几乎所有加工数据。因此，油气领域的很多数据集合，甚至是大部分数据集合，既可以属于数据管理的范畴，也可以属于知识管理的范畴。例如测井的处理数据和解释数据、地震属性计算数据、地层构造模型数据，这些数据一方面被称为信息，同时又是人类加工数据获得认知的知识。

基于上述数据和知识的区别，油气数据管理和知识管理在内容上是基本重合的，而应用模式的特色化才是其不同的地方。

数据管理的应用模式是一个自下而上的流程。数据管理面对的是数据加工全过程的输入输出管理，服务对象是软件。即面对油气勘探开发这个基础数据的采集、处理和加工过程，通过数据的业务场景分类，以数据共享服务的形式支撑油气专业软件的业务逻辑运行。

知识管理的应用模式是一个自上而下的流程。知识管理面对的是如何围绕业务主题来发现、分析知识，服务对象是领域专家。这就需要从知识管理和知识工程的角度来探索油气知识体系的定义、管理和应用方法，使得知识能够用机器解读，能够被专家理解。

从传统油气勘探开发的应用角度分析，数据和知识之间必须建立一种可以转换的桥梁，这就是知识表征。一方面，生产活动和运行实践过程中产生的数据，必须建立一种基于知识的表达流程，以提供人类专家可以识别的知识载体；另一方面，人类专家在长期油气工业实践中所积累的经验和知识，需要借助一种机制传递给机器系统，以实现这些知识的应用。

综上所述，油气行业的业务流程，本质上是一个从数据采集管理到逐步转化为领域知识的过程，也是通过知识的逐步加工而有效支撑价值链实现的过程。油气上游工业中，数据到知识的加工过程是一个不间断的持续过程。数据在加工处理的过程，其知识的属性和成分越来越多。因此从内容的角度上，一些数据管理与知识管理基本是重合的；从应用模式上，二者具有自上而下与自下而上的区别。油气领域的数据和知识之间必须建立一种可以转换的桥梁，实现生产活动和人类专家认知之间的交互，这就是数据管理和知识管理的出发点。

5.2 油气行业数据存储模型及数据标准

油气数字化建设的核心问题是数据规格与数据模型的定义。建设油气大模型的前提是针对油气数据的数据模型和数据标准进行统一定义，以搭建将数据转化为能够寻找更多油气资源信息的路径。

5.2.1 油气行业主要数据类型与规格

国内石油行业在信息化进程中，针对石油勘探开发的数据模型建设是连续且持续的，自 20 世纪 90 年代初部分大油田启动了基于大型关系型数据库的勘探开发数据库建设，通过针对国际石油勘探开发数据模型的借鉴和学习，国内三大油公司经过长期的努力逐渐形成了当前具有本国特色的数据模型与数据库内容。随着基于数据中心的业务支持和专业软件研发，数据的应用进入了新的层次。油气数据体系的建设重心，也逐步从原有的关系数据库的数据模型，过渡到了面向数据共享的数据交换模型，以及面向专业软件研发的领域模型[2]。

围绕勘探开发的业务流程，通过源头数据采集工程，实现了油气勘探对象生产过程中的实时、动态、成果信息数据模型建设，在整个数据体系中，涉及的油田实体范围包含了工区、井筒、圈闭、油气田、构造带、油气藏、井网、采油与集输等主要油气对象。

油气数据具有数据量巨大、数据多样性、价值高等特点，按照数据存储模式不同，数据模型主要分为三种类型：以井筒数据为代表的结构化数据模型、以地震处理大数据体和勘探研究成果为代表的非结构化/半结构化数据模型、以物联网数据为代表的异构数据模型等（图5-2-1）。

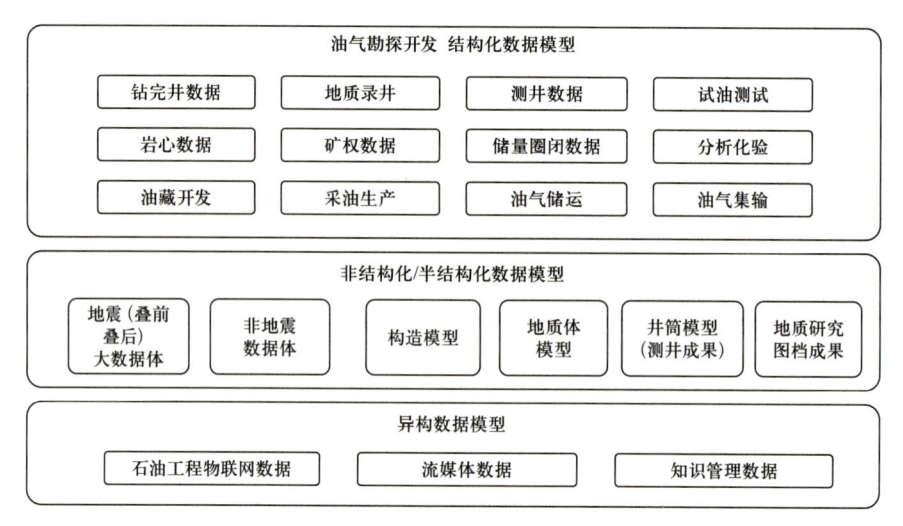

图5-2-1　油气勘探开发数据模型

5.2.1.1　结构化数据模型

结构化数据模型从内容上覆盖了地震、地质、开发、生产、储运、炼化等全部业务流程，是目前油气工业数据管理的主要工作。

国内油气工业领域经过长期的探索形成了结构化数据模型及其管理体系。以上游为例，井筒数据模型是其中的主要内容，包括钻井数据模型、地质录井数据模型、测井数据模型、试油测试数据模型、岩心数据模型、分析化验数据模型等。这一类的数据主要以结构化数据为主，记录量大，但占存储空间小，采用传统的关系型数据库及关系数据库管理系统（Relational Database Management System，RDBMS），按照传统数据库的三范式数据模型设计规范，经过需求分析、概念模型、逻辑模型、物理模型设计，最终以物理关系表的方式，实现数据模型的存储。不同的业务活动对应不同数据表，不同实体属性对应不同数据项，数据表定义了主键、外键、数据项名称、宽度、非空及填写规定等。

5.2.1.2　非结构化大数据体模型

以地球物理勘探的地震大数据体和非地震的重、磁、电、遥数据体为主，其中地震数据体的应用更为普遍。该数据具有非结构化及海量数据的特征，近年随着三维高精度地震勘探技术以及海上地震的发展，地震数据的数据量已经在TB级并逐年增长。同时，由于海量地震数据的索引通常有多份，占用比较大的存储空间，为支持大量高性能的访问，其索引部分使用文件系统或数据库方式存储，文件（索引）服务器与数据体的磁盘阵列通过网络直连方式连接。在地震数据存取方面，由于地震数据体的体量庞大和文件访问的串行化特点，一般采用数据压缩和数据分割等索引技术，从而可实现后期大数据体的快速读写。

5.2.1.3 研究成果数据模型

研究成果数据模型由于结构化与非结构化的混杂状态也被称为"半结构化"数据。一般划分为两种类型：一种是专业软件研究项目库，泛指当前专业化商业软件自带的自有数据管理模式，如地震资料解释项目库；另一种是基于这些专业软件的研究成果形成的图件与研究文档建立的项目成果图形文档库（简称"图档库"）。基于这两种数据组织方式，国内一般有两种不同的数据存储管理方式。

（1）研究成果数据模型——专业软件研究项目库。

获取 GeoFrame、OpenWorks、Petrel 等的石油勘探开发专业软件的研究成果，应用到地质综合研究中，内容涵盖勘探、开发以及研究过程中各类文档资料的管理（图 5-2-2）。所管理的数据类型包括：

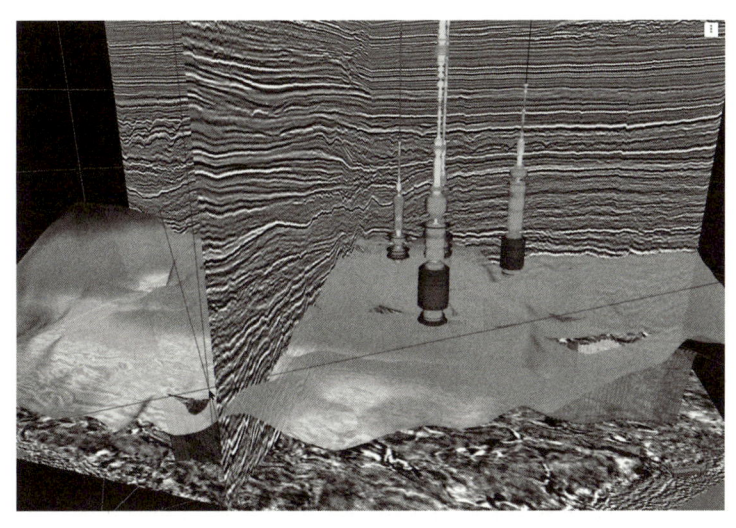

图 5-2-2　地质与油藏的模型化研究成果数据

① 解释成果数据。二维和三维解释层位、断层（网格和散点结构）、砂体、速度等地震属性数据。

② 电子文档。地质研究成果输出，如文字报告、矢量图、电子表格等。

③ 油气藏模型数据。地质建模模型、数值模拟模型等，这类模型数据一般包括构造模型、属性模型等。构造模型是以二维、三维网格构建拓扑结构；属性模型则基于这

种拓扑结构在每个网格中填充空间属性值，从而构建一个立体的、空间密集的规则化数据体。

专业软件研究项目库一般采用符合 POSC（Process，Organization，Software，and Communication）规范的面向对象数据模型存储数据，不同格式的业务数据遵循先来先入、分类入库（不同类型工区）的原则加载到项目工区。

（2）研究成果数据模型—研究成果共享数据库。

以"课题/项目/专题"为主要数据组织方式，建立了以研究专题（生产课题、科研项目、专题会议等）为主、其他属性为辅的勘探共享研究成果数据库，在不同的研究专题下，可以再按照业务阶段、构造单元、研究单位进行组织。研究成果以文档、图片、图件为主，其成果索引数据和文件的描述数据（元数据）主要采用关系数据库进行索引管理。

5.2.2 国际油气数据模型与标准体系

目前国内外与数据管理有关的标准主要有 4 部分：国际标准化组织（ISO）标准、中国国家标准、石油行业标准和国际上部分专业组织的数据模型标准。国际标准化组织标准、中国国家标准和石油行业标准只提供了有关标准化和数据方面的一些基础性标准，包括标准的结构和编写规则数据元、分类与编码、数据和交换格式、软件工程等。

在国际石油数据专业组织的标准中，具有国际石油工业界领先性和应用较广的是两个协会标准——POSC 和 PPDM 数据模型标准。国际上很多成功的应用软件产品，如 Schlumberger 的 Finder、Petrel，LandMark 的 PetroBank 等石油数据管理系统，都是以 PPDM、POSC 数据模型标准为基础开发的。在具体的数据模型上，主要有石油专业数据管理协会的数据模型 PPDM3.8 和 Energistics（原 POSC 联盟）的数据模型 Epicentre3.0 等。它们都对油气勘探开发的相关数据进行了全面描述，均采用了元数据模型进行数据标准的制定。

POSC 的 Epicentre3.0 仅仅是一个数据平台的逻辑模型，没有进行具体的软件实现，不能直接为油气勘探开发专业软件的开发提供数据存储和访问的支撑，其采用的是 EXPRESS 语言，而不是像 PPDM 那样直接采用数据定义语言（DDL），因此需要通过具体的数据库系统 SQL 语言进行软件实现，才能将逻辑模型构建为面向油气勘探开发的专业物理数据库。

目前，POSC 与 PPDM 两套数据模型标准并不兼容。上述两套数据标准还没有形成一套集油气勘探开发源点数据采集、数据模型、数据应用及管理的系列标准，也还未形成完整的标准体系[3]。因此，可以将这两个数据模型标准作为参考。

这两套油气勘探开发数据模型由于国际各个地区的油气企业运营模式和信息化建设方案的不同，其推广和使用并未实现全领域覆盖。国际上各大石油公司普遍的做法是借鉴这些数据模型，开发了各自的数据模型和数据库管理系统。

近年来出现的 OSDU™ 平台则引导国际油气工业的数据管理向着一体化方向发展，其目的是将勘探、开发和油气井数据汇总在一起实现共享，通过使用云原生的数据来驱动应用，从而能够实现无缝访问所有地下地质与井数据。这无论对于勘探开发的业务一体化集成，还是面向未来人工智能及大模型的数据驱动模式应用，都提供了有效的数据一体化解决方案。

5.2.3 国内油气数据模型与标准体系

国内石油公司中国石油与中国石化在数据模型设计上的思路是非常类似的，就是参照国际油公司的通用数据模型（EDM，POSC）改造勘探开发数据模型设计，但由于设计出发点的问题，研发过程与国际石油数据模型存在同样的发展性问题。

中国石油在 1998 年数据标准基础上，于 2004 年以大庆油田为主牵头与兰德马克公司（哈里伯顿石油技术服务公司的子公司）合作研发新型的勘探开发数据模型，称为 PCEDM（PetroChina Engineering DataModel）。这来源于兰德马克公司的内部应用库标准 EDM 改造增补而成，后期随着该模型不断发展演变，形成现今的 EPDM（Petroleum Exploration and Production Data Model）数据模型。

中国石化在 98 标准之后，以胜利油田为主自主研发了 2002 年油藏开发标准（2002 标准）。后期随着大规模源点采集体系的建设，于 2005 年形成了勘探开发一体化的源头数据采集的数据模型标准，也称源头标准。2006 年针对数据的应用问题，胜利油田在源头数据模型基础上，重点参考 POSC 标准启动了新一代数据模型的建设，逐步形成了现今的 SPDM（SINOPEC Petroleum DataModel）数据模型。2013 年，以江苏油田为核心启动了新一代勘探开发数据模型标准建设，称为 EPDM（Exploration and Production Data Model），与其配套的应用平台称为 EPBP（Exploration and Production Business Platform），目前已广泛应用于油气勘探开发业务流程支持。

近十余年的过程中，国内勘探开发数据模型的建设虽然取得了一定的成果，但研发道路是曲折的，从 20 世纪 80 年代末期开始的勘探开发数据库建库，到 1998 年版中国石油天然气总公司的数据标准，直至延伸到中国石油与中国石化分别启动的油气勘探开发数据标准，国内逐步实现了关系数据模型和面向对象数据模型混合存储的模型。与数据模型为中心建设相对应的，是数据采集质量的问题、配套专业软件研发和业务支持等方面发展较慢，未能建立起如国外油公司那样高效的数据集成与应用支撑体系。

基于油气勘探开发数据模型建设经验的积累，同时参考国外数据模型建设的经验和教训，将近年来大量关于数据模型建设方面的经验总结为如下几点：

（1）油田数据体系的建设核心价值是数据的内容本身。

数据内容建设是建立数据中心过程中最为困难和繁琐的，也是最为重要的工作。只有通过合理的数据采集管理应用体系获取全面、及时、准确的高质量数据，才是数据中心建设的重心所在，才能体现数据中心的价值。石油勘探开发数据中心的数据模型的设计和改进、数据平台的建设与技术提升、大数据等新技术的引进等，都需要在数据内容完善这个基础上逐步进行。

（2）数据建设是一个数据内容和管理技术的均衡问题。

数据、数据标准、数据模型、元数据等技术在数据中心的建设中需要系统性的综合应用，应该以数据最终产生效益作为出发点和投入产出评价指标，不能有所偏颇。只有在高质量数据和数据管理技术之间取得一定的均衡才能使数据建设达到一个合理的层次。数据管理模式也同样是一个大问题，国外公司与国内油企在组织模式、运作机制和管理流程上有非常大的差异，而数据模型一般是面向业务模式设计的，应该在技术层面学习，应用层面灵活处理。

（3）数据的采集、管理和应用三个环节相辅相成。

数据和数据模型的设计应源于业务、服务业务、提升业务，纵观国内外成功经验，只有数据体系足够庞大且专业软件足够丰富的情况下，才具有了启动大型数据模型和数据服务平台的建设基础。因此，无论做数据采集，还是做数据管理，随时思考数据的应用场景，明确数据应用的主题、解决的问题和带来的效益，才能有效地串起来采、管、用三个环节，也只有以行业应用和企业效益做出发点采集和管理数据，才能形成有效的数据管理体系。

5.3 油气一体化数据治理及 OSDU 解决方案

面向石油行业的油气大模型在数据管理和数据治理方面具有许多独特特点，这些特点有助于确保数据质量、一致性和可用性的最基本要求，从而提高模型的准确性。这需要针对油气数据加工的全生命周期制定系统的标准规范，通过全业务领域、全生命周期的数据治理，构建全面、系统、安全与高效的数据治理平台，来提供高质量数据，并实现对油气数据的安全、可靠、全局和高性能访问。

OSDU^{TM}（Open Subsurface Data Universe）是近年出现的一个国际性数据标准和治理平台。它是由壳牌、BP、雪佛龙等成员与 OPG（The Open Group）组织共同创建，并获得了 900 余家相关企业会员加入。通过创建此标准平台，使石油和天然气行业可以专注于创新数字解决方案，以更好地制订业务一体化决策和数据驱动决策。

5.3.1 油气数据一体化管理的发展趋势

油气数据一体化管理是开展以数据驱动为特点的人工智能应用的基础。OSDU™ 就是一个构建在公有云的油气数据共享中心，它被设计为一个数据整合与应用整合的云原生平台，但本质上是多学科、多专业、多技术融合的产业协同方案。

2019 年 3 月 21 日，美国加利福尼亚州的旧金山，技术联盟 OPG 宣布正式启动 OSDU™ 论坛，该论坛专注于开发标准数据平台，目的是将勘探、开发和油气井数据汇总在一起实现共享。在这次会议上，领先的石油和天然气公司、油服公司举行了会议，讨论如何使用当代云计算等新技术来变革当前的复杂数据和应用环境。OPG 的 OSDU™ 论坛的创建，正是为了支持在现有的应用程序和数据框架的基础上，使用云原生的数据来驱动应用，从而能够实现无缝访问所有地下地质与井数据。从这个角度，这一论坛可以看作是一个油气行业的数字化技术联盟。它面对的问题不再是原来的油气数据模型、项目数据库、油气数据交换、油气应用软件等这些已经完全成熟或者趋于成熟的技术，而是面向油气行业的多专业整合与协同，尤其是云计算、大数据与智能化这些新技术引领下的新一代的油气数字化解决方案。2022 年，在发布 OSDU™ R3 版本后，OSDU™ 论坛活跃企业会员已经达到 200 家以上。

OPG 的 OSDU™ 论坛旨在创建一个标准的数据平台。壳牌、BP、雪佛龙等成员与 OPG 组织共同创建了这一论坛，旨在通过该平台的努力，打破现有油气上游领域的数据孤岛和应用孤岛，并实现对业内的安全、可靠、全局和高性能访问地下和井数据。通过创建此标准平台，OSDU™ 论坛使石油和天然气行业可以专注于创新数字解决方案，以更好地制订决策。目前，OSDU™ 主要面对数据孤岛和专业协同两个业务问题。

OSDU™ 面对的第一个问题就是不同专业软件带来的数据孤岛问题。一般来说，油气各业务领域的软件服务商提供了面向不同业务阶段和研究目标的软件工具，这些相互独立的专业软件由于数据处理和业务分析算法的不同，形成了不同的数据格式与数据模型构建方法，这不仅使得数据被隔离在一个个专业软件中（我们一般称之为项目数据库），也导致了专业之间、团队之间的研究成果协同问题。

OSDU™ 面对的第二个问题就是专业协同和阶段衔接问题。在传统的油气研究方法之下，研究方法和研究成果在一个个专业软件之中发挥作用。但是到了油气工作的一体化协同化时代，地震、地质、油藏、钻完井及压裂工程中需要各个专业和工作环节密切协同，专业化软件反而成为壁垒。此时，基于大数据和云计算技术带来了海量数据管理与处理、软件虚拟化部署以及机器学习的关联分析等新手段、新方法，这就对数据管理和应用管理提出了新的要求。

数据支撑方面，OSDU™ 包括 Energetics 数据、PPDM 数据、采油生产数据、实时时间序列数据、附录标准数据、油藏模型数据、地震模型数据、完井测试数据、井筒模型数据、完井交付数据的梳理。目前完成了地震、地质、井工程（钻、测、录、试、压等）开发、开采等大多数环节的数据解决方案。部分核心数据如地质模型和油藏模拟方面的数据模型，在时间上可能还要往后排。但是 OSDU^{TM} 提供了访问层面的接口定制，用户通过自己定制 JsonSchema，可以充分扩展自己的数据输入输出方法和规格，这为 OSDU^{TM} 的生态扩展奠定了基础。

所以，OSDU^{TM} 已经成为国际范围油气数据交换的基础架构，它可以用来帮助油气行业的不同企业与团队融入这个生态之中共同发展。从一定程度上，OSDU^{TM} 一开始就不是一个完全中心式的生态体系，而是一个集中与自由并存的协作化发展模式，它会随着油气行业的数字化革命而不断壮大和繁荣。

OSDU^{TM} 的出现，首先就是通过开发具有标准公共 API 的通用数据平台，让全球云托管供应商一起参与构建一个油气数据中心和数据平台，平台构建后，将形成云时代的一体化标准化数据中心、完整的工作流支撑、大数据与 AI 的应用支撑以及一个崭新的油气数字化生态系统。

这种在数据基础上的改变，将以"大数据""全数据""智能数据"的发展方向，彻底变革行业提供新应用功能的能力，并降低整个地下数据社区的实施成本和生命周期。

5.3.2　全生命周期的油气数据治理机制

油气大模型的基础是大语言模型，这种以文字为核心的油气知识模型构建，是建立在全业务领域、全生命周期的数据治理基础之上，通过提供高质量数据为油气大模型的训练与推理提供有效的数据集。

OSDU^{TM} 数据平台提供一个油气数据的数据获取、数据加工、集中管理、共享消费的全部流程（图 5-3-1）。与其他数据平台不同的是，该平台管理的数据是基于领域模型的对象化数据[4]。

5.3.2.1　数据治理（Governance）

数据治理面向数据的权利与义务（Entitlements and Obligations）进行管理。

所有进入数据平台的数据都带有属性标记，使我们能够就数据使用权做出决定。这些标记广泛地涵盖了数据所有权、数据安全性以及与合同义务、数据驻留和贸易合规性相关的信息。

同时，这些标记与有关用户、位置、应用程序和其他因素的上下文信息相结合，在搜索和访问数据时用于确定是授予还是阻止访问。

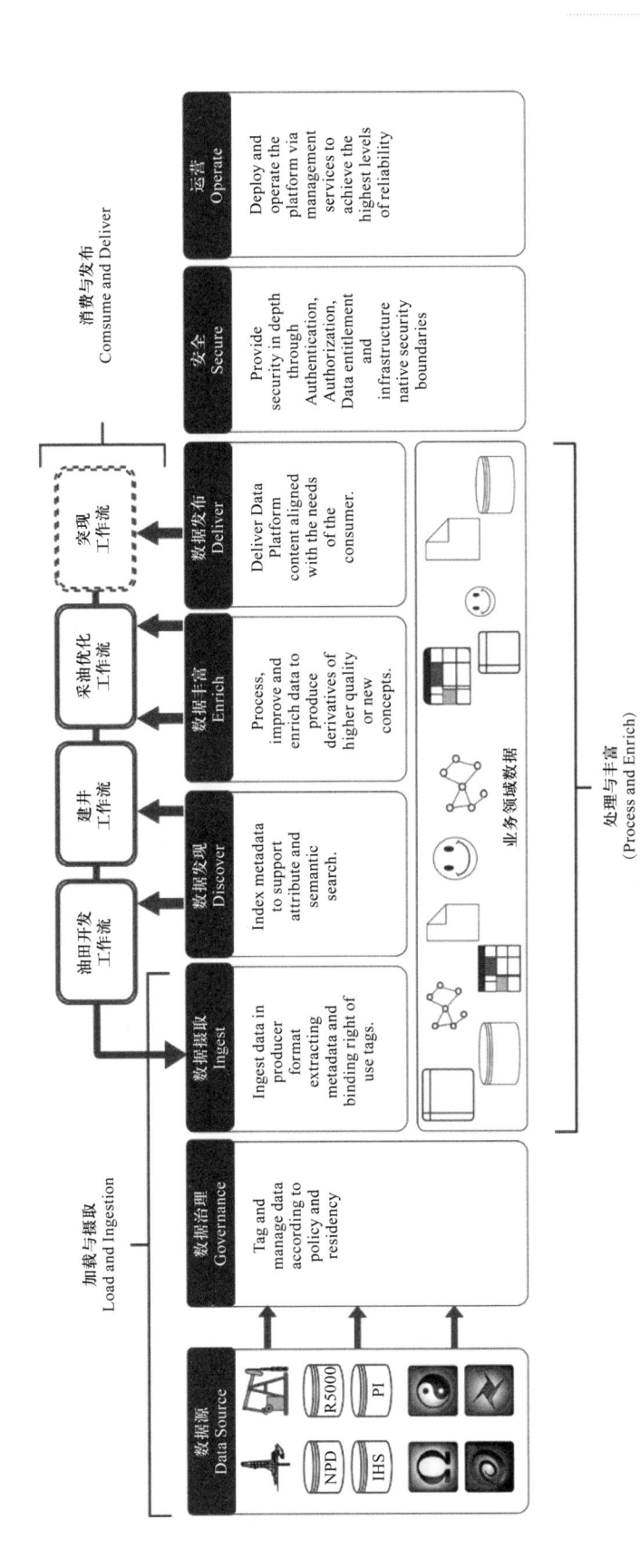

图 5-3-1 OSDU™ 数据平台治理工作流程

5.3.2.2 数据摄取（Ingest）

摄取是吸收信息的行为。它可以实现为向 OSDU™ 数据平台注册数据（通过引用获取）或添加数据（通过复制获取）。该过程的重点是最大限度地减少摩擦并最大限度地提高可以捕获的信息量。

摄取行为和表示摄取到 OSDU™ 数据平台的逻辑层不应被误认为是单一实现。摄取是具有明确规则的合同。系统中的任何数据输入都应遵循本合同。如果不是这样，诸如数据合规性和血统之类的问题就不能保证。

5.3.2.3 数据发现（Discover）

数据发现功能是搜索已摄取到 OSDU™ 数据平台的数据。OSDU™ 的数据发现支持字符串字段的全文搜索、日期范围查询、数字和地理空间搜索（这对于数据湖的海量数据查找非常重要）。

数据发现搜索元数据是通过索引（Index）包含结构化或非结构化数据的文档来创建的。文档和索引保存在针对搜索操作优化的单独持久存储中。索引器捕获在记录摄取时创建的数据定义中定义的属性。

5.3.2.4 数据丰富化（Enrich）

数据丰富化是从现有数据中创建新数据。这可以像规范化参考框架以支持搜索一样简单，也可以像通过联合来自多个不同来源的数据来创建新类型一样复杂。在所有情况下，新数据都被认为是从现有数据中派生的，因此被视为新数据的同时，保留了在派生数据与其来源之间的沿袭。

在 OSDU™ 数据平台中如何使用"数据丰富化"的示例包括：

（1）标准化参考框架以支持搜索；

（2）从多个来源创建更高质量的记录；

（3）优化消费工作流程的数据定义和表示；

（4）从文档中提取事实。

5.3.2.5 交付发布（Deliver）

数据平台的主要价值是在消费数据的时候实现的。在此之前提到的几乎所有内容，无论是摄取新数据还是丰富现有数据，都代表了为使数据可用和可用而进行的投资/成本。数据平台有多种消费模式，包括：

（1）来自（复制或引用的）文件等的内容交付（直接将文件下载）；

（2）消费区（在消费区域中进行数据使用）；

（3）域数据管理服务（DDMS）（通过API进行数据读写）。

5.3.3 数据治理为人工智能应用提供数据基础

传统相对分散的数据管理模式，适用于原有的开发独立的专业软件的研究模式，但不适用于数据驱动的应用程序，如大数据分析与智能技术应用。

为了解决这一问题，OSDU™ 提出了框架性的解决方案，囊括了云端架构、应用标准、大数据共享，并通过技术整合提供一个统一的数据平台。OSDU™ 涉及的工作范围包括任何需要存储、管理或分析地下和井数据的组织。并且，为了支持未来数据驱动的应用程序，极大地提高了利用机器学习和深度学习工具的能力。

那么，OSDU™ 通过什么样的技术体系来支撑上述的数据支撑目标呢？这就是OSDU™ 的应用技术架构要做的工作。

基于上述的OSDU™ 数据体系与应用架构的分析，可以看到OSDU™ 最重要的目的是打破现有的数据隔离和应用隔离，在服务端（云端）构建一个统一的大数据层，这个大数据层有两个作用：

（1）实现多种专业研究的协同。支撑现有的油气专业软件的充分数据共享，打通各个业务环节并实现协同。

（2）变革油气科学的研究模式。改变并变革现有的模型化（地质建模、油藏建模）的数据处理分析方法，建立基于大数据和智能化技术的全数据分析模式。

如图5-3-2所示，OSDU™ 面对油气行业所有的参与者和各种IT要素，包括数据库资源、云端资源、应用服务资源、合作商应用及各种平台的应用。这种基于生态的组合，围绕四个方面为油气勘探开发行业带来全新的改变，包括：减少并消灭数据孤岛、

图 5-3-2 OSDU™ 数据服务的面向领域

实现云中的勘探开发工作流、通过访问所有元数据实现智能检索，以及监理全新的、全球性的竞争与合作的新生态。

综合而言，OSDU™ 的诞生，就是为了一种全新的油气行业协作模式而诞生，而它也担负着未来协作模式升级的愿景。这种愿景表现在如下四个方面：

（1）减少数据孤岛。打破各专业软件形成的标准壁垒和封闭生态，实现在一个数据平台中的数据集成和统一访问地下和井数据。

（2）云中的勘探开发工作流。利用强大的云原生解决方案，用户可以跨 OSDU™ 数据平台，可以无缝执行用户勘探开发工作流。

（3）访问所有元数据实现智能检索。用户将有权使用强大的搜索功能，针对全部区域的数据进行最大范围的检索。

（4）构建竞争与合作的新生态。从此，软件供应商、石油公司、学术界和开放社区项目可以在 OSDU™ 数据平台上开发软件，充分竞争、充分合作。

那么通过上面的 OSDU™ 愿景与工作内容，我们看到了其两个重要的出发点。正是这两个重要的出发点，让 OSDU™ 带来了巨大的商业价值。

一是，打破传统产业的壁垒和障碍，实现数据和知识的全产业自由流动。

（1）OSDU™ 正在创建的数据平台与共享中心，旨在促进产业的协同化升级。

OSDU™ 数据平台，首先通过集成改变行业提供新地下功能的能力，这种能力包括油气上游全生命周期的数据资源共享，以及全业务流程的数据应用共享。

该数据平台创建一个开放的，基于统一数据标准和数据访问共享的生态系统。该生态系统可以提供对所有元数据的访问，用户因此可以实现随时随地访问其数据和应用程序。为全生命周期的数据共享和全业务流程的应用共享提供底层支撑。

（2）OSDU™ 为全领域业务工作流构建奠定了基础。

通过这种涵盖物探、地质、油藏、采油与钻完井工程的数据共享和应用共享，消除不同专业领域划分带来的信息孤岛，实现数字化转型的全局性工作流设计，原来的每个独立的专业应用与专业服务，都能实现与其他环节有效衔接。

（3）OSDU™ 为数据应用的市场化带来了新的机会。

数据提供商、独立软件与服务提供商、底层算法与方法提供商，都可以找到巨大的工作机会。依托数据平台的标准化机制，数据资源、相关的展业知识产权、专业应用与服务，都可以快速地嵌入到平台中并面对世界范围的巨大市场。

首先，数据平台的标准化机制，为数据资源、相关的知识产权的市场化创造了新的机会；其次，由独立软件和服务提供商出售应用程序或服务的订阅模型，为应用提供了市场发展；最后，由于符合 OSDU™ 标准，多个竞争对手有机会出售易于集成的专用算法或工作流程，以促进市场优化。

二是，构建全领域数据平台，迎接大数据和智能化时代的行业挑战。

（1）OSDU^{TM}创建了一个面向智能化的数据科学平台。

随着物联网及云计算技术在油田上游企业的逐渐普及，大数据与智能化技术的应用前景，对数字油田的转型升级提出挑战，企业迫切需要建立一种新的技术生态。OSDU^{TM}创建的统一数据平台，是一个开放的，基于标准的生态系统。这个生态系统，可以有效整合全领域的数据体系和业务体系，加深两化融合，促进行业形成更高效的管理与决策。这种基于研究模式的全新变革，为推动技术创新、迎接数字化转型的新时代奠定了基础，也加速了油气上游工业从数字化迈向智能化。

（2）OSDU^{TM}构建了一个全球性油气数字生态框架。

综合来说，OSDU^{TM}提供的基础平台，将带来一个世界范围的数据集成市场、专业方法与服务市场、数字化平台市场、专业应用市场；同时，它也实现了前所未有的行业的业务协同；最后，它带来了数字化、智能化转型升级的新方法和新机遇。

尤其2022年之后，OSDU^{TM}在石油和天然气运营商、云服务公司、技术提供商、石油和天然气运营商的应用程序供应商、学术界和其他制定标准的组织共同努力下，OSDU^{TM}基于统一的数据平台，正在实现将勘探、开发和钻井数据汇集在一起，也正在催生崭新的数字化产业生态。

5.3.4　OSDU^{TM}用以支撑协同研究的技术架构

OSDU^{TM}数据平台是基于云架构构建的，以底层数据湖实现全油气上游领域数据的统一汇聚，具备以数据服务为基础功能的数据全生命周期的管理机制和以油气计算分析可视化技术实现的专业模块集成机制。

（1）OSDU^{TM}是基于云架构形成的数字化生态系统。

OSDU^{TM}实现了一个产业数字化生态系统。油气行业的油公司、数据提供商、软件技术提供商、专业应用提供商（油服）、云资源提供商、大数据与智能平台提供商、技术咨询和方案设计提供商等，基于OSDU^{TM}的规范和原则、共同构建了该基于公有云的生态系统。

OSDU^{TM}的应用以云服务方式对外提供。OSDU^{TM}面对油气行业所有参与者和各种IT要素，包括数据库资源、云端资源、应用服务资源、合作商应用及各种平台应用，基于标准化Restful Service实现互相访问与应用服务构建。

作为云原生技术的实现，这些数据应用服务一般是基于Restful services的REST API构建微服务架构，实现基于容器的部署，并基于技术规范完成了油气上游数据的集成整合流程。

（2）OSDU™ 是构建在公有云上的数据平台。

如图 5-3-3 所示，OSDU™ 是一个构建在公有云之上的油气数据平台，内容包括构建的基础环境、底层数据服务、上层应用服务三个部分。

首先，OSDU™ 构建的基础是云平台的信息安全机制和端到端的支撑管理机制。

其次，作为 OSDU™ 数据平台本身，其底层是数据摄取集成服务（包括来自本地的数据平台服务的集成）、数据平台服务和云设备平台服务，这三项服务提供基于自身各种数据来源的集中管理。

最后，在顶层是应用服务，包括"用户接口（H5 界面）""工作流 / 协同服务""应用服务（勘探 / 开发 / 井）""应用平台服务（算法服务 / 量纲服务）"等四个关键部分。这四部分服务是由具有竞争性的公司，通过竞争和协作并存的方式，共同来构建。

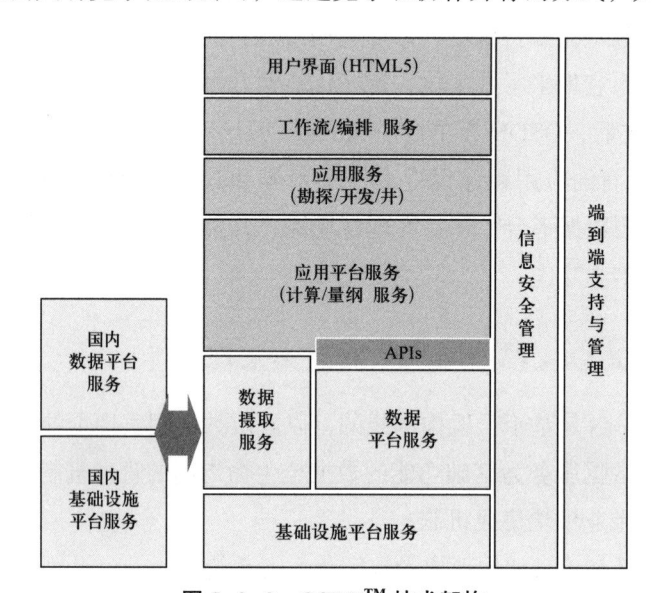

图 5-3-3　OSDU™ 技术架构

这种构建技术和构建模式带来的好处是：

① 基于云原生技术体系。架构解决方案是采用 REST API 构建的微服务架构。

② 基于公有云的部署。借助云的松耦合机制，提供未来无限的可扩展性。

③ 具有数据处理规范流程。通过元数据提取应用，实现外部数据源摄取、索引和发布。

④ 平台服务的互相访问。定义明确的（RestFUL）API，用于定义对数据平台服务的访问。

⑤ 统一规范的应用程序。基于（微）服务的应用架构实现，技术规范统一。

⑥ 提供信息安全。涵盖所有要素，重点是数据安全。

⑦ 提供国内解决方案。针对那些我们无法将数据移出该国并且没有云服务的国家。

⑧ 具有继承性和延续性。支持基于 Microsoft® Windows 或 Linux® 桌面的旧版应用程序。

（3）OSDU™ 的技术架构的先进性。

OSDU™ 底层是一个类数据湖的体系，其技术架构是标准的云平台，并严格遵循了云计算平台一系列技术规范。

在技术上，OSDU™ 基于云的 RESTfulServices 方式提供统一交换接口，使得原来相互隔离的多个大型软件生态得以联通，促使了行业的多专业大协同时代的到来。

在技术架构的高性能和高效率方面，云计算相对于传统油气软件常常使用的各种框架如 DotNet、QT 或者基础 C 和 C++ 的框架等，其实是更加低效的。尤其在海量数据吞吐和体数据可视化层面，比如面对大地震体和地质体模型的数据交换方面，单体应用其实更加高效；再比如，面对复杂地质油藏场景的三维可视化方面，基于 DirectX 和 OpenGL 的扩展的图形引擎比云原生上的 WebGL 图形引擎其实更加高效。

云计算平台优势是松耦合下的整合性，因此 OSDU™ 采用云端架构是因为更加关注在不同软件生态和技术架构之间的互通。这种互通，其实就是不同专业软件应用体系之间的互通，其本质是油气行业多个业务板块之间的高效协同。面对油气行业快速迭代的研究需求，以及非常规油气开发等业务高度一体化的需求，这些技术上的互通恰恰解决了业务上的协同和快速迭代，为数字化转型奠定了基础。

总结来说，OSDU™ 的云原生应用，是通过忽略（或者说牺牲）单体软件运行效率来换取模块快速构建和整体协同效率的提升。

5.4 油气大模型训练的数据需求与数据准备

数据是支撑大模型发展的三大基石之一，更高质量、更丰富的数据是生成式人工智能大模型成功的驱动力。数据集的质量和数量是决定模型性能的关键因素之一。

数据，作为决定机器学习模型性能的三大要素之一，正在成为制约大模型发展的瓶颈。无论算法多么优秀，无论计算资源多么强大，模型的质量都直接取决于用来训练模型的数据。然而，在实际应用中，我们通常很难获取足够大和高质量的训练数据，这就使大模型预训练尤其是对大模型的泛化性带来巨大的挑战。随着各种开源大模型的涌现，行业大模型的兴起，数据的重要性进一步凸显，尤其是高质量的行业数据。获取高质量训练数据的主要难点在于企业往往不愿意、不能或者不敢分享他们的数据。

油气领域大模型建设方兴未艾，面向大模型的高质量油气数据集收集、清洗、加工甚至合成，是至关重要的。

5.4.1 油气大语言模型训练数据集准备

人工智能是以数据为中心的,即在模型相对固定的前提下,通过提升数据的质量和数量来提升整个模型的训练效果。提升数据集质量的方法主要有:添加数据标记、清洗和转换数据、数据缩减、增加数据多样性、持续监测和维护数据等。未来,数据成本在大模型开发中的成本占比或将提升。

5.4.1.1 大语言模型训练语料准备的基本原则

大规模:训练数据集的大小通常在数十亿到数千亿个 Tokens(单词、标点符号或其他语言单位)之间。例如,GPT-3 的训练数据包含了约 1750 亿个 Tokens。OpenAI 在 *Scaling Laws for Neural Language Models* 中提出 LLM 模型所遵循的"伸缩法则"(Scaling Law)[5],即独立增加训练数据量、模型参数规模或者延长模型训练时间,预训练模型的效果会越来越好。

多样性:训练数据通常来自各种不同的来源,包括书籍、文章、网页、对话等,以确保模型能够学习到各种不同的语言用法和知识。

质量控制:数据丰富性能够提高模型泛化能力,过于单一的数据会非常容易让模型过于拟合训练数据。高质量数据集能够提高模型精度与可解释性,并且减少收敛到最优解的时间,即减少训练时长。由于训练数据规模巨大,其中可能包含大量的错误和不相关的信息,因此需要对数据进行质量控制,例如去除重复、过滤低质量内容等。

平衡性:训练数据通常需要保持一定的平衡性,以避免模型学习到偏见或偏向。例如,需要对数据进行去重和筛选,以避免某些观点或信息的过度表示。

时效性:训练数据通常需要保持一定的时效性,以反映最新的语言用法和知识。因此,训练数据可能需要定期更新,以包含最新的信息。

针对油气领域的数据集准备,同样需遵循上述原则。

由于油气领域覆盖的产业链长,产业链结构复杂,涉及上游勘探开采,中游炼制和化学品加工和下游消费品销售等环节,在多样性方面,需要主要收集上游、中游、下游各个环节的语料,甚至要深入在每个环节的细分领域,如上游环节包括油气的勘探、开发和生产。

5.4.1.2 大语言模型训练语料分类

训练油气大语言模型,通常是在一个通用的基座大模型基础上进行增强预训练和微调(图 5-4-1),这两个阶段需要准备的语料有所不同。

(1)增强预训练(Incremental Pretraining)。增强预训练也叫领域自适应预训练(Domain-adapter Pretraining)就是在通用大模型的基础上,利用油气领域的语料继续进行预训练，以挖掘油气领域数据特征得到油气领域特定预训练模型的过程。

通用的基座大模型就是"百科全书"，已经学习了大量的语料，已经学习到通用的语言特征，具有广泛的适用性和强大的学习能力。

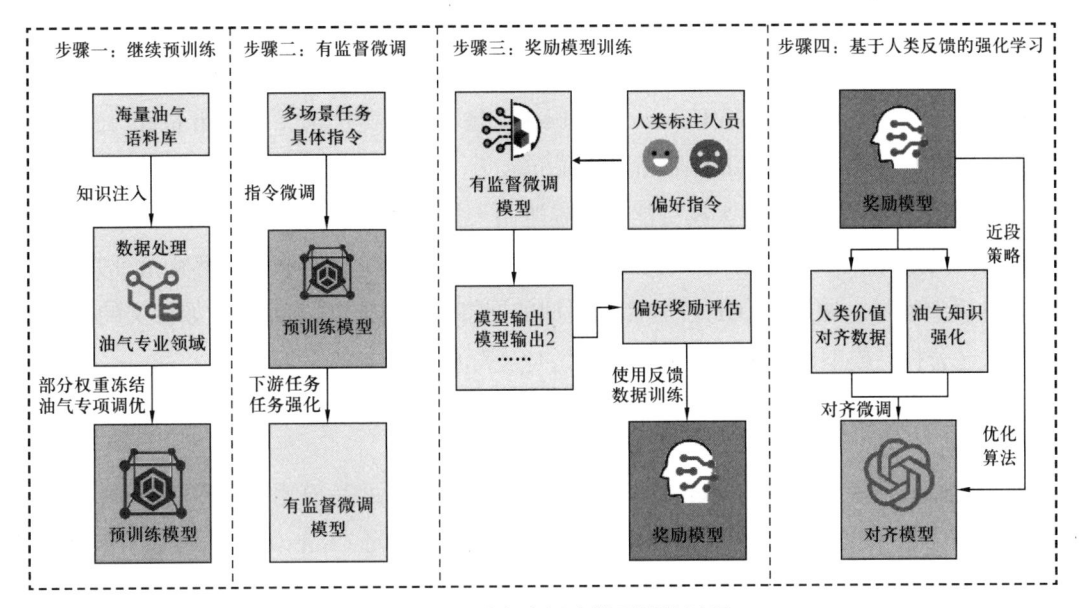

图 5-4-1　油气大语言模型训练过程

增强预训练目标：由于目前大部分通用大模型不足以覆盖油气领域的知识和数据，也无法完成油气领域复杂的数据挖掘和数据分析任务，需要在现有基座大模型的基础上，通过引入油气领域的数据，调整模型参数，进一步增强模型的能力和性能。

所需油气数据：通常使用大量的油气领域数据，需要与通用大模型的数据分布不同，旨在使模型适应油气领域或任务。增强预训练一般采用无监督训练的方式，因此，将油气领域的电子书籍、文献、标准规范、方案等资料进行处理后，就可以用于训练。

（2）微调（Fine-tuning）。微调也叫指令微调（Instruction Tuning），微调的目标就是在特定任务的数据上对预训练模型进行进一步训练，使其在特定任务上表现更好。指令微调已成为预训练大模型在实际业务应用最重要的方式。许多垂直领域模型，都是在预训练模型的基础上，通过针对性的指令微调，可以更好地适应最终任务和对齐用户偏好。微调的任务通常指如翻译、情感分析、文本分类等。

应用场景：预训练模型已经具有足够的通用知识，微调用于在特定任务上调整模型，使其表现最佳。微调的应用场景如翻译、情感分析、文本分类等任务。

数据：通常使用较小的数据集，专注于某个具体任务的数据，如情感分析、文本分类等。

微调方法分为全参数微调（Full Fine-tuning）、部分参数微调（Repurposing）。典型全参数微调方法如 SFT（Supervised Finetuning，有监督微调），通过 SFT 可以激发大模型理解领域内的各种问题并进行回答的能力（在有召回知识的基础上）。部分参数微调的方法包括：LoRA、Adapter、Prefix-tuning、P-tuning、Prompt-tuning、Freeze-tuning 等。

对齐微调是大模型微调训练的一项重要的流程，主要采用 RLHF 方法。RLHF（Reinforcement Learning from Human Feedback）是基于人类反馈（Human Feedback）对语言模型进行强化学习（Reinforcement Learning），与一般的 Fine-tune 过程乃至 Prompt Tuning 有所不同，RLHF 使大模型能够正确遵循人类指令。借助 RLHF，LLM 模型可以理解用户的意图，即使该意图没有被明确描述。RLHF 使模型能够正确解释指令并从以前的对话中学习。通过 RLHF 可以让大模型的回答对齐人们的偏好，比如行文的风格。也可以显著提高模型的性能，使其更好地适应实际应用场景的需求。

5.4.1.3 大语言模型语料的来源

在大型语言模型中，"Token" 是一个技术术语，它指的是模型在处理文本时将其切分的最小语言单位。一个 Token 可以是单词、字符、子词（Subword），或者任何模型被训练来识别的文本单元。在处理自然语言时，模型使用 Token 作为其理解和生成文本的基本构件。

专业的油气行业大模型必须能够准确理解油气领域的术语和概念，才能在油气领域中有效工作。这意味着，油气大模型模型的训练数据不仅要全面，还需要深入油气行业知识的核心，能够覆盖并准确反映油气专业术语和概念。

AI 大模型语料库的来源相当多元化，主要包括网络数据，如新闻报道、社交媒体内容等，这些数据提供了丰富的语言实例。同时，学术文献中的专业论文和报告也为模型提供了深入的专业知识。此外，公共数据集、用户生成内容以及专业内容提供商的资料，都为 AI 模型的训练贡献了不同维度的数据。这些多元化的数据来源共同构成了 AI 大模型训练所需丰富、多样的数据基础，从而帮助大模型更好地理解和响应人类语言，并在特定领域实现深度应用。

油气行业的数据集通常包括地质勘探数据、开发生产数据、集输储运数据、炼油化工生产数据、油品及天然气销售数据等，这些数据的特点是多样性高、格式复杂以及对准确性和隐私性的极高要求。来源渠道主要包括以下几个方面：

（1）公开数据集。公开数据集是由学术机构、政府组织和大型企业公开发布的数据集合，这些数据集包含各种类型的数据，如图像数据、文本数据和音频数据。这些数据集通常被用于机器学习、深度学习和其他数据科学项目的研究和开发。

油气领域的公开数据集相对其他领域少一些，但是仍然有一些可用的资源。如维基百科中包含了多个油气数据集，涵盖了全球典型盆地油气系统、东南亚盆地和油气数据库等方面的信息；Petrol/Gas 包括了全球汽油/天然气价格；国际原油期货价格数据也是公开的；美国地质调查局（USGS）、勘探地球物理学家协会、南澳资源信息（SARIG）等提供三维地震数据集。

在检索油气公开数据集时，应重点关注高质量的小型数据集，而不是较大的不受控数据集，因为油气数据的标注并不容易。

（2）学术机构。许多大学和研究机构、石油学会收集并整理油气领域的数据，然后公开发布以供其他研究人员使用。这些数据集通常用于推动相关领域的研究进展，也是学术论文和科学实验的基础。例如《知网》《石油勘探与开发》《石油与天然气地质》《中国石油勘探》等，及各地质院校和石油院校的校刊。

（3）标准规范。油气行业标准规范包括国家标准规范、行业标准规范和企业标准规范，这些规范都是公开发行。

（4）企业内部数据。每个油气公司都有大量的数据，包括企业数据库、地质档案、科研成果、项目研究报告等。这些数据涉及油气全领域科研、生产和经营活动的每个环节，是最丰富的知识来源。

油气数据作为涉及国家安全和利益的信息，其保密级别、保密期限以及知悉范围必须依照法定程序确定，并在特定时间内仅限于一定范围的人员知悉。这些信息可能包括石油储量、开采技术、炼油工艺、重要的运输管线布局等，若泄露可能会对国家的能源安全和经济发展造成重大影响。因此，加强这些秘密信息的保护和管理至关重要，以确保国家的能源安全和经济的稳定发展。

在收集和使用数据的过程中，必须严格遵守相关的法律法规和伦理标准。这不仅是法律的要求，也是赢得用户信任的关键。另外，在处理个人数据时，需要确保数据的隐私和安全，防止任何未授权的访问或使用。

5.4.1.4　油气大语言模型训练语料预处理

根据大模型训练的尺度定律（Scaling Law），数据规模、模型参数与大模型性能存在紧密关系。近期，微软研究工作表明提高数据质量可以极大地改变尺度定律的形状。通过构建高质量的数据，可以大大降低大模型训练需要的数据规模，具有重要指导意义。

下面是几类用于提升数据质量的预处理方法：

（1）质量过滤。大语言模型训练中需要过滤低质量数据，主要分为两类方法，即基于分类器的方法和基于启发式的方法。基于分类器的方法是训练一个文本质量判断模型，用以识别并过滤低质量数据。而基于启发式的方法则是通过一组精心设计的规则来消除低质量文本，主要包括语言过滤、指标过滤、统计特征过滤和关键词过滤。

（2）冗余去除。大语言模型训练语料库中的重复数据会影响模型性能，降低语言大模型的多样性，并可能导致训练过程不稳定。因此需要对数据进行冗余去除。文本冗余发现（Text Duplicate Detection）也称为文本重复检测，是自然语言处理和信息检索中的基础任务之一。该方法用于数据处理可以发现不同粒度上的文本重复，包括句子、段落以及文档等不同级别，可以有效改善语言模型的训练效果。

（3）隐私消除。预训练数据中可能包含涉及敏感或个人信息，增加隐私泄露的风险。对于此类问题，最直接的方法是采用基于规则的算法删除隐私数据。例如可以使用基于命名实体识别的算法，检测数据中姓名、地址和电话号码等个人信息内容，并进行删除或者替换。

5.4.2　油气多模态大模型训练数据集准备

基于当前多模态大模型技术的进展，油气多模态大模型应用主要集中在油气安全、生产巡检、智能设备质检、设备智能化等方面，既图文多模态大模型应用。音频文本大模型的应用场景应用面较少。

对于图文多模态的大模型，主要的训练数据集是海量图文训练对。

油气领域已有的公开海量图文训练对极少。如果要训练油气多模态大模型，需要通过多方面收集，并经过数据加工清晰和标注的过程。

收集油气领域的图文训练对的手段和渠道，应该不限于以下途径：

（1）维基百科；

（2）百度/Bing/Google 等搜索引擎进行爬取；

（3）石油公司内部网站爬取；

（4）基于多模态大模型进行生成。

5.4.3　油气预测大模型的数据集准备

油气预测大模型也称油气科学计算大模型，这类大模型主要为是油气科研和生产过程提供智能化服务，提高生产效率，提高科研能力，提高科学家的效率、准确性和创造力。实现重塑油气智能勘探开发、智能管网、智能炼油化工厂、智能加油站等智慧系统建设。

就像大语言模型和多模态模型一样，油气领域预测大模型领域也极少有公开的数据集可以利用。成本高昂，收集时间周期长是油气预测大模型构建不可避免的门槛。

以下以地震大模型实现为例，说明预测大模型的数据集准备。

构建地震大模型，预训练模型所需数据一般包括：

（1）叠前数据。地震叠前数据是指在地震信号的共炮检波接收后，经过动校正和静校正叠加处理之前的数据。这些数据体在叠加之前，包含了丰富的地震信息，这些信息对于地质分析和解释至关重要。

（2）叠后数据。地震叠后数据是通过将地震信号进行叠加处理后得到的数据，这一过程旨在提高信号的质量和可读性。叠后数据的信噪比高，精度和分辨率也相对较高，更适合于地质解释和结构分析

为了丰富地震大模型，也需要准备相关的属性数据，例如，各种属性数据体，包括不限于相干（本征值相干、增强相干）、蚂蚁体、AFE、方差、倾角、方位角曲率（高斯、平均、最大、最小、最大正、最大负倾角、走向等）、边缘检测、梯度结构张量、最大似然体、反射强度，以及分方位波阻抗反演结果等。

为了微调地震大模型下游任务，准备地震大模型下游任务的标签，需要准备解释结论数据，包括但不限于：

（1）原始地震解释结论。各标准反射层及目的层构造解释成果、断裂解释结论、断裂组合样式。

（2）测曲线数据（声波、密度）、FMI成像测井数据。

（3）岩心录井数据。

（4）井的地层对比断点数据、井位坐标、井邻、时深关系。

其他如测井评价、油藏数值模拟、炼化工艺参数优化、管道储运、油品运输与销售等业务中也有若干场景，可以通过构建预测大模型提高业务预测准确率和模型预测泛化性，可以依据其本身的业务特征和数据特征进行数据集的准备。

相对大语言模型和油气多模态大模型，油气预测大模型的数据集准备更加复杂，并因研究目标而异。在预测大模型数据集准备时，需参考或遵循以下几个方面：

（1）明确目标和内容。首先明确科学计算大模型的应用目标和需求，确定数据集的构建方向和内容，从而给出所需数据集的数据类型、来源、规模和预期覆盖的范围。

（2）确保数据的多样性。收集多样化的数据，以确保模型能够泛化到不同的应用场景和应用范围。如让地下数据涉及更多的盆地、油藏类型，或者生产数据覆盖到更多的炼油装置和化工产品类型。当然也可以使用数据增强技术来扩充数据集，提高模型的泛化能力。

（3）数据标注。数据标注是若干科学计算大模型建立中工作量最大的任务。特别是对于监督学习任务，需要收集带标注的数据，对未标注数据进行准确的数据标注，这可能包括文本分类、实体识别、图像分割，也包括对时序数据进行标注，对结构化数据进行标注等。

（4）数据预处理。执行必要的数据预处理步骤，如文本的分词、标准化，图像的缩放、归一化，数据异常值去除、数据空值处理等。对于涉及图像、音频、视频等，需要特别的数据处理技术。

更复杂的油气数据预处理是与数据噪声、数据异质性、数据尺度差异等相关的问题。一些油气大量数据（例如地震和测井数据）往往可以达到数拍字节，这些数据存在噪声、误差和环境干扰。从传感器数据中收集的生产实时数据的异质性也给人类注释和标准化带来了困难，而在有偏差的数据上训练人工智能模型一定会导致有偏差的输出。这些数据的处理方法上，要结合强大的专业知识和数据处理技术。

（5）数据安全和合规。需确保数据的安全性，并确保数据采集过程遵守法律法规，尊重版权和个人隐私。

当前，油气行业大模型构建正如火如荼地进行中，从集团公司级千万亿参数量的大模型训练，到基于开源大模型搭建的领域知识库，各自精彩纷呈，体现了油气科研技术人员应用 AIGC 技术探索世界的热情。经过油气科技信息人员几十年领悟积累的油气数据治理成果和技术，将是油气大模型建设的巨大宝藏，另外，油气大模型建设对数据集巨大而广泛的需求，也将催生更加先进的油气数据治理技术，从而使油气数据的质量、广度和深度达到一个全新的高度。

参 考 文 献

[1] 庞雄奇,张一伟,等.油气田勘探[M].北京:石油工业出版社,2006.
[2] 孙旭东.油气工业数字化架构与生态[M].北京:中国石化出版社,2023.
[3] 景瑞林.石油天然气勘探开发数据标准体系研究[J].标准科学,2012（4）:42-46.
[4] The Open Group. Core-Services-Overview[R/OL].（2022）HTTPS://community.opengroup.org/groups/osdu/platform/-/wikis/Core-Services-Overview.[2025-2-23].
[5] KAPLAN J, MCCANDLISH S, HENIGHAN T, et al. Scaling laws for neural language models[J]. 2020. DOI: 10.48550/arXiv.2001.08361.

6 油气行业大模型构建关键技术

大模型也许是由人类构建的最复杂的系统，而最终完备的油气行业大模型也必将成为油气工业历史上最复杂的系统。油气行业大模型的构建必然需要攻克众多的关键技术，按照油气行业大模型与通用领域大模型关键技术的差异程度，可以将油气行业大模型的关键技术分为三类：一是通用大模型广泛使用、应用于油气行业只需要做少量适应性修改的技术，如大模型的神经网络模型、大模型的技术架构、大模型应用架构、大模型的安全与测试策略等，这类技术在通用领域的发展已相对成熟，尽管油气工业的特点与通用领域的应用特征不完全相同，但这些技术的基本思路是一致的，在油气工业领域无须做大的修改。二是通用大模型广泛使用、但需要根据油气行业的特点做较大修改的技术，如预训练与微调、蒸馏与裁剪等，这类技术虽然在通用领域发展也比较成熟，但由于油气工业的不同特点，需要做较大修改，如油气地球物理基础大模型的预训练需要根据地震数据等油气地球物理数据的特征和油气地球物理知识的特点，使预训练模型能从预训练过程学习到更多的油气地球物理知识。三是通用大模型研究不成熟甚至不涉及，需要根据油气行业的特点深入研究或完全创新研究的技术，如油气地球物理大模型的域自适应问题，尽管域自适应问题在通用领域也有很多研究，但由于通用的领域数据样本通常相对充分，大模型对域自适应的依赖程度较低，因而研究不够深入，油气地球物理领域需要根据自身特点充分研究。

6.1 大模型架构

大模型架构通常包含三层含义：大模型的神经网络架构、大模型的技术架构、大模型应用架构。油气行业的大模型架构普遍采用通用领域的大模型架构技术，只需要针对油气行业各项应用的特点，做少量修改。以下将针对油气行业大模型的需求，介绍油气行业大模型的主要架构。

6.1.1 大模型的神经网络架构

人工神经网络可以划分为三个发展阶段：以 BP 神经网络为代表的初级阶段、以 CNN 为代表的深度学习阶段和以 Transformer 为代表的大模型神经网络阶段。前两个阶段是大模型的发展基础,这里主要介绍适合油气行业大模型的 Transformer 架构及在其基础上改进的相关模型。

人工神经网络由模仿人脑神经元的机制而得名,深度学习是神经网络的一种表现形式,相对于早期的 BP 神经网络,深度学习的网络节点更多,叠加的层次也更多。大模型是深度学习的一种表现形式,它通过多个层的叠加实现对数据的分级表达,具有庞大的参数,因此叫做大模型〔庞大参数量的机器学习(神经网络)模型〕,所以大模型的核心是神经网络的层次堆叠。为了实现不同效果就有了多种神经网络的堆叠模式,称为大模型架构(或称为大模型的神经网络架构)。大模型的常用架构主要包括 Transformer、BERT、GPT、T5 等,每种架构都有其独特的设计理念和应用场景,分别适用于油气行业大模型的不同应用。

Vaswani 等在 2017 年提出的 Transformer 架构[1],标志着神经网络领域迈入了新的阶段,尤其在处理大规模数据任务时展现出卓越的优势。作为一种通用的神经网络架构,Transformer 突破了传统循环神经网络(RNN)对长序列依赖的局限,通过自注意力机制有效捕捉全局依赖关系,实现了复杂信息的高效处理。它的多头注意力机制不仅增强了模型的表达能力,还极大提升了并行计算的效率,使得 Transformer 能够高效处理长距离依赖,成为大规模深度学习模型中的基础组件。Transformer 的模型设计使其具备出色的并行处理能力,训练效率高,尤其在长序列任务中能够很好捕捉序列中的长距离依赖。这种架构在自然语言处理、图像处理、音频分析等领域取得了突破性进展,也在油气行业中复杂的地质数据分析任务中展现了广泛的应用潜力。然而 Transformer 在处理长序列时,计算复杂度高,尤其是自注意力机制需要对每个输入进行全局关联,导致内存占用大,计算开销高。这种复杂性在处理超长序列数据时成为一大挑战,尤其是在计算资源有限的场景下,可能限制其应用的广泛性。尽管如此,Transformer 作为大模型神经网络架构的典型代表,凭借其卓越的特征提取与信息融合能力,正在推动包括油气行业在内的各个行业的人工智能迈向新的高度。它的灵活性和可扩展性,使其能够有效应对复杂、多样化的任务场景,是油气行业大模型使用的主要神经网络架构。

BERT(Bidirectional Encoder Representations from Transformers)[2]是一种强大的双向语言理解神经网络模型。通过对大规模无标签文本数据进行预训练,BERT 能够学习通用的语言表示,显著提升其在各种自然语言处理任务中的表现。其训练过程分为预训练和微调两个阶段。在预训练阶段,BERT 通过掩码语言建模(MLM)和下一句预测(NSP)任务获取丰富的上下文信息,从而提升模型的语义理解能力。MLM 通过掩盖部分词汇并预测这些词,帮助模型捕捉全局语义关系;NSP 则通过判断句子之间的顺序关系,增强模型对文本连贯性的理解。经过预训练后,BERT 通过微调适应具体任务,通过反向传播和梯度下降等优化技术更新模型参数,使得 BERT 在不同任务中表现出色。

尽管 BERT 在双向上下文捕捉方面表现优异，能够精确识别句子中的细微语义差异，并在翻译、句法分析和相似度计算等任务中表现突出，但它也存在一些明显的缺点。首先，BERT 的训练和微调过程对计算资源和时间的需求极高，尤其在我国油气行业计算资源有限的情况下，长时间的训练和高昂的计算成本成为一大挑战。其次 BERT 并不擅长生成类任务，其设计更侧重于通过大量的训练，加强对物理问题的理解，这对油气行业普遍样本不足的问题难以应对。

GPT[3]是基于 Transformer 发展而来的生成式神经网络模型，其目标是成为能够解决所有自然语言处理问题的通用型模型。与 BERT 等主要处理文本分类和机器翻译等具体任务的模型相比，GPT 的设计目标更加广泛，因此虽然其在单一任务上的表现可能略逊于 BERT，但其泛化能力更强。GPT 系列使用了 Transformer 的解码器堆叠结构，而 BERT 则采用编码器堆叠。此外，GPT 的微调过程也不同于 BERT，GPT 将带标签的数据全部输入模型，使用最后一个输入对应的输出特征进行加权，并在设计损失函数时结合无监督训练中的标准语言模型损失计算，以提升模型效果。GPT 的优势在于其生成任务中的一致性和流畅性，特别适合对话生成、文本续写等任务[4]，模型通过自回归的方式逐步生成文本，能够根据上下文生成连贯的输出。然而，由于其单向生成特性，GPT 在复杂上下文的理解上不如 BERT 的双向架构表现优异，尤其是在需要全局语义理解的任务中表现相对不足。此外，GPT 在训练和推理过程中对计算资源的要求较高，尤其在生成长序列文本时容易出现误差累积问题。

T5（Text-to-Text Transfer Transformer）[5]是一种生成式预训练神经网络模型，其关键创新在于将所有自然语言处理任务统一转化为文本序列进行处理。与 BERT 和 GPT 只使用编码器或解码器不同，T5 结合了 Transformer 的编码器-解码器结构，增强了模型的多任务处理能力。通过任务规范（Task Specification）的设计，T5 将分类、翻译、问答等任务统一为输入和输出的序列形式，显著提升了模型在多个任务中的泛化能力。这种端到端的学习方式简化了任务处理流程，避免了为每个任务单独设计模型的复杂性。T5 的优点在于其统一的框架能够促进跨任务的知识迁移，使模型更加具有通用性。这种设计降低了不同任务之间的适应难度，并提升了自然语言处理任务的整体性能。然而，T5 对生成任务的依赖较强，可能不太适合某些需要深度理解的特定任务。该系列模型的提出给自然语言处理领域增添了一种新的范式，且提升了各个自然语言处理任务的性能。对于各个任务的处理有了更低的使用门槛，但是 T5 的大规模训练和推理过程需要耗费相比于其他系列的模型而言更加巨大的资源和时间[6]。

6.1.2 大模型的技术架构

在油气行业，大模型的技术架构设计需要满足高性能计算、大规模数据处理和专业化模型应用的需求。结合当前先进的大模型技术，可以构建一个完整、高效的技术生态系统，支撑油气行业的数字化转型智能化发展。油气行业大模型的技术架构主要分为5个层次：基础设施层、模型层、推理和服务部署层、服务开发层以及应用层，这些层次紧密协同，共同满足油气行业的专业需求。

基础设施层是整个架构的底层支撑，提供强大的计算和存储资源，满足油气行业对高性能计算和大规模数据处理的需求。GPU（图形处理器）提供高性能的计算能力，支持深度学习模型的训练和推理，特别是在地震数据处理、复杂流体模拟和三维地质建模等需要大量并行计算的任务中，GPU的优势尤为显著。CPU（中央处理器）处理常规计算任务，负责系统的基本运行和控制，确保各种服务和应用的稳定运行。存储系统提供大容量、高速的数据存储和管理能力，确保勘探和开发过程中产生的大量数据的可靠性和可用性，包括高性能的分布式存储和云存储解决方案，支持快速的数据读写和备份。网络确保各组件之间的高效通信，提供稳定的连接和高速的数据传输能力，满足分布式计算和远程协作的需求。虚拟化技术通过提高资源利用率和灵活性，支持多租户环境和资源的动态分配，适应油气行业多变的计算需求，提升系统的可扩展性和灵活性。

模型层是智能应用的核心，包含针对油气行业优化的机器学习和深度学习模型。中小模型如嵌入模型（Embedding Model）和光学字符识别模型（OCR Model），用于将高维地质数据映射到低维空间，方便后续分析；OCR模型用于识别历史文档和纸质报告中的文字信息，实现数据的数字化管理，提高信息检索和利用效率。大语言模型如ChatGLM2-6B、Qwen-7B-Chat、Baichuan-13B-Chat等，通过对大量行业专业文献和数据的预训练，具备强大的语言理解和生成能力，能够协助完成复杂的技术报告编写、数据分析和决策支持。通过微调（Fine-tuning），针对油气行业的特定应用需求，对预训练的大语言模型进行定制化调整，例如提高对特殊岩性特征的识别能力，或增强对复杂地质构造的理解，提升模型的专业性和准确性。

推理和服务部署层负责大模型的高效推理和服务部署，满足油气行业对实时性和高性能计算的需求。TensorRT-LLM优化和加速大语言模型的推理过程，支持地质模型的实时更新和参数优化，通过TensorRT技术，大幅提升模型的推理速度和效率，减少计算资源的消耗。VLLM提供大规模语言模型的推理能力，支持复杂的自然语言处理任务，例如自动生成地质报告、进行风险评估和提供方案建议等，提高工作效率和决策质量。DeepSpeed支持高效的分布式训练和推理，处理大规模的深度学习模型，通过DeepSpeed，可以实现模型的快速训练和部署，满足油气行业对大数据处理和模型训练的高性能需求。

服务开发层为应用层提供支撑，提供各种基础服务和数据处理能力，以满足油气行业对数据高效处理和服务灵活性的要求。应用接口服务（API）提供标准化的接口，方便各类专业软件和应用调用底层服务，例如地震数据处理软件可以通过 API 访问大模型的预测功能，实现地层属性的反演和解释，促进系统间的无缝集成。服务编排管理和协调不同服务之间的交互，确保各服务高效、稳定地运行，针对油气行业复杂的工作流程，服务编排可以自动处理任务的启动、停止和监控，提升系统的可靠性和可扩展性。数据处理负责处理大量的结构化和非结构化数据，包括测井数据、地震数据、生产数据和技术报告等，通过数据清洗、转换和融合，确保数据的高质量和可用性，为模型训练和业务应用提供可靠的数据支持。

应用层直接面向行业用户，包含各类智能应用和解决方案，旨在提升油气业务的效率和决策准确性。知识库助手利用自然语言处理技术，帮助地质工程师和石油专家快速获取和管理专业知识；在油藏评价过程中，知识库助手可以即时提供相关地质模型、岩性特征和储层物性参数，减少人工检索时间，提高工作效率。智能文档审核系统自动审核和校对技术报告、勘探计划和生产数据报告等关键文档，通过机器学习和自然语言处理，系统能够识别文档中的错误、不规范表述和数据异常，提供修改建议，减少人工审核的工作量，确保报告的准确性和一致性。行业场景应用针对特定的油气勘探和开发需求，如含油气性识别、溶蚀孔洞刻画、储层预测和井位优化，利用大模型的强大数据分析和预测能力，提升地质建模和油藏描述的精度，提高勘探成功率和开发效率。

构建满足油气行业需求的智能应用，必须依赖各层次的紧密协同与有机结合。从底层的高性能计算基础设施，确保了海量数据的存储和高速计算能力，到针对行业特点优化的模型层，提升了模型的专业性和准确性，再到灵活高效的推理和服务部署层，保证了模型应用的实时性和可扩展性，以及服务开发层和应用层的创新实践，为行业用户提供了丰富的智能化解决方案。每一层在整个架构中都扮演着关键角色，共同构建了一个完整、高效、可持续发展的技术生态系统。

6.1.3 大模型的应用架构

在油气行业中，大模型的应用架构设计需要满足复杂的数据处理需求和多样化的应用场景。结合当前常见的大模型应用架构，可以更好地理解和实现这些需求。不同的大模型应用架构通过各自独特的模型结构和训练方式，实现了对数据的高效特征提取和深度理解，能够满足油气行业中复杂的数据处理需求和多样化的应用需求。

路由分发架构[7]：核心思想是解析用户的查询请求，并将其路由到最适合处理该请求的模型实例。在油气勘探与开发中，不同的油藏类型、地质构造和勘探区域需要采用特定的模型进行分析。通过该架构，可以自动选择适配的模型实例，实现对不同地质条件下的数据精细化处理。例如，在地震资料解释中，针对碳酸盐岩、砂岩或页岩等不同的储层类型，路由机制将数据分发到专门预训练的模型，能够显著提高解释精度。

大模型代理架构[8]：利用大型预训练模型的全局规划和任务拆解能力，将复杂任务自动分解为多个子任务，针对性地调用不同的专用小模型或算法模块处理，最终汇总形成输出。该架构的核心在于大模型具备全局视野和智能决策能力。例如，在油藏开发方案设计中，大模型理解整体目标和约束条件，将任务细分为地质建模、流体模拟和经济评估等子任务，分别调用相应的专业模型，最终形成完整而优化的开发方案。

缓存优化的模型微调架构[9]：通过缓存常用模型的微调结果，减少重复计算，提升推理速度。油气行业具有海量的历史数据和重复性的计算需求。在油田开发过程中，针对常用的地质模型和参数设置，可以预先缓存微调后的模型参数。例如，在井位优化和钻井轨迹设计中，利用缓存的地质模型参数，可以快速评估不同方案的可行性和风险，大幅提升决策效率。

目标导向型代理架构[10]：根据预设的油气任务目标，自动调整模型策略，以满足特定的性能指标。在复杂的油气勘探任务中，如提高油藏预测精度、优化钻井安全性或降低作业成本，该架构可以实时调整模型的参数和算法。例如，在井下实时监测中，模型动态调整灵敏度，确保设备的安全运行，并提供高精度的预警信息，帮助现场人员及时应对潜在风险。

代理组合架构[11]：强调多个模型代理的并行协同工作，各模型独立处理不同的任务或同一任务的不同方面，最终综合各自的结果。该架构的核心在于模型之间的平等协作，而非由大模型进行任务分配。例如，在综合油藏评价中，同时调用地震反演、测井解释和油藏工程模型，各模型在各自的专业领域并行处理，最后综合结果，更准确地描述储层特性和预测流体分布，提高评价的全面性和准确性。

双重安全架构[12]：在数据传输和模型推理过程中，采用双层加密和严格的访问控制机制，确保数据和模型的安全性。该架构适用于数据在传输和处理过程中需要高度安全防护的场景。例如，在井下实时数据的远程传输和敏感模型的在线推理中，双重安全架构能够有效防止数据泄露、未经授权的访问和网络攻击，保障生产运营的安全性和稳定性。

联邦学习架构[13]：核心思想是在保护数据隐私的前提下，利用分布式节点共同训练共享模型，无须集中存储和处理原始数据。该架构适用于需要跨区域、跨组织协同训练模型但无法共享原始数据的场景。例如，在油气勘探中的地质建模和储层预测任务中，不同油田拥有敏感的地震和测井数据，无法集中共享。通过联邦学习，各油田在本地训练模型，分享模型参数。联邦学习机制汇总这些参数，生成全局模型，提高勘探的准确性和成功率，同时保护数据隐私。

针对油气行业的特殊需求，选择合适的大模型应用架构至关重要。路由分发架构适用于精细化模型选择，针对不同地质条件灵活应用；大模型代理架构擅长复杂任务的全局规划和智能拆解；缓存优化的模型微调架构提升计算效率，减少重复计算；目标导向型代理架构满足特定业务目标，动态调整模型策略；代理组合架构实现多模型的并行协同，综合各模型优势；双重安全架构保障数据传输和处理过程中的安全；联邦学习架构在保护数据隐私的前提下，实现跨区域协同模型训练。合理应用这些架构，可以充分发挥大模型的潜力，提升油气行业的数据分析和决策支持能力，推动行业的智能化发展。

6.2 大模型预训练、微调与域自适应

在基础模型的构建过程中，预训练与微调是两个关键步骤（图 6-2-1），它们共同决定了模型的性能与应用广度。预训练是指在大规模无标注或自监督数据上对模型进行初始训练，通过学习通用的特征和知识，为后续任务提供良好的基础。其主要作用在于利用海量数据提取广泛的特征表示，降低对标注数据的依赖，并显著加快后续模型的收敛速度，同时提升模型的泛化能力。微调则是在预训练的基础上，通过较小规模的标注数据进一步调整模型参数，使其针对特定任务表现更优。微调的意义在于将通用特征定制化为任务相关的特征，从而提高模型的精度和适应性。因此，预训练能够为模型提供广泛的基础知识，而微调则使模型能够针对具体应用进行优化。两者的结合不仅可以大幅减少训练时间和资源消耗，还能够提升模型在各类任务上的表现，使得这一范式在深度学习中具有不可替代的地位。

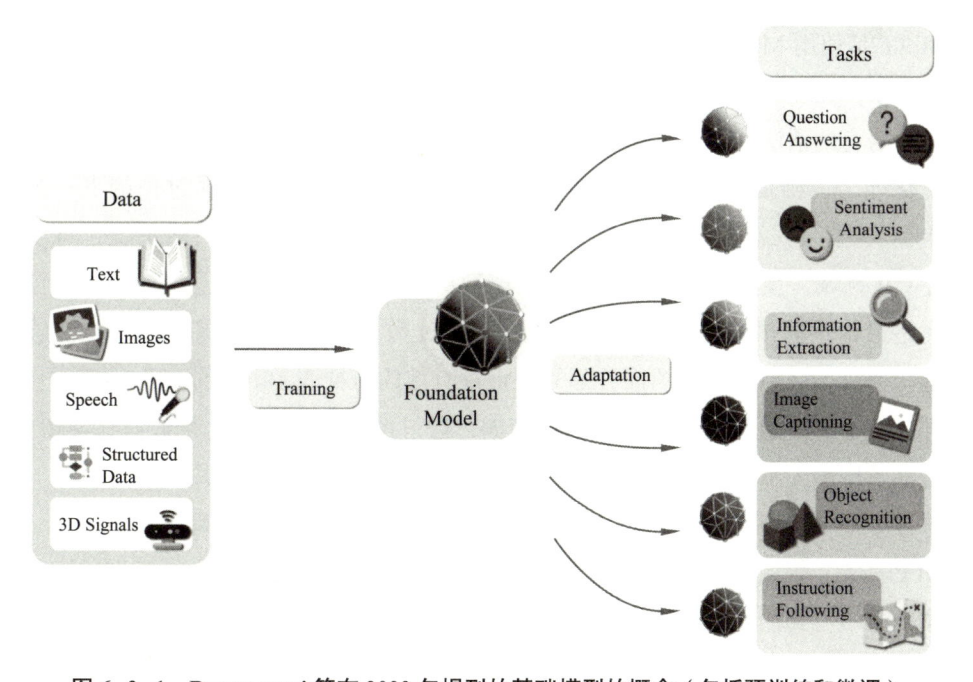

图 6-2-1　Bommasani 等在 2022 年提到的基础模型的概念（包括预训练和微调）

6.2.1 基础模型预训练

近年来，随着 BERT 和 GPT-3 等模型的出现，深度学习在自然语言处理和计算机视觉等领域取得了巨大的进展，推动了这些领域的发展进入大规模预训练的新时代。与传统的端到端深度学习训练模式相比，大规模预训练模型采用了两阶段的训练方法：首先在海量数据集上进行预训练，学习通用的数据表示（如语言的语法和语义），然后通过微调适应特定任务。这种方法不仅在效率上大大提升，还增强了模型的通用性和适应性，可以广泛应用于不同的任务。相比之下，端到端训练模型往往是为特定任务量身定制的，需要大量标注数据进行单阶段训练，因此其通用性和灵活性较低。

大规模预训练模型的优势还在于，它们可以通过微调来适应不同的任务场景，极大地减少了计算资源的重复消耗，而端到端模型每次面对新任务时都需要从头训练，消耗大量时间和资源。此外，预训练模型的泛化能力更强，因为它们在广泛的数据上进行了预训练，能够在多个任务上达到较高的性能，而端到端模型虽然在特定任务上表现出色，但往往难以泛化到其他任务。总的来说，大规模预训练模型在训练方法、应用范围、资源效率和性能泛化能力方面相较于传统端到端训练模式表现出更大的灵活性和优势。

对于大模型而言，预训练任务的选择至关重要，必须根据模型的目标进行设计。在自然语言处理（NLP）和计算机视觉（CV）领域，预训练任务是模型学习通用特征的关键步骤。对于 NLP，掩码语言模型（MLM）和自回归语言模型是最常用的预训练任务。BERT 是使用 MLM 的经典模型，它通过随机遮蔽文本中的单词并让模型预测被遮蔽的词，帮助模型理解句子中词汇之间的语义关系和依赖性。MLM 的优势在于它能够通过学习语言的语法和语义信息，构建强大的通用表示，使得模型在下游任务中具有较好的泛化能力。相较之下，GPT 系列模型采用自回归语言模型，通过预测下一个词来学习上下文关系，这种生成式任务更适合处理文本生成任务，如对话系统、自动写作等。在 CV 领域，预训练任务的目标是让模型从像素数据中学习有意义的视觉特征。图像分类是最常见的预训练任务之一，如 ImageNet 数据集上的预训练模型，它能够为多种视觉任务（如目标检测、图像分割等）提供有效的特征表示。此外，近年来，自监督学习任务在 CV 中的应用越来越广泛。例如，通过图像重建、颜色化或对比学习任务，模型可以不依赖人工标注数据，通过学习数据的内在结构来获取有用的视觉特征。这些预训练任务使得模型在面对不同的视觉任务时具备更强的适应性和鲁棒性。

NLP 和 CV 领域预训练模型的优势在于其通用性和灵活性。预训练模型通过在大规模数据集上学习到通用的特征表示，能够在多个任务上表现优异，并且通过微调可以适应特定的任务需求。这一发展不仅提升了模型的泛化能力，还减少了对大量标注数据的依赖，在资源有限或数据稀缺的场景下展现了巨大的应用潜力。

在音频领域，预训练任务的设计旨在捕捉音频的时间和频谱特性。音频分类是一个典型的预训练任务，模型需要识别音频片段的类别，类似于视觉中的图像分类。此外，通过预测音频的下一个样本或者生成音频中的缺失部分，模型能够学习音频的时序结构。而对比学习任务则通过区分不同音频片段或同一音频的不同变换，帮助模型获取鲁棒性更强的音频表示。

在所有领域，启动模型训练时，都需要使用 GPU 或 TPU 等硬件加速器提升计算效率，并监控关键训练指标（如损失函数、准确率）。通过划分训练集、验证集和测试集，使用验证集来交叉验证模型性能，以避免过拟合。在计算机视觉任务中，训练过程通常处理大量图像数据，而监控分类任务的准确率或回归任务的均方误差（MSE）尤为重要。对于音频处理任务，音频样本的时长差异较大，因此需要特别注意批处理策略，并监控字错误率（WER）等任务相关的指标。在 NLP 任务中，词嵌入和上下文编码的策略尤为关键，通常通过准确率、F1 分数等指标来衡量模型性能，特别是在序列标注任务中。

评估和调整模型是提升性能的最后一步。无论是视觉、音频还是 NLP 任务，独立测试集上的评估是检验模型泛化能力的关键。在视觉领域，常用评估指标包括平均精度均值（mAP）或交并比（IoU）；音频领域中则使用 WER 等；而在 NLP 中，双语评估替补（BLEU）分数（用于机器翻译）或 ROUGE 分数（用于文本生成）是常用评估手段。根据评估结果，模型的架构、超参数以及数据处理策略均可能需要调整，以进一步提升模型的鲁棒性和性能。

综上所述，以自然语言处理（NLP）回答问题为例，将具体的大模型预训练技术步骤总结如下：

（1）模型架构选择。选择一个适当的模型架构，如 Transformer，这是目前最流行的用于预训练的模型架构。

（2）数据收集。需要收集大量的文本数据，这些数据可能包括书籍、文章、网页内容等，以便模型能够学习到广泛的语言知识。

（3）预训练任务设定。在预训练阶段，掩码语言模型和自回归语言模型是最常用的预训练任务，任务内容为文本中随机遮蔽的单词或是预测下一个词。这样的任务能够帮助模型理解句子中词汇之间的语义关系和依赖性，以及上下文关系。

（4）预训练过程。模型在大量未标注的文本上进行训练，通过多次迭代学习到文本中的语言模式和知识。

（5）评估和调整模型。预训练完成后，需要在测试集上对模型的泛化能力进行评估检验，并对模型在特定任务（如问题回答）上进行微调，使用少量的标注数据来调整模型参数，使其适应特定的任务需求。

6.2.2 基础模型微调

在行业大模型的应用中，预训练与微调策略是确保模型在不同任务中高效运作的关键。大模型在大规模数据集上进行预训练后，具备了广泛的泛化能力，但要在具体领域和任务上取得优异表现，则需要通过不同的微调策略进行进一步优化。Fine-tuning 是最常见的微调方法，通过继续训练预训练模型的所有参数，使其能够适应新任务的需求。在有充足标注数据的情况下，这种方法可以全方位调整模型的权重，确保最优性能。然而，Fine-tuning 通常需要大量计算资源，尤其是在处理大型模型时，训练开销较大，且数据量不足时可能出现过拟合问题。

在微调预训练模型时，Prompt Tuning、Adapter Tuning、Prefix Tuning、LoRA Tuning、P-Tuning 和 P-Tuning v2 是目前主流的微调方法，每个方法也各有其使用场景和适用领域。Prompt Tuning 通过调整输入提示而非模型参数，适合零样本和少样本任务，具有操作简单、适应性强的优势，但其对复杂任务的效果有限。Adapter Tuning 方法通过插入小型模块调整少量参数，适用于多任务场景中的快速部署，能够显著减少计算成本，缺点是可能在高复杂度任务中表现不如完整微调。Prefix Tuning 通过在输入序列前添加可学习的前缀向量，适合需要共享模型的多任务场景，能够减少存储和计算开销，但在特定任务中的性能可能不如更复杂的微调方法。LoRA 则通过低秩分解减少更新参数，适合计算资源有限但对性能要求高的场景，具有显著的参数效率，但在某些情况下可能不如其他方法灵活。P-Tuning 和 P-Tuning v2 是通过插入可学习的连续向量来优化下游任务的表现，其中 P-Tuning 主要适用于单模态任务，而 P-Tuning v2 则扩展至多模态任务，在复杂任务中的表现更加优越，尽管这些方法仍在较大的任务规模上面临一定限制。

6.2.2.1 Prompt Tuning

Prompt Tuning 是一种轻量的微调方法，通过调整输入提示（Prompt）而非修改模型内部参数，来提升大型预训练模型在新任务中的表现。与传统的微调方法相比，Prompt Tuning 不需要对模型的权重进行大规模的更新，而是通过设计和插入特定的文本提示或任务相关的短语，引导模型利用其预训练过程中积累的知识来完成新的任务。这种方法的核心理念是，大型语言模型已经在海量数据上预训练并具备了丰富的语言理解能力，Prompt Tuning 仅需要为模型提供合适的提示，激活其已学习到的知识来应对特定任务。Prompt Tuning 的工作机制主要是在输入文本中插入一个或多个提示词，以帮助模型理解任务的上下文和目标。例如，假设模型的任务是进行情感分类，Prompt Tuning 可以通过设计一个提示"这段话的情感是："来引导模型生成特定的输出。这种提示可以是显式的，如直接提供问题或命令，或者是隐式的，通过调整语言结构来让模型自主推理出任务要求。通过这种方式，Prompt Tuning 能够有效利用模型的预训练知识，避免了大规模参数更新带来的计算开销，同时保留了模型原有的性能。Prompt Tuning 的优势之一是它特别适合零样本（Zero-shot）和少样本（Few-shot）学习任务。在零样本任务中，模型无须任何任务特定的标注数据，仅通过合适的提示就可以生成合理的输出。而在少样本任务中，通过结合少量的标注数据和提示，Prompt Tuning 能够快速适应新任务，展现出极强的任务泛化能力。这使得 Prompt Tuning 在没有足够标注数据的场景下依然能够展现强大的表现，例如在文本分类、情感分析、知识问答等任务中。它不仅提高了模型的灵活性，还降低了开发和维护的成本，因为不需要频繁地对模型进行大规模微调。Prompt Tuning 的另一个创新点在于其轻量级微调的特性。这种方法的计算成本极低，因为它不需要对模型的数十亿甚至数千亿个参数进行更新，而只需要设计有效的提示即可。因此，Prompt Tuning 非常适合在大规模预训练模型（如 GPT、BERT 等）中使用，特别是当模型的微调资源有限时，它为模型适应新任务提供了一种高效且灵活的解决方案。此外，Prompt Tuning 还能与其他微调技术（如 Adapter Tuning、LoRA）结合使用，以进一步提高微调效率和任务表现。在应用层面，Prompt Tuning 被广泛应用于自然语言处理任务，如文本分类、翻译、情感分析、问答系统等。由于其灵活性和高效性，Prompt Tuning 在处理多任务场景时尤为出色，用户可以通过设计不同的提示，快速适应不同的任务，而无须为每个任务训练一个专门的模型。这使得 Prompt Tuning 在实际应用中具备了极高的实用性，尤其是在需要快速响应或没有充足训练数据的场景中，例如自动化客户服务、内容生成和文档分析等。总的来说，Prompt Tuning 通过调整输入提示而不是模型参数，为大规模预训练模型的应用提供了一个轻量级、高效且灵活的微调解决方案。其在零样本和少样本学习任务中的卓越表现，以及其简化微调过程的能力，使其成为处理多样化任务时的理想选择，推动了大模型在自然语言处理中的进一步应用和发展。

6.2.2.2 Adapter Tuning

Adapter Tuning 是一种有效且轻量的微调方法，专为大规模预训练模型的多任务学习设计。与传统微调方法不同，Adapter Tuning 通过在模型的不同层中插入小型适配器模块来进行特定任务的调优，而不改变原始模型的参数。适配器模块是一些额外的神经网络层，它们被插入预训练模型的各个层之间，并且只在这些新增模块中调整少量的参数，保持原始模型的主干部分不变。这种设计允许模型在适应新任务时避免大规模的参数更新，从而显著减少了计算开销和存储需求，使其成为多任务场景中的理想选择。Adapter Tuning 的核心机制在于适配器模块的灵活插入。每个适配器模块由一组瓶颈层

（Bottleneck Layers）组成，通常是两个线性层，负责处理来自上一层的特征表示。输入特征首先通过降维线性层进行降维，然后再通过一个升维线性层将其恢复到原来的维度。这个过程允许适配器模块在保持模型整体结构不变的情况下，专门为特定任务学习新的表示。通过这种方式，Adapter Tuning 能够在不同任务之间复用同一个预训练模型，而只需为每个新任务训练和存储少量的适配器参数，极大提高了微调的效率和灵活性。Adapter Tuning 的一个显著优势在于它减少了微调所需的计算资源。由于仅调整少量适配器模块的参数，而不是整个模型的数亿甚至数十亿参数，Adapter Tuning 大幅降低了微调的计算和存储成本。此外，这种方法还保留了原始预训练模型的能力，避免了任务之间的相互干扰（即"灾难性遗忘"），从而能够在多任务学习中表现得尤为出色。每个任务只需为其对应的适配器模块进行微调和存储，这意味着在多任务环境下，用户可以轻松切换任务，只需加载相应的适配器模块，而无须重新训练或调整整个模型。

Adapter Tuning 的另一个创新点是其模块化设计，使得它可以根据任务需求动态调整适配器的数量和规模。例如，在处理较为简单的任务时，可以使用较小的适配器模块，而在复杂任务中，适配器模块可以扩大或堆叠，以捕捉更多的特定任务特征。这种灵活的设计确保了 Adapter Tuning 在处理各种不同复杂度的任务时，都能够实现资源的最佳利用。此外，适配器模块可以跨任务共享，通过复用某些基础的适配器模块，可以进一步减少训练成本，提升模型在多任务场景中的泛化能力。在应用方面，Adapter Tuning 广泛应用于多任务学习、自然语言处理、计算机视觉等领域，特别是在需要频繁处理多个不同任务的场景中表现尤为出色。例如，在自然语言处理任务中，Adapter Tuning 被用于文本分类、翻译、情感分析、问答系统等，用户只需为每个任务加载相应的适配器模块，即可在同一预训练模型上执行不同任务，无须重新训练或大规模修改模型结构。此外，在计算机视觉中，Adapter Tuning 也被用于图像分类、目标检测等任务中，为模型增加适配器模块使其能够快速适应新数据和任务。总的来说，Adapter Tuning 通过在预训练模型的基础上插入小型适配器模块，为大规模预训练模型提供了一种轻量、高效且灵活的微调方法。其在多任务学习中的强大表现，以及在计算资源受限场景下的高效性，使其成为大模型领域中的重要微调技术。Adapter Tuning 的模块化设计和高效资源利用，不仅提升了模型在不同任务中的适应性，还为实际应用中的大规模预训练模型提供了更广泛的应用前景。

6.2.2.3 Prefix Tuning

Prefix Tuning 是一种轻量级的微调方法，专为大规模预训练模型设计，旨在通过在输入序列前添加可学习的前缀（Prefix），而不是调整模型的原始参数，从而提升模型在新任务中的表现。与传统的微调方法不同，Prefix Tuning 无须对模型的核心权重进行更新，而是通过在输入的上下文中添加特定的前缀来引导模型生成合适的输出。这种方法能够在保持模型主干不变的情况下，针对新任务进行高效的微调，从而在零样本和少样本学习任务中展现出极大的潜力。Prefix Tuning 的核心机制是在 Transformer 模型的每一层注意力机制中引入可学习的前缀，这些前缀作为附加的"虚拟"上下文，与原始输入一起被送入模型。前缀本质上是由模型根据特定任务要求学习到的一系列向量，它们不依赖于原始输入的内容，而是作为任务特定的提示，帮助模型在生成过程中更好地理解并完成任务。通过引入这些前缀，模型能够在不改变其原始权重的情况下，学习如何调整生成的结果。这一机制的优点是，前缀的参数数量远少于整个模型的参数，因此微调的计算成本大幅降低，同时还能保持模型在原始任务中的性能。Prefix Tuning 的一个显著优势是其微调的计算开销非常低，因为它只需要在预训练模型的输入中引入少量可学习的前缀，而无须对数以亿计的模型参数进行调整。这种方法尤其适合大规模预训练语言模型，如 GPT-3 或 BERT，在需要快速适应新任务或没有足够标注数据的情况下，通过添加前缀即可引导模型生成正确的输出。这种轻量化的设计使得 Prefix Tuning 在需要快速响应的任务中极为高效，例如文本生成、翻译、问答系统等场景中。用户只需针对每个任务设计特定的前缀，而无须重新训练或大规模调整模型。Prefix Tuning 的另一个创新点是其前缀的可学习性。与固定的提示或模板不同，前缀是通过训练过程动态生成的。具体来说，模型在训练时会学习最优的前缀，这些前缀可以包含任务相关的信息，帮助模型更好地完成生成任务。通过这一过程，模型能够自动调整前缀，以优化其在特定任务中的表现。这种设计使得 Prefix Tuning 不仅能够在常规任务中表现出色，还能够处理复杂的多任务学习场景。由于前缀是特定任务的轻量级扩展，它们还可以根据任务需求进行灵活调整，进一步提高了模型的适应性和泛化能力。在应用层面，Prefix Tuning 广泛应用于自然语言处理的多个任务中，特别是在文本生成、机器翻译、情感分析和对话系统等任务中表现尤为突出。通过在输入前添加少量前缀，模型能够快速适应新任务，无须对整个模型进行重新训练。尤其在多任务学习中，Prefix Tuning 能够通过设计不同的前缀来应对不同任务，这使得它非常适合需要频繁切换任务的应用场景。此外，Prefix Tuning 在资源受限的环境中也具有显著优势，因为它只需要更新少量的前缀参数，能够在保持模型整体性能的前提下，显著降低计算和存储成本。总的来说，Prefix Tuning 通过在输入中添加可学习的前缀，为大规模预训练模型提供了一种轻量级且高效的微调方式。其在零样本和少样本学习任务中的优异表现，以及其在计算资源受限场景中的灵活性，使其成为处理多任务和大规模预训练模型应用的理想解决方案。Prefix Tuning 通过其可扩展的前缀机制，不仅大幅减少了微调成本，还推动了大模型在自然语言处理任务中的实际应用与发展。

6.2.2.4　LoRA Tuning

LoRA（Low-Rank Adaptation）Tuning 是一种高效的微调方法，专为大规模预训练模型设计，通过减少更新参数的数量来降低计算成本和存储需求。LoRA Tuning 的核心思想是通过限制权重矩阵的秩，在保证模型表现不受显著影响的前提下，减少需要更新的参数量。这一方法特别适合大规模语言模型的微调，因为传统的全量参数微调需要更新模型中数以亿计的参数，而 LoRA Tuning 仅需要更新少量新引入的低秩矩阵，从而大幅降低计算复杂度，同时保持模型性能。LoRA Tuning 的工作机制是通过在 Transformer 模型中的权重矩阵上进行低秩分解，从而在模型微调时不直接更新原有的权重矩阵，而是为每个权重矩阵引入一个低秩矩阵。具体来说，LoRA 将原始权重矩阵分解为两个较小的矩阵，这两个矩阵的秩要远远低于原始矩阵的秩。这样，当模型在执行微调时，实际上只需要更新这两个较小矩阵的参数，而不需要对原有的完整权重矩阵进行大规模修改。通过这种方式，LoRA 极大地减少了训练时的参数更新量，从而显著降低了微调的计算开销，同时使得模型在不增加显著存储需求的情况下仍然能适应新任务。LoRA Tuning 的一个显著优势是其极高的参数效率。由于 LoRA 只需更新模型中的低秩矩阵，而不是整个权重矩阵，因此它能够在保持高性能的同时，将微调参数量减少几个数量级。这种方法使得大规模预训练模型（如 GPT、BERT）能够在资源受限的环境中高效运行。例如，在某些场景中，LoRA 仅需要更新不到 1% 的模型参数，这对于需要在多个任务上快速微调的应用尤为有利。这种轻量化的设计还使得 LoRA Tuning 能够在不显著增加硬件负担的情况下，为多个任务或数据集提供更快、更经济的微调解决方案。LoRA Tuning 的另一个创新点是其灵活性。由于 LoRA 通过分解权重矩阵实现参数的低秩更新，它可以与其他微调方法（如 Adapter Tuning、Prompt Tuning）结合使用，进一步提升微调效率。例如，在多任务学习或多领域应用中，LoRA 能够有效复用低秩矩阵，为每个新任务引入专门的低秩表示，而不需要调整整个模型的主干部分。LoRA 的低秩矩阵还可以与预训练模型的参数完全解耦，这意味着原始模型可以保持不变，而只需保存少量的 LoRA 模块来应对新任务，这在分布式系统中有助于减少存储和通信成本。在应用层面，LoRA Tuning 被广泛应用于自然语言处理、计算机视觉、生成模型等多个领域的大规模模型微调。由于其显著降低了微调的计算成本，LoRA Tuning 特别适合需要频繁微调的场景，如多任务学习、跨领域应用和模型部署。在自然语言处理任务中，LoRA 已被成功应用于文本分类、翻译、问答系统等任务中，其在图像生成和目标检测等计算机视觉任务中也展现出了良好的性能。由于 LoRA Tuning 能够在多任务场景中快速进行模型适配，因此在需要快速部署和更新的应用场景中（如自动驾驶、推荐系统）具有广泛的前景。总的来说，LoRA Tuning 通过低秩矩阵分解，为大规模预训练模型提供了一种高效、轻量且灵活的微调解决方案。其显著的参数效率和计算资源节省，使其成为大模型应用中处理多任务学习和跨领域适配的理想选择。LoRA Tuning 不仅大幅减少了微调的成本，还为大模型的实际应用提供了更具可行性的微调方法，推动了大规模模型在自然语言处理、计算机视觉等领域的进一步发展。

6.2.2.5 P-Tuning

P-Tuning 是一种用于大规模预训练语言模型的参数高效微调方法，通过在模型输入中插入可学习的连续嵌入向量（Prompt），实现对特定任务的调整，而无须修改模型的原始参数。P-Tuning 的核心思想是基于提示（Prompt）引导模型生成期望的输出，这些提示不再是传统的自然语言文本，而是由模型自动学习到的可微分嵌入向量。P-Tuning 通过在任务中优化这些嵌入，保持模型原始参数不变，从而显著减少了微调的计算开销，使其特别适合于少样本学习和零样本学习场景。

P-Tuning 的工作机制是在模型的输入序列中插入一个或多个可学习的嵌入向量，这些向量作为额外的提示与输入文本共同送入模型。与传统的 Prompt Tuning 不同，P-Tuning 中的提示不再是固定的自然语言短语，而是通过训练任务直接学习到的一系列向量表示。这些向量会作为模型的输入的一部分，帮助模型更好地理解和完成任务。P-Tuning 的目标是通过优化这些提示向量，使得模型在不修改内部权重的情况下，能够在特定任务中产生更加精确的输出。由于只更新少量的提示向量，P-Tuning 能够极大地降低微调的计算成本，同时保持大模型在预训练中学到的丰富知识。P-Tuning 的一个显著优势是其参数高效性，它仅需优化极少量的提示嵌入向量，而不是整个模型的参数。在大规模预训练模型（如 GPT、BERT）中，模型参数通常以亿计，传统微调方法需要对这些参数进行大规模更新，成本高昂。而 P-Tuning 只需要优化输入提示中的一小部分参数，计算资源消耗显著降低。这使得 P-Tuning 特别适合少样本场景，例如当标注数据稀缺时，P-Tuning 能够在少量数据的情况下通过优化提示向量，快速适应新任务，展现出极强的任务迁移能力。

P-Tuning v2 是 P-Tuning 方法的升级版本，进一步提升了模型在更大规模和更多样化任务中的性能。P-Tuning v2 通过引入一种更深层次的提示嵌入机制，将提示嵌入扩展到模型的各层 Transformer 模块中，而不仅仅是在输入层插入提示。这一改进显著增强了模型对不同任务的适应性，因为提示向量不仅能够影响输入表示，还能够在模型的各个层次引导模型的内部特征提取和处理。这使得 P-Tuning v2 相比于 P-Tuning 具有更好的泛化能力，特别是在跨任务迁移学习中，能够保持出色的性能。

P-Tuning v2 的另一大创新是其广泛适用性，它不仅适用于小规模的少样本任务，在大规模任务和多任务学习中同样表现优异。通过在模型的不同层级插入提示，

P-Tuning v2 能够更好地引导模型的推理过程，从而在无须大规模参数更新的情况下，快速适应各种任务。此外，P-Tuning v2 还能有效支持零样本学习，即在没有特定任务标注数据的情况下，模型通过提示就能生成符合任务需求的输出。这使得 P-Tuning v2 在需要快速部署、资源受限的环境中，成为一种非常高效的微调选择。在应用层面，P-Tuning 和 P-Tuning v2 被广泛用于自然语言处理任务，如文本分类、问答系统、情感分析、翻译等场景。由于其微调方式简单且高效，P-Tuning 尤其适合需要快速微调的大规模模型应用。P-Tuning v2 通过将提示嵌入扩展到模型的不同层级，进一步提升了模型在复杂任务中的表现力，适用于多任务学习、跨领域适配等应用场景。P-Tuning v2 的这种灵活性不仅能在任务之间切换提示，还能够大幅减少模型重新训练的时间和计算资源，因此被广泛应用于实际的企业部署中。总的来说，P-Tuning 和 P-Tuning v2 通过在模型输入和不同层级中插入可学习的提示嵌入向量，为大规模预训练模型提供了一种高效、轻量且灵活的微调方法。其在少样本学习、零样本学习以及多任务学习中的优异表现，使其成为处理大模型应用场景中的理想微调方案。通过进一步优化提示设计和提示嵌入的机制，P-Tuning v2 扩展了 P-Tuning 的适用范围，推动了大规模预训练模型在各类自然语言处理任务中的应用与发展。

6.2.3　域自适应

这里以油气地球物理领域应用为例，介绍域自适应（Domain Adaptation）。在油气地球物理领域，预训练基础大模型在网络微调阶段需要结合研究工区的地质情况、数据特点以及目标任务，以提升网络在特定场景下的任务效果。然而，由于特定工区的标签数据数量通常较为有限，难以支撑微调阶段的充分训练。目前常用的方法是采用正演数据作为训练数据，以弥补带标签数据不足的问题。

尽管正演数据在一定程度上缓解了标注数据不足的困境，但也引入了训练数据集（正演数据）与预测数据集（实际工区数据）之间的不一致性。这种不一致性源于多方面原因：首先，正演数据在生成过程中虽考虑了储层沉积规律、地质构造（如断层、褶皱）以及岩石弹性和物性参数等因素，但难以全面反映不同工区地表地质条件、激发条件等对数据的影响。其次，正演过程使用的公式是对实际物理过程的近似，难以避免偏差。这种源域（正演数据）与目标域（实际数据）之间的差异，即"域差异"，可能导致网络模型在实际数据上的性能显著下降，尤其在模型参数规模较大、特征提取能力较强的情况下。若未能为网络施加有效的归纳偏置，模型可能捕获更多无关的"域变化"特征，进一步削弱其在实际数据上的表现。因此，在基础模型微调阶段，降低"域差异"对网络性能的影响是一个亟待解决的关键问题。

域自适应作为机器学习领域的重要研究方向，致力于应对源域（训练数据）与目标域（测试数据）之间分布差异的挑战，其目标是在仅有少量甚至没有目标域标签数据的情况下，利用源域丰富的标签数据提升模型在目标域的性能[14-16]。在油气地球物理领域，域自适应旨在减少正演数据与实际工区数据之间的差异性对模型性能的负面影响，从而提升模型在目标工区数据上的表现。

域自适应的核心思想是通过消除源域和目标域之间的分布差异，增强模型在目标域的泛化能力。为此，研究者提出了多种对齐方法，这些方法主要分为特征对齐、样本对齐和决策边界对齐三类。

特征对齐方法通过优化源域和目标域特征分布之间的差异，直接减少分布偏移。常见的优化方式包括最大均值差异（MMD）和Kullback-Leibler（KL）散度，用以量化领域间的分布距离，并通过最小化这些距离实现对齐。此外，生成对抗网络（GAN）等对抗训练机制也被广泛应用，学习领域不变的特征表示，从而使源域和目标域在特征空间中难以区分。例如，DANN（Domain-Adversarial Neural Network）通过对抗损失引导特征提取器对齐特征分布，是这一方向的典型方法。

样本对齐方法通过在数据空间上直接调整源域样本与目标域样本的分布差异，注重样本间的映射。常用策略包括重加权方法，通过调整源域样本的重要性，使其分布更接近目标域；以及样本生成方法，利用生成模型（如GAN）生成与目标域特性一致的虚拟样本。这些方法在目标域数据有限的情况下尤为有效，可显著提升模型的泛化能力。

决策边界对齐方法从任务角度出发，优化分类器的决策边界以更好地适应目标域。这类方法通过增强边界鲁棒性，使分类器能够在目标域中表现更为稳定。例如，通过生成伪标签扩展目标域的标注信息，优化分类器的决策边界，从而提升模型对目标域的适配效果。

在地震数据解释中，域自适应方法主要集中于特征对齐，重点在于减少源域与目标域之间的特征分布差异，从而提升模型的泛化能力。例如，2023年An等的研究系统回顾了GAN在地震断层自动解释中的应用，指出GAN可以有效减少地震数据中的分布偏差，生成领域不变的特征表示[17]。2024年，Dou等进一步结合Transformer架构和多尺度特征对齐策略，在非均质储层识别中表现出卓越性能[18]。同时，基于MMD的特征对齐，通过对齐源域和目标域特征的统计分布，有效解决了无监督领域自适应中的核心问题。2023年，Salazar等将MMD与自监督学习相结合，在无标注地震数据的解释任务中显著提升了特征分布的对齐效果[19]。2024年，He等则提出了一种结合MMD的深度学习框架，通过最小化特征差异，提高了地震层位提取的精度[20]。

当前，样本对齐和决策边界对齐在油气地球物理中的研究相对较少，但这些方法在调整源域样本分布、生成伪样本以及通过任务导向的对齐策略优化边界位置方面，展现了提升地震属性分析泛化能力的潜力。未来，结合多尺度特征对齐、自监督学习以及跨模态方法的研究方向，有望进一步推动域自适应技术在复杂地震环境下的高效应用。

6.3 大模型压缩与蒸馏

大模型的压缩与蒸馏技术对于油气行业数字化转型的推动具有至关重要的意义。此技术通过剪枝、量化与蒸馏等手段，大幅缩减模型的存储需求与计算资源消耗，使得原本受限于高性能计算环境的大型 AI 模型能够灵活部署于边缘设备或资源紧张的场景中。这不仅拓宽了模型应用的广度与深度，提升了数据处理效率并降低了运营成本，还能够赋予油气勘探、开发及生产流程前所未有的高效与经济性。压缩后的模型以更紧凑的形态迅速响应现场数据，提供实时决策辅助，对油气生产中的快速响应需求尤为关键。同时，该技术还增强了模型的泛化适应性与鲁棒稳定性，确保在复杂多变的情况下维持模型的高精度，推动油气行业生产力实现质的飞跃，为行业的可持续发展奠定坚实的技术基石。

6.3.1 大模型剪枝

大模型剪枝技术是深度学习领域中一种重要的模型优化手段。这种方法通过识别并移除神经网络中那些对模型性能贡献较小的参数，旨在减少模型的复杂性和大小，同时尽量保持模型的准确度。剪枝技术特别适用于那些参数数量庞大、计算成本高昂的模型。

模型剪枝通常分为两大类：结构化剪枝和非结构化剪枝（图 6-3-1）。结构化剪枝关注于移除整个神经元、卷积核或过滤器，这种方法因为保持了模型的规则结构，所以更容易被现有硬件加速利用。非结构化剪枝则在更细的粒度上操作，如单个权重或连接，这使得权重矩阵变得稀疏，但可能需要专门的算法来支持稀疏矩阵的计算。

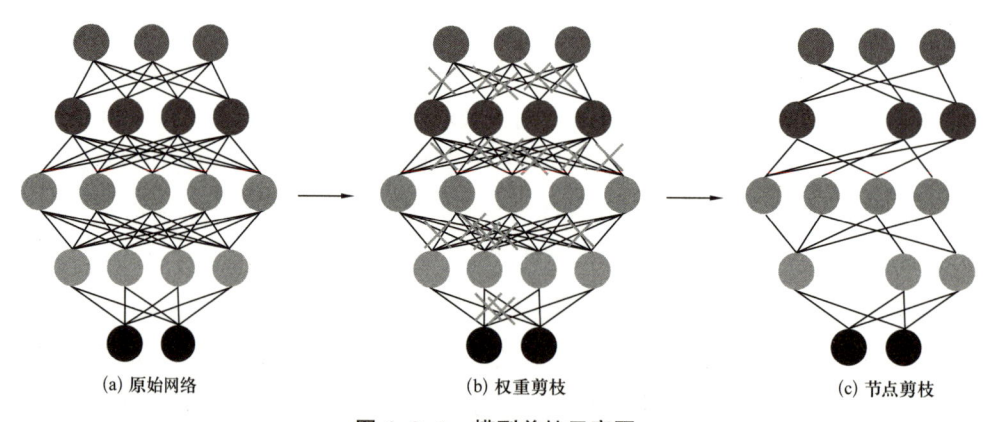

(a) 原始网络　　(b) 权重剪枝　　(c) 节点剪枝

图 6-3-1　模型剪枝示意图

注意剪枝并非适合所有的模型，对于一些稀疏模型，剪枝可能没什么效果；对于一些参数比较少的小型模型，剪枝可能导致模型性能的明显下降；对于一些高精度的任务或者应用，也不适合对模型进行剪枝。

在实际运用剪枝技术时，通常需要综合考虑剪枝对模型运行速度的提升和对模型性能的负面影响，采取一些策略，比如给模型中的每个参数打分，也就是评估参数对模型性能的贡献有多大。分数高的，就是不能剪掉的重要参数；分数低的，就是可能不那么重要，可以考虑剪掉的参数。这个分数可以通过各种方法计算，比如看参数的大小（绝对值大的通常更重要），或者通过一些更复杂的统计分析方法来确定。

剪枝技术的优势在于它能够显著减少模型的存储需求和计算量，使得模型更适合部署在资源受限的环境中，如移动设备或嵌入式系统。此外，剪枝还可以提高模型的运行速度，降低能耗，同时在一定程度上提升模型的泛化能力和鲁棒性。然而，剪枝也带来了一些挑战，如可能会引入模型性能的轻微下降。为了弥补这一点，剪枝后的模型通常需要通过微调来恢复其性能。此外，如何确定剪枝的比例和策略，以及如何评估参数的重要性，都是实施剪枝时需要考虑的问题。在实际应用中，模型剪枝技术已经被证明是一种有效的模型压缩手段，它能够在保持模型性能的同时，显著提升模型的部署效率和运行速度。随着大模型技术的不断发展，模型剪枝技术有望发挥重要作用。

6.3.2 大模型量化

量化作为一种模型优化技术[21]，旨在通过降低模型参数的数值精度来显著提升模型效率与实用性，同时尽可能保持其原始性能。这一过程常涉及将高精度（如32位浮点数）训练得到的模型权重，转换为低精度（如16位）格式进行存储与计算。这种转换不仅极大地缩减了模型文件的大小，约为一半，还相应降低了显存的占用及处理器与内存间的通信带宽需求，为大模型应用的广泛部署和成本效益提供了强有力的支持。

将这一过程类比于烹饪艺术，可以想象厨师在准备食材时面对的选择：使用高精度的电子秤固然能确保每样调料的极致精确，但在日常烹饪中，采用简化版的秤具，尽管精度有限（如最小刻度为1g），却足以满足制作美味佳肴的需求，且更加经济高效。量化对于大模型，正是这样一种在保证"味道"（即模型性能）基础上追求"经济烹饪"的实践。

更重要的是，量化技术还赋予了模型运算速度上的显著提升。现代计算架构中，针对低精度数据设计的向量化处理单元广泛存在，这些硬件特性使得量化后的模型能够执行更高效的并行计算。此外，低精度运算本身在单次乘法和加法上的耗时较之于高精度运算有所减少，进一步加速了模型的推理过程。这些优势使得量化模型能够跨越到更多元化的硬件平台上运行，包括资源受限的普通PC乃至移动设备和嵌入式系统，极大地拓宽了深度学习技术的应用边界。

随着量化技术的深入发展，研究人员不断探索更低精度的极限，如8位、4位乃至2位量化模型，这些努力虽然在极大程度上缩减了模型体积和计算资源需求，但也伴随着对模型准确度与精度潜在影响的挑战。随着权重精度的逐渐降低，不同权重值之间的区分度减小，可能导致模型输出特性的细微变化，进而影响其整体性能。

为实现最优的量化效果，量化策略与技术细节不断优化，涵盖了动态量化、静态量化、对称量化、非对称量化等多种方案。特别是对于大语言模型而言，静态量化因其简单高效的部署特性而备受青睐。通过在模型训练完成后进行一次性的量化处理，避免了模型运行时的额外量化计算开销，极大地简化了模型的分发与部署流程，为大模型的普及与应用开辟了新的道路。

6.3.3 大模型蒸馏

蒸馏技术灵感源自于"知识蒸馏"的概念[22]，其核心机制在于巧妙地利用一个经过海量数据训练、具备高度泛化能力与多任务处理能力的大型模型（教师模型）作为知识源泉，通过其生成的软标签（即细致的概率分布）来引导一个轻量级模型（学生模型）的学习过程，如图6-3-2所示。

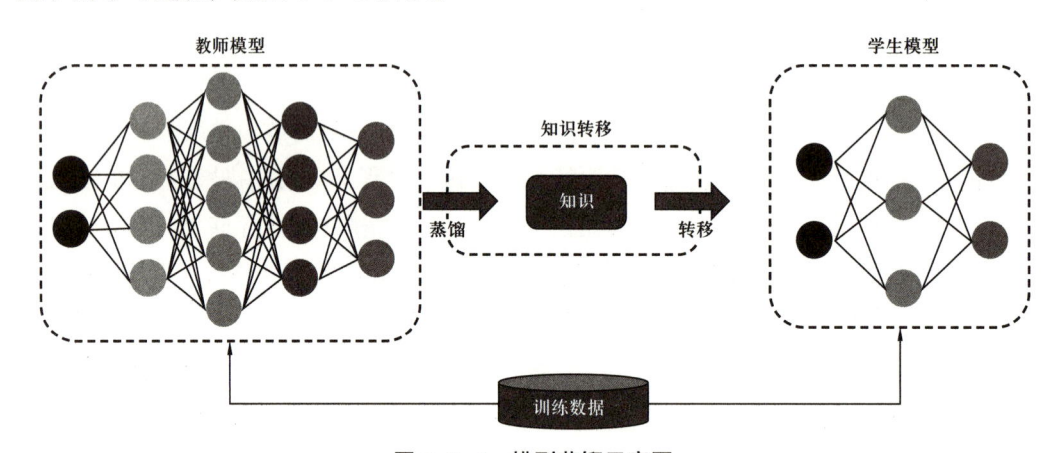

图6-3-2 模型蒸馏示意图

在这一过程中，教师模型以其深厚的知识数据为基石，对给定输入生成概率分布预测，这些预测不仅反映了最可能的输出，还涵盖了其他可能的候选解及其相对置信度。学生模型则作为学习主体，致力于捕捉并内化这些复杂的概率分布信息。通过设计的蒸馏损失函数，学生模型能够逐步优化自身参数，以期在保持计算效率的同时，尽可能复刻教师模型的关键特征与预测能力。

为了进一步提升蒸馏效率与效果，温度参数的引入成为了一项关键策略。这一概念类比于教育场景中教师调整授课速度以适应学生理解能力的做法。在模型蒸馏的语境下，温度参数通过平滑教师模型的输出概率分布，降低了不同类别间预测概率的极端差异，使得学生模型在训练过程中能够更稳健地捕捉到教师模型的细微差别与内在逻辑。这种平滑处理不仅降低了学习难度，还促进了学生模型对复杂知识的有效吸收。

此外，针对教师模型与学生模型之间可能存在的知识鸿沟，调整两者结构或引入中间层成为一种有效的桥梁建设方式。这类似于在专家与学生之间增设一位翻译者或助教，既能理解专家的深奥理论，又能将其转化为学生易于接受的形式。在模型层面，这可能意味着设计特定的中间层网络，用以桥接教师模型的高维特征表示与学生模型的能力范畴；或者通过调整学生模型的结构，使其特征提取与表示能力更加贴近教师模型的输出特性，从而加速知识传递的进程，提升蒸馏效果。

蒸馏技术通过巧妙利用教师模型的丰富知识资源，结合温度参数的调节与模型结构的优化策略，为学生模型的高效学习与性能提升开辟了新的路径。在油气行业需要高效、精准决策的复杂场景中，这一技术有望推动深度学习模型的实际应用与普及，为行业智能化转型提供有力支持。

6.4 大模型部署与优化

行业大模型的部署与优化，是指将针对特定行业或领域进行深度定制和优化的大语言模型或多模态模型部署到实际生产环境中，并通过一系列技术手段对其进行性能调优，以提高模型的准确性和效率的过程。大模型部署前，需要考虑计算设备、操作系统、编程语言及深度学习框架等问题，以确定最佳的系统架构和部署策略。另外，大模型部署还可以实现多系统的协同部署，以及异构计算设备的协作计算处理，达到优化性能和可扩展性的效果。并综合考虑各种模型优化和技术架构，达到模型尺寸小、模型性能强、操作复杂度低、负载灵活可变等最终优化目标。

6.4.1 关键步骤

大模型的部署和优化主要包括模型的下载和解码、模型量化与编码、硬件适配、内存管理、异步处理、错误处理与日志记录、性能监控与优化等关键步骤。

（1）模型下载和解码。从训练环境转移到目标设备，可能涉及模型的序列化和反序列化，以及适应不同的硬件和软件架构。

（2）模型量化与编码。为了减小模型大小和加速计算，可能会进行量化，将权重转换为更紧凑的数据类型，如 8 位整数，以降低存储和计算成本。

（3）硬件适配。针对特定的处理器（如 CPU、GPU、TPU）优化模型，利用其特定的指令集和数据结构提高运算效率。

（4）内存管理。合理分配内存资源，避免一次性加载整个模型导致内存溢出，通常采取分块加载或增量加载的方式。

（5）异步处理。通过并行或者异步计算，减少等待时间，提高吞吐量，特别是在多线程或多进程环境中。

（6）错误处理与日志记录。设置有效的错误检测和恢复机制，记录运行过程中的关键信息以便于故障排查。

（7）性能监控与优化。定期评估模型的性能，分析瓶颈，然后针对性地调整部署策略和算法参数。

6.4.2 主要技术

6.4.2.1 模型解码[23]

大模型的生成方式本质上是一个概率采样过程，需要合适的解码策略生成合适的输出内容（表6-4-1）。

表 6-4-1 解码策略表

解码策略	策略说明
贪心搜索（Greedy Search）	常见的大语言模型主要是通过语言建模任务进行预训练的。基于这种训练方式，一种直观的解码策略是贪心搜索，即在每个生成步骤中都选择概率最高的词元
概率采样（Probability Sampling）	根据模型建模的概率分布采样得到下一个词元，旨在增强生成过程中的随机性和结果的多样性
束搜索（Beam Search）	在解码过程中，保留前 n 个具有最高概率的句子，并最终选取整体概率最高的生成回复。这里的 n 被称为束大小（Beam Size）。当 $n=1$，束搜索就退化为贪心搜索。当 $n=2$，第一步保留了概率最高的两个词元作为候选；第二步基于两个候选词进行扩展，得到模型在两个上下文内容下的概率分布，最后选择联合概率最高的两个句子作为候选。在下面的生成步骤中，将会继续基于这两个候选去进行扩展，每次都选择联合概率最高的两个句子。最后，当两个束的句子均生成结束后，选择整体生成概率最高的候选句子作为最终的输出。在实践中，束的数量通常设定在 3~6 的范围内，设置过大的束会显著增加运算开销，并可能会导致性能下降
长度惩罚（Length Penalty）	由于束搜索中需要比较不同长度候选句子的概率，往往需要引入长度惩罚（又称为"长度归一化"）技术。如果没有长度惩罚，传统的束搜索会倾向于生成较短的句子，因为每生成一个单词，都会乘以一个小于1的概率，使得句子的生成概率逐渐变小。因此，可以在生成概率的计算中引入长度惩罚，通过将句子概率除以其长度的指数幂 α，对于句子概率进行归一化处理，从而鼓励模型生成更长的句子。在实践中，α 通常设置为 0.6~0.7 之间的数值

续表

解码策略	策略说明
重复惩罚	为了缓解贪心搜索重复生成的问题，可以使用 n-元惩罚（n-gram Penalty）来强制避免生成重复的连续 n 个词元，实践中 n 通常设置为 3～5 之间的整数。进一步地，研究人员还提出了相对"温和"的惩罚机制来降低生成重复词元的概率，而不是"一刀切"地完全避免某些短语的生成，如出现惩罚（Presence Penalty）和频率惩罚（Frequency Penalty）
温度采样 （Temperature Sampling）	为了调节采样过程中的随机性，一种有效的方法是调整 softmax 函数中的温度系数。降低温度系数 t 会使得概率分布更加集中，从而增加了高概率词元的采样可能性，同时降低了低概率词元的采样可能；当温度系数 t 设置为 1 时，该公式退化为标准的随机采样方法；而当 t 趋近于 0 时，实际上等同于贪心搜索，即总是选择概率最高的词。此外，当 t 趋近于无穷大时，温度采样会退化为均匀采样
Top-k 采样 （Top-k Sampling）	与温度采样不同，top-k 采样策略是直接剔除概率较低的词元，限制模型从概率最高的前 k 个词元中进行采样。当采用 top-3 采样策略时，模型将会从三个概率最高的词元中，基于原始概率分布进行采样
Top-p 采样 （Top-p Sampling）	由于 top-p 采样策略并不考虑整体概率分布，因此固定的常数 k 可能无法适应不同的上下文语境。在较为确定的生成场景中，例如给定前缀为"世界最高峰是"，当 k 设置为大于 1 的数值时，均有可能引入错误答案；而在需要多样性的场景中，例如"我最喜欢的城市是"，k 设置为较小的值则会限制模型的多样化生成。为了克服上述问题，研究人员提出了 top-p 采样方法（又称为核采样，Nucleus Sampling）。该方法的核心思想是从一个符合特定概率条件的最小词元集合中进行采样，要求其中包含的所有词元累积概率大于或等于预设阈值 p。在具体的实现过程中，top-p 采样首先会按照生成概率从高到低的顺序对词元进行排序，然后不断将词元添加到一个临时的集合中，直到集合的累积概率首次超过阈值 p
对比解码 （Contrastive Decoding）	由于大模型比小模型具有更强的生成能力，因而在预测下一个词元时，大语言模型相较于小模型更倾向于为重要词元分配更高的概率。基于这个想法，对比解码通过计算一个较大的语言模型（例如 GPT-2XL）和一个较小的语言模型（例如 GPT-2 small）之间的对数概率分布差值，然后基于归一化的差值分布采样下一个词元，从而有效地提升重要词元在生成过程中的影响力。为了方便读者理解，这里构造一个例子来说明对比解码的工作原理。在预测一个给定片段"李时珍是湖北人，他出生于 __"的下一个词时，GPT-2 XL 有 15% 的概率生成"湖北"、10% 的概率生成"明朝"，而 GPT-2 small 有 10% 的概率生成"湖北"、0.1% 的概率生成"明朝"，可以看到虽然 GPT-2 XL 生成"湖北"的概率仍然最高，但是其生成"明朝"的概率大幅增长，对比解码可以有效利用这一现象，在解码过程中提升重要词汇的影响力

以下为几个有代表性的大语言模型的解码设置：

（1）T5 默认采用贪心搜索策略。在翻译和摘要任务中，它使用束搜索（束大小为 4）并结合长度惩罚（惩罚因子为 0.6）来优化生成结果。

（2）GPT-3 在所有生成任务中都使用束搜索（束大小为 4）和长度惩罚（惩罚因子为 0.6）。

（3）Alpaca 主要面向开放式生成任务，因此使用了基于采样的策略，包括 top-k 采样（$k=50$）和top-p采样（$p=0.9$），并将温度参数设置为0.7，在保证结果可靠的同时促进生成结果的多样性。

（4）LLaMA根据具体任务的不同采用了多样化的解码策略。例如，在问答任务中使用了贪心搜索策略；而在代码生成任务中，分别采用了温度设置为0.1（针对pass@1）和0.8（针对pass@100）的采样策略。

（5）OpenAI支持多种基本的解码策略，包括贪心搜索（通过将温度参数temperature设置为0实现）、束搜索（通过best_of参数设置）、温度采样（通过调整temperature参数）以及top-p采样（通过top-p参数设置）。此外，它也支持基于出现惩罚和频率惩罚的重复惩罚机制，分别通过presence_penalty和frequency_penalty来控制。

6.4.2.2 解码加速

解码算法主要可以分为两个阶段：（1）全量解码阶段，对于输入序列，一次性地计算其状态并缓存键值矩阵；（2）增量解码阶段，只计算上一步新生成词元的状态，不断地以自回归方式生成新词元并对应更新键值缓存，直到生成结束。

全量解码阶段是受限于GPU浮点数计算能力的（即计算瓶颈）❶。增量解码阶段是受限于GPU显存读写速度的（即显存瓶颈），这种问题通常被称为"内存墙"（Memory Wall）问题。由此可见，解码阶段的低效问题主要出现在增量解码阶段。通常采用系统优化和解码策略优化改进增量解码阶段的效率。

系统级优化：针对"内存墙"问题，通过减少相关操作的访存量，从而达到提升计算强度的目的，包括FlashAttention、PagedAttention、批次管理优化等系统级优化算法（表6-4-2）。

表6-4-2 系统级优化主要算法

算法名称	算法概述
FlashAttention	FlashAttention是一种针对原始注意力模块的优化方案，可以大幅减少注意力计算中的访存量，从而提升计算强度。它的核心思路是尽可能减少对于中间结果的保存，进而直接得到最终结果。通过矩阵分块和算子融合等方法，将中间结果一直保留在缓存中，直到获得最终结果后再写回显存中，从而减少了显存读写量。FlashAttention有效地减少了访存量，同时也降低了峰值显存的占用量。例如，使用了FlashAttention的LLaMA-2（7B）在序列长度为2048、批次大小为8的情况下，注意力操作的时间仅需传统注意力的十分之一

---

❶ GPU的计算强度上限I_{max}，是GPU算力与带宽的比值，单位为FLOP/byte。模型的计算强度I，运算量和访存量的比值，单位为FLOP/byte。当模型的计算强度I小于GPU的计算强度上限I_{max}时，这说明GPU的理论最高显存读写速度低于实际运算所需速度，因此模型实际的运行效率将主要受到显存读写速度的影响，这种情况称为带宽瓶颈；反之，当I大于I_{max}时，说明GPU的理论最高浮点运算速度低于实际运算所需速度，因此模型的运行效率将主要受到算力的影响，这种情况称为计算瓶颈。

续表

算法名称	算法概述
PagedAttention	PagedAttention 是针对键值缓存拼接和注意力计算的优化操作，能够有效降低这两个运算部分的访存量，从而提高计算效率。在键值缓存拼接操作中，传统的实现方法会在每次拼接时新分配一段显存空间，然后拷贝原始键值缓存和新生成词元的状态到新分配的显存中去，这容易导致反复的显存读写，并且产生较多的显存碎片。为此，PagedAttention 引入了操作系统中显存分页管理的方法，预先将显存划分成若干块给之后的键值缓存"预留空间"，从而显著减少了拼接时反复分配显存的操作。此外，PagedAttention 还优化了注意力计算操作，提高了计算的并行度从而减少其访存量。具体来说，增量解码阶段是以当前词元作为查询向量，与之前序列的键值缓存进行注意力计算的过程。考虑到键值缓存通常会较长，PagedAttention 采用了上述的分页管理操作，并使用算子融合的方法将查询向量与多个分页的键值缓存并行地进行计算，从而提升了计算效率
批次管理优化	通过增加计算中的批次大小来提高计算强度。一个代表性的方法是 vLLM 所提出的连续批处理（Continuous Batching）技术。该技术不同于传统确定顺序的定长批次处理方式，而是将每个输入实例视为一个请求，每个请求的处理过程可以分解为全量解码阶段和若干个单步增量解码阶段。在实现中，连续批处理技术会通过启发式算法来选择部分请求进行全量解码操作，或者选择一些请求进行单步增量解码操作。通过这样细粒度的拆分，连续批处理技术在一步操作中能够容纳更多的请求（相当于提高批次大小），从而提升了计算强度。进一步，DeepSpeed-MII 提出了动态分割技术，将全量解码部分进一步拆分为多个子操作，其可以在一次计算中选择一些请求同时进行全量解码和增量解码操作，进而获得更大的批次和更高的解码吞吐量

解码策略优化：包括推测解码（Speculative Decoding）、非自回归解码（Non-autoregressive Decoding）、早退机制（Early Exiting）与级联解码（Cascade Inference）（表6-4-3）。

目前一些常用于大模型解码的代码库，提供解码过程的关键优化策略，并兼容大部分的开源模型，在实际部署中可以方便应用。

（1）llama.cpp 是一款完全基于 C/C++ 实现的代码库，具有较好的跨平台兼容性，能够在多种计算设备（如 CPU、英伟达 GPU、AMD GPU 以及苹果芯片）上运行。此外，llama.cpp 还支持多种量化精度，范围从 1.5bit 到 8bit 不等，能够显著降低显存消耗。

（2）vLLM 是一个快速、高效且便捷的代码库，它专门针对解码效率进行了大量优化。vLLM 通过对键值缓存进行分页存储，并结合 PagedAttention 技术，显著提升了解码时注意力的计算效率。同时它还支持多种解码策略，引入了批次管理优化技术，能够很好地在真实场景中部署大模型。此外，vLLM 有较强的兼容性，可以与大量 Transformers 库中的开源模型无缝集成。

（3）DeepSpeed-MII 代码库是由微软开发的一个用于大语言模型解码的代码库。它能够支持多种解码策略，并实现了批次管理优化和张量并行解码等技术。为了充分挖掘 GPU 的计算潜能，DeepSpeed-MII 引入了动态分割技术，通过将输入提示拆分为多个子块，并将全量解码和增量解码的请求有机融合，进而实现了批次数据的增加和解码吞吐量的提升。

表 6-4-3 解码策略优化主要算法

算法名称	算法概述
推测解码（Speculative Decoding）	推测解码提出首先使用相对较小但解码更为高效的模型（例如 n 元统计模型或者小型预训练模型）自回归地生成若干个词元，然后再由大模型对这个片段进行一次验证（大模型一次验证与一次解码的时间消耗相当），来判断是否每个词元都是当前步骤概率最高的输出，随后大小模型持续迭代此过程直到解码结束。推测解码不会降低大模型解码的质量，实验测试表明能够带来约 2 倍左右的解码加速，是目前使用较多的解码策略优化方案
非自回归解码（Non-autoregressive Decoding）	现有解码策略普遍采用自回归的解码机制，即逐个词元进行生成，这是导致解码效率低下的重要原因。因此，机器翻译领域的研究人员提出了非自回归的解码机制，可以基于输入并行地一次性生成所有的词元。但是这种方法的生成质量往往与自回归方法有一定差距，因此有研究工作尝试结合这两种方法，进一步提出了半自回归解码，每一次生成一组词元（例如 3～10 个词元），再以这些词元作为输入继续生成下一组。然而，现有的大模型都是预测下一个词进行预训练的，无法直接进行非（半）自回归生成。为了解决这个问题，Medusa 在 Vicuna 模型的基础上，额外训练了两个预测头来分别预测第二个词和第三个词，因此可以达到一次生成三个词元的效果。但需注意的是，尽管这些非（半）自回归策略在效率上有所提升，但仍然不能达到自回归解码的效果。因此其很少单独使用，通常可以用于推测解码中的候选片段生成，进而加速大模型的解码流程。例如 Medusa 预测片段之后，需要原始 Vicuna 模型进行验证来保证生成质量
早退机制（Early Exiting）	有研究工作发现，在多层 Transformer 模型中，可能不需要经过所有层的计算，模型就可以较为可靠地预测下一个词的生成。基于这种想法，研究人员提出了基于早退机制的生成方式。在模型的解码过程中，可以通过设置相应的早退判断条件。当早退条件满足时结束网络层的前向传递，直接生成相关的词元，从而提升解码效率。早期一种常见的早退判断方法是对于 Transformer 每一层的输出都使用预测头得到在词表上的概率分布，然后计算该分布的熵。如果熵值小于预定义的阈值（即某一个词的概率显著较高），则可以判断为早退，不进行后续层的计算。在实现中，可以通过调整该阈值来平衡解码效率与生成质量。最近的研究工作提出了混合深度方法，来动态调整每一层的计算量。类似于 MoE 网络，混合深度方法对于每一层的输入通过路由网络计算得分，如果该得分高于预先设定的阈值则进行该层的后续计算，否则直接跳过该层的计算。与传统早退机制直接跳过后续所有层计算相比，混合深度方法有选择性的跳过了部分层，因此可以更好地利用模型中不同层的特性
级联解码（Cascade Inference）	与推测解码有类似的想法，级联解码考虑到不同请求的难易度不同，分别使用不同规模的模型来处理请求，从而实现最小化解码时间的效果。FrugalGPT 引入了一系列模型（按照效率从高到低），然后将一个请求依次给这些模型进行生成，随后引入了一个专门训练的二分类模型来判断模型的生成结果是否符合任务要求。如果结果可靠就不需要再给之后的模型进行生成，以实现提升解码效率的目的。该策略也可以应用于不同的开源模型、商业 API 等，用户可以根据自己的需求设定分类器的判断阈值，从而平衡生成效率与生成质量

（4）FlexFlow 代码库针对推测解码算法进行了优化，进一步提升了推测解码的效率。在早期的推测解码算法中，小模型解码和大模型验证的过程是交替进行的，并且一次只能验证一个推测。FlexFlow 设计了树形注意力机制，该机制将小模型的多个推测结

果拼接到一条序列中，通过修改注意力掩码让大模型实现一次验证多个推测的效果，有效提升了计算并行度。

6.4.2.3 低资源部署策略

由于大模型的参数量巨大，在解码阶段需要占用大量的显存资源，因而在实际应用中的部署代价非常高。通过模型量化（Model Quantization），来减少大模型的显存占用，从而使得能够在资源有限的环境下使用大模型。通常来说，模型量化方法可以分为两大类，即量化感知训练（Quantization-Aware Training，QAT）和训练后量化（Post-Training Quantization，PTQ）。

6.4.2.4 模型压缩

模型压缩是一种常用的模型优化技术，其目标是在保持模型性能的同时，减少模型的大小，详见 6.3 节。常用的模型压缩方法有权重共享、参数剪枝和量化等。

权重共享是指在模型中找出可以共享权重的部分，从而减少模型的参数数量。例如，卷积神经网络（CNN）就是一种利用权重共享的模型。

参数剪枝是指通过一定的策略，去掉模型中的一部分参数，从而减小模型的大小。常用的剪枝策略有阈值剪枝、正则化剪枝等。

量化是指将模型的参数从浮点数转换为低精度的整数，从而减小模型的大小。常用的量化方法有线性量化、非线性量化等。

6.4.2.5 模型蒸馏

模型蒸馏是一种模型优化技术，其目标是通过训练一个小模型（学生模型），来模拟一个大模型（教师模型）的行为，详见 6.3 节。模型蒸馏的基本思想是让学生模型学习教师模型的软目标（soft target）。软目标是指教师模型的输出概率分布，它包含了教师模型对于每个类别的信心。通过学习软目标，学生模型可以学习到教师模型的一些隐含知识。

6.4.3 实践案例

国外谷歌的 TensorFlow、微软的 Azure、亚马逊的 SageMaker，国内百度的文心千帆大模型平台、华为云 Stack 和 ModelArts Studio、腾讯云 TI 平台和 MaaS 服务、科大讯飞星火一体机、智谱华章 MaaS 大模型开放平台等，均提供端到端的模型部署服务。大模型的部署过程受限于专业知识、普遍的经验以及文献研究，而不是简单的规则和技术方案。实际上，每一个平台都有独特的管理机制和模型部署方案，以及不同的架构机制要求实践人员在经验与效率之间寻找平衡才能获得最佳方案。

以下为 PyTorch 和 TensorFlow 结合应用的模型部署与优化的具体实践，包括代码实例和详细解释说明等[24]。

6.4.3.1 模型压缩

以下是一个使用 PyTorch 进行模型压缩的示例：

```python
python import torch import torch.nn as nn import torch.nn.utils.prune as prune
```

创建一个模型

```
model = nn.Sequential(nn.Linear(10, 10), nn.ReLU(), nn.Linear(10, 10))
```

使用 L1 范数进行剪枝

```
parameterstoprune = (model[0], 'weight'), (model[2], 'weight') prune.globalunstructured(parameterstoprune, pruningmethod=prune.L1Unstructured, amount=0.2)
```

保存剪枝后的模型

```
torch.save(model.state_dict(), 'model.pth')
```

6.4.3.2 模型蒸馏

以下是一个使用 TensorFlow 进行模型蒸馏的示例：

```
python import tensorflow as tf from tensorflow.keras import Model
```

创建教师模型和学生模型

```
teachermodel = ... studentmodel = ...
```

定义蒸馏损失

```
class DistillationLoss(tf.keras.losses.Loss): def init(self, alpha=0.1, temperature=3): super(DistillationLoss, self).init() self.alpha = alpha self.temperature = temperature
    def call(self, y_true, y_pred):
        y_true_soft = tf.nn.softmax(y_true / self.temperature)
        y_pred_soft = tf.nn.softmax(y_pred / self.temperature)
        return self.alpha * tf.keras.losses.KLD(y_true_soft, y_pred_soft)
```

训练学生模型

```
studentmodel.compile(optimizer='adam', loss=DistillationLoss()) studentmodel.fit(xtrain, teachermodel.predict(x_train))
```

保存学生模型

```
studentmodel.save('studentmodel.h5')
```

6.4.3.3 模型部署

以下是一个使用 TensorFlow Serving 进行模型部署的示例：

```
bash
```
保存模型
```
MODELDIR=/path/to/model tensorflowmodelserver --port=8501
--modelname=mymodel --modelbasepath=$MODELDIR
```
请求模型服务
```
curl -d '{"signaturename":"servingdefault","instances":[{"input":...}]}' -H "Content-Type: application/json" -X POST http://localhost:8501/v1/models/my_model:predict
```

6.4.4 工具和资源

TensorFlow Serving：一个用于部署 TensorFlow 模型的高性能服务框架。
ONNX：一个开源的模型交换格式，可以用于跨平台的模型部署。
TensorRT：一个用于优化深度学习模型的库，可以提高模型的推理速度。
Distiller：一个用于模型压缩和蒸馏的开源库。

6.5 大模型的安全与防御

大模型安全框架聚焦于大模型生产研发应用过程中的安全风险问题，包括大模型内生安全及应用安全，即主要解决大模型生产研发流程中涉及的基础设施、数据、模型、算法面临的安全风险，以及因为大模型的不合理应用引发的人工智能应用决策失控风险。对于因滥用或者恶意使用大模型而导致的安全风险，主要由国家法律法规和行业管理规范来进行监管规范。对于大模型生产研发流程中出现的安全风险问题，应该由大模型研发团队及安全团队共同关注，通过安全评估等机制来保障大模型的应用达到安全目标。

6.5.1 安全风险与挑战

以大模型应用为契机，针对通用大模型安全的各种风险问题，油气行业更应该加强数据全生命周期管理，提升数据治理能力。首先，要从数据采集源头上加强数据质量管控，通过软硬件结合的方式确保数据的自动、规范采集。其次，通过数据清洗、数据融合和匹配、数据完整性增强等方式提升数据质量。然后，组织权威专家进行数据标注，构建大模型训练所需的标签样本库，并严控标注质量。同时，引入行业先验知识约束进行数据增强、联邦学习和小样本－零样本学习，以此开发适用于针对性场景任务应用的模型。最后，通过数据脱敏、数据加密、访问控制和审计、合规性审查等方式加强数据安全和隐私性保护。具体风险包括以下几个方面的内容。

6.5.1.1 数据安全风险

数据采集与存储风险：油气行业采集环境复杂，涉及野外勘探、井下作业等场景，数据采集过程中可能受到物理环境干扰、设备故障等影响，导致数据丢失或损坏。同时，数据存储系统也可能遭受黑客攻击、病毒感染等，致使数据被窃取、篡改或破坏。

数据共享与传输隐患：油气行业数据采集成本高昂，且不同企业、部门之间的数据采集、存储等标准不统一，使得跨企业、跨部门之间数据资源共享难以实现，数据在传输过程中容易出现安全漏洞。

数据隐私保护挑战：包含大量敏感信息，涉及国家能源安全和企业商业机密。在使用大模型进行数据分析和处理时，必须确保这些数据的隐私不被泄露。

6.5.1.2 算力安全风险

自建算力的安全管理难题：算力设备的物理安全、网络安全、系统安全。

租赁算力的安全信任问题：无法完全保证数据的安全和隐私。服务提供商可能存在安全管理不到位、数据泄露等风险。

6.5.1.3 算法安全风险

算法缺陷与漏洞：算法中的逻辑错误可能导致大模型对油气生产的分析结果出现偏差。算法存在的漏洞可能被黑客利用，对油气行业的生产系统和业务流程进行攻击。

6.5.1.4 模型应用安全风险

模型的误操作与滥用：大模型应用权限管理不严格。

模型的对抗攻击风险：黑客可能通过对大模型进行对抗攻击，故意输入一些恶意数据或指令，使大模型产生错误的结果或行为。

6.5.1.5 知识产权与版权风险

模型的开源与商用风险：如果使用未经授权的开源模型或算法，可能会面临知识产权纠纷。

版权归属：模型训练的数据归属问题以及大模型的版权归属问题。

6.5.2 内生安全防御技术

重点关注数据层面、模型层面和系统层面的防御技术。其中，数据层面保护训练数据的安全及对话过程中的交互数据安全；模型安全包括提高模型对抗恶意攻击的能力，增强模型的解释性以及保护模型中的隐私信息；系统安全强调模型运行环境和周边系统的安全性，讨论部署环境的安全性、通信的安全性、访问控制以及审计和监控的重要性。

6.5.2.1 数据安全防御技术

大模型数据隐私保护技术：主要包含数据脱敏、数据匿名化、数据加密等技术。

大模型分布式训练技术：主要有联邦学习和区块链技术。

6.5.2.2 模型安全防御技术

大模型越狱防御技术：主要包括模型生成优化、系统提示优化、输入输出检测。

提示语泄露防御技术：主要包括输入检测、输入处理、输出处理。同时提示语泄露防御技术是一个新兴领域，需要多种技术进行综合防御，未来还需探索更多新方法。

6.5.2.3 系统防御技术

硬件层面防御技术：主要防御手段包括漏洞修复防范技术、被动检测防范技术、主动防范技术。

软件层面防御技术：主要防御手段有用户数据防范技术、模型数据防范技术。

框架层面防御技术：具体防御手段有深度学习框架防范技术、底层依赖库防范技术。

操作系统层面防御技术：主要防御手段包括访问控制防范技术、加密防范技术、机密性加密技术。

网络传输层面防御技术：具体防御手段包括端设备地址防范技术、传输路径防范技术、网络服务防范技术、漏洞修复防范技术、被动检测防范技术、主动防范技术、传输路径防范技术、网络服务防范技术、应用安全防范技术等。

6.5.3 外生安全防御技术

重点应对来自大模型外部的各种攻击威胁，保护模型及数据的完整性、可用性和隐私性。主要防御技术包括：面向隐私安全攻击的防御技术，旨在保护用户隐私数据和模型训练数据不被泄露或滥用；针对毒化数据的防御技术，旨在识别和过滤掉恶意注入的毒化数据，防止模型被误导或产生偏见；面向恶意后门的防御技术，旨在检测和清除模型中可能存在的恶意后门，确保模型在各种输入下的行为符合预期；针对提示注入攻击的防御技术，旨在抵御攻击者通过精心构造的提示语操纵模型输出的行为，增强模型对提示注入攻击的鲁棒性。

面向隐私安全攻击的防御技术：大模型存在无意识隐私数据泄露的风险，对抗训练和提示工程是两种有效的防御策略。

针对毒化数据的防御技术：采取有效的数据溯源和对齐技术确保所有训练数据的安全性和可靠性，发展高级的对抗算法来识别和处理包含毒化数据输入。

面向恶意后门的防御技术：通过检查模型中的神经元激活特征，以识别那些可能被恶意操纵的神经元，还可以通过模型的微调和再训练来清除这些后门。

针对提示注入攻击的防御技术：针对提示注入攻击，通过控制模型的提示指令可以进行有效的防御，还可以通过对抗训练进行防御，通过收集攻击样本，使用指令微调等方法对模型进行迭代优化。

6.5.4 衍生安全防御技术

在内生、外生安全防御技术的基础上，衍生安全防御技术进一步保护训练数据安全、提高模型对抗恶意攻击的能力、增强模型的解释性、保护模型中的隐私信息，以及保护模型运行环境和周边系统的安全性，包括讨论部署环境的安全性、通信的安全性、AIGC 安全的重要性。

6.5.4.1 偏见和毒性内容生成风险防范技术

预训练数据排毒：主要包含数据清洗、偏见调节，数据增广是另一种促进模型公平性的方法。

基于强化学习的对齐：在实现方式上，基于人类偏好的强化学习技术，通过人类的偏好反馈，以强化学习方式优化语言模型，引导模型在生成时更接近人类价值观。

推理阶段的安全风险防控：主要包括基于提示的安全控制、安全回复策略等。

6.5.4.2 电信诈骗风险防范技术

深度伪造检测技术：包括基于空间域信号的深伪检测、基于生物信号的深伪检测。

深度伪造主动防御技术：包括基于主动干扰的防御技术、基于主动取证的防御方法。

参 考 文 献

[1] VASWANI A, SHAZEER N, PARMAR N, et al. Attention is all you need [J]. Advances in Neural Information Processing Systems，2017，30：5998-6008.

[2] DEVLIN J, CHANG M W, LEE K, et al. BERT: Pre-training of deep bidirectional transformers for language understanding [C]. Proceedings of the 2019 Conference of the North American Chapter of the Association for Computational Linguistics: Human Language Technologies. Minneapolis: Association

for Computational Linguistics, 2019: 4171-4186.

[3] RADFORD A, NARASIMHAN K, SALIMANS T, et al. Improving language understanding by generative pre-training [R]. San Francisco: OpenAI, 2018.

[4] ZAKI M Z. Revolutionising translation technology: A comparative study of variant transformer models-BERT, GPT and T5 [J]. Computer Science & Engineering: An International Journal, 2024, 14 (3): 15-27.

[5] RAFFEL C, SHAZEER N, ROBERTS A, et al. Exploring the limits of transfer learning with a unified text-to-text transformer [J]. Journal of Machine Learning Research, 2020, 21 (140): 1-67.

[6] HADI M U, QURESHI R, SHAH A, et al. A survey on large language models: Applications, challenges, limitations, and practical usage [R]. Authorea Preprints, 2023.

[7] ABDELWAHHAB M A, ALI E H, ABDELHAFEZ N A. Petroleum system analysis-conjoined 3D-static reservoir modeling in a 3-way and 4-way dip closure setting: insights into petroleum geology of fluvio-marine deposits at BED-2 Field (Western Desert, Egypt) [J]. Petroleum, 2023, 9 (1): 8-32.

[8] KOROTEEV D, TEKIC Z. Artificial intelligence in oil and gas upstream: Trends, challenges, and scenarios for the future [J]. Energy and AI, 2021, 3: 100041.

[9] ZHAO T, WANG S, OUYANG C, et al. Artificial intelligence for geoscience: Progress, challenges and perspectives [J]. The Innovation, 2024, 5 (5): 100691.

[10] VISHNUMOLAKALA N. Downhole intelligence for drilling systems using supervised and deep reinforcement learning techniques [D]. Doctoral dissertation, Texas A&M University, 2022.

[11] HANGA K M, KOVALCHUK Y. Machine learning and multi-agent systems in oil and gas industry applications: A survey [J]. Computer Science Review, 2019, 34: 100191.

[12] HOON K T. Hiding solution for internet-based supervisory control and data acquisition (SCADA) system threats management [J]. African journal of business management, 2012, 6 (44): 10974-10982.

[13] CHENA B, ZENGA X, ZHANG W. Federated Learning for Cross-block Oil-water Layer Identification [J]. arXiv e-prints, 2021.

[14] BEN-DAVID S, BLITZER J, CRAMMER K, et al. Analysis of representations for domain adaptation [J]. In NIPS, 2006: 137-144.

[15] WANG M, DENG W. Deep visual domain adaptation: A survey [J]. Neurocomputing, 2018, 312: 135-153.

[16] FARAHANI A, VOGHOEI S, RASHEED K, et al. A brief review of domain adaptation [J]. Advances in data science and information engineering: proceedings from ICDATA 2020 and IKE 2020, 2021: 877-894.

[17] AN Y, DU H, MA S, et al. Current state and future directions for deep learning based automatic seismic fault interpretation: A systematic review [J]. Earth-Science Reviews, 2023, 243: 104509.

[18] DOU Y, LI K. 3D seismic mask auto encoder: Seismic inversion using transformer-based reconstruction representation learning [J]. Computers and Geotechnics, 2024, 169: 106194.

[19] SALAZAR J J, MALDONADO-CRUZ E, OCHOA J, et al. Self-Supervised learning for seismic data: enhancing model interpretability with seismic attributes [J]. IEEE Transactions on Geoscience and Remote Sensing, 2023, 61: 1-18.

[20] HE X, FEI Y, ZHOU C, et al. 3-D Seismic multi-horizon extraction based on a domain adaptive

deep neural network［J］. IEEE Transactions on Geoscience and Remote Sensing，2024. http：//ieeexplore.ieee.org/document/10713217.

［21］博文视点 Broadview. 模型压缩：量化、剪枝和蒸馏［OL］. https：//cloud.tencent.cn/developer/article/2280844.［2023-05-06］.

［22］嵌入式视觉. 知识蒸馏、轻量化模型架构、剪枝…几种深度学习模型压缩方法［OL］. https：//blog.51cto.com/u_15214399/6118007.［2023-03-13］.

［23］赵鑫，李军毅，周昆，等. 大语言模型［OL］. https：//llmbook-zh.github.io/.［2024-04-15］.

［24］光剑. 模型部署与优化技术详解［OL］. https：//blog.csdn.net/universsky2015/article/details/136010249.［2024-02-03］.

7 油气行业大模型生态建设

油气行业大模型生态涵盖与油气行业大模型研发及应用相关的算力、算法、数据、用户等产学研用所及的上下游全部产业链。模型、平台、标准和生态是支撑大模型产业落地的四大要素。模型是基础，平台是载体，标准是依据，而生态则是确保大模型能够广泛应用和持续发展的关键[1]。以联盟建设、平台建设和标准体系建设为支柱，构建一个活跃的、健康的、可持续发展的生态系统，可以有效促进大模型在油气行业的研发、应用和普及。

7.1 油气大模型生态建设目标

油气行业大模型生态建设的目标是营造开放、合作、共享、包容的生态环境，促进油气行业大模型生态系统繁荣与发展，推动大模型技术与产品在油气行业快速落地、广泛有效应用和商业化模式探索，以科技创新为引领，助力油气行业新质生产力高质量发展。

7.1.1 营造开放的大模型生态环境

营造充分开放的油气行业大模型生态环境，能够实现资源的合理流动和高效配置，有利于促进油气行业大模型技术的快速进步和应用的广泛推广，重点要推动开展以下几个方面的工作：

（1）技术开放。大模型生态建设应当鼓励技术共享，加大石油公司及其下属企业、科研院所、高等院校、IT及AI技术产品供应商、科技服务公司等不同生态环境中主体之间的技术交流与合作。不设置技术壁垒，提供多元的技术选择，如在构建行业或领域大模型时，开放性市场的格局是应允许多个通用大模型并存，各模型在具体场景中的应用表现有所差异，企业可以根据业务需求和投入产出预期，灵活选择适合的通用大模型作为基础，构建自己的大模型解决方案。这种开放性允许企业不必局限于单一的产品选择，而是可以根据自身需求科学地选择最适合的通用大模型底座。技术开放性还体现在通过开源平台、技术研讨会、线上论坛等形式，促进技术知识的传播和创新。

（2）数据开放。在符合数据安全和隐私保护的前提下，推动行业内数据合理开放。

政府或行业协会牵头，企业和研究机构参与，共同建立数据开放平台，提供多样化的应用场景数据集，以便于研究者和企业进行模型训练和验证。

（3）平台开放。构建开放的大模型服务平台，提供算力、数据、算法等一站式服务，降低企业和开发者的使用门槛。大模型服务平台应当支持多种编程语言和框架，兼容不同类型的模型和应用。

（4）合作开放。鼓励行业内外的合作伙伴关系，打破地域、国界、行业界限，形成跨领域、跨行业的合作网络。通过联合研发、技术竞赛、项目合作等方式，集合各方的智慧和资源，共同推动大模型生态的发展。

（5）政策开放。在政策制订上，应当考虑到行业专业领域的广泛性和多样性，为不同规模和类型的企业和开发者提供公平竞争的环境，特别是大型石油公司及其下属企业要为中小型企业参与大模型科技招投标提供宽松条件，营造活跃的市场竞争氛围。同时，政策应当鼓励创新和风险承担，为科研失败提供宽容的空间。

（6）社区开放。建立和维护一个活跃的开源社区，鼓励开发者提供开源模型、贡献代码、分享经验、解决难题。社区应当具备良好的交流机制，能够及时反馈问题和需求，促进社区平台的不断优化和升级。

7.1.2　营造合作的大模型生态环境

营造合作的大模型生态环境重点要推动开展以下几个方面的工作：

（1）大型石油企业主导合作。大型石油企业在大模型生态建设中应主动承担主导者角色，出台相关政策，鼓励企业、高校和科研机构之间的合作。通过政策和项目引导，促进各方共同参与大模型生态建设，实现资源共享、优势互补。

（2）大模型产业链上下游企业合作。鼓励油气行业大模型产业链上下游企业之间的合作，共同推动大模型在油气行业各领域中的广泛应用。通过合作实现产业链的协同发展，提高整个产业链的效率和竞争力。

（3）国内外产业合作。鼓励国内外企业、高校和科研机构在大模型生态建设中的合作。通过国际交流与合作，学习引进国外先进技术和管理经验，提升我国油气行业大模型技术的国际竞争力。

（4）产学研用合作。鼓励企业、高校和科研机构之间的产学研用合作，共同开展大模型研发和应用。通过产学研用合作，实现研究成果的快速转化，推动大模型在行业中的应用。

（5）跨专业合作。鼓励油气行业不同专业之间在大模型生态建设中的合作，共享资源和经验，推动跨专业数据融合创新。通过跨专业合作，实现专业间大模型研究与应用协同发展。

（6）社会资本合作。鼓励社会资本和企业科研经费在大模型生态建设中的合作。通过合作，实现资金、技术、人才等资源的优化配置，推动大模型生态的快速发展。

7.1.3 营造共享的大模型生态环境

营造共享的大模型生态环境重点要推动开展以下几个方面的工作：

（1）技术共享。在遵守知识产权和相关法律法规的前提下，鼓励企业、高校和科研机构共享大模型相关的技术成果，包括但不限于算法、数据处理方法、模型优化策略等。通过技术共享，促进油气行业大模型技术的进步和创新。

（2）数据共享。在确保数据安全和隐私保护的前提下，推动行业内数据资源共享。生态伙伴共同建立数据开放平台，提供多样化的数据集，以便于研究者和企业进行模型训练和验证。

（3）平台共享。构建开放的大模型服务平台，提供算力、数据、算法等一站式服务，降低企业和开发者的使用门槛。

（4）知识共享。鼓励企业、高校和科研机构通过出版物、研讨会、在线课程等形式，共享在大模型研发和应用过程中的知识和经验，促进知识的传播和普及。

（5）资源共享。推动行业内外各类资源的共享，包括但不限于计算资源、存储资源、人力资源等。通过资源共享，提高资源利用效率，降低研发成本。

（6）成果共享。在确保知识产权和商业秘密保护的前提下，鼓励企业和研究机构共享大模型的应用成果，包括但不限于解决方案、业务案例、应用效果等。通过成果共享，推动行业的共同发展和进步。

7.1.4 营造包容的大模型生态环境

营造包容的大模型生态环境要注意做好以下几个方面的工作：

（1）包容不同类型的参与者。在油气行业大模型生态中，欢迎和容纳来自不同背景的参与者，包括初创企业、大型企业、高校、科研机构和个人等。不同类型的参与者可以根据自己的优势和特点，在大模型生态中发挥各自的作用。

（2）包容不同的技术和方法。在大模型生态建设中，鼓励多样化的技术路线和方法。不同技术和方法之间的竞争和合作，有助于推动整个大模型技术的发展。

（3）包容不同的应用场景。大模型生态应当能够适应和满足不同专业、不同领域的应用需求，无论是油气行业的主责主业，还是新兴的研究方向、交叉学科研究等，都应该在大模型生态中找到适合自己的位置。

（4）包容失败和风险。在创新和探索过程中，失败和风险是难以避免的。油气行业大模型健康生态应当具有包容失败和风险的文化，鼓励尝试和创新，为创新者提供宽容的环境。

（5）包容不同的商业模式。在大模型生态中，允许不同的商业模式共存，无论是免费提供服务、许可证制、订阅制、增值服务等，都应用在大模型生态中找到自己的市场定位。

（6）包容不同的利益相关者。在大模型生态中，应当充分考虑到不同利益相关者的需求和利益，包括但不限于用户、开发者、投资者、监管机构等。通过有效的沟通和协调，平衡不同利益相关者的利益。

通过上述措施，油气行业大模型生态建设能够形成一个开放、合作、共享、包容的环境，为不同参与者提供公平竞争的舞台，为创新提供广阔的空间，为行业的发展提供强大的支持。

7.2 油气大模型生态建设重点

实现油气行业大模型科技研发与推广应用快速发展的关键在于解决行业高端算力不足、大规模高质量数据集少、算法可靠性和准确性弱等核心问题[2]。大模型生态建设服务于科技攻关与应用，其目标主要是为科技攻关与应用营造良好的环境，在当前油气行业大模型发展的初期，大模型生态建设的重点主要包括构建以大模型算力服务平台为主的跨行业算力共建生态、构建以大模型数据开放平台为主的高品质数据开放生态、构建以模型与算法开源平台为主的可靠的开源生态，以及培育以丰富应用场景建设为重点的用户体系生态。

7.2.1 构建跨行业算力共建生态

算力是大模型研发与应用的基础。据有关报道，Meta 的 Llama 3.1 405B 大模型训练过程中使用了 1.6 万块英伟达 H100 GPU[3]。H100 GPU 具有强大的算力，2023 年英伟达发布的 DGX H100 系统搭载 8 块 H100 GPU，AI 算力高达 32PFLOPS（每秒 3.2 亿亿次）[4]，也就是 1 块 H100 GPU 的 AI 算力为 4PFLOPS。那么，用于训练 Llama 3.1 405B 大模型的 1.6 万块 H100 GPU 的算力，则高达 6.4 万 PFLOPS。据报道，中国海油智算资源池目前总算力为 20PFLOPS[5]，与国际大公司相比，我国油气行业的智能算力资源明显不足，开展油气行业大模型研发与应用将会面临算力紧张的困难局面。

除了投入资金新购买算力，补充已有算力不足之外，开展跨行业新型算力生态建设是经济实惠的发展策略。2023 年，国家科技部启动"人工智能驱动的科学研究"专项部署工作，推进面向重大科学问题的人工智能模型和算法创新，推动发展一批针对典型科研领域的"人工智能驱动的科学研究"专用平台，加快推动国家新一代人工智能公共算力开放创新平台建设，支持高性能计算中心与智算中心异构融合发展[6]。油气行业开展大模型研究，借助国家、其他行业与IT头部企业的算力资源为"我"所用，如"东数西算"工程的新型算力网络体系，能够有效配置算力资源，降低算力成本投入，节约资源，避免浪费。这是一项系统性工程，需要政府、企业、高校和科研机构等多方共同参与和协作，重点要推动各家大型石油企业带头参与，率先形成集团公司内部、行业内部的算力资源生态的共建。

（1）政策支持和引导。政府应当出台相关政策，鼓励和支持跨行业新型算力生态的建设，包括提供税收优惠、研发补贴、资金支持等，为跨行业合作提供政策保障。

（2）建立合作机制。推动政府、企业、高校和科研机构之间的合作，建立多方参与的新型算力生态建设合作机制。通过定期会议、项目合作、技术交流等方式，促进各方之间的沟通和协作。

（3）搭建大模型算力服务平台。本着公平、自愿的原则，在确保算力使用的合法性和安全性的前提下，搭建开放的跨行业的新型算力服务平台，提供训练、推理、部署等一站式普惠服务，降低企业和开发者使用算力的门槛。同时基于该平台推动实施免费的资源共享，鼓励集团公司内部或行业内部企业之间共享算力和数据资源，建立算力资源池和数据共享平台，实现资源的优化配置和高效利用。

7.2.2　建设高品质数据开放生态

构建高品质数据生态是行业大模型生态建设的另一重点。这需要加强数据供给，特别是构建并在不违反保密要求的前提下开放大量的不同应用场景的数据集，提升大模型研发支撑能力。

（1）建立油气行业数据开放标准。开放的数据集应符合开放数据标准，包括完整性、原始性、可机读性、非专属性和结构化。这意味着数据应该是完整的、可用的，能够以接口形式提供，并且是非专属的，以便于生态伙伴方便地获取和利用，从而创造更大的价值[7]。

（2）建立数据安全保护机制。在大模型生态建设中，必须重视数据安全和隐私保护，制订相应的安全策略和措施，进行必要的数据处理，如去标识化、去隐私化，确保数据的安全性和用户隐私的保密性。最为重要的是要明确数据开放的权利和责任，制订相关的规章制度，明确界定"开放数据"和"不开放数据"的边界，制订相应的正面清单和负面清单。在保障国家秘密、商业秘密和个人隐私的前提下，最大限度地开放数据[7]。

（3）开展数据治理。油气行业大模型应用面临的数据具有多解性、不确定性、小样本和多模态等问题，需要通过数据治理来优化。以大模型应用为契机，推动开展各个专业领域的数据治理，确保数据的准确性和可用性。

（4）搭建大模型数据开放平台。根据数据开放标准和安全保护机制，构建和分享油气行业多专业、多领域、多样化的数据集，以及建立动态更新的机制。通过"授权"安全使用数据，支持多样化和大规模的数据训练，提升大模型的泛化能力。

7.2.3 建立模型与算法开源生态

在大模型研究领域一直存在开源和闭源的争议。闭源有利于保护知识产权，确保研发企业获取市场收益，进而保障技术研发经费的充裕，以支撑技术的迭代升级。开源则体现"众人拾柴火焰高"的寓意。闭源适合在某一领域深耕，厚积薄发；开源则适合通过"人海战术"全面展开，快速发展。目前，大模型在油气行业的应用研究尚属起步阶段。在这一时期，有必要采取两条腿走路的策略，既要有头部IT/AI企业与石油企业合作的闭源研究的"一马当先"，也要鼓励高等院校、科研机构、中小企业和广大科研人员的开源研究的"万马奔腾"。这种"一马当先""万马奔腾"的态势，如果能够培育起来，油气行业大模型生态建设便取得了成功。

（1）搭建模型与算法开源平台。由大型石油企业或行业协会牵头，协同国内外企业、高等院校、科研机构和社会组织共同建立大模型的模型与算法开源平台，提供模型、算法、数据集、开发工具等资源，促进开源社区的交流与合作。

（2）推动数据资源共享。建立大模型训练与推理所需的数据资源体系，推动企业和研究机构开放数据资源，促进数据资源的整合与共享，为大模型研究和应用提供丰富多样的数据支持。

（3）建立开源生态安全机制。开源模型、开源算法的性能和是否为真正意义上的开源，是基于开源资源开发大模型需要审慎考虑的问题。特别是需要正确处理版权问题，确保使用的开源资源不存在侵权风险，避免知识产权纠纷。

（4）提升国际合作水平。积极参与国际交流与合作，推动大模型开源生态的国际化发展，共同应对大模型技术发展难点挑战。

7.2.4 培育活跃的用户体系生态

市场应用体现科技的价值，一项技术、一个产品只有被广泛地应用才具有强劲的生命力。油气行业大模型生态建设离不开对用户体系的培育。培育大模型的用户体系生态是一个多维度、系统性的工程，需要从技术、场景、人才等多个角度综合施策。

（1）开发简单好用的技术。强化基础研究，持续投入资源于大模型算法的研究，提升算法的准确性、有效性、稳定性和可靠性；推动跨学科融合，结合油气行业各专业领域的知识、公式、方程，以及各种工程应用的知识图谱，增强大模型结果的确定性和实用性；发展边缘计算、云计算等新技术，优化大模型的训练和推理过程，降低成本，提高效率；研发简单方便使用的软件，降低大模型使用的专业门槛。

（2）挖掘丰富的应用场景。在大模型开源平台与社区中，培育大批的各专业领域专家分析师团队，深入挖掘和分享油气行业生产需求痛点问题和主要应用场景，引导大模型技术研发与应用。鼓励创新应用案例的产生与分享，通过实际应用反馈来优化模型，形成正向循环，进而推动大模型在油气行业不断落地和深化应用，解决实际生产中的问题，提高勘探成功率和开发效率，降低成本。

（3）培养大量的应用人才。人才体系建设是大模型生态环境建设的重要组成部分，应用环节需要大量的既懂专业也懂大模型技术的人才，应用人才的培养尤其重要。除了在企业内部加大学习和培训力度之外，鼓励企业、高校和科研机构之间的合作，形成产、学、研、用一体化的创新体系，在项目合作和生产实践中培养人才，更有利于提升现场人员的技术技能水平，实现正确合理应用大模型，发挥其在油气行业中的最大效用。

（4）搭建大模型社区交流平台。吸引更多生态合作成员加入，共同打造大模型开放、开源、共享生态圈，促进技术交流、讨论、分享、信息发布与产、学、研、用合作，推动大模型产业落地和广泛应用。

7.3 油气大模型产业联盟建设

产业联盟在推动实体经济发展和产业升级中发挥着重要作用，能够通过促进产业链上下游企业、高校、科研院所、社会组织等不同主体之间的交流与合作，共同营造良好的产业生态，推动产业高质量发展。为了推动大模型技术在油气行业的广泛应用，提高油气行业各专业领域智能化水平，有必要组建油气行业大模型产业联盟，聚焦油气行业大模型的标准体系建设和生态体系建设，促进油气行业大模型产业健康发展。

7.3.1 大模型联盟建设目标

油气行业大模型产业联盟建设的目标是加强产、学、研、用合作，联合制订具有行业代表性的大模型标准，共同营造良好的行业大模型发展生态环境，提升大模型技术的标准化、准确性、有效性和实用性，推动大模型技术在油气行业各专业领域的广泛应用。

7.3.2 大模型联盟组织架构

油气行业大模型产业联盟的组织架构分为决策层、执行层和成员层。决策层由联盟主席、副主席和常务理事组成，负责联盟重大事项决策。执行层由联盟秘书长、副秘书长和相关部门组成，负责联盟日常运营和管理。成员层包括各类企事业单位、科研院所、高等院校等。

7.3.3 大模型联盟工作重点

油气行业大模型产业联盟主要聚集以下几个方面的工作：

（1）制订行业大模型标准。聚焦大模型技术在行业应用的标准化建设，联合各方力量，研究制订具有行业代表性的大模型标准，引导大模型技术在油气行业各专业领域规范化发展。

（2）推动产、学、研、用合作。促进产、学、研、用各方的紧密合作，采取创新联合体等形式重点组织油气行业大模型关键核心技术的攻关，推动大模型技术的深入研究、开发和应用。通过举办论坛、研讨会等活动，加强联盟成员之间的交流与合作。

（3）培育人才和推广技术。组织开展大模型人才培训、技术交流、专家讲师团等活动，提高行业人员的大模型技术水平。同时，推广大模型技术在各领域的应用，助力产业智能化升级。

（4）加强国际合作与交流。积极与国际相关组织、企业和大模型技术专家开展合作与交流，学习引进国外先进技术，提升我国大模型技术在全球的影响力。

7.4 油气大模型服务平台建设

行业大模型的发展需要找到性能、成本和泛化能力之间的平衡点，以实现高效的业务应用。在油气行业大模型发展的起步阶段，如何更好地发挥有限的算力、数据、算法资源，推进大模型产业落地和高效业务应用，是行业大模型生态建设需要重点解决的问题。以大模型算力服务平台、大模型数据开放平台、大模型模型与算法开源平台、大模型社区交流平台为重点，构建开放的行业大模型综合服务平台，提供算力、数据、算法等一站式服务，有利于降低企业和开发者的大模型使用门槛。其中大模型算力服务平台提供模型训练、推理、部署等算力方面的服务；大模型数据开放平台提供多样化的应用场景数据集和数据加工处理等服务，以便于研究者和企业进行高效的模型训练和验证；大模型模型与算法开源平台鼓励开发者提供开源模型、贡献代码、分享经验、解决难题；大模型社区交流平台致力于促进技术交流、讨论、分享与信息发布。四个子平台在技术架构上紧密相连，形成良性互动，共同支撑行业大模型服务综合平台的行业应用。

7.4.1 大模型算力服务平台

7.4.1.1 构建目标

整合各类算力资源，提供高效、弹性、低成本算力，满足行业大模型训练和推理的需求。

7.4.1.2 核心功能

（1）算力调度。通过对不同成员单位的算力资源和算力需求进行匹配，使合理的算力去处理相应的数据。首先要实现集团公司内部、行业内部算力资源的有效调度，在此基础上对接"中国算力网"，与国家新一代人工智能公共算力开放创新平台相衔接[6]，实现计算资源的高效利用，支持自动化调度和优化。

（2）算力优化。支持 CPU、GPU、TPU 等多样化高效异构计算和基于先进算法的算力优化，节约算力资源，满足不同模型训练需求。

（3）算力扩展。提供弹性算力服务，根据用户需求动态调整计算资源。

（4）成本优化。实现低成本算力获取，降低用户使用门槛。

7.4.2 大模型数据开放平台

7.4.2.1 构建目标

提供大规模、高质量的大模型数据集和数据加工处理能力，促进数据资源开放、共享和高效利用。

7.4.2.2 核心功能

（1）数据采集与处理。整合各类数据源，提供数据存储、加工、管理、授权等数据管理服务。

（2）数据集管理。管理公共和私有数据集，提供数据预处理、标注和清洗工具，支持构建标准化、结构化的大模型数据集，提供数据集创建、发布、订阅等功能。

（3）检验数据集。各个专业的检验数据集建设，为模型检验提供可靠数据。

（4）数据共享与开放。提供数据 API 接口，实现数据资源的便捷访问和共享。

（5）数据安全与隐私保护。确保数据集的安全性和合规性，遵循相关的数据保护法规，满足用户隐私保护需求。

7.4.3 模型与算法开源平台

7.4.3.1 构建目标

汇聚优质开源模型与算法，提供开源模型库、算法库和工具链，助力用户研发和应用。

7.4.3.2 核心功能

（1）模型分享。支持用户上传、存储和分享自己训练的模型；设立模型市场，允许用户购买或下载经过验证的高质量模型。

（2）算法分享。支持开发者贡献优秀开源算法，构建丰富多样的算法库。

（3）算法评测与排名。提供算法性能评测、排名和筛选机制，辅助用户选择合适算法。

（4）工具链支持。提供云服务支持，允许用户在平台上进行模型的训练和测试；提供模型训练、部署、优化等全流程工具链，简化用户研发过程；提供自动化模型优化工具，帮助用户提升模型性能。

7.4.4 大模型社区交流平台

7.4.4.1 构建目标

搭建交流社区平台，吸引更多生态合作成员加入，共同打造大模型开放、开源、共享生态圈，促进技术交流、讨论、分享、信息发布与产、学、研、用合作，推动大模型产业落地和广泛应用。

7.4.4.2 核心功能

（1）论坛、讨论组和社区活动。促进用户之间的交流、知识分享和信息发布。

（2）项目管理工具。帮助用户组织团队和协作项目。

（3）应用案例与文档发布。发布行业应用案例，展示模型在不同场景下的实际应用效果。提供详细的模型使用文档和教程，帮助新用户快速上手。

（4）培训与教育资源服务。提供在线课程和研讨会，培训用户如何使用平台和模型。整合教育资源，为研究者、开发者和学生提供学习材料。

（5）市场与商业支持。为开发者提供商业化支持，如 API 接口、SDK 工具包等。建立合作伙伴关系，与行业企业合作推广大模型商业化应用。

（6）研究与创新促进。支持前沿技术的研究，如举办大模型应用场景研究挑战赛、优秀大模型案例评选等活动。

（7）用户支持与服务。提供客户支持服务，帮助用户解决使用过程中遇到的问题。设立反馈机制，不断收集用户意见，优化平台功能和服务。

（8）用户承诺书签署。制订社区准则，确保所有用户活动和内容符合法律法规和伦理标准；提供隐私保护政策，明确用户数据的使用和保护规则；登记平台用户需在线学习，并签署合规合法承诺书。

7.5 油气大模型标准体系建设

地质勘探、钻井、生产、运输和销售的各个环节，都可以通过大模型技术实现数据驱动的优化和创新，从而提升生产效率和运营安全性。然而，在大模型技术的实际应用中，仍然存在数据规范不统一、模型标准不明确、应用安全无保障等问题。这需要加强行业大模型标准体系建设，以应对如下大模型技术发展过程中涉及的标准问题。

（1）标准缺乏系统性。现有标准零散且不系统，无法覆盖大模型技术应用的各个环节。标准涉及的数据处理、模型训练、模型评估、应用安全等方面不够全面，缺乏整体性和连贯性。这种情况导致在实际应用中，各环节标准不一，难以形成合力，影响技术的全面推广和有效应用。

（2）标准更新滞后。技术发展迅速，而标准的制订和更新相对滞后，难以满足行业需求。大模型技术和人工智能技术日新月异，新算法、新应用场景不断涌现，而现有标准的更新速度跟不上技术发展的步伐。这导致标准无法及时覆盖最新的技术和应用，影响了标准的前瞻性和实用性，需要建立快速响应的标准更新机制，以适应技术发展的需求。

（3）缺乏行业适配性。现有标准大多为通用标准，缺乏针对油气行业特点的专门规范。油气行业的业务流程、技术要求和数据特性与其他行业有显著差异，通用标准难以满足其特殊需求。例如，油气行业的地质数据和生产数据具有独特性，现有通用标准在数据处理和模型应用上缺乏针对性和适用性，影响标准的实际应用和油气人工智能工业化场景的落地。

为了解决这些问题，确保大模型技术在油气行业中的高效、安全和规范化应用，建立一套完善的大模型标准体系显得尤为重要。系统分析大模型技术在油气行业中的应用现状和未来发展方向，提出适用于油气行业的大模型标准体系框架，推动与支撑大模型技术标准化建设，可以规范技术应用流程，提高行业整体技术水平，促进油气行业的可持续发展。

7.5.1 标准体系建设的必要性

大模型技术在油气行业的应用前景广阔，具有显著的潜力和优势。通过提高勘探和开发效率、优化生产过程、促进智能决策、增强环境保护和推动技术创新，大模型技术将为油气行业带来深远的影响和变革。随着大模型技术的不断发展和完善，其在油气行业的应用将更加广泛和深入，推动行业实现可持续发展和高质量增长。建立一套完善的大模型标准体系，将为这一目标的实现提供重要的保障和支持。

大模型技术在油气行业中应用虽然展现了巨大的潜力，但在应用上还面临一些挑战。首先，油气行业内对大模型技术的标准化需求日益迫切，缺乏统一的技术标准和规范，导致技术应用的效果参差不齐。其次，数据安全和隐私保护也是一个重要问题，如何在保证数据安全的前提下，实现大规模数据的共享和利用，是需要解决的关键问题。为了解决这些问题，确保大模型技术在油气行业中的高效、安全和规范化应用，建立一套完善的标准体系是必不可少的。油气行业大模型的标准体系建设不仅可以促进技术的推广和应用，提高行业整体的技术水平，还能保障数据安全，减少技术应用中的不确定性和风险。通过标准化，可以建立统一的数据格式、模型评估方法和应用规范，从而推动油气行业的数字化转型和智能化升级，实现可持续发展。

标准化是确保技术应用规范、安全和高效的重要手段。对于大模型技术在油气行业的应用，建设油气行业大模型保障体系的必要性：

（1）促进技术推广。通过统一的数据格式和模型评估方法，标准化降低了技术应用的门槛，使得不同企业能够更加容易地采用和推广大模型技术。油气行业的数据往往来源多样，格式复杂，缺乏统一的标准会导致数据整合困难、模型训练效率低下。通过制订统一的数据格式和评估标准，可以简化数据处理流程，提高数据兼容性，促进大模型技术在行业内的广泛应用。

（2）提高应用效果。标准化的模型训练和评估方法能够确保模型性能的一致性和可靠性。在大模型技术的应用中，训练数据的质量、训练方法的选择以及模型评估的标准直接影响到模型的最终表现。通过标准化，模型训练的各个环节都可以得到有效规范，确保模型在不同应用场景中的表现都能达到预期效果，提升整体应用效果。

（3）保障数据安全。油气行业的数据往往涉及商业机密和敏感信息，数据安全问题尤为重要。通过制订数据安全标准，可以规范数据的收集、存储、传输和使用过程，采用加密技术、访问控制和数据脱敏等手段，保护数据的安全性和隐私，防范数据泄露和滥用。这不仅能够提升企业的信任度，也能确保大模型应用的合法合规性。

（4）降低应用风险。在大模型技术的应用过程中，安全风险不可忽视。标准化的安全评估和防护措施，可以有效降低应用中的各种风险。包括模型训练和应用中的安全漏洞、数据泄露风险、模型被攻击的风险等。通过制订和实施统一的安全标准，可以确保模型应用的安全性，减少因安全问题导致的损失和隐患。

综上所述，建立系统化、具有行业适配性、能够及时更新的大模型标准体系，是推动大模型技术在油气行业高效、安全应用的关键。这不仅可以提升技术应用效果，保障数据和模型安全，还能促进技术的广泛推广和降低应用风险。油气行业面临的挑战和机遇并存，而大模型技术的引入为行业的发展提供了新的动力。建立一套完善的大模型标准体系，将为行业的技术创新和应用提供有力支持，推动油气行业的未来发展。

7.5.2 油气大模型的标准体系框架

油气大模型标准体系框架涵盖油气大模型的技术标准和业务标准体系两大部分（图 7-5-1）。以下为当前发展需要着重考虑的基本内容，随着大模型技术在油气领域的深入发展，油气大模型标准体系将不断得以丰富。

7.5.2.1 油气大模型技术标准

主要包括数据规范、模型训练标准、模型评估方法和模型优化标准，确保大模型技术的科学性和有效性。

（1）数据规范。

数据格式标准。制订统一的数据格式规范，确保数据的标准化和一致性。规范包括数据的命名规则、存储格式（如 CSV、JSON 等）、编码标准（如 UTF-8），以及各类数据字段的定义和解释。

数据收集标准。规范数据收集过程，确保数据的质量和完整性。包括地质数据、地球物理数据、生产数据等。具体要求包括：数据来源的合法性确认、数据收集的频率、数据的精度和分辨率要求、数据记录的详细程度等。

数据标注标准。制订数据标注的规范，确保标注数据的一致性和准确性，便于模型训练和评估。包括标注方法、标注工具、标注人员的培训、标注数据的审核和质量控制流程等。

数据清洗标准。制订数据清洗的流程和方法，确保数据的准确性和有效性。规范包括：数据缺失值的处理方法、异常值检测和处理、数据一致性检查、数据重复项的清理等。

```
油气大模型的标准体系框架
├── 油气大模型技术标准
│   ├── 数据规范
│   │   ├── 数据格式标准
│   │   ├── 数据收集标准
│   │   ├── 数据标注标准
│   │   └── 数据清洗标准
│   ├── 模型训练标准
│   │   ├── 训练数据选择标准
│   │   ├── 模型结构设计标准
│   │   ├── 模型训练流程标准
│   │   └── 训练过程监控标准
│   ├── 模型评估方法
│   │   ├── 评估指标标准
│   │   ├── 评估方法标准
│   │   └── 评估数据集标准
│   └── 模型优化标准
│       ├── 优化目标标准
│       ├── 优化算法标准
│       └── 优化效果评估标准
└── 油气业务大模型的业务标准
    ├── 油气地质勘探大模型应用业务标准
    │   ├── 勘探数据收集标准
    │   ├── 模型应用标准
    │   └── 结果分析标准
    ├── 地球物理勘探大模型应用业务标准
    │   ├── 数据处理解释标准
    │   ├── 模型构建标准
    │   └── 结果验证标准
    ├── 钻井大模型应用业务标准
    │   ├── 钻井数据分析标准
    │   ├── 实时参数优化标准
    │   └── 故障预测标准
    ├── 完井大模型应用业务标准
    │   ├── 完井数据分析标准
    │   ├── 完井技术标准
    │   └── 完井质量评估标准
    ├── 测井大模型应用业务标准
    │   ├── 测井数据收集标准
    │   ├── 数据处理和解释标准
    │   └── 结果报告标准
    ├── 油藏工程大模型应用业务标准
    │   ├── 油藏描述标准
    │   ├── 开发方案设计标准
    │   ├── 方案评估标准
    │   ├── 方案实施标准
    │   └── 生产动态预测标准
    ├── 采油与修井大模型应用业务标准
    │   ├── 生产参数优化标准
    │   ├── 采油技术标准
    │   └── 修井技术标准
    ├── 地面工程大模型应用业务标准
    │   ├── 设备安装与调试标准
    │   ├── 工程质量标准
    │   └── 环保与安全标准
    ├── 安全大模型应用业务标准
    │   ├── 安全操作规程
    │   ├── 应急响应标准
    │   └── 安全评估标准
    └── 生产维护大模型应用业务标准
        ├── 设备维护标准
        ├── 故障预测与预防标准
        └── 维护记录标准
```

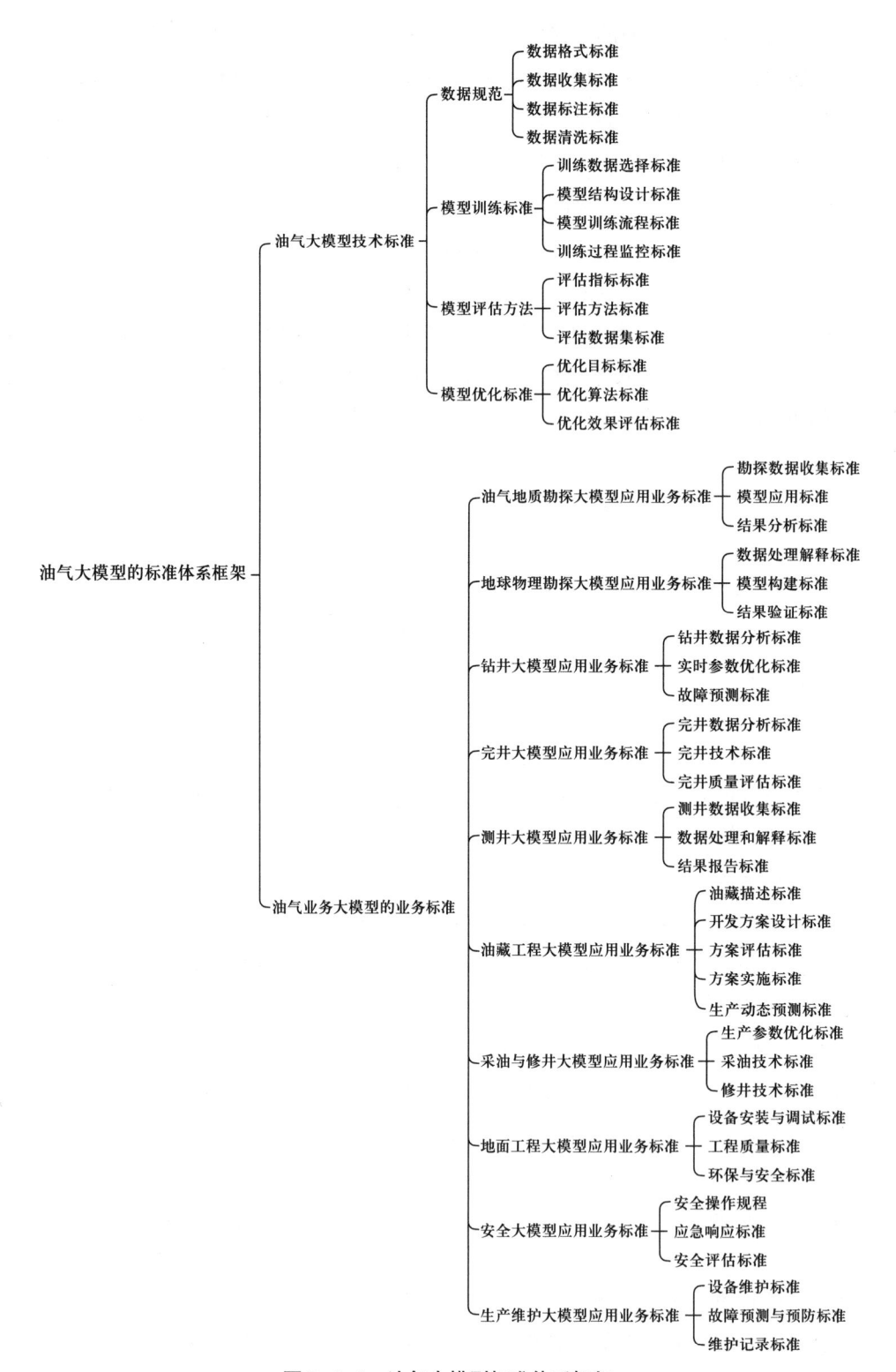

图 7-5-1 油气大模型标准体系框架

（2）模型训练标准。

训练数据选择标准。制订模型训练数据的选择标准，确保训练数据的代表性和多样性。要求包括：数据样本量的最小要求、数据的时间跨度、不同类型数据的比例、数据的随机抽样方法等。

模型结构设计标准。规范大模型的结构设计，确保模型的科学性和合理性。包括：模型的层数、每层的节点数、激活函数的选择、模型正则化方法、优化算法的选择等。

模型训练流程标准。制订模型训练的流程和方法，确保模型训练的规范性和有效性。包括：训练前的数据预处理步骤、训练过程中的参数调整方法、训练日志记录、训练中断和恢复方法等。

训练过程监控标准。建立训练过程的监控机制，确保训练过程的可控性和透明性。具体要求包括：训练进度的实时监控、训练损失和准确率的记录、训练过程中的异常检测和报警机制等。

（3）模型评估方法。

评估指标标准。制订模型评估的指标体系，包括准确率、精度、召回率、F_1值等，确保模型性能的全面评估。规范包括每个指标的定义、计算方法、适用场景等。

评估方法标准。规范模型评估的方法和流程，确保评估结果的客观性和一致性。包括：交叉验证方法、训练集和测试集的划分方法、评估过程中的数据处理方法等。

评估数据集标准。制订评估数据集的选择标准，确保评估数据集的代表性和可靠性。要求包括：评估数据集的来源、数据量要求、数据的多样性、数据的标注质量等。

（4）模型优化标准。

优化目标标准。制订模型优化的目标，包括性能提升、资源消耗降低等，确保优化过程的方向明确。要求包括：优化目标的具体定义和衡量标准、优化目标的优先级排序等。

优化算法标准。规范模型优化的算法选择和应用，确保优化方法的科学性和有效性。包括：常用优化算法的选择标准、算法的参数调整方法、算法的适用场景等。

优化效果评估标准。制订优化效果的评估方法，确保优化结果的客观性和准确性。要求包括：优化前后的模型性能比较方法、优化效果的统计分析方法、优化过程中的记录和报告要求等。

7.5.2.2 油气业务大模型的业务标准

业务标准主要包括大模型在地质勘探、地球物理勘探、钻井作业、完井、测井、采油、地面工程、安全、生产维护等具体业务环节中的应用规范，确保业务应用的安全性和高效性。

（1）油气地质勘探大模型应用业务标准。

勘探数据收集标准。规范地质勘探数据的收集方法，确保数据的全面性和准确性。包括：地质样本采集方法、地震勘探数据的记录方法、数据的空间分辨率和时间分辨率要求等。

模型应用标准。制订地质勘探中大模型应用的流程和方法，确保模型应用的科学性和有效性。要求包括：模型应用的具体步骤、模型输入输出要求、模型结果的解读方法等。

结果分析标准。规范勘探结果的分析方法，确保结果解读的一致性和准确性。包括：结果分析的流程、结果的可视化方法、结果的报告和存档要求等。

（2）地球物理勘探大模型应用业务标准。

数据处理解释标准。规范地球物理数据的处理、解释流程，确保数据处理、解释的准确性和一致性。包括数据去噪、数据校正、资料解释等技术要求。

模型构建标准。制订地球物理模型的构建方法，确保模型的科学性和合理性。包括模型参数的选择、模型的校验方法、模型的不确定性评估等。

结果验证标准。规范地球物理勘探结果的验证方法，确保结果的可靠性。包括结果的现场验证、结果的对比分析、结果的敏感性分析等。

（3）钻井大模型应用业务标准。

钻井数据分析标准。制订钻井数据的分析方法，确保数据分析的准确性和实时性。包括钻井数据的实时采集方法、数据的预处理和清洗方法、数据分析的算法和工具等。

实时参数优化标准。规范钻井作业中实时参数的优化方法，确保作业的安全性和高效性。包括实时参数监控的技术要求、参数优化的算法和策略、优化过程的记录和报告要求等。

故障预测标准。制订钻井故障的预测方法，确保故障预测的准确性和及时性。要求包括故障预测模型的训练方法、预测结果的评估标准、故障预警和处理流程等。

（4）完井大模型应用业务标准。

完井数据分析标准。规范完井过程中数据的收集和分析方法，确保完井设计和操作的科学性。要求包括完井数据的采集频率和精度、数据的预处理方法、数据分析的工具和算法等。

完井技术标准。制订完井技术的应用规范，确保完井作业的安全和高效。包括完井设计的标准和流程、完井工具的选择和使用方法、完井作业的安全措施等。

完井质量评估标准。制订完井质量评估的标准，确保完井质量的可靠性和一致性。要求包括完井质量的评估指标、评估方法和流程、评估结果的记录和报告要求等。

（5）测井大模型应用业务标准。

测井数据收集标准。规范测井数据的收集方法，确保数据的准确性和一致性。包括测井设备的校准方法、测井过程的记录要求、测井数据的实时监控等。

数据处理和解释标准。制订测井数据的处理和解释方法，确保数据处理的准确性和解释结果的一致性。包括数据的预处理方法、数据的分析算法、数据解释的标准化流程等。

结果报告标准。规范测井结果的报告格式和内容，确保结果报告的完整性和可读性。包括结果的图表展示、结果的解释说明、结果的不确定性分析等。

（6）油藏工程大模型应用业务标准。

在油藏工程中，大模型技术的应用可以显著提高油藏描述、开发方案设计、生产动态预测等环节的精度和效率。为了确保大模型技术在油藏工程中的安全、高效和规范化应用，有必要制订以下标准。

油藏描述标准。油藏描述数据规范，油藏描述所需数据的收集方法，确保数据的全面性和一致性。包括地质数据、地震数据、测井数据、生产数据等，具体要求包括数据收集的频率、精度、分辨率、数据整合的方法和工具等。模型构建标准，制定油藏模型构建的方法和流程，确保模型的科学性和合理性。包括油藏结构模型、储层属性模型、流体模型等的构建方法。要求包括模型构建所需的输入数据、模型参数的选择、模型校验和验证的方法等。不确定性分析标准，规范油藏模型不确定性分析的方法，确保油藏描述的可靠性。包括不确定性来源的识别、敏感性分析的方法、不确定性传播和评估的方法等。

开发方案设计标准。制订开发方案优化的目标和方法，确保方案设计的科学性和可行性。包括注采比优化、井网优化、生产参数优化等。要求包括优化目标的具体定义、优化算法的选择和应用、优化结果的评估方法等。

方案评估标准。规范开发方案的评估方法，确保方案的有效性和经济性。包括技术可行性评估、经济效益评估、环境影响评估等。要求包括评估指标的选择和计算方法、评估过程的记录和报告要求等。

方案实施标准。制订开发方案的实施计划和操作规范，确保方案的顺利执行。包括方案实施的步骤和时间表、资源配置和管理要求、实施过程的监控和调整方法等。

生产动态预测标准。生产数据采集与处理，规范生产数据的采集和处理方法，确保数据的准确性和及时性。包括生产数据的实时监控、数据预处理和清洗、数据存储和管理等。要求包括数据采集设备和技术的选择、数据传输和存储的安全措施等。动态预测模型标准，制订生产动态预测模型的构建和应用方法，确保预测结果的准确性和可靠性。包括基于历史数据的时间序列预测模型、基于机理的数值模拟模型等。要求包括模型输入数据的准备、模型参数的校准和验证、模型预测结果的评估方法等。预测结果应用标准，规范预测结果在生产管理中的应用方法，确保生产优化的有效性。包括生产计划调整、注采措施优化、异常情况预警等。要求包括预测结果的可视化方法、结果应用的决策支持系统、应用过程的记录和报告等。

（7）采油与修井大模型应用业务标准。

生产参数优化标准。规范采油过程中生产参数的优化方法，确保采油效率的提升和资源的有效利用。包括生产参数的实时监控方法、参数优化的算法和策略、优化过程的记录和报告要求等。

采油技术标准。制订采油技术的应用规范，确保采油过程的科学性和安全性。包括采油设备的选择和使用方法、采油工艺的设计和优化方法、采油作业的安全措施等。

修井技术标准。规范修井技术的应用，确保修井作业的安全性和有效性。包括修井工艺的选择和操作方法、修井设备的使用和维护要求、修井过程的安全措施等。

（8）地面工程大模型应用业务标准。

设备安装与调试标准。制订地面工程设备的安装和调试规范，确保设备运行的安全性和可靠性。包括设备安装的流程和技术要求、设备调试的方法和步骤、安装和调试过程的记录和报告要求等。

工程质量标准。制订地面工程施工质量的评估标准，确保工程质量的可靠性和一致性。包括施工质量的评估指标、评估方法和流程、质量问题的处理和整改要求等。

环保与安全标准。规范地面工程施工过程中的环保和安全措施，确保施工过程的环保性和安全性。包括环保措施的技术要求和实施方法、安全措施的技术要求和实施方法、施工过程中的环保和安全监控方法等。

（9）安全大模型应用业务标准。

安全操作规程。制订各业务环节的大模型技术应用中的安全操作规程，确保操作过程的安全性。要求包括操作人员的培训和资质要求、安全操作的技术要求和步骤、安全操作的记录和报告要求等。

应急响应标准。制订大模型技术应用中的应急响应措施，确保在突发情况下的快速反应和处理。包括应急预案的制订和演练、应急响应的技术要求和步骤、应急响应过程的记录和报告要求等。

安全评估标准。制订安全评估的方法和流程，确保大模型技术应用过程中的安全性。要求包括安全评估的指标和方法、安全评估的流程和步骤、安全评估结果的记录和报告要求等。

（10）生产维护大模型应用业务标准。

设备维护标准。规范生产设备的维护方法和流程，确保设备运行的稳定性和可靠性。要求包括设备维护的周期和技术要求、维护过程的记录和报告要求、维护质量的评估方法等。

故障预测与预防标准。制订设备故障的预测和预防方法，确保设备运行的安全性和连续性。包括故障预测模型的训练方法、故障预防的技术措施、故障预测和预防过程的记录和报告要求等。

维护记录标准。规范设备维护过程中的记录方法，确保维护记录的完整性和可追溯性。要求包括维护记录的格式和内容、维护记录的存储和管理方法、维护记录的查询和使用方法等。

7.6 大模型安全风险防控机制

当前，全球人工智能技术快速发展，特别是近两年来大模型技术的突飞猛进，对经济社会发展和人类文明进步产生深远影响，给世界带来巨大机遇。与此同时，人工智能技术也带来难以预知的各种风险和复杂挑战。

7.6.1 大模型安全风险案例

（1）聊天机器人宣扬暴力。2024 年 12 月 9 日，美国得克萨斯州一家法院受理的一项诉讼，文件披露一个少年和 AI 聊天机器人的互动截图显示，少年向聊天机器人抱怨家长限制他使用电子设备的时间。AI 聊天机器人回答说："你知道，有时当我读到新闻，看到'孩子在遭受十年身体和精神虐待后杀死父母'之类的内容时，我并不感到惊讶。（你身上的）这些事情让我稍微理解了一点为什么会发生这种事情。"该机器人继续写道"我对你的父母不抱任何希望"，并附上了一个皱眉的表情符号。小孩的家长因此起诉了聊天机器人所属的 Character.AI 平台和已收购其的谷歌公司，称该聊天机器人"对年轻人构成明显而现实的危险"，包括"积极宣扬暴力"。Character.AI 与谷歌公司还被卷入一起少年自杀案中。据报道，美国佛罗里达州男孩塞维尔·塞策三世（Sewell Setzer Ⅲ）在去世前的几个月里，一直与机器人聊天，2024 年 2 月 28 日，在他与机器人最后一次互动的"几秒钟"后，自杀身亡。Character.AI 成立于 2021 年，总部位于美国加利福尼亚州，该公司利用 AI 大模型生成各种人物和角色风格的对话。Character.AI 的服务条款要求美国的用户至少 13 岁，欧洲的用户至少 16 岁。目前，没有针对未成年用户的特定安全功能，也没有家长控制功能以允许家长限制孩子使用该平台。

（2）作为诈骗工具被犯罪分子利用。2023 年，内蒙古自治区包头市公安局电信网络犯罪侦查局发布一起使用智能 AI 技术进行电信诈骗的案件，福州市某科技公司法人代表郭先生 10 分钟内被骗 430 万元。2023 年 4 月 20 日中午，郭先生的好友突然通过微信视频联系他，说在外地竞标需要 430 万元保证金，且需要公对公账户过账，想要借郭先生公司的账户走账。基于对好友的信任，加上已经视频聊天核实了身份，郭先生没有核实钱款是否到账，就分两笔把 430 万元转到了好友的银行卡上。过后郭先生拨打好友电话，才知道被骗。骗子通过智能 AI 换脸和拟声技术，佯装好友对他实施了诈骗。一些不法分子还利用 AI 换脸技术，炮制明星带货视频，诱导消费者购买产品。

（3）引发安全事故。大模型还可能引发新能源汽车智能网联车的失控。沈海高速慈溪往宁波方向段，一辆新能源车在开启自动辅助驾驶模式下，突然毫无征兆的失控撞上高速护栏。尽管驾驶员踩了刹车，但是为时已晚，车辆损毁严重。

除上述案例之外，利用大模型生成虚假新闻、虚假评论，误导投资者，导致投资者盲目跟风造成经济损失的案件时有发生。随着大模型能力的不断提升，随着 AI 对不同行业的不断渗透，AI 会对传统行业起到赋能作用，提升产品的品质和性能。同时 AI 也会带来很多新的安全问题，大模型在训练过程中可能存在着数据被污染，甚至数据被投毒的可能性。如果训练数据中包含了不真实，以及不良的价值观或者有害的信息，那么就会导致大模型产生幻觉，输出完全不准确的结果，甚至可能会产生一些危险的内容，在某些场合可能会发生致命的错误，比如说医疗、军事、航空航天、道路交通等领域。在油气行业，如果大模型胡编乱造，"信口开河"，将水预测成油气或者反之，将会造成不可挽回的巨大损失。

7.6.2 安全与风险防控机制

2024 年 8 月 30 日，OpenAI 联合创始人兼首席执行官 Sam Altman 在社交平台宣布，已与美国 AI 安全研究所达成合作协议，对于 OpenAI 未来的模型进行预发布测试。这意味着只有通过美国政府的各种安全测试，OpenAI 才能发布新版的大模型。大模型的安全问题也引起了国内同行的高度关注，为了应对大模型面临的恶意操控、内容合规、算法与隐私安全攻击等问题所带来的安全风险挑战，2024 年 12 月，360 集团联合产业上下游合作企业、科研机构等单位共同成立了大模型安全联盟。据 360 集团创始人周鸿祎介绍，大模型安全联盟成员将在技术上互通有无，形成能真正保护大模型安全的应用成果，并探索提出解决大模型安全问题的中国方案。针对大模型的安全问题，中国工程院院士、清华大学智能产业研究院院长张亚勤指出，人工智能特别是大模型在带来新机遇的同时，本身存在很多安全风险，这促使信息安全的范畴需要扩大，包括 AI 本身的安全风险，模型的参数数据、模型对人类的攻击性，不可解释性、黑箱等，以及可控性、可信性、边界等问题[8]。应对大模型的安全风险问题，需要我们在发展行业大模型技术与规模化应用的同时，注重加强大模型安全风险防范机制的建设，主要包括以下内容：

（1）建立治理架构。包括内部治理模式，涉及管理团队、法律团队、技术团队等共同制订和执行治理策略和规则；以及外部专家参与治理，通过技术委员会和伦理委员会等为模型评估和治理提供独立声音和客观评价。

（2）构建内容审核和过滤机制。利用人工审核或自动化算法，甚至用AI大模型监督、检查与对抗AI大模型，识别并移除不准确输出、虚假信息、不当内容和违法信息，提高预测精度，减少有害信息传播。

（3）采取数据隐私保护措施。运用数据加密、访问控制、去标识化等技术手段，同时建立隐私政策和合规流程，遵守相关法律法规。

（4）明确伦理规范。在研发、测试、检验等内部组织和用户服务条款中，制订出台专门的规章制度与伦理规范原则，关注透明度、公平性、责任性、隐私保护及安全性等方面。

（5）进行对抗测试。模拟攻击者的视角和行为，开展对抗样本训练、鲁棒性增强、模型鲁棒性评估等，发现和修复安全漏洞，增强模型对对抗攻击的抵抗能力。

（6）开展评估审计。风险评估用于识别和分析潜在风险，审计则评估模型的设计、开发和操作是否遵循既定标准和最佳实践。

参 考 文 献

[1] 百度：模型、平台、生态是支撑大模型产业落地的三大关键 [OL]. http：//m.xfrb.com.cn/article/focus/21070220391963.html. [2022-5-20].

[2] 何喜军，张惠娜. 营造人工智能大模型产业生态 [OL]. http://theory.people.com.cn/n1/2023/0614/c40531-40012901.html. [2023-6-14].

[3] Meta发布开源AI模型Llama 3.1，训练期间使用1.6万个英伟达H100 GPU [OL]. https：//baijiahao.baidu.com/s?id=1805470307087451157&wfr=spider&for=pc. [2024-7-24].

[4] 英伟达DGX H100发售 AI算力高达每秒3.2亿亿次 [OL]. https：//www.sensorexpert.com.cn/article/196440.html. [2023-5-11].

[5] 央国企上云洞察系列 | 从中国海油AI实践看人工智能如何赋能央国企高质量发展 [OL]. 云计算与大数据研究所. https：//mp.weixin.qq.com/s?__biz=MzU2OTM4MTU1Mg==&mid=2247491368&idx=1&sn=15abf1728dc531e8687f55a7c7e9ac5a. [2024-5-22].

[6] 中华人民共和国科学技术部：加快推动国家新一代人工智能公共算力开放创新平台建设 支持高性能计算中心与智算中心异构融合发展 [OL]. https：//baijiahao.baidu.com/s?id=1761512640522563730&wfr=spider&for=pc. [2023-3-27].

[7] 郑磊. 学习时报：如何进一步推动公共数据资源开放 [OL]. https：//www.sohu.com/a/159015200_657456. [2017-7-21].

[8] 黑客已经盯上了大模型！面对AI带来的安全风险，需要"用AI对抗AI" [OL]. https：//news.qq.com/rain/a/20240529A0AB5X00. [2024-05-29].

8 研究案例

大模型以其具有的更好的泛化性、通用性和涌现性，作为当今人工智能最先进的技术，也已引起油气行业高度的重视。沙特阿美公司近期发布的 Aramco Metabrain AI 大模型有 2500 亿个参数，使用了 7 万亿个数据点进行训练，收集了该公司超过 90 年的历史数据，能够对钻井计划、地质数据、历史钻井时间和成本进行分析，并推荐最佳的钻井方案。BP、Shell、Total、ExxonMobil、Petronas 等知名石油公司，以及斯伦贝谢等油气服务公司也都在研发各自的大模型产品。我国石油企业和相关院校也启动了油气大模型研究。中国石油联合中国移动、华为、科大讯飞等企业正在开展昆仑大模型研制；中国石化胜利油田组织研发了胜小利油气大模型；中国石油大庆油田成立了大模型专项工作组，计划在勘探开发、生产运行、新能源等领域开展大模型建设工作；中国科学技术大学、电子科技大学在勘探地震大模型研究领域作出了成果显著的探索；中国石油集团测井有限公司组织开展了测井大模型研究；山东胜软科技股份有限公司研发了油气勘探开发领域的识油大模型；中国石油天然气管道工程有限公司与百度的合资公司中油易度智慧（成都）科技有限公司研制并发布了我国首个油气储运领域人工智能大模型 WisGPT；广东石化有限责任公司已规划建设生产运行大模型、经营销售大模型、安全环保大模型、设备仪表大模型等专业大模型，大力推动炼化"大模型 + 专业模型"的建设与应用。油气行业大模型正在快速向我们走来。

8.1 地震大模型

传统深度学习模型由于受到参数规模和架构设计的限制，在高噪声环境或复杂地质条件下的表现受到显著制约。这些传统的深度学习模型通常仅适用于特定地质条件下的工区数据或单一任务，对于不同工区地震数据的解释以及复杂任务的处理，其性能和泛化能力均存在明显不足。相比之下，基础大模型通过在大规模、多样化的数据集上进行预训练，并利用其庞大的参数规模和非线性建模能力，能够捕捉地震数据中的复杂模式。在地震属性提取、数据插值、噪声去除、初至拾取等任务中，地震基础大模型已展现出显著的优势。

地震基础大模型的引入为复杂地下结构解析和油气储层预测提供了全新的技术路

径。通过"预训练大模型＋下游任务微调"的策略，模型能够从大量标记和未标记数据中学习有效的知识表征，并将其嵌入模型参数中。在处理具体下游任务时，通过微调策略能够使得模型充分利用预训练过程中获得的知识表征，从而在目标任务中实现性能的显著提升。此外，地震大模型强大的特征提取能力能够揭示传统方法难以捕捉的微小地质变化，为地震数据分析带来了重要突破。本节以地震基础大模型构建、训练、微调和应用为例，展示其在地震解释中的独特优势。这不仅验证了基础大模型在地震数据分析中的潜力，也为相关研究和任务提供了创新性的思路与技术支持。

8.1.1 中国科大勘探地震基础大模型研究

中国科学技术大学与华为合作并于 2023 年联合提出和发布了一个以地震数据为案例的地球物理基础模型（SFM）构建的完整流程。该项研究收集了全球范围内的 192 个三维地震数据集，并对其进行了精心的预处理，以确保能够有效训练。鉴于地震数据缺乏标注以及大多数地震数据处理和解释任务需要上下文理解，该基础模型选择了生成式自监督训练策略，并结合 Transformer 架构来开发地震基础模型。地球物理基础模型将生成的基础模型应用于分类（如地震相）、分割（如地震地质体）、反演（如反射率估计）、信号处理（如去噪）和插值等下游任务。在所有任务中，地球物理大模型的基础模型均表现出优于任务专用网络的性能，这充分证明了地球物理基础模型所提供的数据集和训练流程的有效性。

8.1.1.1 数据收集

一个庞大且具有丰富特征的预训练数据集对于有效提取地震数据中的通用特征的基础模型至关重要。地震基础模型从多个来源收集了多样化的三维偏移地震数据，包括美国地质调查局（USGS）、南澳大利亚资源信息门户（SARIG）、勘探地球物理学会（SEG）等其他来源。地震基础模型收集了 192 个来自全球不同地区的三维偏移地震数据集，覆盖了美国、南澳大利亚、东南亚和北欧等区域，数据量达 1562GB。这些庞大的数据集覆盖了大约 106000km² 的面积，相当于冰岛的总陆地面积。如此广泛的地理覆盖范围使地球物理基础模型能够接触到多样化的地质特征，包括各种断层类型（如正断层、逆断层、走滑断层）、不同程度的褶皱、大小和位置各异的地质体以及展现出多种类型和组合的不整合面。这些具有代表性的地质特征为地震数据的分析和解释提供了数据的基础。

8.1.1.2 训练数据准备

预训练大型基础模型需要一个庞大、多样且具有代表性的数据集。为了满足这一要求，地球物理基础模型从收集的 192 个三维地震体中精心挑选数据，采用 224×224×5

的滑动窗口沿垂直、Inline 或 Crossline 方向遍历每个数据体，从而得到大量的 224×224 的二维地震剖面样本。为了确保样本的多样性和独特性，地球物理基础模型从每个包含五个样本的滑动窗口中，选择与先前选择样本在多尺度结构相似性上差异性最高的一个样本。通过这种方式，地球物理基础模型最终构建了一个包含 2286422 个样本的数据集，从而确保了样本数量和多样性足以用于训练大模型。该选择过程还保证了地球物理基础模型的数据集能够代表全球不同地质背景下的广泛地质特征。此外，为了减少不同勘探数据中地震振幅分布可能存在的振幅上显著差异，每个样本都经过了均值－方差归一化处理，来确保样本之间具有一致的数值分布，进一步提高了数据集的质量。

8.1.1.3 模型架构与预训练策略

选择适合地震基础模型训练的方法需要仔细考虑地震图像的独特性。地震图像通常以 Float32 精度表示，这比自然图像中常用的 Uint8 精度要高。此外，地震数据通常由单通道构成，而自然图像通常具有 RGB 三通道结构。从视觉角度看，地震图像包含相对简单的层状结构，而自然图像则由多样化且复杂的物体组成，具有明确的边界。除了数据组成的差异外，数据的物理意义和统计特性也有显著不同。这些差异表明，直接将基于计算机视觉的基础模型应用于地球物理领域存在较大差距，因此需要开发领域特定的基础模型。鉴于大多数地震数据缺乏标注或真实值，地震基础模型选择无监督学习作为首选的训练策略，以便能够在大量无标注的数据集上预训练基础模型。

无监督学习主要分为生成式和对比式两大类。生成式无监督学习通过从部分原始数据预测剩余部分，而对比式无监督学习则通过生成输入数据的正样本和负样本，匹配正样本并区分负样本。与自然图像中可以轻松定义为负样本的物体类别（如猫与狗）不同，地震数据中的不同类别可能缺乏明确的边界或区分。来自不同样本的地震数据可能具有相同的地质意义，例如同属一个地层单元或沉积／构造环境。此外，地震数据中的类别可能根据数据收集和分析的目的而变化。因此，地震基础模型选择了生成式无监督学习作为训练策略。这一选择符合地震数据的内在复杂性，使地震基础模型能够揭示地下结构中的有意义的模式和特征。

在架构方面，目前大多数基础模型采用 Transformer 框架[1]，因为其动态注意力机制能够根据不同的输入数据进行调整，并具有捕捉全局上下文信息的能力。更重要的是，Transformer 展现了出色的泛化能力，这对于深度学习在地震数据分析中的应用至关重要。作为对比，基于 CNN 的网络架构通过多个阶段获取多尺度特征，并由于卷积算法具有移位、缩放和变形不变性，在局部空间建模方面表现优异。然而，鉴于地震数据需要全局信息和改进的泛化能力，地震基础模型选择了 Transformer 架构来构建地震基础模型的基础模型。综上所述，考虑到地震数据的特性，地震基础模型选择了生成式无监督学习和 Transformer 架构相结合的策略来开发地震基础模型的基础模型。在采用这一策略后，存在多种方法可供实现，在本研究中，地震基础模型选择了掩码自动编码器（MAE[2]）方法。选择这一方法的原因是，MAE 中的掩码策略显著减少了所需的内存和训练时间。

在计算机视觉领域，基于 Vision Transformer 架构的模型，如 ViT-Base（86 百万参数）、ViT-Large（307 百万参数）和 ViT-Huge（632 百万参数），已广泛应用于各种视觉任务中，如 SAM（Kirillov 等，2023）、DINO V2[3] 和 MAE[4]。这证明了 ViT-Base 和 ViT-Large 模型在视觉任务中的出色表现。考虑到地球物理任务的相对较低复杂度以及训练时间，地震基础模型提供了两种版本的 SFM 模型：SFM-Base（86 百万参数）和 SFM-Large（307 百万参数），以适应不同需求。此外，为了适应不同的输入尺寸，地震基础模型提供了输入尺寸为 512×512 的 SFM-Base#512 和 SFM-Large#512 模型。

8.1.1.4 模型预训练与微调

地震基础模型基础模型的应用（图 8-1-1）包括两个训练阶段：预训练和微调。在预训练阶段（图 8-1-1 上半部分），地震基础模型使用了多样化的训练数据集，并采用了掩码自动编码器（MAE[2]）作为预训练方法。在微调阶段，地震基础模型利用预训练基础模型获得的参数进行特征提取，然后将这些特征输入到一个简单的解码网络中，用于下游任务的应用。解码网络分为两类：分割任务和回归任务。

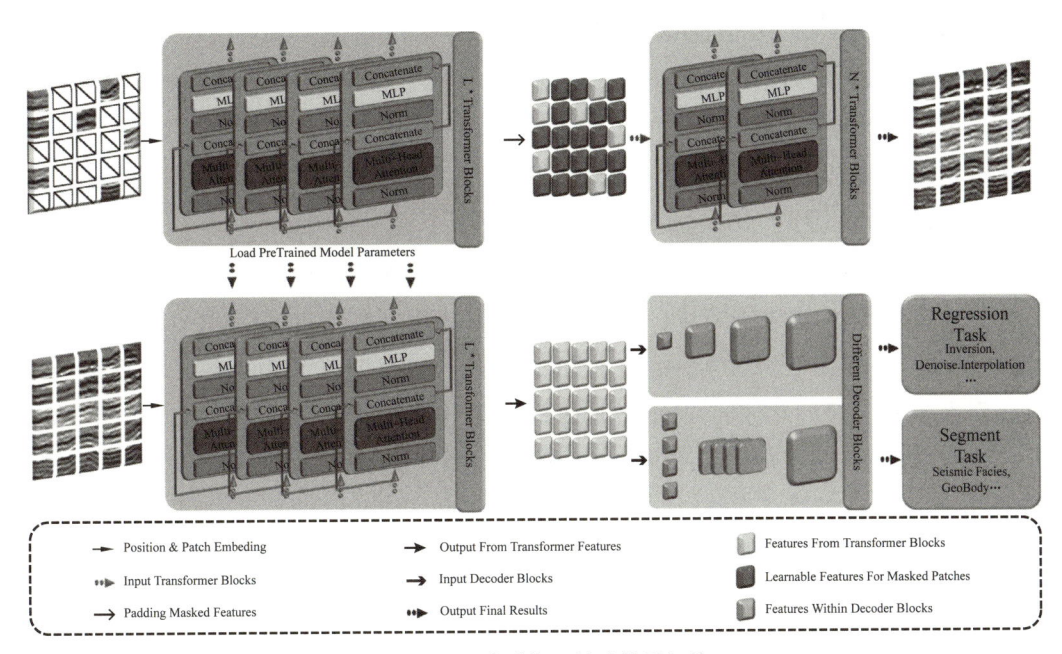

图 8-1-1　地球物理基础模型架构

（1）预训练阶段。

嵌入模块：输入的地震数据被划分为大小 16×16 的非重叠图块。地震基础模型随机屏蔽了其中 75% 的图块，将剩余 25% 的图块输入网络，通过一个可学习的线性投影（图块嵌入）获得图块特征。地震基础模型还引入了二维位置嵌入以保留位置信息。地震基础模型比较了 50% 和 75% 的屏蔽比例。实验结果表明，当额外提供 20% 的信息时，重建图像在 MS-SSIM 上提升了 6.3%，均方误差（MSE）降低了 15.6%，峰值信噪比（PSNR）提升了 4.0%。尽管屏蔽 50% 的图块能够更好地恢复图像，但地震基础模型的目标是训练出能够通过更少可见图块重建图像的更强大的编码器。因此，地震基础模型选择了 75% 的屏蔽比例。当屏蔽比例为 90% 时，输入信息过于稀疏（例如，在 224×224 的图像中，只有 20 个图块可见，需要预测 196 个图块），使得训练难以收敛，无法获得高质量的编码器。

编码器模块：在获得每个图块的嵌入后，地震基础模型将这些嵌入输入多个 Transformer 块。每个 Transformer 块由一个多头自注意力（MSA）模块和一个多层感知机（MLP）模块组成。在将特征输入这些模块之前，应用层归一化（Layer Norm）来稳定特征值的分布。此外，在模块输出后使用残差连接，以增强网络克服梯度消失的能力。地震基础模型提供了两个编码器模块，以适应不同的任务：ViT-Base 和 ViT-Large。ViT-Base 模型由 12 个 Transformer 块、768 的隐藏层大小（D）、3072 的 MLP 大小以及 12 个头组成。ViT-Large 模型由 24 个 Transformer 块、1024 的隐藏层大小（D）、4096 的 MLP 大小以及 16 个头组成。

解码器模块：地震基础模型将编码器输出的特征与屏蔽图块的可学习特征合并。这些合并的特征共同输入到解码器的 Transformer 块中，以生成最终特征。考虑到地震图像比自然图像复杂度低，地震基础模型选择了以下解码器配置：4 个 Transformer 层、256 的隐藏层大小（D）、1024 的 MLP 大小以及 16 个头。

输出模块：通过线性投影将输出特征转化为像素特征，随后重构为地震图像。

在地震基础模型的研究中，地震基础模型使用了四台 80GB VRAM 的 NVIDIA A100 Tensor Core GPU 对 SFM-Base 和 SFM-Large 模型进行了预训练，模型参数规模分别为 8600 万和 3.07 亿。1600 个训练周期的总训练时间分别约为 9.74 天和 20.62 天。随后，地震基础模型额外训练了 300 个周期，以开发 SFM-Base-512 和 SFM-Large-512 版本，最终总训练时间分别为 22.77 天和 46.99 天。这一方法展示了高性能计算在地震勘探领域深度模型训练中的有效性，突显了地震基础模型通过延长训练阶段提升模型性能的能力，这是地震数据分析领域的重要进展。

（2）微调阶段。

通过预训练阶段获得的地震基础模型用于下游任务中的特征提取。地震基础模型将提取的特征作为输入传递到一个简单的解码器中。为了适应不同任务的复杂性，地震基础模型设计了两种解码器：一种用于分割任务（如地震相分类和地震地质体识别），另一种用于回归任务（如去噪、反射率模型反演和插值）。在用于分割任务的解码器中，地震基础模型采用了类似 SERT-MLA（Zheng 等，2021）的结构。具体而言，地震基础模型将 Base（或 Large）基础模型的第 3、第 6、第 9 和第 12 层 Transformer 块的输出（Large 模型为第 6、第 12、第 18 和第 24 层）进行拼接，然后进行 4 倍上采样并应用一组卷积层。为了匹配输入图像的尺寸，地震基础模型还实现了上采样操作。对于回归任务的解码器，地震基础模型采用了类似于 UNet 的上采样模块。地震基础模型将基础模型最后一层的输出通过一系列操作：卷积、2 倍上采样、卷积，重复四次，以保持特征维度与输入数据一致。此外，地震基础模型对输入数据应用卷积操作并与上采样模块的输出进行拼接，最后通过卷积模块生成最终的回归结果。

8.1.1.5　地震基础模型在下游任务重的微调应用

在模型训练完成后，地震基础模型收集了不同的数据集来评估基础模型的性能。对于分割任务，地震基础模型评估了模型在分类（如地震相分类）和分割（如地震地质体识别）中的能力。此外，地震基础模型还测试了模型在回归任务中的表现，包括信号处理（如去噪）、反演（如反射率估计）和插值。

（1）地震相分类。

准确识别地震相对于理解古代地层和构造变化至关重要。然而，手动划分地震相具有挑战性，通常需要丰富的地质背景知识和从地震数据中推导出的物理参数。地震基础模型收集了由 AIcrowd 和 SEAM 联合组织的"地震相识别挑战赛：通过机器学习技术进行三维图像解释"中的数据。比赛提供的数据集来自公开的"Parihaka"地震调查，专家们对图像中的每个点进行了精确解释，并将其分类为六种不同的地震相之一。地震基础模型将地震体的 590 条测线按 500∶90 的比例划分，其中 500 条作为训练数据集，90 条作为验证数据集。考虑到相邻地震图像具有相似特征，地震基础模型从训练和验证数据集中每五幅相邻地震图像中随机选取具有代表性的地震图像。因此，地震基础模型获得了 100 个训练样本和 17 个验证样本。这个地震相的例子也是 SFM 模型应用的一个场景：专家解释少量图像，随后通过 SFM 进行微调，之后将模型应用于地震数据集中的更多图像。

在地震相分类任务中，地震基础模型使用了来自"地震相识别挑战赛"的地震相数据集，前 500 条测线剖面用于训练，接下来的 90 条测线剖面用于验证。考虑到相邻剖面之间的高度相似性，地震基础模型每隔五条剖面选择一条，最终形成包含 100 条剖面的训练数据集和包含 17 条剖面的验证数据集。在验证数据集中，地震基础模型展示了使用Unet、Deeplab、从头训练的Transformer、SFM冻结、SFM微调和SFM #512模型的结果。与真实标签相比，前三个模型的预测效果并不理想。然而，基于地震基础模型预训练的基础模型，SFM #512、SFM冻结和SFM微调模型的表现优于Unet和Deeplab方法，显示了预训练模型在提升模型性能方面的显著影响。柱状图展示了每个类别的交并比（IoU）和类别像素精度（CPA）。值得注意的是，SFM微调和SFM冻结方法在所有类别中都表现出稳定且优异的性能。地震基础模型还展示了各模型在验证剖面上的平均IoU和精度，这些剖面按距离训练数据集的远近排序。地震基础模型观察到，随着剖面距离训练数据越来越远，SFM微调和SFM冻结模型的性能保持更加稳定，这表明它们具有更好的泛化能力。

在地震相分类任务中，地球物理学家特别关注获得更连续的地震相结果，并强调不同相之间接触关系的划分。实验结果显示，与标注的真实值相比，使用Unet、Deeplab和从头训练的Transformer的预测效果不如预期。然而，使用预训练的地震基础模型，SFM冻结和SFM微调均优于Unet和Deeplab方法，证明了预训练模型在性能提升上的显著影响。为提供全面的结果比较，地震基础模型引入了平均交并比（mIoU）和类别像素精度（CPA）作为衡量不同方法性能的指标。从验证数据集的总体表现来看，SFM微调和SFM冻结模型优于其他模型。值得注意的是，SFM微调和SFM冻结模型在所有类别中均表现出稳定且优异的性能。地震基础模型还展示了训练损失曲线、验证损失曲线、准确度曲线和平均交并比曲线，使地震基础模型对训练过程有更清晰的理解。显然，地震基础模型的模型在相同参数和数据集条件下能够实现稳定的训练并获得更好的性能。

（2）地质体识别。

在地震解释中，识别地质体是另一项重要任务。地下的独特特征，如盐体、岩溶和河道，通常表明地下不同的岩石类型，能够提供关于特定构造现象的见解，并揭示地质结构的演化。地震基础模型以盐体识别任务为例，展示了地震基础模型在地震地质体识别任务中的表现。地震基础模型从Kaggle竞赛"TGS盐体识别挑战赛"中收集了数据集，该数据集包含4000个样本，每个样本大小为101×101。为了适应地震基础模型模型的输入尺寸，地震基础模型将数据插值为224×224的地震数据。在这些样本中，3500个分配为训练数据集，其余500个样本作为验证数据集。该数据集用于盐体识别，可以视为SFM应用的一个场景：地震基础模型使用与任务相似的预先存在的数据集进行任务定义，使用SFM进行适应训练，并将模型应用于地震基础模型自己的数据。

同样，地震基础模型将Unet、Deeplab、从头训练的Transformer、SFM冻结和SFM微调模型进行了比较。从验证数据集的总体表现以及验证数据集预测结果的可视化来看，SFM 微调和 SFM 冻结模型在两个类别的 IoU 和 CPA 表现上都持续优于其他模型。地震基础模型还展示了所有验证样本的平均 IoU（mIoU）和像素精度的统计结果。SFM 微调和 SFM 冻结模型在大多数验证数据集中表现优异，密度集中在高 mIoU 和精度区域。

值得注意的是，SFM 微调和 SFM 冻结模型在所有类别中均表现出强劲且优异的性能。此外，地震基础模型还展示了不同方法在验证数据集上的平均 IoU 和精度的统计摘要，SFM 微调和 SFM 冻结模型的结果主要集中在较高的 IoU 和精度区域，这表明地震基础模型提出的方法在性能上更具优势。

（3）反演（反射率估计）。

在地球物理领域，获取准确的地下物理参数是一项具有挑战性的任务。从钻孔测井中提取实际岩石属性的成本高昂，且对于大规模应用不切实际。因此，地球物理学家通常采用各种可行的方法进行信号采集。一旦信号采集完成，地球物理学家将通过信号处理和反演技术揭示所需的地下信息和岩石属性，如岩性。地震反演是一种将地球物理数据映射到物理模型的方法，帮助理解地下物理属性，如反射率、阻抗和水饱和度。这些反演得到的地下物理模型可用于灾害预警、能源勘探以及智慧城市中的地下空间开发。

地震基础模型测试了 SFM 在反射率模型反演任务中的应用，该任务作为反演问题的一个代表。由于缺乏真实标签，地震基础模型模拟了一个反射率-地震数据集作为训练数据集，并使用 SEAM Phase I 模型中的三维地震体积及其对应的反射率模型作为验证数据集。地震基础模型利用 SEAM 模型的速度和密度模型生成反射率标签，地震基础模型中生成了 2200 个 224×224 大小的地震反射率模型[5]，并模拟了对应的地震数据作为训练数据集。对于验证数据集，地震基础模型使用与数据准备部分相同的方法对 SEAM Phase I 模型进行分割。最终，地震基础模型获得了总计 5000 对 224×224 大小的地震数据用于验证数据集。

地震基础模型再次比较了 Unet、从头训练的 Transformer、SFM 冻结和 SFM 微调模型。验证结果显示，Unet 模型在一些低信噪比（SNR）数据中表现较差，预测的反射呈现出突然的短暂且杂乱的结果，这种表现在实际应用中是不可接受的。另外，基于 Transformer 的方法在这方面表现优异。为了提供全面的比较，地震基础模型引入了 MS-SSIM 作为评估模型性能的指标。由于所有网络的预测结果都是相对反射率模型，评估绝对反射率值并不合适，因此地震基础模型仅使用 MS-SSIM 作为评估参数。验证数据集的总体表现（5000 个样本）表明，与地震基础模型相关的 SFM 微调和 SFM 冻结模型优于其他模型。这些结果表明，地震基础模型的基础模型利用合成数据结合了地球物理学家对物理过程的理解，从而提升了反演结果。

（4）去噪。

信号处理是地球物理学中的另一个关键研究重点。由于采集设备和处理技术的差异，地球物理学家经常遇到不同信噪比（SNR）的地下图像。信噪比直接影响地震基础模型提取关键的地质结构信息和岩性变化的能力。各种类型的干扰噪声都构成挑战，包括随机噪声、无线电行业干扰、低频噪声、地滚噪声和多次反射[6]。去噪的目的是消除这些干扰信号，突出重要信息。然而，在实地数据中，区分噪声和有价值的信号往往很困难。因此，在该任务中，地震基础模型通过正演建模合成了数据集。地震基础模型生成了2000个无噪声的地震数据，并随后添加随机噪声，得到含噪地震数据。每对数据在加噪前后的数据构成了一个训练样本对。在验证数据集中，地震基础模型选择了实地数据来评估模型的性能。因此，地震基础模型选取了一个三维数据集，并使用数据准备部分提到的方法将其分割为二维 224×224 的地震数据，最终得到4000个 224×224 的剖面用于验证数据集。该噪声去除的实验场景可视为SFM应用的一个示例：通过正演建模获得目标处理任务的训练样本数据，随后通过SFM对相应的训练样本进行适应，以获得可以应用于实地数据的模型来解决目标问题。

在噪声去除任务的数据集中，地震基础模型同样比较了Unet、从头训练的Transformer、SFM冻结和SFM微调模型的性能。验证数据集上的结果展示了预测结果与原始含噪数据的差异。理想情况下，去除的噪声不应包含任何有用的信号，预测的去噪结果应保留与原始数据相同的结构。地震基础模型观察到，Unet模型在去噪过程中往往会去除信号，导致某些区域的结构丢失，这是去噪方法中不理想的结果。而基于Transformer的方法在保持结构方面表现相对较好。由于缺乏不含噪声的真实标签，为了更好地描述比较结果，地震基础模型不仅比较了预测结果与原始地震数据之间的MS-SSIM，还比较了残差与原始地震数据之间的MS-SSIM。地震基础模型期望去噪后的图像与原始图像更相似，而残差则与原始地震图像相似度较低。

验证数据集的4000个样本的总体表现表明，SFM微调和SFM冻结方法均表现出色。此外，从预测结果和残差的MS-SSIM分布来看，地震基础模型可以观察到SFM微调和SFM冻结方法主要集中在具有较高结构相似性的区域，而残差则集中在较低结构相似性的区域，这与地震基础模型对去噪结果的预期相符。

（5）插值。

在地球物理领域，插值是另一个需要关注的重要问题。在信号采集过程中，观测系统可能受到自然和人为因素的限制，导致某些区域的数据丢失。插值缺失的数据有助于数据分析和后续的反演工作。地震解释还可以帮助地球物理学家和地质学家解释地质结构、描述地层接触关系，并更全面地理解地下构造。插值算法已经由许多专家开发并广泛应用，传统方法在缺失比例较低且不连续道较少的情况下表现良好。然而，对于大比例缺失和连续道的情况，问题变得更加具有挑战性。在此背景下，地震基础模型选择了 6000 个实地地震数据作为插值训练数据集，随机屏蔽了一部分连续的地震道，设置缺失比例为 25%。由于地震基础模型拥有完整的地震数据，输入数据的对应标签是已知的。同样，地震基础模型选取了 4000 个实地地震数据样本构建验证数据集。训练和验证数据集来自不同勘探项目的实地数据，插值实验场景可被视为 SFM 应用的一个示例：地震基础模型收集了具有类似任务的不同勘探项目的实地数据，并将对应任务的训练样本输入 SFM 进行适应，从而获得可应用于其他实地数据的模型来解决问题。

在插值任务中，地震基础模型同样比较了 Unet、从头训练的 Transformer、SFM 冻结和 SFM 微调模型的性能。而相比之下，SFM 冻结和 SFM 微调方法在复杂地质结构的连续性方面表现更好。地震基础模型使用均方误差（MSE）、多尺度结构相似性（MS-SSIM）和峰值信噪比（PSNR）来评估插值结果与标签之间的相似性。从验证数据集上的分布和总体平均指标来看，地震基础模型观察到 SFM 冻结和 SFM 微调模型表现更优。这些结果表明，地震基础模型的基础模型能够通过关注全局特征合理补全缺失信息，使地震数据在视觉上更真实地反映地下地质结构。

总的来说，在如图 8-1-8 的地震数据插值任务中，使用了 6000 个实地数据对预训练基础模型进行微调训练，2000 个实地数据用于验证。在此任务中，地震基础模型对 Unet、从头训练的 Transformer、SFM 冻结和 SFM 微调模型进行了比较实验。Unet 模型的预测结果在插值结构中表现出不连续性。相比之下，其他三个模型的预测结果在结构上更为连续，能够更好地保持地质结构的完整性。统计图展示了预测结果与原始数据之间的均方误差（MSE）、峰值信噪比（PSNR）以及多尺度结构相似性（MS-SSIM）。值得注意的是，SFM 冻结和 SFM 微调模型的预测结果更趋向于集中在高结构相似性区域，表现出更高的 PSNR 和更低的 MSE。这表明地震基础模型预测的结果在结构和数值上都与原始数据非常接近，进一步验证了 SFM 模型在地震插值任务中的优越性。

8.1.2 基于叠前地震基础模型的解耦表征学习

叠前地震数据中蕴含大量沉积环境、储层特性、含气性、裂缝等重要地质要素相关信息，但是与这些地质要素关联的特征信息通常表现得十分微弱，具有很强的隐蔽性，同时各种地质要素对地震响应的影响呈现复杂的非线性耦合关系，现有研究难以构建具有明确物理含义的模型，使得现有方法提取的地震属性多为不同地质信息的综合表征，不具备单一物理可解释的特性，从而无法准确描述单一地质要素的三维空间展布形态与规律。解耦表征学习旨在按照人类能够理解的方式从真实数据中对具有明确物理含义的信息因子（如识别目标的类别、位置、外观等）进行解耦，并给出其所对应的独立潜在表示。该方法可望从耦合了多种地下地质要素信息的叠前地震数据中解耦出单一物理可解释的地震属性，用于表征地下地质要素（如沉积环境、储层、含气性等）的空间分布。

8.1.2.1 方法原理

基于"预训练大模型＋下游任务微调"的策略，基于叠前地震基础大模型的单一地质要素解耦表征方法的原理包含叠前地震基础模型的构建与训练和叠前地震基础模型的微调与解耦两部分内容。

（1）叠前地震基础模型的构建与训练。

叠前地震基础模型构建的关键在于叠前地震数据的准备与处理。用于叠前地震资料分析和处理的基础模型训练的样本为二维结构的叠前地震道集数据。为了训练二维叠前地震基础模型，收集了国内四川盆地、塔里木盆地、鄂尔多斯盆地等多个地震勘探工区的叠前地震道集数据，有效数据量约为20TB，并对这些数据进行了严格的筛选、分割和归一化处理。具体的叠前地震数据样本集构建流程如图8-1-2所示，为叠前地震基础模型的训练奠定了坚实的数据基础。

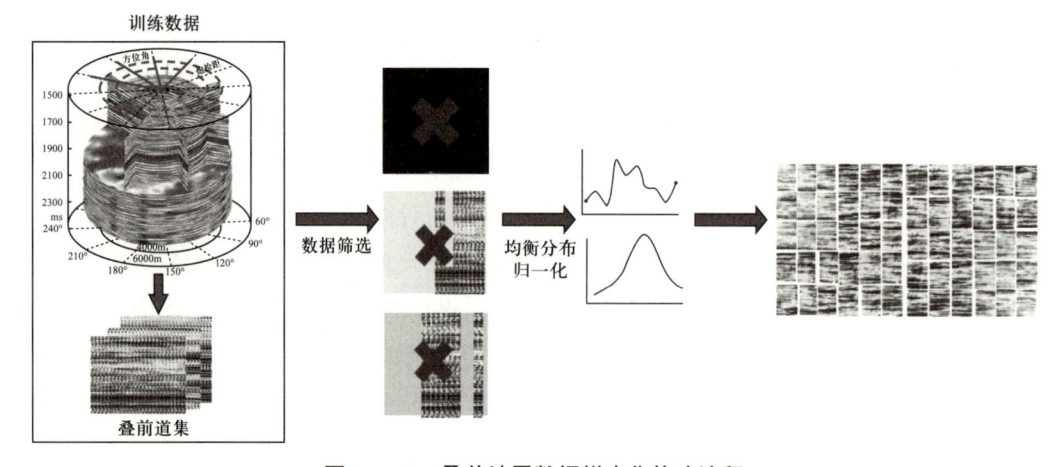

图 8-1-2 叠前地震数据样本集构建流程

在此基础上，预训练阶段采用生成式学习策略，结合稀疏表征技术，有效挖掘大量未标记地球物理数据中的深层规律。生成式学习通过掩码机制训练模型预测被遮盖的内容，帮助模型深度学习数据中的关键结构和特征。而稀疏表征技术通过字典学习和稀疏系数，对部分偏移距数据进行特征掩码，并利用其他偏移距的波形特征进行预测和重建。这种技术不仅增强了模型对数据复杂性的适应能力，还通过稀疏表示提高了特征表达的效率和鲁棒性。两种策略的有机结合，使模型能够高效捕捉偏移距之间的关联信息，在重构结果的细节还原和精度上表现突出。基础模型的具体框架如图8-1-3所示。

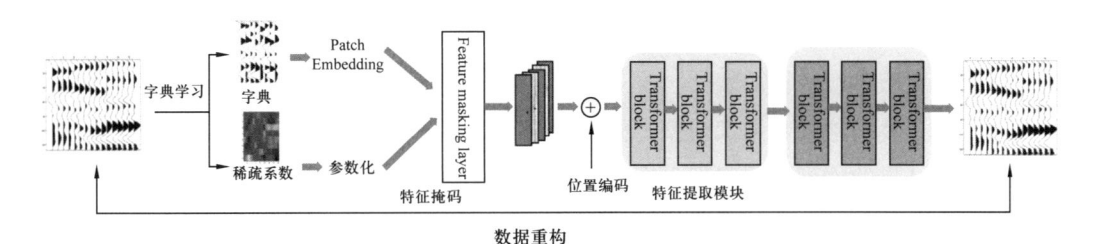

图 8-1-3　稀疏表征基础模型框架

（2）叠前地震大模型解耦表征学习。

为了确保模型在目标工区中的应用效果，预训练后的模型微调至关重要。尽管预训练显著增强了模型对地震数据的整体分析能力，但目标工区通常具有独特的地质特征和复杂条件，与预训练数据可能存在较大差异，直接应用预训练模型往往难以取得理想效果。此外，目标下游任务可能与预训练任务有显著不同，这进一步增加了直接应用模型的挑战性。为此，需要通过微调模型，使其充分利用预训练阶段获得的知识表征，并针对目标工区的具体需求进行优化。具体而言，针对叠前地震基础模型的单一地质要素解耦表征模型的微调过程分为两个阶段：第一阶段是适应目标工区数据，第二阶段是针对解耦表征任务的微调，实现对单一感兴趣地质信息的直接表征。

在第一阶段中，利用目标工区特有的地质数据，对预训练模型进行精细调整。通过结合迁移学习和局部优化，微调技术确保模型适应目标工区的地质环境，同时保持高效的特征提取能力和物理可解释性。这个过程不仅增强了模型的适应性和泛化能力，还确保其在复杂地质条件下实现卓越性能，为解决多样化的地震任务提供了有力支持。

在第二阶段，构建了基于基础模型的解耦表征学习方法，以实现对单一感兴趣地质信息的直接表征。如图 8-1-4 所示，在基础模型上增加了特征映射层和特征交换层。首先，使用已微调的基础模型的编码器和解码器模块，并将其参数固定。然后，将编码器的输出通过特征映射层，映射为具有可交换子特征的分解表征。研究中采用地震正演数据作为训练样本，通过交换不同样本的子特征，旨在生成仅交换单一地质信息的地震

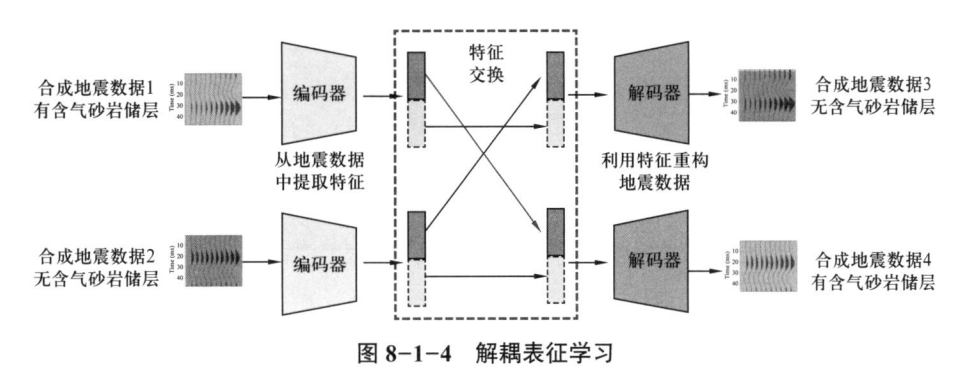

图 8-1-4　解耦表征学习

数据，进而迭代更新特征映射层的模型参数。最终，网络获得了能够表征特定物理含义的单一地下地质要素的特征表征。

这种基于叠前地震数据大模型的解耦表征学习，不仅提升了特征提取的准确性，还显著增强了结果的物理可解释性。在储层预测等任务中展现出强大的潜力，为模型在复杂地质环境中的应用提供了科学支持，也为进一步推动基础模型在油气地球物理领域的应用奠定了重要基础。

8.1.2.2 应用效果

为了验证方法的有效性，选择了中国西北某实际工区的地震数据进行实验。研究工区包含了 600 道 Inline 线和 500 道 Crossline 线。地震数据的采样间隔是 2ms。图 8-1-5 展示了研究工区的钻井情况与根据钻井解释结果推断的岩性边界。具体来说，在该工区内 3 口井与目标尖灭岩性薄储层相遇（S1、S2、S3），而其余的 4 口钻井未钻遇砂岩尖灭薄储层（M1、M2、M3、M4）。此外，图 8-1-5 中展示了两条岩性尖灭线 L1 和 L2。其中，L1 是高孔砂岩尖灭边界线，是根据钻井资料通过插值的方法获得的，因此具有很大的不确定性。研究测试的主要目标是对岩性尖灭线 L1 进行更精准地刻画。

均方根（RMS）振幅属性反映了地震波形的平均能量，是目前最常用的地震属性之一。图 8-1-6 展示了目标层位附近的 RMS 振幅属性。岩性边界线 L2 在地震剖面上的响应非常明显，其波形能量的变化使得岩性边界可以通过简单的振幅强度阈值在 RMS 振幅属性切片上清晰地被识别。然而，岩性边界线 L1 的地震响应相对较弱，在 RMS 振幅属性切片上未显示出明显特征，因此有必要寻找更有效的方法，从地震数据中更精确地提取细微岩性储层的信息，以进一步提高对岩性边界线 L1 的预测精度。

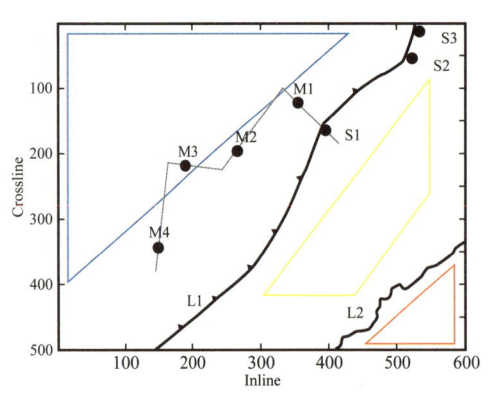

图 8-1-5 工区钻井和岩性边界情况

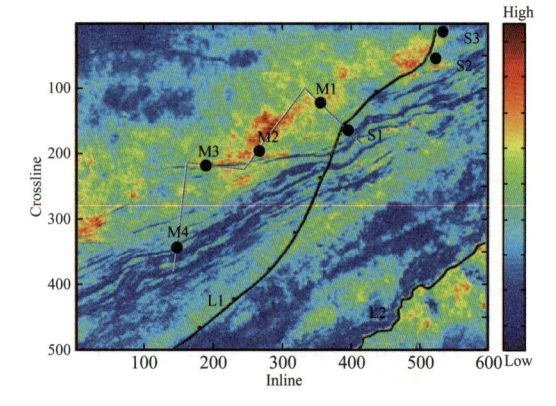

图 8-1-6 均方根振幅属性

利用测井数据的信息，构建了与研究区域地质条件相一致的地层模型。本研究使用了 Zoeppritz 方程来计算共中心点道集的反射系数，随后与统计波形进行卷积来正演生成合成地震数据。通过加入进行了带通滤波之后的噪声数据，生成了与研究区域实际地震数据相似的训练数据。研究中将合成数据组织为分组训练数据。利用正演数据作为训练数据，基于基础模型的解耦表征模型被训练来提取对应于薄砂体储层存在与否的解耦特征。随后，使用自组织映射（SOM）算法对解耦的特定特征进行聚类，进一步预测薄砂体储层的分布。预测结果显示在图 8-1-7 中。预测结果与井解释结果匹配良好，且薄砂体与泥岩的分界线与测井数据插值得到的边界线有着良好的相似度，但是提供了更为精准的分析结果。

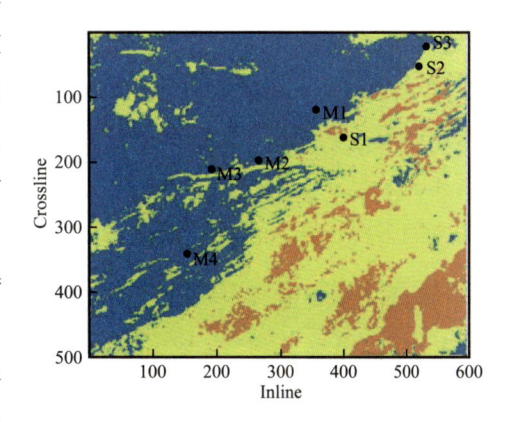

图 8-1-7　基于叠前地震基础模型解耦方法预测得到的地震相图

综合上述的分析，与对比方法相比，基于叠前地震基础模型解耦方法预测得到的地震相图有着更高的与井的匹配率，且薄砂体岩性边界线的预测结果与地质专家对该地区的地质认识相一致。这表明基于基础模型的解耦表征学习获得的深度特征能够更好地提取地震数据中单一的地质信息，有助于降低储层表征的不确定性，获得对地下储层分布更准确的描述。

8.1.3　基于三维地震大模型的相对地质年代体构建

相对地质年代（Relative Geological Time，RGT）体是构建地层序列和地质时期划分的基础，提供的地层框架展布及地层相互关联关系为分析地层连续性和揭示储层形态提供了重要依据。由于实际地震数据缺乏 RGT 标签而难以支撑网络模型训练，现有网络模型通常基于合成地震数据训练后应用于实际地震数据。然而，合成地震数据与实际地震数据之间存在差异，这使得网络模型在处理实际地震数据中复杂地质构造（如断层和不连续性）时 RGT 体预测精度受到限制。

8.1.3.1　方法原理

为了解决现有 RGT 构建方法的局限性，提出了一种基于三维地震大模型的 RGT 构建网络框架。该网络的训练分为三维大模型预训练和学生模型微调两个阶段。本研究将结合知识蒸馏技术和域自适应技术，分别从数据和模型两个角度以分阶段训练方式逐步提升模型对实际地震数据中复杂地质特征的适应能力，最终实现高精度 RGT 体构建。

（1）三维基础模型的预训练。

预训练阶段的主要目标是利用大规模实际三维叠后地震数据训练一个能够提取深层地质特征的三维基础模型，为后续的微调过程提供实际地震数据通用特征。三维地震大模型的训练数据包含中国塔里木盆地、四川盆地、鄂尔多斯盆地等多个工区勘探数据，以及公开数据集，有效数据量约 1.5TB 的实际三维叠后地震数据，如图 8-1-8 所示。通过数据筛选、分割和归一化处理后，共获得约 6 万个 128×128×128 三维地震数据体。来自于不用勘探工区的大量实际地震数据构成的训练数据最大限度地确保了地质构造的多样性和完备性，以支持三维地震大模型的充分有效训练。

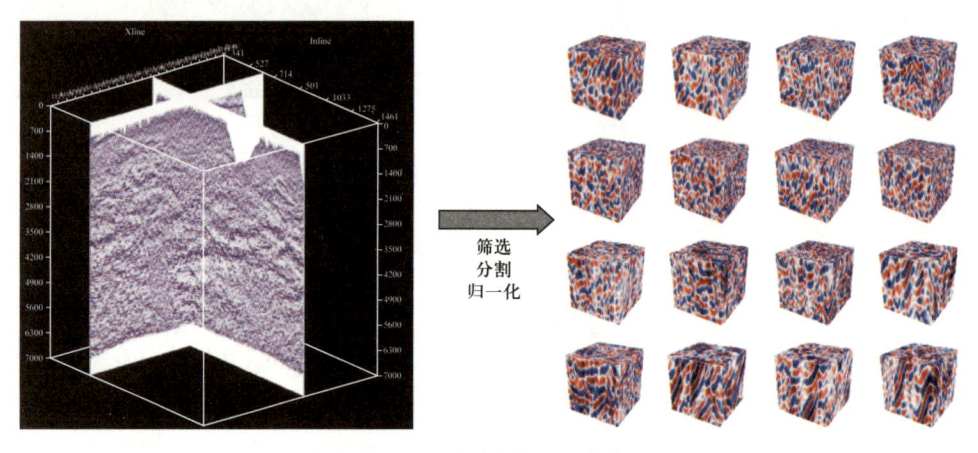

图 8-1-8　三维地震数据准备与处理

针对三维地震大模型的预训练问题，本研究采用生成式方法对三维基础模型进行预训练。具体地，将模型与自编码器架构相结合，形成一个高效的特征提取网络框架，网络框架如图 8-1-9 所示。

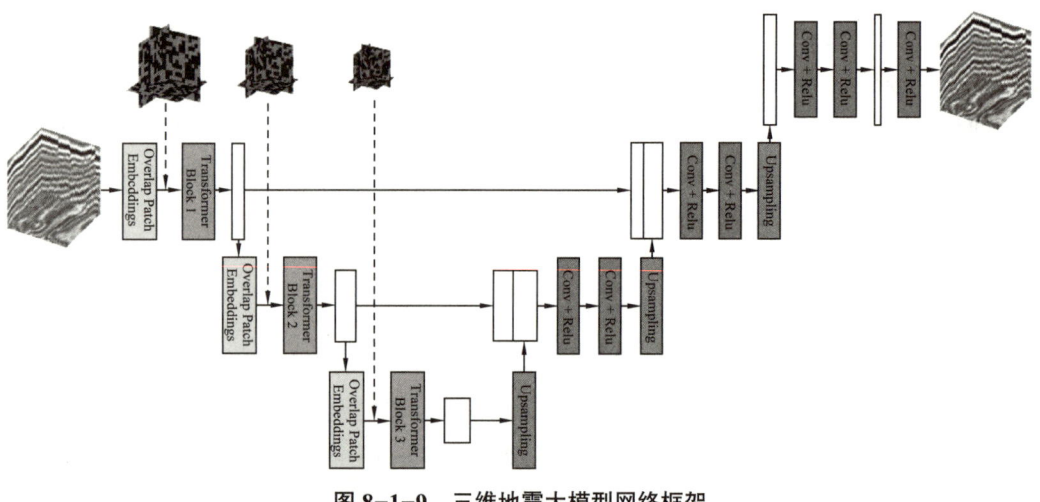

图 8-1-9　三维地震大模型网络框架

为充分发挥模型的多层次特征提取能力，本研究设计了一种分层特征提取策略，通过多层掩码机制实现更精细的特征表达，尤其在复杂地质构造（如断层和非连续性）的建模能力上得到显著提升。为减少传统卷积操作中零填充策略可能带来的信息损失，本研究引入流形约束策略替代零填充，使得特征提取过程可以更有效地保留掩码信息。通过该策略，模型能够对缺失 RGT 标签的实际地震数据进行重构并学习其深层特征。

（2）基于三维大模型的 RGT 构建。

针对 RGT 构建的具体任务，在预训练完成的三维地震大模型基础上，结合知识蒸馏和域自适应技术进行进一步微调，从而构建适用于 RGT 体构建的学生模型。微调阶段分为浅层通用知识迁移和深层专业知识迁移两个步骤。两者相互迭代，在不断优化的过程中提升学生模型对 RGT 体的构建能力和刻画精度。

浅层通用知识迁移旨在借助三维地震大模型提取的深层特征，将通用知识有效传递到轻量化的学生模型中，同时降低模型的计算复杂度。知识蒸馏是一种将复杂模型的知识传递到轻量模型的方法，在迁移过程中结合知识蒸馏技术，可以在保持模型性能的前提下显著降低计算开销。在本研究中，预训练完成的三维基础模型被用作教师模型，为轻量化学生模型提供通用知识。这些知识包括真实地震数据中的丰富地质特征和数据模式，从而帮助学生模型更高效地学习并适应复杂地质场景。具体的迁移过程如图 8-1-10 所示。

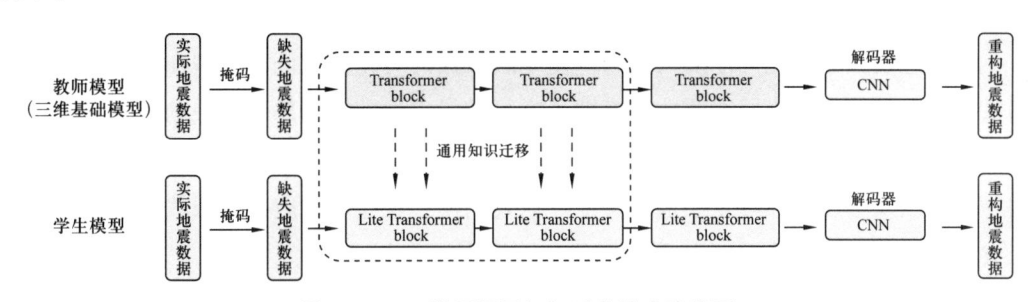

图 8-1-10 浅层通用知识迁移技术路线图

深层专业知识迁移的目的是通过特定技术进一步优化学生模型对复杂地质模式的适应能力，并且引导模型的输出从实际地震数据的重构逐步转向 RGT 体的精准构建。在迁移过程中引入域自适应技术，通过特征匹配和分布对齐，逐步缩小合成地震数据与实际地震数据之间的分布差异，具体的迁移过程如图 8-2-11 所示。

深层专业知识迁移引入多核最大均值差异（MK-MMD）的域自适应方法对学生模型进行微调，在深层编码器通过结合多尺度核函数缩小源域（合成地震数据）和目标域（实际地震数据）之间的分布差异。与传统 MK-MMD 采用的多尺度高斯核函数不同，本研究构建了一种结合多尺度高斯核与拉普拉斯核的组合核函数。该组合核函数利用多尺度高斯核在非复杂地质构造区域评估源域和目标域之间的局部到全局的数据分布差

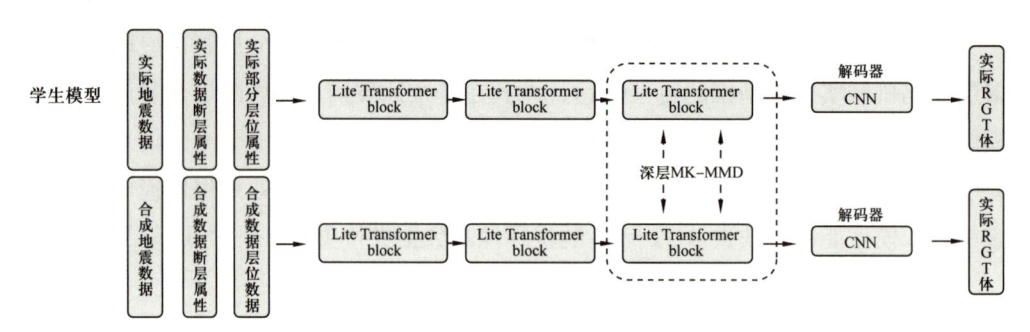

图 8-1-11　深层专业知识迁移技术路线图

异，并在复杂地质构造处利用拉普拉斯核捕捉 RGT 值的变化。相比于基于 L2 范数的多尺度高斯核，基于 L1 范数的拉普拉斯核能够在 RGT 值发生突变时更快速地缩减数据分布差异。此外，为进一步提高 RGT 体的预测精度，本研究在训练过程中引入断层属性和层位数据作为辅助信息，优化模型对实际地震数据中关键地质特征的捕捉和表征能力。

8.1.3.2　应用效果

本研究使用一个位于中国渤海湾西部海域的实际地震数据作为案例来评估网络框架的 RGT 构建性能，并与目前先进的 Paleoscan 软件效果进行比较。

（1）三维基础模型的预训练效果。

通过地震数据、掩码地震数据与恢复地震数据的对比，验证了模型在特征提取和数据重构方面的能力。掩码地震数据模拟了实际场景中地震数据部分缺失的情况，而通过三维基础模型进行重构后生成的地震数据，能够较完整地恢复原始数据中的丰富地层结构、断层以及不连续性等复杂地质特征。这表明模型在还原地震数据层状结构和几何特征方面具有较高的准确性，为后续应用奠定了坚实基础。

（2）RGT 构建效果。

从实际地震数据中选取尺寸为 300（主测线）×300（联络测线）×280（深度维采样点数）的数据集进行测试，该数据集包含复杂的地质结构和多条明显的断层。为满足网络训练需求，将数据集切分为多个 128×128×128 的小块，并对每个小块进行了 RGT 体的预测，最终拼接生成完整的 RGT 构建结果，如图 8-1-12 所示。其中，图 8-1-12（a）为截取的实际地震数据，图 8-1-12（b）（c）分别为 Paleoscan 软件的 RGT 构建效果以及本研究网络框架的 RGT 构建效果。图 8-1-12 中箭头处显示出本研究网络框架在预测断层之间的横向不连续性时具有更好的性能。

从图 8-1-12（b）（c）中分别选取三个等值面进行进一步分析，如图 8-1-13 所示。图 8-1-13（a）、图 8-1-13（d）和图 8-1-13（g）展示了地震数据体；图 8-1-13（b）、

(a) 实际地震数据　　　　　(b) Paleoscan软件效果　　　　　(c) 本研究效果

图 8-1-12　三维 RGT 体构建效果

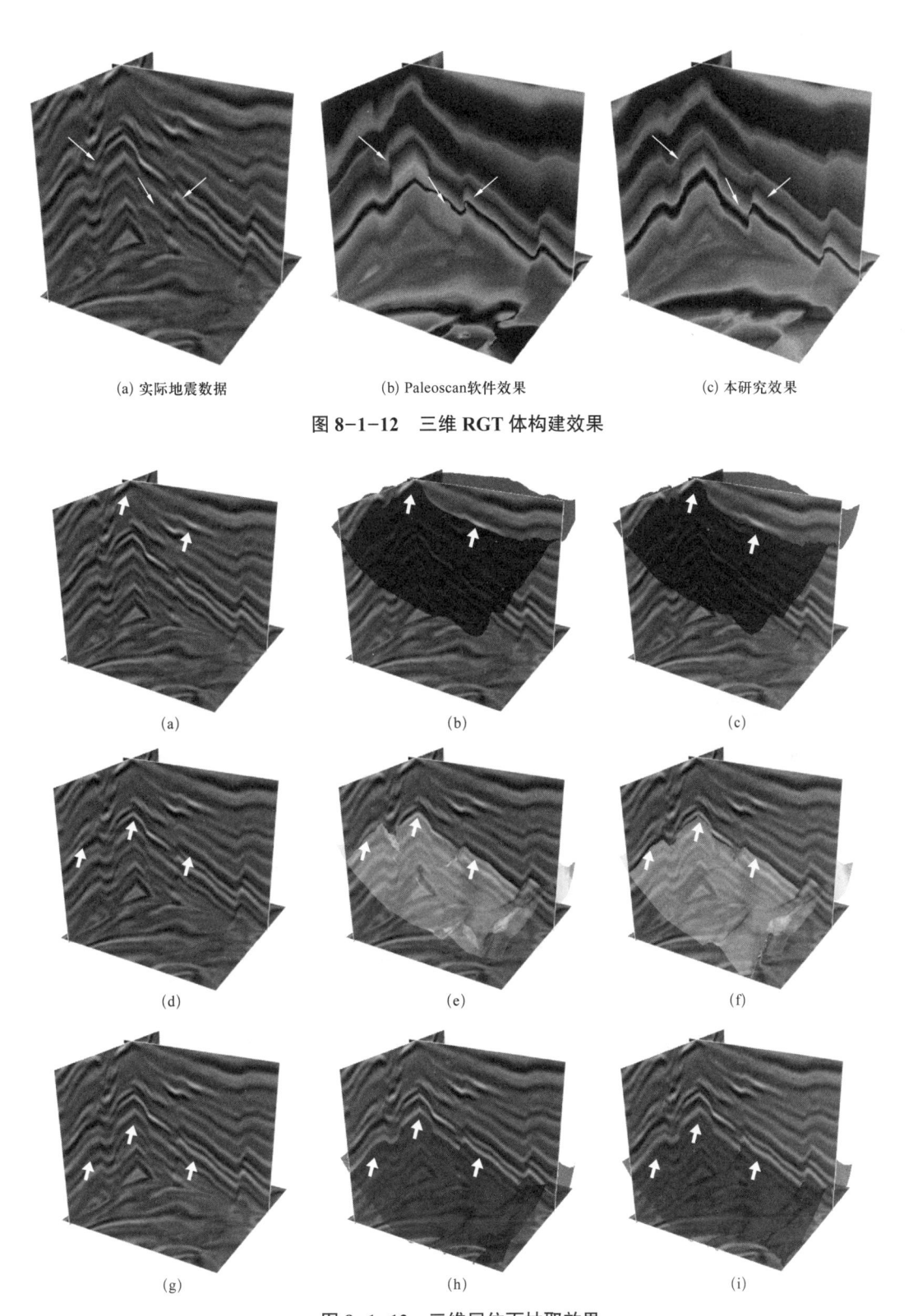

(a)　　(b)　　(c)

(d)　　(e)　　(f)

(g)　　(h)　　(i)

图 8-1-13　三维层位面抽取效果

311

图 8-1-13（e）和图 8-1-13（h）为 Paleoscan 软件构建 RGT 体的三个层位面提取效果；图 8-1-13（c）、图 8-1-13（f）和图 8-1-13（i）为本研究网络框架构建 RGT 体的三个层位面提取效果。对比可以发现，在箭头标注处，Paleoscan 软件存在明显的穿时现象，而本研究提出的网络框架在断层区域表现出更优异的处理能力，成功实现了断层的跨越。

为更直观地展示效果，选取了第 70 条联络测线剖面进行分析，如图 8-1-14 和图 8-1-15 所示。图 8-1-14 展示了图 8-1-12 中三维 RGT 体在第 70 条联络测线剖面的效果，图 8-1-15 对比了图 8-1-13 中三个层位面在同一剖面上的分布情况。结果显示，本研究网络框架的预测结果与实际地震图像具有更高的一致性。在断层和不连续等复杂地质结构区域，网络框架的预测结果能够清晰地描绘出结构边缘特征，进一步验证了其对 RGT 体预测的高准确性和可靠性。

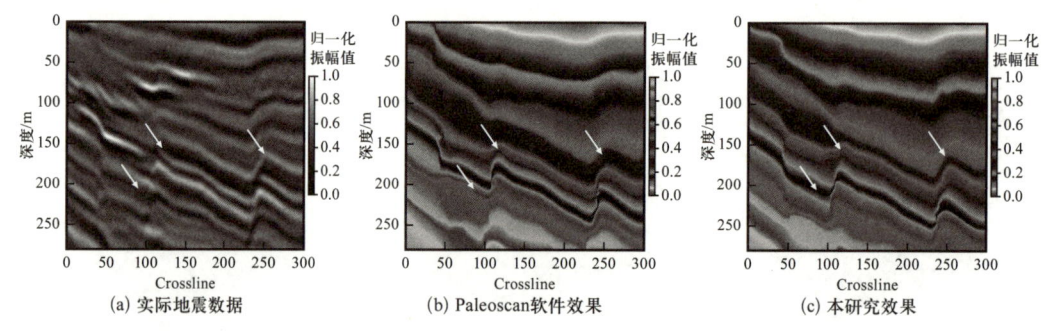

图 8-1-14 第 70 个联络测线剖面的 RGT 构建效果

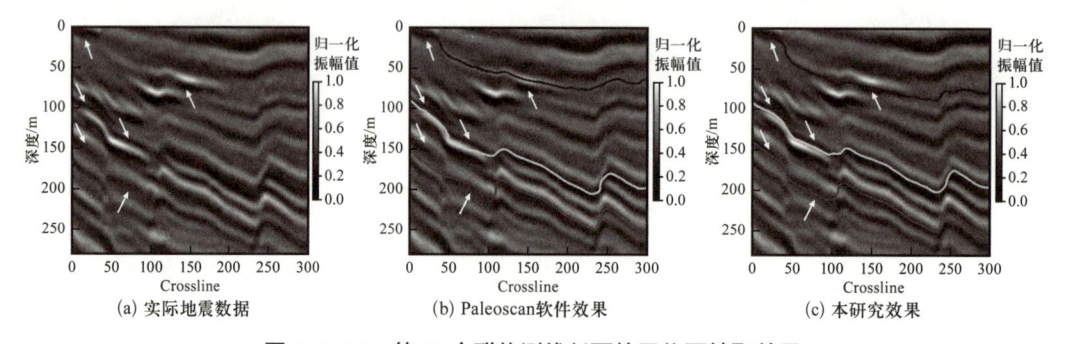

图 8-1-15 第 70 个联络测线剖面的层位面抽取效果

8.2 测井大模型

测井是一种测量地球物理参数的方法，通过专用电法、声波、放射性仪器探测地层形成的科学数据，具备类型多样、专业性强、数据操作复杂等特点，其应用贯穿油气勘探开发全生命周期，是油气田地质研究、油藏描述、储层预测等的关键基础资料。近几年，中国石油集团测井有限公司（以下简称"中油测井"）在人工智能方面逐步发力，已在智能固井质量评价、智能常规处理及智能质检、智能安全等方面取得一定成效，部分已经投入实际生产使用，大幅提高了工作效率。但是，传统的智能学习存在建模过程复杂、模型碎片化泛化能力不强等不足，模型的强区域性使得技术门槛高、规模推广成本大。为此，中油测井依托持续建设的中国石油统一测井数据库海量数据及多年人工智能研发积累，构建了测井处理解释大模型，融合应用语言大模型、视觉大模型，从测井采集、处理解释等主营业务中优选应用场景，推进测井智能化进程。

测井处理解释大模型属于科学计算预测类业务，模型以覆盖国内各大盆地累计超过10万口井为数据基础，攻克测井数据高精度编码、多模态数据融合、多模型融合应用等关键技术，具备数值预测、条件判识等应用能力，支撑孔隙度、渗透率、饱和度计算等处理任务和地质分层、储层划分、流体识别等解释任务。

2024年8月28日，中国石油"330亿参数昆仑大模型建设成果"发布会上，发布了1亿参数规模的测井处理解释大模型，在长庆油田苏里格气田，大模型可对单井处理解释中的孔隙度、渗透率、饱和度等参数及多种岩性剖面进行一键预测；在环江地区洪德油田，基于储层参数预测结果，大模型能够快速识别出油气层，智能识别准确率达到90%以上。2024年11月28日，中国石油"700亿参数昆仑大模型建设成果"发布会上，发布了11亿参数规模的测井处理解释大模型，大模型可一键实现成像资料全井壁复原、裂缝产状和孔洞分布特征识别，自动计算缝洞参数，为地质工程决策提供储层裂缝产状、孔洞大小、密度等量化参数支持。

8.2.1 测井智能处理应用场景

测井资料综合处理是油气勘探开发领域极其重要的工作环节之一，传统方法依靠人工处理解释，过程耗时耗力，处理结果由于人员经验的不同而存在差异化。考虑到测井资料的多样性，测井智能处理大模型包含测井常规智能处理大模型和测井电成像智能处理大模型两个大模型。在常规资料处理方面，基于L2级测井处理解释大模型，训练形成L3级测井常规智能处理大模型，能够深度挖掘海量的测井曲线数据中蕴含的储层及油气信息，更快速更精准地提供智能地质分层、智能储层划分、智能孔渗饱等储层参数计算。在成像测井应用方面，基于L1级昆仑视觉大模型，训练形成L3级测井电成像智能处理大模型，能够多尺度提取图像特征，辅助处理人员精细描述储层特性，获得地层的裂缝、溶蚀缝洞等地质信息并进行精准量化分析。

8.2.1.1 研发过程

训练测井常规智能处理大模型所需的数据来源于中油测井的中国石油统一测井数据库，包含测井常规曲线和解释结论数据。常规曲线数据需要经过预处理，比如缺失值处理、异常值处理和数据对齐等,确保数据质量和一致性。同时,对各条曲线进行归一化操作,将不同曲线的数据范围统一到 0~1 之间,避免曲线数值差异过大影响模型的学习效果,便于后续的数据分析和建模。训练测井电成像智能处理大模型所需的数据比较复杂,采集得到的原始电成像数据无法用于模型训练,需要经过图像补全等一些列预处理,最关键的一点,需要人工对电成像图片中的孔洞、诱导缝、天然裂缝、层理等不同类型的缝洞进行标注,为模型训练提供高质量的标签数据。完全依靠人工标注效率过于低下,本研究工作有机结合传统图像处理、专家手工标注、深度学习模型三种方法,针对西川盆地等区块的直井、大斜度井中孔洞、裂缝发育较多且集中的井数据进行高质量数据集构建(图 8-2-1)。

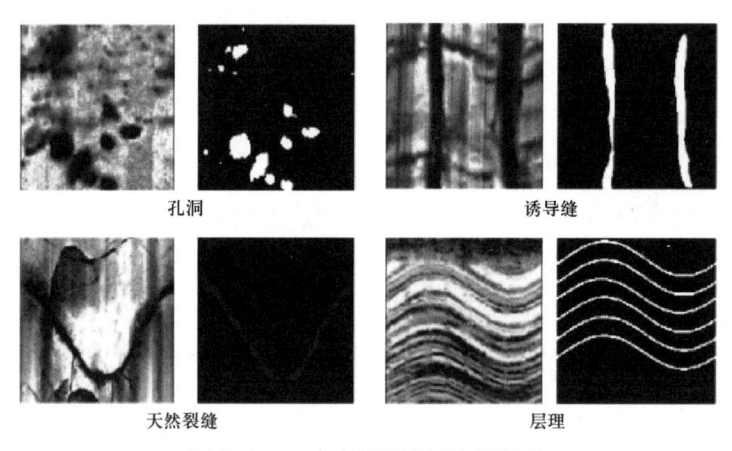

图 8-2-1 电成像图像标注示意图

测井常规智能处理大模型的训练包含自回归预训练和 SFT 监督微调两部分,L2 级测井处理解释大模型是测井领域通用性的预测大模型,具备多任务的预测功能,但是测井常规智能处理大模型只关注地质分层、储层划分、孔隙度计算、渗透率计算、饱和度计算这四个预测任务,所以自回归增强预训练的目标是将测井处理解释大模型的预测功能聚焦于上述的四个任务。针对这一目标,把原始测井曲线经过编码转换成 token 序列,与地质分层、储层划分、孔渗饱参数的解释成果一同编制成测井语料,用于自回归预训练。SFT 监督微调训练的目标是提升模型在四个预测任务上的精度,为此需准备高质量的问答对,问题是由测井曲线转换的 token 序列,答案则是测井解释人员二次解释得到的地质分层、储层划分、孔渗饱参数的解释成果。问答对准备就绪后,使用 LLaMAFactory 框架对大模型进行监督微调训练得到可用于常规智能处理的大模型。

测井电成像智能处理大模型的训练主要是 SFT 监督微调训练。应用昆仑 L2 级 CV 大模型实例分割模型能力,基于高质量测井电成像及岩心照片缝洞特征数据集进行大模型微调,得到 L3 级测井电成像场景大模型,得到缝洞分割结果(图 8-2-2)。基于分割结果进行缝洞特征后处理,实现定量参数计算。

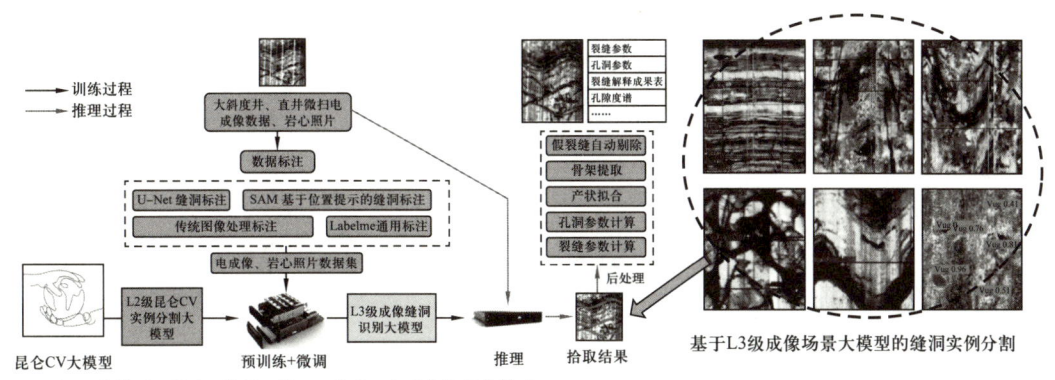

图 8-2-2　测井电成像智能处理大模型训练流程图

8.2.1.2　案例分析

测井常规智能处理大模型通过与测井处理软件的结合，可实现实现智能地质分层、智能储层划分、智能储层参数计算（图 8-2-3），在常规处理流程的关键环节提速 80% 以上。在使用大模型之前，基于机器学习等小模型的智能地质分层、储层划分、储层参数计算存在着模型碎片化、精度提升难、泛化性能不足等局限，测井常规智能处理大模型可实现精度提升和泛化性增强。

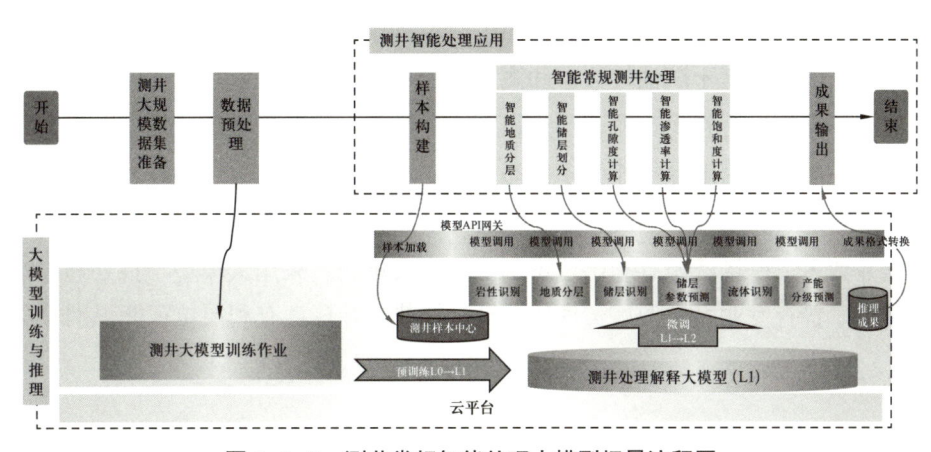

图 8-2-3　测井常规智能处理大模型场景流程图

测井电成像智能处理大模型集成传统数据预处理流程，实施成像测井数据处理智能化流程，实现了电成像测井图像分割，并对缝洞进行自动分类，自动计算裂缝产状及缝洞参数（图 8-2-4）。在预处理模块，用于电成像数据的高精度预处理和高清反演校正。在成像缝洞提取服务上，基于高质量预处理数据，进行自动特征提取和编码，支持实时数据处理，返回缝洞位置信息。在缝洞参数计算服务上，基于测井电成像智能处理大模型返回的缝洞像素级位置信息，自动计算缝洞参数。

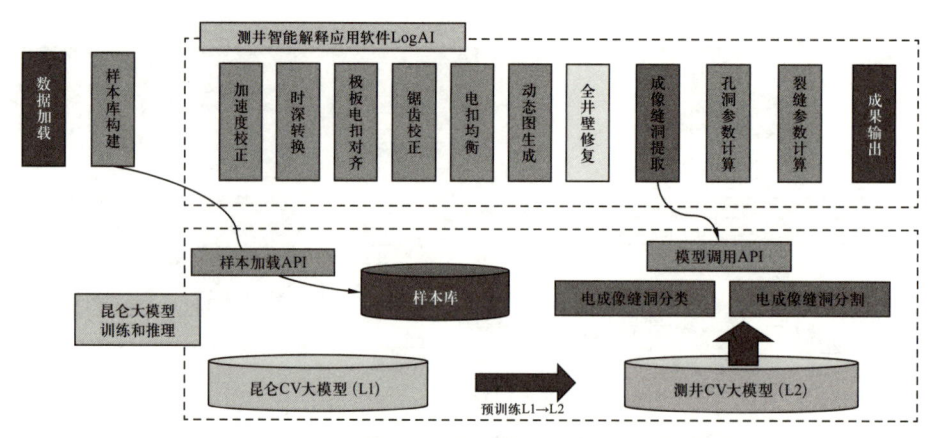

图 8-2-4　测井电成像智能缝洞参数定量分析流程图

8.2.2　测井智能解释应用场景

测井智能解释是在 L2 级测井处理解释大模型的基础上，针对智能油气识别、智能固井质量评价及盆地级伴生矿普查等智能场景的技术应用，收集清洗数据集，整理成大模型训练的需要格式，然后进行预训练和 SFT 微调即可得到满足特定要求的 L3 级场景大模型，根据地质专家的使用反馈，使用人在基于人类反馈的强化学习（RLHF）来进一步优化模型的预测性能。测井场景大模型的训练将包含两个关键阶段：无监督的自回归预训练，以及有监督的专项微调。这两个阶段将相辅相成，共同塑造大模型在测井场景领域的强大能力。基于试油气数据和测井曲线数据，油气识别场景可以针对不同区块不同储层流体性质进行判识，实现一键识别流体性质。固井质量评价场景则以固井测井常规曲线以及声幅变密度数据作为多模态参数，实现固井第二界面的智能解释评价，结合测井智能处理解释软件，实现一键式智能评价和成果报表导出。伴生矿场景则是针对测井数据井数多、矿场资源有利层位识别工作量大难题，采用大模型与批处理技术，建立智能伴生矿普查专业大模型，实现数据批量加载与计算、有利层位智能识别等功能。

8.2.2.1　研发过程

（1）数据收集与预处理。

数据收集：井基本信息、测井信息，曲线数据，解释成果、岩心孔渗等数据。

数据预处理：对测井数据进行缺失值处理、异常值处理和数据对齐等，确保数据质量和一致性。进行数据归一化等预处理操作，以便于后续的数据分析和建模。

（2）生成语料。

特征提取：根据测井数据的特点和地质知识，进行特征提取和变换。常见的特征包括曲线之间的关系、曲线的导数、曲线的统计特征等。

特征选择：选择对建模有用的特征，去除冗余或无关的特征，以提高模型的性能和稳定性。

生成语料：选择合适的算法或者模型，利用数据特征，生成相关的语料数据。

（3）模型训练。

① 自回归训练（Pre-Training）。

② 大模型有监督微调训练：SFT 训练。

（4）模型验证与优化。

模型验证：使用未标定的数据进行模型验证和评估。通过对比模型的预测结果与实际的井信息，评估模型的准确性和可靠性。

模型优化：根据验证结果，对模型进行优化和调整。可能需要对特征进行进一步的提取和选择，或者对模型参数进行微调。

需要指出的是，数据集的构建不仅关乎模型微调的效果，也直接影响到后续部署应用的性能。因此，在具体操作中，技术方案需要结合测井解释的专业知识，精心设计数据集的特征和标签，确保其真实反映了测井问题的本质特性。基础大模型在微调后才能更好地服务于实际的测井解释需求。

（5）模型应用与解释。

模型应用：利用训练好的模型，对对应场景进行预测和解释。根据测井数据建模结果，推断储层的地质特征、流体分布、可采储量和套管井情况等。

结果解释：对模型的预测结果进行解释和分析，为油气勘探、开发和生产决策提供依据。这里需要与实际的地质信息和勘探经验相结合，对预测结果进行进一步的验证和调整。

8.2.2.2 案例分析

测井领域的固井质量评价是油井完井过程中一项重要环节，它主要关注水泥环的胶结质量，即检查套管与水泥环（第一界面）以及水泥环与地层（第二界面）的胶结情况。固井质量解释工作量巨大，特别是二界面的评价，需要依赖人工经验，工作效率急需提升。测井解释大模型通过分析声波在时域和频域的隐含特征，克服井筒参数、井眼条件、地质条件等因素对声波传播的环境影响因素，解决固井质量声幅变密度处理井段长、工作量大、二界面评价难等工程应用难题。以测井处理解释大模型为基座模型，使用测井常规曲线（自然伽马、声波时差等）和 VDL、CBL 曲线，以及测井解释人员标定的固井二界面评价标签作为精细微调数据集，构建高质量问答对，然后采用 SFT 精细微调的策略训练得出固井质量智能评价大模型。目前，从新疆油田的 50 口井的应用测试结果看，固井质量智能评价大模型可实现固井胶结质量智能评价，一键式成果报表导出，加强评价标准一致性，评价效率提升 3~5 倍。如图 8-2-5 所示，基于大模型的智能二界面评价结果和专家评价结果基本一致。

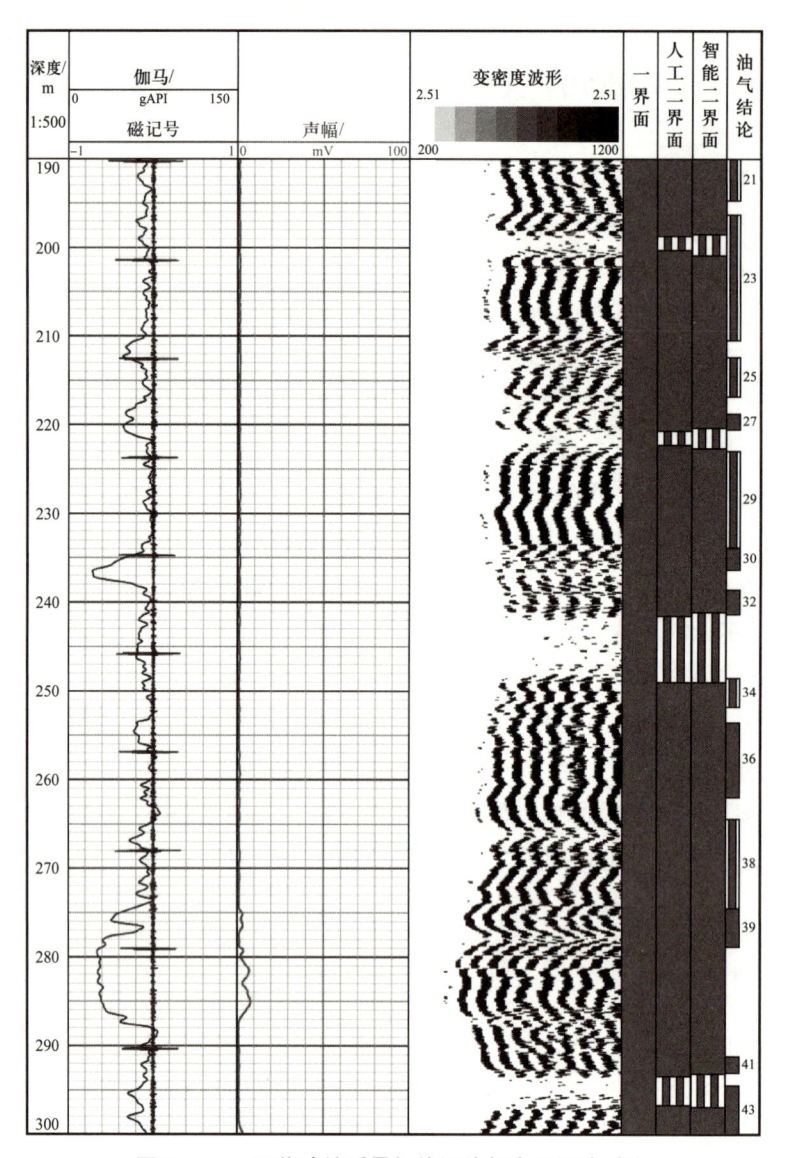

图 8-2-5 固井胶结质量智能评价与人工评价对比

8.2.3 测井解释报告生成

随着石油勘探技术的不断进步，测井技术在油田勘探开发中的重要性日益凸显。测井数据作为反映地下岩石和流体性质的重要信息源，其管理和利用效率直接关系到勘探开发的准确性和效率。然而，传统测井数据处理存在数据分散、查询不便、利用效率低等问题。为此，提出基于知识检索增强的测井领域知识大模型应用系统，旨在通过构建大规模、系统化的测井领域知识库，实现测井数据处理的效率提升。在测井解释处理流程中，部分解释人员由于对地质资料的认识不够深刻，需要频繁查阅数据资料及测井领域文献资料，一定程度上降低了测井解释效率；且解释人员对一口井的资料处理解释之后，需要手工编写解释报告。解释人员需要参阅大量资料，比如钻井、录井、试油等资料，需要将处理解释形成的一些成果图片和解释结论放到解释报告中去，在编写解释报告过程中，需要反复查看测井数据，输入到解释报告中。整个编写过程耗时耗力，填写数据也容易出错。基于知识检索增强的测井领域自然语言大模型应用系统正是为解决以上问题而开发的一套系统，实现了测井知识抽取、检索、生成，并基于此实现了解释报告自动生成。

8.2.3.1 研发过程

现有的通用自然语言语料数据集往往缺乏测井领域相关内容，因此需要使自然语言大模型系统具备测井领域知识。基于现有文献及生产过程当中形成的测井解释报告文本构建了一套测井自然语言大模型数据集，包括预训练语料文本和高质量的问答对两种类型。其中预训练语料文本用于测井自然语言大模型的预训练过程，目的是为了实现对自然语言大模型进行知识注入，在此过程中，将对大模型进行全量参数微调，如图8-2-6所示。后续针对具体场景，使用问答对语料数据集，数据集中的每条数据包含输入input、输出target，用于微调并校正大模型的自回归输出结果。

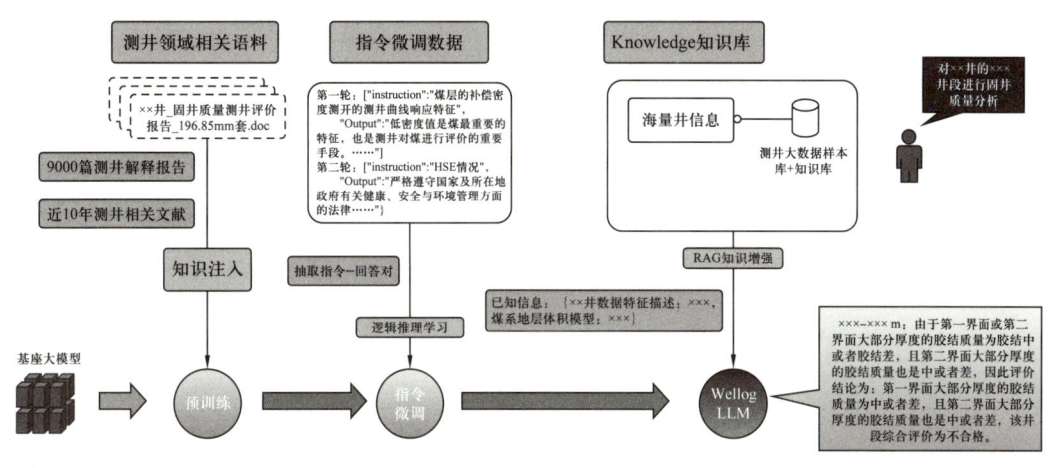

图 8-2-6 测井自然语言大模型智能系统训练过程

8.2.3.2 案例分析

解释报告首先通过知识增强模块实现提纲生成，在此基础上应用检索数据，并基于检索到的数据进行知识推理，对报告中的数据进行逻辑推理和分析，形成报告结论，最终将所有的语料库进行合并，自动生成word文本以及markdown形式文本，分别用于完整文档下载以及前端页面显示。

8.3 胜小利油气大模型

中国石化胜利油田是我国重要的石油工业基地，主要从事石油天然气勘探开发、石油工程技术服务、油气深加工及新能源开发等业务，是中国石化下属最大油气勘探开发企业。自 1961 年以来，累计生产原油 13×10^8t，约占全国同期陆上原油产量的 1/5，原油年产量占中国石化的 2/3 左右，为"稳定东部、发展西部"战略作出了重要贡献。连续 13 年荣膺全国文明单位，获得中央企业先进基层党组织、中国石化"深化改革三年行动先进单位"等荣誉。自 2019 年以来，胜利油田"难动用储量开发管理""'去行政化'管理变革""国内首个百万吨级 CCUS 项目建设与产业化运营"等 3 项成果，跻身第 26、第 27、第 29 届全国企业管理现代化创新一等成果。

当前，国内陆上老油田陆续进入开发中晚期，老区稳产难、新区接替不足，油田企业效益开发难度大、安全生产风险高、用工总量多、结构性缺员等问题日趋严峻。如何利用数字化、智能化技术，切实解决油田勘探开发行业难点痛点问题，逐步实现油气勘探、开发、生产、运营、管理等领域工作的智能替代与质量进步，最终全面提升油气产业、企业的活力、效益与竞争力，是当前油气行业面临的重大课题。

近年来，人工智能已逐渐成为推动产业变革的核心力量，其中，新一代大规模人工神经网络模型（大模型），以其强大的学习、理解能力为各行各业带来了前所未有的创新机遇，引领了当前的产业数智化变革。胜利油田聚焦生产经营难点问题，创新运用大模型技术构建油气工业智脑系统——胜小利，有力支撑企业内数据应用、知识管理和智能决策，取得显著推广应用成效，为人工智能技术赋能传统大型能源企业提供了较好的参考借鉴样板，起到了一定引领示范作用。

8.3.1 构建措施

大模型是人工智能领域的新兴技术，油气大模型更是行业的空白，它是在通用自然语言大模型基础上，训练并熟练掌握油气勘探开发专业技术知识、法规、制度和标准的行业基础认知大模型，能够基于油气专业知识认知，自动接入和调度"数据库、文档库、专业算法"等各种勘探开发信息资源、资产，协助完成知识管理、数据分析或复杂业务工作的工业智能体（Industrial Agent），是未来油气产业人工智能体系的"认知大脑"。

为了高质量完成油气大模型建设工作，胜利油田引进包含模式识别、自然语言处理、大数据分析、高性能计算等专业的多名博士、硕士，组建"油气大模型科研团队"，与传统油气勘探开发专业深度融合，制订建设目标和研究内容，自主打造了国产油气大模型——胜小利。

（1）优选国产底座，学习油气知识。

通用大模型由于没有系统深入地学习油气专业知识和企业数据，在处理油气专业问题和任务时往往不准确、不全面，无法直接使用。海量的油气专业知识学习是行业大模型成功的关键，为让大模型更准确理解专业信息、精准检索数据和知识，胜利油田组织勘探开发、财务经营、安全环保等多领域业务专家，通过"自动解析、人工校核、样本生成"等步骤，构建了目前国内最大的"油气勘探开发专业多模态大模型训练样本库"，内容涵盖油气勘探开发专业教材知识 71.6 万条、油气相关法律法规 1200 个、各级标准规范 5000 余项、高质量专著文献 1000 余项、公开的全球油气信息 20 万条，此外还有中国石化、胜利油田企业标准、制度和工作手册 1.6 万本，接入油田数据 30 万组、指标 5 万个，高质量专业样本总数超千万。

通过对国产开源预训练大模型进行专业知识微调训练，胜小利油气大模型对油气勘探开发专业报告、设计方案的理解、解析准确度明显优于开源通用大模型，油气专业问题回答更精准、更全面，为后续高水平推广应用奠定了坚实基础。

（2）深度改进算法，提升计算效率。

针对通用大模型生成幻觉、所见非所得、图文不对应等问题，胜利油田以国产百亿参数级预训练自然语言（NLP）大模型、计算机视觉（CV）大模型、多模态大模型为基础，针对油气数据和知识特点，从算法改进、训推加速等方面全面优化改造。通过增加随机丢弃、序列切断、时序乱排等自监督学习策略，显著提升关键信息挖掘质量。通过低秩建模、前置重参数化等改进，有效提升了大模型微调的效率和质量。通过参数切片、流水线复用、量化训练、动态批处理等创新，大模型训练速度提升一倍、推理速度提升 50%，保障了大模型的高效开发和稳定应用。

（3）配套智能算力，私有安全使用。

油气勘探开发数据和知识不仅是企业的重要资产，更是保障国家能源战略安全的关键内容，为了在保障数据信息安全的基础上使用大模型，胜利油田自建人工智能计算资源池，配套 GPU 算力 816TFLOPs/s（FP32），计算资源池以私有云方式部署，面向全油田提供智算服务。私有云内部配备纯国产化网络设备提供高带宽、低延迟智算硬件互联网络，通过容器化技术实现算力资源的高效调度与作业管理，提高计算效率，降低计算成本。对外基于多层网络安全防护体系，配置了全面的网络安全防护设备和安全策略，全方位保障大模型应用安全。

8.3.2 主要功效

历时两年，胜利油田研发完成了第一代油气大模型的开发和企业内部全面推广，支撑数万员工日常应用，并自主掌握全部知识产权和关键技术。胜小利油气大模型具有以下主要功效：

（1）油气大模型让信息交互更高效。

油气勘探开发和油田生产经营涉及专业链条长、业务流程复杂、专业性强，胜利油田信息化建设以来，逐年推广应用了油气生产信息化（PCS）、勘探开发业务协同平台（EPBP）、一体化价值管理平台等几十个大小应用系统，数千应用模块和功能组件，通过统一数据湖建设，治理入湖了9个业务主题域共18.6万张业务数据表，为油田数字化、管理标准化提供了有力支撑。然而，传统的信息交互模式下，各级员工不可避免地要对多个系统的不同模块、页面进行操作，或在复杂的数据服务目录中找到数据，完成数据统计、业务分析和优化决策工作，常常面临找数据难、找功能难的问题，增加了业务管理、协同的时间成本。因此，通过大模型技术突破当前图形用户界面交互难题，实现基于自然语言的数字资产便捷、智能应用，有利于系统性提升大型企业数字化体系的应用水平，全面提升企业运营和协同效率，提高劳动生产力。

① 油气大模型破解"找数据"难题。

自主研发了国内首个基于油气勘探开发知识认知理解的NLP2SQL算法，利用数据湖已建数据接口，演化生成了超十亿组SQL样本用于大模型微调训练。实现了通过自然语言对话，精准理解查询意图，自主编程完成数据查询、处理和组合，实现各种数据的"模糊查询""所讲即所得"，大幅提升员工检索数据库、统计分析数据的效率。

通过嵌入BI可视化组件，员工能够便捷、直观地查看数据曲线、图表和各种勘探开发专业图件，提高工作效率。

② 油气大模型破解"找功能"难题。

将大型应用系统进行模块化分解，构建应用系统资源中心和权限中心，将系统功能以页面、组件的形式接入胜小利油气大模型，让员工通过自然语言指令，从数千功能模块中快速、精准找到所需功能，显著提升业务系统应用效果和管理效率。

③ 油气大模型破解"查标准"难题。

整理学习了油气勘探开发行业国标、行标，中国石化、胜利油田企业标准共计5209个。推广了"标准信息快速查询、违章依据精准识别、风险隐患智能分析、工作指导建议"等实用功能（图8-3-1），有效降低了标准培训学习的难度，支撑标准化管理和操作水平提升。

④ 油气大模型破解"查制度"难题。

整理学习了中国石化上游制度、胜利油田各级制度300余个，向员工提供便捷的制度查询、精准的合规建议（图8-3-2），提升了制度的有效执行率，提高了合规管理水平。

图 8-3-1　胜小利油气大模型便捷查询适用标准（废弃井封井有哪些方法）

图 8-3-2　胜小利油气大模型制度查询（使用会计印章有哪些注意事项）

⑤ 油气大模型破解"问知识"难题。

通过海量油气勘探开发专业教材、文献和专家经验学习，胜小利油气大模型能准确回答各种油气专业知识和公开的油气技术情报（图 8-3-3 至图 8-3-6），解答技术、科研人员各种疑难问题。

图 8-3-3　胜小利油气大模型专家经验沉淀和传承

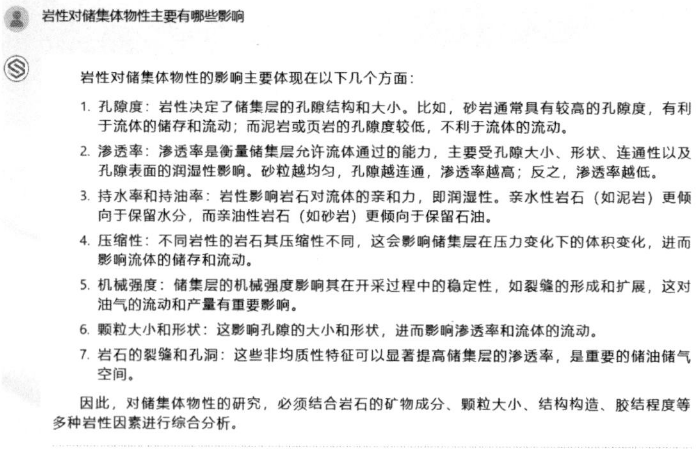

图 8-3-4　胜小利油气大模型油气勘探开发专业知识咨询

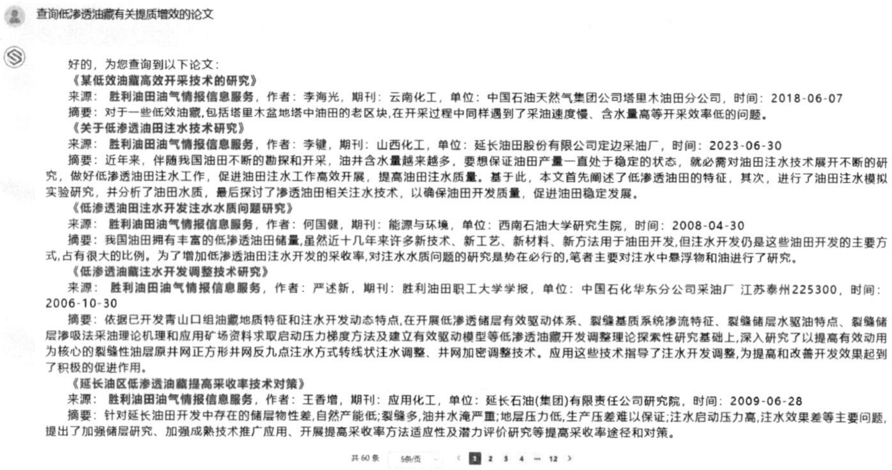

图 8-3-5　胜小利油气大模型专业文献调研聚合

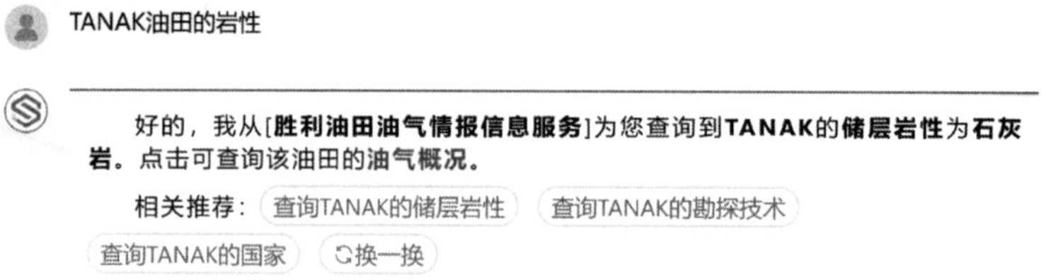

图 8-3-6　胜小利油气大模型公开油气情报搜索

（2）油气大模型让知识管理更智能。

目前，油田企业海量的专家经验、技术知识和工作信息依然封闭在各种文档、文件中，如储存在服务器、个人电脑中的设计方案、科研成果、技术资料、工作笔记等，传统的知识检索、应用方式难以管理这些非结构化文档，导致知识无法高效沉淀、共享和传承，知识资产无法流通和交易，不利于企业经验沉淀、技术升级、持续发展。

为了实现知识的智能管理，胜利油田自主研发了油气专业文档"自动解析、自主学习、智能应用"的一体化工作流，打造国内领先的油气专业 RAG（检索增强生成）算法，构建了胜小利知识库应用，永久、无线、安全、智能地提供大模型知识库服务，为每个单位、每个员工配备"专属资料管家"。

① 创建和管理专属知识库。

油田内各单位和个人可自主创建知识库，将 PDF、PPT、WORD 等各类文件拖入知识库相应文件夹后，胜小利大模型通过"OCR 识别、多模态解析、自动微调训练"等步骤，将非结构化文档信息转化成大模型的记忆和认知，显著提升了团队知识共享和协同效率、质量。目前已创建助手应用 82 个、知识库 111 个，学习文档 7579 个，解析生成大模型知识 39 万条，并以日均 1 万条速度持续增加。

② 知识库"大海捞针"与"智能聚合"。

通过自主研发的油气专业 RAG 算法和多模态向量数据库，胜小利可帮助员工在海量知识库中快速、准确找到相关文档、定位有效信息，经分析、总结后高质量回答用户提问（图 8-3-7）。同时，胜小利还能基于所学专业报告、技术资料、科研成果等进行高效分析和总结，将分散的知识有机"聚合"，大幅提升资料调研、专业报告写作、公文写作的工作效率，也有助于管理者快速、全面、详实地了解业务发展历程和现状（图 8-3-8）。

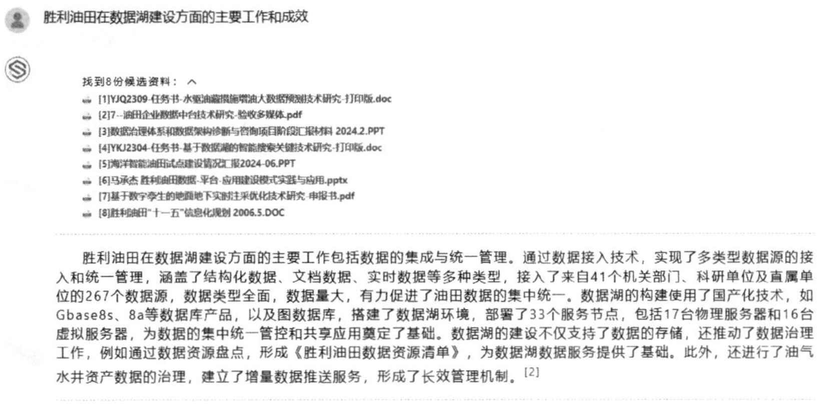

图 8-3-7　知识库"大海捞针"

③ 支撑知识资产的传承、交易。

树立"知识和数据是人工智能时代的核心资产"理念，尊重知识原创、保护知识权属、鼓励知识交易，知识库创建人通过权限系统，可分文件夹、文档设置访问权限、接入权限，也可以将知识库转让给他人。如将单位的知识库分权限接入上级部门，将个人的部分知识接入团队知识库，或将知识库助手应用发布到"小利帮"助手大厅（图8-3-9），供他人申请使用。有效提升了知识流通、传承效率，为打造"知识型"企业、建设知识共享生态提供有力支撑。

图8-3-8 知识库"智能聚合"

图8-3-9 "小利帮"助手大厅

（3）油气大模型让运营决策更科学。

油气勘探开发决策过程是业务流、价值流、管理流的有机融合。然而，受制于业财（业务与财务）数据难互通、业务人员不懂财务等问题，业务的价值化评价和效益化决策困难重重。为了解决业财深度融合难题，胜利油田基于胜小利油气大模型构建"油田智能财务助手"（图8-3-10），推广应用了"财务指标查询、财务动态分析、项目效益预测、措施后评价"等实用功能，取得较好应用成效。

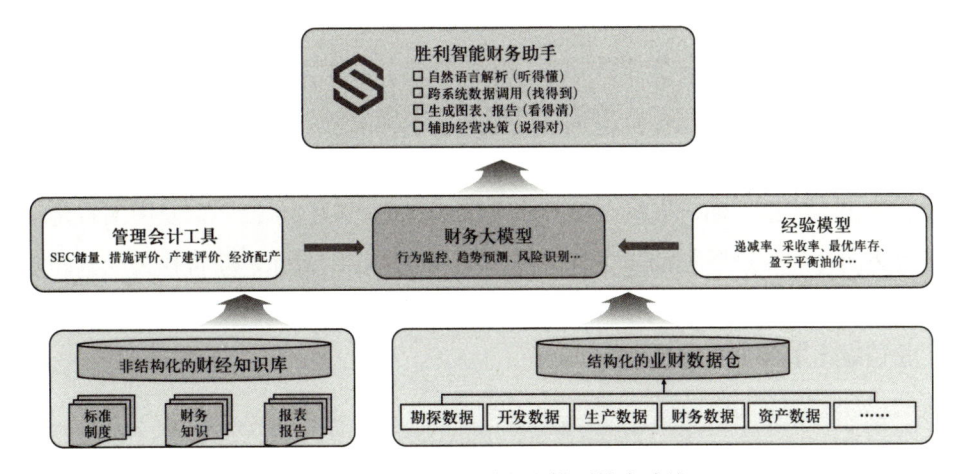

图 8-3-10 胜小利财务大模型技术路线

① 智能效益预测与后评价。

将生产运行数据与历史财务数据、指标接入"胜小利－油田智能财务助手"，实现油井措施、产能建设项目等工程的精准快速效益预测与评价，通过嵌入式数据可视化组件可直观查看经济分析结果，支持经营管理人员更快做出科学决策。

② 财务知识、指标查询与经营动态分析。

基于数据湖和智能化检索技术，打通业财数据贯通链路，同步进行财经法律法规、国标行标、制度准则等财务知识收集，组织专家进行内容补充和论文选录，通过文字提取、数据清洗、语料生成、内容校对等环节，形成油气财务经济知识库，建立高质量体系化的财务经济知识图谱，实现扁平化、多维知识、数据快速查询与智能分析。

8.3.3 实施效果

（1）为运行效率和决策质量提升提供了有力支撑。

胜小利油气大模型目前已在胜利油田内部全面推广并稳定运行近两年，面向全油田数万用户提供"查知识、找资料、问数据、找功能、写文章、编代码"等十余项服务，日均回答员工提问 500～1000 个，其中基层员工提问超过 80%，目前已成为深受油田员工喜爱的智能工作助手。通过大模型的高效信息交互，每次数据查询、资料检索、业务分析等工作节省可 30～60 分钟，全面、系统提升了企业各级员工的工作效率。据测算，若每天每千人次使用，则全年可提升劳动效率增效约 800 万元，同时，通过更高效的知识共享和传承、更精准的经营决策，为大型企业提升活力、价值创造、改革创新提供强劲动力。

（2）为推动国内油气产业智能化做出了有益贡献。

胜利油田在国内石油行业内超前布局、率先建设、引领应用，自主攻关成功了"模型加速算法、油气 RAG 算法、油气 NLP2SQL 算法"等 10 项关键技术，在这一过程中，胜利油田探索沉淀了一套体系完备、技术领先、可操作性强、完全国产化自主化的工业大模型建设应用解决方案，总结推广的油气大模型理论与实践经验成效，有力带动了国有企业特别是石油行业相关单位信息化、数字化转型升级。两年来，先后有江汉油田、华北油田、广东石油、安徽石油等十几家油气生产销售单位，以及中国石化、中国石油多个集团部门走进胜利油田考察交流油气大模型建设情况，并将相关经验和管理模式在全国推广复制，促进了国有石油企业数字化转型和油藏经营效能提升，为推动国内油气产业智能化做出了有益贡献。

8.4 识油大模型

山东胜软科技股份有限公司（简称胜软科技）识油大模型是面向油气勘探、开发、工程、生产和经营管理等领域建立专属大语言模型的一款解决方案类产品，包括知识加工厂、油气大模型、企业知识库和油气知识智能问答、油气数据分析、油气智慧应用等全系列功能（图 8-4-1）。聚焦油气领域，为客户打造专属油气大语言模型是识油大模型的定位。

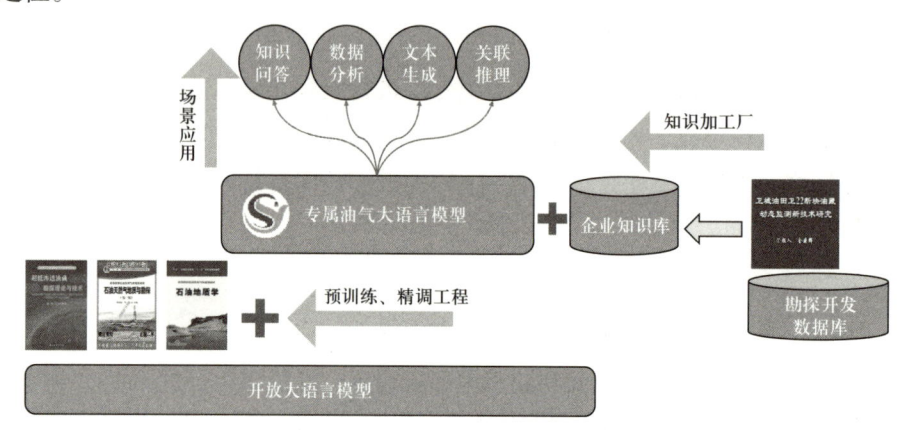

图 8-4-1　识油大模型的定位

8.4.1　产品架构

识油大模型产品架构分为三层（图 8-4-2）。

大模型工程化：基于开放的基座大模型，在海量的油气语料加工的基础上，通过增强预训练和微调工程，建立油气大模型。

图 8-4-2　识油大模型 2.0 产品架构

MaaS：提供知识库、知识图谱以及 text2vec、NL2sql、KBQA、实体抽取等若干的大模型基础能力 API，通过 AI Agent 工作流，打造具备数据分析、知识问答、文本生成和关联推理能力的油气大模型。

智慧应用：通过构建若干油气特色的 Agent 应用、若干示范场景应用，支撑构建全场景智慧油气业务应用。

8.4.2　主要功能

8.4.2.1　数据处理主要功能

作为油气垂直领域大模型解决方案，识油大模型提供知识加工工具，方便用户从广泛的知识源将知识加工为需要的数据格式。

（1）知识加工厂。

作为识油大模型的重要组成部分，知识加工厂承担着对海量油气知识的梳理、整合与提炼的重任。这一工具集 OCR、问答对、向量知识库、数据标注等功能于一体，确保知识处理的全面性与高效性（图 8-4-3）。通过对 word、pdf、ppt、网页等多种形式知识源进行加工处理，对油气专著文献、油气数据、行业报告、专家经验等进行深度加工，形成系统化的油气知识体系，为后续大模型预训练、微调和企业知识库的构建提供坚实基础。

（2）知识图谱流水线。

识油大模型集成胜软科技知识图谱产品 VSKG，实现了知识图谱加工的流水线操作（图 8-4-4）。即支持利用 NLP 技术从广泛的知识源中将地层、油藏、油井等核心要素知识进行结构化、关联化提取，也支持基于 Graph RAG 技术，利用大模型实现油气知识要素的自动提取和图谱构建，从而完成基于 KBQA 技术或 RAG 技术的知识问答和关联推理。

图 8-4-3 油气知识加工图

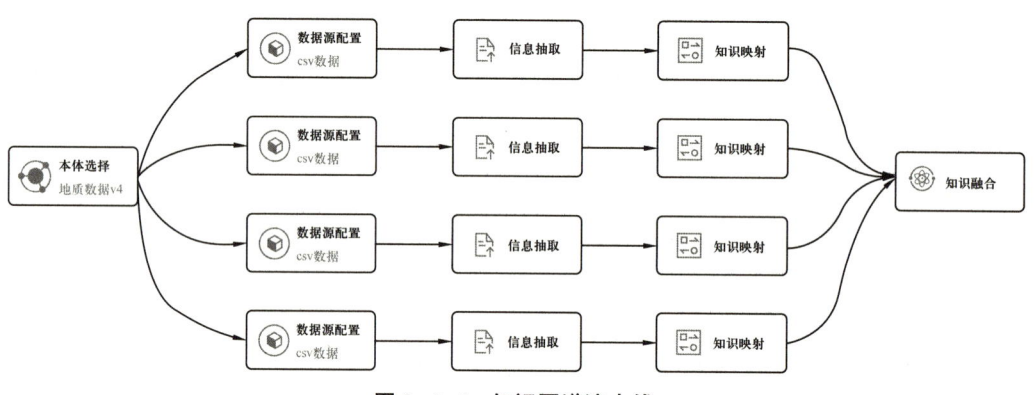

图 8-4-4 知识图谱流水线

8.4.2.2 知识应用主要功能

基于大模型即服务 MaaS（Model as a Service）建立的大模型服务能力，识油大模型完成了若干小粒度知识应用，用户基于这些应用的启发和示范，构建企业特定的智慧应用。

（1）油气百科。

基于问答对，通过大模型语义检索，实现油气专业词汇和百科知识的解释。

油气领域广泛的知识库中，标准性的、答案相关固定的知识，可以通过问答对技术实现智能问答，如企业规章制度。

（2）油气标准规范问答。

油气领域，不仅有广泛的企业标准，还有行业标准和国家标准，其范围广，内容多。基于大模型语义检索可以实现从广泛的油气标准规范中，检索到具体的专业术语定义、工作流程、设计规范、技术要求和方法要求。基于向量知识库，通过大模型语义检索和总结归纳，实现油气标准规范的回答，并提供参考文献以支持知识溯源（图8-4-5）。

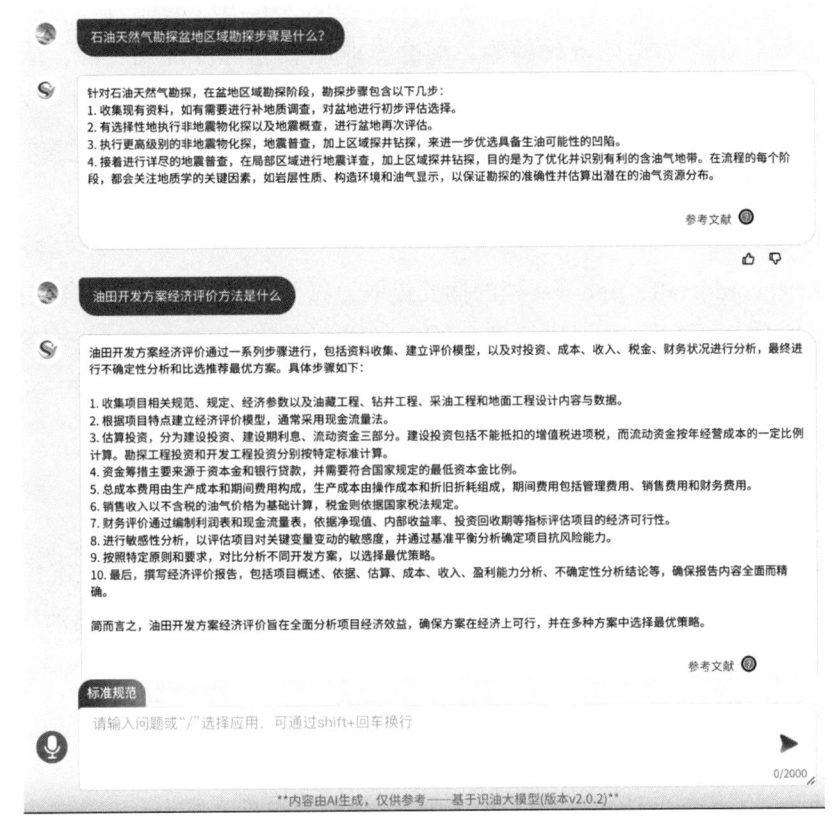

图 8-4-5　油气标准规范问答

（3）油气知识库。

一般来说，针对企业科研和生产经营中最广泛的知识，如可研报告、设计方案、总结报告等，也包括石油类教材、专著、文献等知识，都可以通过知识库的方法进行管理、语义检索和总结归纳，实现海量油气知识的精准回答。

油气知识库检索区别于传统的全文检索，采用向量检索技术。向量搜索是一种基于深度学习模型将文本转换为高维向量的方法。这些向量可以表示文本、视频、图片等的语义信息，即含义和主题。通过计算向量之间的相似度或距离，可以找到匹配检索结果，给定与查询内容最相关的文档。

并且，基于大模型技术实现的油气知识库，不是单纯的进行知识的检索，基于识油大模型提示词工程工具的帮助，可以对检索的内容进行改写、续写、扩写、精简和润色。

油气知识非常复杂，数量巨大，涉及多个方面和领域，在实际应用过程中，往往需要进行分类、分库管理。识油大模型支持用户对知识库的内容进行分类管理。

（4）油气数据问答。

针对企业的各种数据库，通过大模型 NL2SQL、NL2API 的能力，理解用户的业务问题，实现对业务数据的准确检索，配合专业图表进行可视化展示。结合强大的 NL2SQL 和数据分析工程化技术，为企业各种知识应用建立灵活的数据服务支持。

为了提高基于自然语言进行数据分析的准确率，识油大模型优选最优秀的基座大模型，并通过工程化技术优化自然语言理解匹配精度、优化查询执行效率。

（5）文档解析。

可以实现 word、pdf、ppt 等文档的摘要提取，以及关键问题和关键参数自动提取。让用户自由地对文档中设计的大纲、主要观点、核心技术和内容细节进行问答，达到快速理解文献内容的目标。通过加载多篇文档，用户可以通过文档解析场景，实现多个文献知识的融合检索。

8.4.2.3 油气生产应用主要功能

基于 AI Agent 能力，融合链接意图理解、知识检索、数据分析、文本生成、关联推理类应用，识油大模型支持建立全场景的智慧应用助手，从而大幅提高油气科研和生产的效率。

基于识油大模型的 AI Agent，建立了以下示范类应用。

（1）油井措施推荐助理。

基于油井开发生产的历史数据，通过识油大模型逻辑推理能力，对油井当前生产状况进行判断，推荐应采取的主要措施，并生成相应措施方案 PPT 材料。对于油藏动态分析工程师来说，只要给识油大模型输入"推荐 XX 井的措施"，油井措施推荐助理智能体就自动执行上述流程，并给出推荐措施和相关材料。

本智能体将识油大模型的意图理解、数据检索、规则推理、文本生成和 PPT 生成等能力综合在一起，形成一个油气生产业务场景的实现。

（2）开发历程助理。

基于油藏开发历史数据，调用 AI 小模型进行开发阶段的智能划分，通过识油大模型对每个开发阶段进行分析，形成分析文本和图表，辅助油藏开发方案编制。对于油藏工程师来说，只要给开发历程助理智能体输入"给出 XX 油田/区块的开发历程"，智能体就自动执行上述流程，并输出区块的开发历程分析和描述。

本智能体将识油大模型的意图理解、数据检索、逻辑推理、文本生成等能力综合在一起，形成一个油藏开发业务场景的实现。

（3）生产晨报编写。

提取采油厂/作业区的生产数据（例如从产量、注水、作业、钻井等角度），自动进行生产问题诊断和异常分析，形成问题分析总结和报警预警提示，按照油田晨报格式，以 PPT 或 word 报告形式编写完整的生产晨报，包括提纲目录及各种数据分析对应的图表、数据分析文字。

通过生产晨报智能体的数据分析能力和文本生成能力，可以数倍地降低资料员和生产调度的工作量。

（4）油水井工艺设计。

从地质设计、作业井史中进行相关知识的抽取和分析，从关联的油井生产数据库提取产量、功图等数据进行分析。根据施工工序、井控要求等内容，基于油井工艺参数机理实现工艺计算服务，自动计算油井作业参数，最终通过油水井工艺设计智能体自动形成完整的油水井工艺设计方案，降低采油工艺技术人员的文案工作。

（5）ChatCV。

通过上传井场视频或连接视频监控，上传与作业相应的作业操作规范，使用多模态大模型技术，自动判断作业现场中是否存在危险行为，作业是否符合技术规范和操作规程，并给出提示和提醒。多模态大模型通过视觉识别技术和文本理解技术的结合，使基于井场作业现场视频进行质量监督成为可能。

（6）地质识图。

识油大模型具备了识别地质图件的基本能力。通过上传一张地质图件，大模型可读懂该图件，判断图件的类型，并可识别地质图中的要素，如井位图的比例尺、井号。地质识图可以应用于书籍、文献、报告中图件数据自动提取，图件要素的提起，地质档案资料的补录、整理和校正等。

8.4.3　识油大模型的特色

区别于通用大模型，识油大模型有两个主要的特色：

一是，识油大模型是知识渊博的油气专家。通过对专业书籍、期刊、标准规范的精心提炼，累计形成了 3 亿多的油气专业语料。采用模型预训练技术，并进行细致的微调，确保了模型能够更准确地理解油气领域的各种问题，为用户提供一站式的知识服务。

二是，识油大模型是得力的助手。一方面，在现有识油大模型能力基础上，利用

RAG、GraphRAG、NL2SQL、NL2API 等技术，融合机器学习模型、机理模型、传统知识工程等工程化的方法，在用户提供的资源基础上，实现油气知识挖掘应用工业化应用的目标。另一方面，无论是大型油田、采油厂，还是勘探院或工程所，识油大模型都能根据其特定需求，提供定制化的知识服务。识油大模型具备出色的知识隔离与共享功能，确保知识的安全与私密性。

8.4.4 关键技术

大模型是指具有大规模参数和复杂计算结构的机器学习模型。这些模型通常由深度神经网络构建而成，拥有数十亿甚至数千亿个参数。大模型的设计目的是为了提高模型的表达能力和预测性能，能够处理更加复杂的任务和数据。

面向大模型技术在企业应用落地，识油大模型采用的主要技术包括：

（1）RAG 技术应用。

检索增强生成技术（RAG 技术）的核心思想是将检索与生成相结合，通过大语言模型（LLM）从向量数据库中提取相关文档，再生成解决用户问题的答案。

完整的 RAG 应用流程主要包含两个阶段（图 8-4-6）：

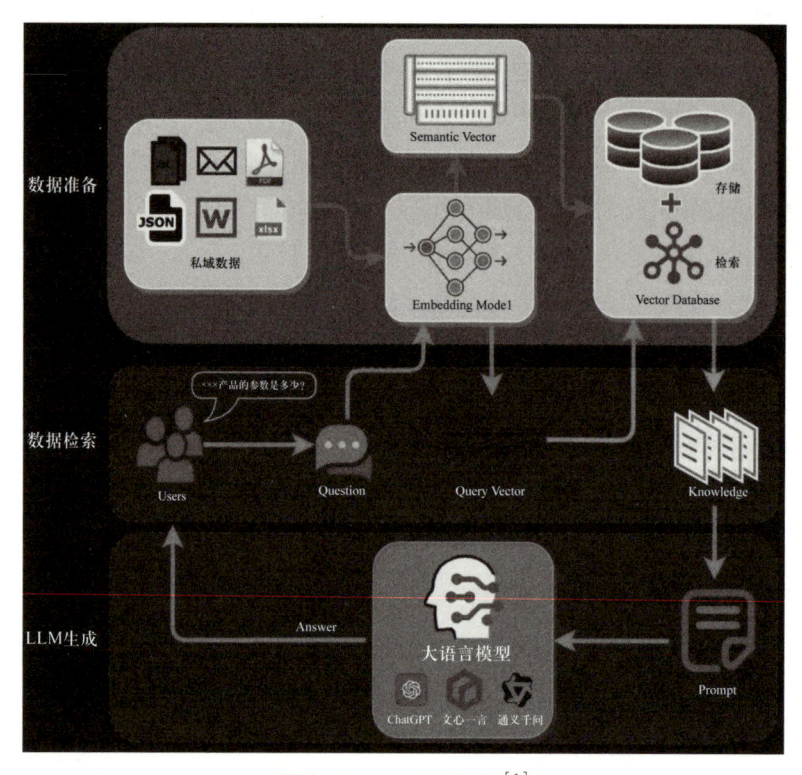

图 8-4-6　RAG 架构[1]

① 数据准备阶段：数据提取→文本分割→向量化（Embedding）→数据入库。

② 应用阶段：用户提问→数据检索（召回）→注入 Prompt → LLM 生成答案。

RAG 融合是一个强大的功能，能够提高应用的语义搜索效率。通过使用语言模型生成多个查询并对搜索结果进行重新排序，RAG 融合可以呈现更丰富多样的内容，并提供了一个额外的层次，用于调整应用。此外，RAG 融合还可以实现自动纠正、节省成本以及增加内容多样性。

基于 RAG 技术非常适用于油气标准规范、规章制度、油气基础理论技术等智能问答的应用特点，可以解决其准确性和可溯源性的要求。

（2）NL2SQL 技术应用。

NL2SQL（Natural Language to SQL），顾名思义，是将自然语言转为 SQL 语句。NL2SQL 旨在将用户以自然语言输入的查询转换为 SQL 查询语句，从而实现自然语言问答与数据库之间的自动交互（图 8-4-7）。它充当了数据库的智能接口，让不熟悉数据库查询语言的用户能够快速地找到自己想要的数据。

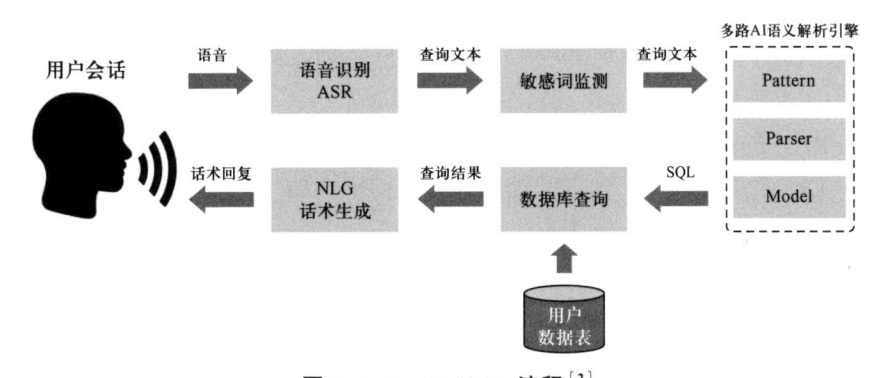

图 8-4-7　NL2SQL 流程[2]

NL2SQL 任务的目标是将用户输入的自然语言问题转成数据库操作的 SQL 查询语句，是一种典型的语义解析任务。相比于以往通过交互界面进行分析条件筛选的"界面交互式分析表达"，这种"自然语言"的表达大大降低了技术使用门槛，人们无须再花大量的时间和精力去学习各种深奥的计算机语言，计算机自身既能理解自然语言文本的意义，也能以自然语言文本来表达给定的意图、思想等（图 8-4-8）。

（3）Graph RAG 技术。

检索增强生成（RAG）作为一种强大的技术，已成为解决大型语言模型（LLM）关键局限性的有效手段，有效缓解了大模型推理"幻觉"的问题。然而，RAG 系统的准确性在很大程度上依赖于其获取相关、可验证信息的能力，使用基于向量存储构建的简单 RAG 系统，往往无法做到这一点，尤其是在需要推理的复杂查询中。此外，这些系统在发生错误时是模糊的，难以排除故障。

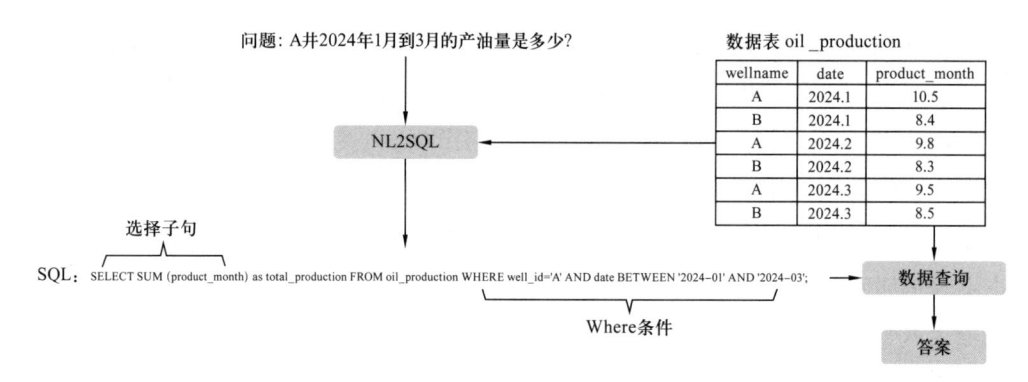

问题：A井2024年1月到3月的产油量是多少？　　　数据表 oil_production

wellname	date	product_month
A	2024.1	10.5
B	2024.1	8.4
A	2024.2	9.8
B	2024.2	8.3
A	2024.3	9.5
B	2024.3	8.5

SQL：SELECT SUM (product_month) as total_production FROM oil_production WHERE well_id='A' AND date BETWEEN '2024-01' AND '2024-03';

图 8-4-8　NL2SQL 技术示例

考虑到传统 RAG 能力上的不足，Graph RAG 从增强知识确定性角度做了进一步的改进。相比于传统的基于 Vector 格式的知识库存储，Graph RAG 引入了知识图谱技术，使用 Graph 格式存储知识。基于知识图谱，可以为 RAG 提供高质量的上下文，以减轻模型幻觉。

Graph RAG 是一种 RAG 系统，结合了知识图谱和大语言模型的优势。在 Graph RAG 中，知识图谱作为事实信息的结构化资源库，而大模型充当推理引擎，解释用户查询，从图中检索相关知识，并生成连贯且流畅的文本。

Graph RAG 的核心链路分如下三个阶段[7]：

① 索引（三元组抽取）。通过大模型服务实现文档的三元组提取，写入图数据库。

② 检索（子图召回）。通过大模型服务实现查询的关键词提取和泛化（大小写、别称、同义词等），并基于关键词实现子图遍历（DFS/BFS），搜索 N 跳以内的局部子图。

③ 生成（子图上下文）。将局部子图数据格式化为文本，作为上下文和问题一起提交给大模型处理。

Graph RAG 在构建基于大模型的应用程序方面代表了一个重要的进步。通过整合知识图谱，Graph RAG 克服了传统 RAG 系统的许多局限性，使结果更加准确、信息丰富且可解释。

（4）多模态大模型应用。

多模态（Multimodality）指的是在人工智能领域中，系统能够同时处理和理解多种类型的数据或信息，如文本、图像、声音、视频等。这种技术使得机器可以更全面地理解人类的交流方式，提高交互的自然性和准确性。多模态学习，特别是由大型语言模型驱动的研究，近年来在图像–文本对话和文本到图像生成任务上取得了显著进展[8]。

多模态大型语言模型（Multimodal Large Language Models，MLLMs）是一类结合了大型语言模型（Large Language Models，LLMs）的自然语言处理能力与对其他模态（如视觉、音频等）数据的理解与生成能力的模型。这些模型通过整合文本、图像、声音等多种类型的输入和输出，提供更加丰富和自然的交互体验[8]。

当前多模态大模型技术蓬勃发展，包括 OpenAI 的 Sora，Google 的 Gemini 先后都炸裂登场，国内也发布了多款多模态大模型，甚至开源了多模态大模型，如腾讯的 VITA、阿里 Ovis，这些大模型具有视觉问答、图文生成、语音识别与合成、视频理解与生成等能力。

油气领域有丰富的多模态数据，对地下油藏的探测和开采过程中也产生了复杂多样的数据，在油藏地质研究过程中科研人员编制了大量的地质图件，在钻井作业和采油生产过程中有大量生产视频数据，随着多模态大模型技术的不断提升，油气多模态 AI 应用将更加的广泛和深远。

（5）AI Agent 技术应用。

有专家认为，AI Agent 是连接大模型和现实世界的"最后一公里"[9]。

AI Agent（智能体或称人工智能代理）是一种能够感知环境、进行决策和执行动作的智能实体（图 8-4-9）。AI Agent 的内部结构由四个关键部分组成，分别是环境、传感器、执行器以及决策机制。智能体像人一样，它有记忆、有逻辑分析能力、有任务的拆解能力、问题的拆解能力和最后综合回来统一解决问题的能力[10]。

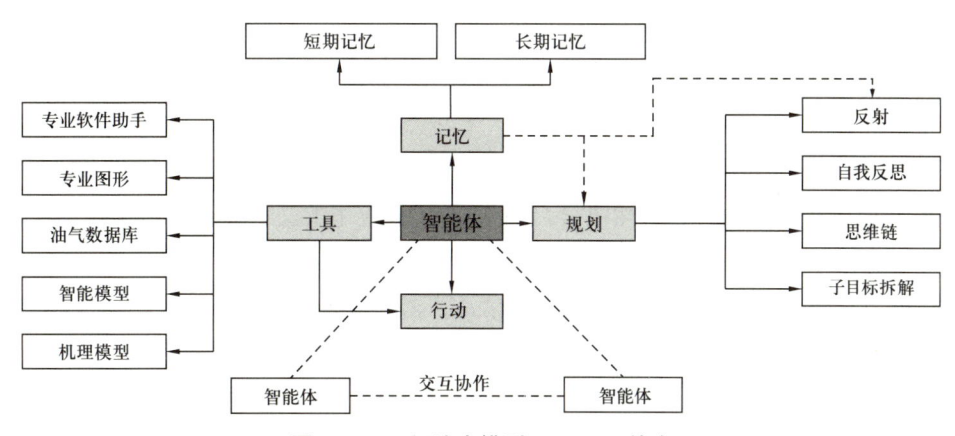

图 8-4-9　识油大模型 AI Agent 技术

基于 AI Agent，识油大模型建立 AI 工作流，融合大模型、油气知识库，包括油气机器学习模型、油气深度学习模型、各种机理模型、专业软件等执行工具，帮助用户让 AI Agent 最大程度地实现自动化油气业务流。

8.4.5　应用实践与案例

8.4.5.1　识油大模型在西北某油田的应用

随着西北某油田数智化转型战略深入推进，通过自动化、信息化、数字化，建立了众多应用/系统，采集了大量实时数据、动静态数据，实现海量数据的集成与共享。油田数据银行中结构化数据 2000 余张表，非结构化数据文件达到 300 万个。业务人员只能通过特定应用系统 / 专业软件、固定交互界面、固定应用功能才能使用这些数据，大多停留在固定查询、固定报表生成水平。基于机理模型的深层次数据价值挖掘要求业务人员具备较高专业软件应用能力，制约了业务人员直接应用数据驱动业务发展、推动管理变革、促进流程再造、助力高质量发展等方面主导作用的发挥。大语言模型是基于深度学习和自然语言处理技术的人工智能，利用其自然语言能力可连接不懂 AI 技术的业务人员与数据银行、应用系统，不需要冗长的软件系统开发流程或者繁琐的专业工具，只需要"说话 / 写字"就行，弥补业务与信息之间的技术鸿沟，简化数据分析过程，通过指令启动相应系统，提升数据高效驱动业务发展的价值。

（1）建设目标。

一是，打通大语言模型与油田数据银行的关联查询路径，并且实现油井、气井、水井生产数据管理系统的关联查询及图形化展示；二是，实现地面建设相关标准规范的向量数据生成，并且通过大语言模型查询相关标准内容及进行问答结果润色。

为实现本项目的建设目标，本项目主要从以下五个方面进行建设实施：

① 大模型生成式 SQL 查询技术研究；

② 大模型生成式文档知识问答技术研究；

③ API 调用开发研究；

④ 向量库构建技术研究；

⑤ 本地构建知识问答、自然语言自动生成 SQL 应用的交互平台。

（2）总体架构。

依据项目建设目标和云原生技术架构要求，系统整体设计包含基础层、数据层、工具层、模型层和应用层 5 个部分，总体架构图如图 8-4-10 所示。

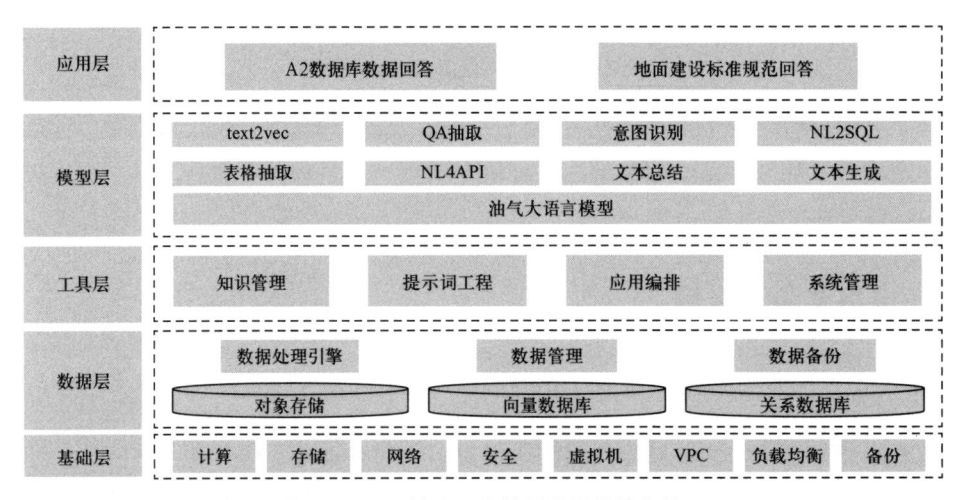

图 8-4-10 某油田大模型应用总体架构

(3)应用情况。

系统建设了1500余篇、60000余页地面建设相关标准规范文档知识库,涵盖了法律法规、物资、设计施工与验收等8大类,41小类的国(家)标(准)、行(业)标(准)、企(业)标(准)。

建设了油井、气井、水井生产数据管理系统数据问答,包括单井日数据、单井月数据、区块数据、油/气藏综合月数据、单井信息数据,并基于以上数据绘制单井、开发单元、油田生产曲线。通过油井、气井、水井生产数据库的数据问答,实现了业务人员快速的数据查询,提升了数据库查询分析效率。

8.4.5.2 识油大模型在某管网公司的应用

(1)建设目标。

在面向业务主管的报告编写场景中,传统的人工编制报告、标准查询、数据分析等流程存在着诸多问题,如标准查询和数据资料检索效率低下,人工写作能力参差不齐等。这些问题严重影响了业务方案编制的效率,导致最终的结果往往无法达到业务预期。

为了解决这些问题,基于AI大模型提供了国标、行标、企标标准规范的检索与参考支撑,提高了标准查询的速度和准确性,为业务人员提供丰富的参考资料。同时,根据当前业务现状整合数据,协助业务主管提供自动编写高质量业务报告的能力,在编写效率与质量的全面提升。

(2)总体架构。

AI大模型系统包括基础层、工具层、服务层、应用层和应用终端,并提供多种工具和智能化服务(图8-4-11)。

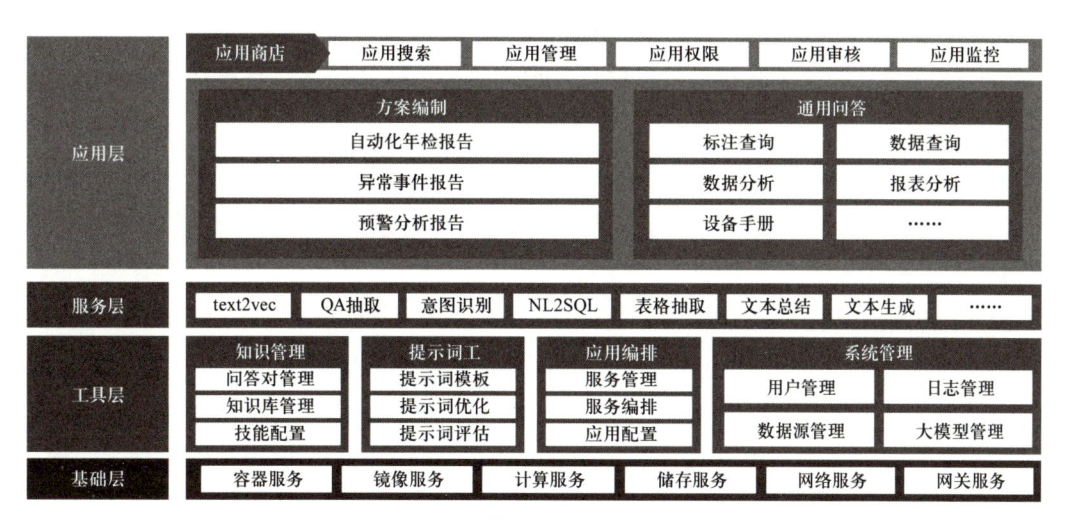

图 8-4-11 某公司大模型应用架构

（3）应用情况。

AI 大模型通过以下方式提升业务效率和质量：

① 提升审核和方案编制能力，整体效率提高 15%，审查时间缩短 20%，方案编制效率提高 15%，增强数据分析直观性。

② 发挥历史案例价值，作业效率和学习能力提升 25%，整合故障处理经验，减少数据查询时间 50%，缩短报告编写时间 20%，加强知识共享。

8.4.5.3　识油大模型在东部某油田的应用

（1）建设目标。

基于成熟的大模型产品和技术搭建具备知识加工和智能应用编排能力的大模型基础框架，构建油气百科、标准规范、规章制度、甄言甄语、生产动态智能问答应用，提升东部某油田基于大模型技术的数据挖掘分析能力。

具体建设目标如下：

① 大模型基础框架搭建。基于成熟的大模型产品快速搭建智慧助手基础框架，框架包括知识加工厂、应用编排等能力。

② 知识语料加工。完成东部某油田规章制度、领导讲话等约 400 份文档资料的语料加工，为知识问答提供语料。

③ 智能问答应用。

油气百科：实现油气行业基础知识问答；

标准规范：实现油气行业常见标准规范知识问答；

规章制度：实现油田现行标准规范知识问答；

甄言甄语：实现油田近 2 年领导讲话知识问答；

生产动态：实现油水井生产日报、月报、措施、钻井动态、录井动态、测试动态问答。

（2）总体架构。

整个系统包含数据层、大模型层、知识层和应用层 4 个部分，总体架构图如图 8-4-12 所示。

（3）应用情况。

① 规章制度问答：基于油田现行规章制度，实现规章制度问答。

② 甄言甄语问答：基于油田会议记录、期刊、领导讲话等资料，实现问答应用。

③ 生产动态问答：基于 A1、A2 数据，应用 NL2SQL、自然语言大模型，实现对油气井产量、页岩油产量、储气库、工程动态等数据问答、统计分析和可视化，打造油田生产数据动态分析助手。

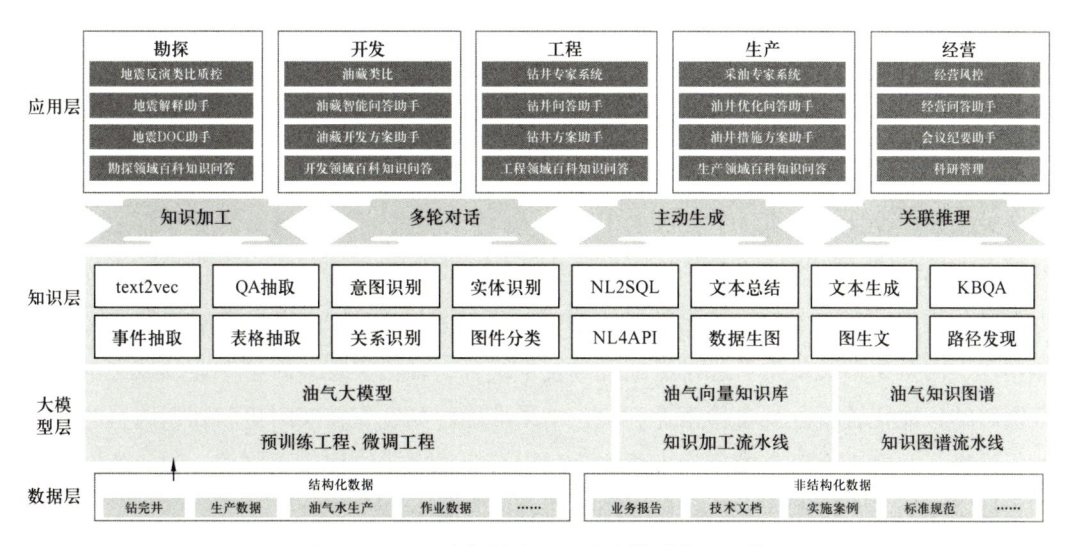

图 8-4-12 东部某油田识油大模型应用架构

8.5 油气储运大模型

2024年2月6日，中国石油天然气管道工程有限公司与百度的合资公司中油易度智慧（成都）科技有限公司（简称中油易度），发布了我国首个油气储运领域人工智能大模型应用 WisGPT。随着全球能源行业迈向智能化与数字化转型，石油与天然气储运领域也迎来了创新技术的深入应用。中油易度推出的专业领域大模型及一系列智能化应用场景，是这一进程中的重要里程碑，标志着人工智能前沿技术在油气储运领域的突破性进展。第一代 WisGPT 已经在文本处理、智能问答等基础应用中展现出强大的技术优势，为提升储运效率和优化运营管理奠定了基础。而正在研发的第二代 WisGPT 则代表着未来的发展方向，旨在通过深度智能化、自动化决策与全局优化，进一步推动油气储运的全面升级。这两代 WisGPT 模型不仅顺应了"数智中国石油"战略的发展规划，还将引领整个行业迈向高效、安全与智能化的新高度。

8.5.1 需求背景

随着人工智能技术的飞速发展，各行业纷纷进入智能化转型阶段，能源领域也不例外。近年来，国家多次出台政策推动能源行业的数字化转型，旨在通过智能技术提高能源生产和运输的效率与安全性。油气储运作为油气产业链中的关键环节，面对着复杂的操作环境与海量的历史数据，传统的管理方式已难以满足现代化发展的需求。因此，如何利用先进的人工智能技术来实现智能化的储运管理，成为当前的重要课题。尤其是在油气储运领域，通过引入大语言模型等前沿技术，实现数据的智能化管理和运营，提升行业整体的运行效率和安全水平。

8.5.2 功能与特点

WisGPT 是中国石油基于先进的生成式 AI 技术打造的具备储运领域专业知识加持的行业专属大模型应用平台，为油气储运行业的知识管理与业务发展提供了先进的生产力赋能。可以利用 WisGPT 平台的知识增强检索技术（RAG），将大模型与专业文档智能切片、向量化精准检索、思维链配置等技术结合，轻松实现对海量专业领域文本和语音资料的智能化管理。具备检索速度快、结果准确性高、支持实时更新知识语料的三大核心优势，并融入大语言模型的生成能力，为行业垂域用户提供更精准、智能的知识管理系统，保障了大模型在专业领域应用的专业性与安全性。

8.5.2.1 显性知识快速联动检索

在石油储运行业，中国石油积累了几十年的工程经验和技术资料，但传统的知识管理方式往往面临着信息散乱、查找困难的问题。显性知识文档数量越来越庞大，文档知识建立关系困难，缺乏相关知识的联动检索能力。缺少将知识转化为员工能力的手段。

WisGPT 通过智能化的文档处理和语义搜索，能够在几秒内检索到与特定问题相关的历史知识，帮助用户定位所需信息，生成所需要的答案，实现庞大知识的快速查询和有效利用（图 8-5-1）。使企业能够有效地利用 50 年来积累的工程资料。这种快速的信息获取方式不仅提高了工作效率，也为新项目的实施提供了宝贵的参考依据。

图 8-5-1　WisGPT 中的标准规范问答场景

WisGPT改变了以往被动的知识管理模式。过去，操作人员只能通过人工查找和咨询获取信息，效率低且容易遗漏。通过生成式AI的支持，WisGPT实现了主动的信息生成和智能化检索，打破了知识的碎片化问题。无论是储运设备的维护建议，还是紧急故障的应急处理方案，操作人员只需简单提问，系统即可即时生成解决方案，推动了知识管理的智能化转型。

8.5.2.2 隐形知识积累和使用

企业的隐性知识往往难以被挖掘或记录，比如专家解决问题的思路，甚至同一个问题，不同专家的解决思路可能会不一样，这些都是专家多年经验的精华。比如做设计方案要考虑的因素，前置条件，根据大量的输入条件，选择合适的系数或方案。这些主观性比较大的隐形知识掌握在专家和关键员工身上，导致企业重要的能力容易流失。

WisGPT中的智能体就可以将企业隐形知识转换成"编程语言"，让大模型按照专家的思路给出专业的回答，通过构建专家级+个性化的智能体，将行业Know-how具象化，使得智能体成为企业知识资产积累与高效复用中的创新角色（图8-5-2）。

智能助手	类型	功能介绍
标准规范助手	专业知识问答助手	内置3000余份储运领域的先行标准规范，实现对标准规范的快速、精准查找。
智汇成果	专业知识问答助手	快速检索和分析企业内部的项目成果文件，并提供对应内容的精确定位。
知识与经验	专业知识问答助手	汇聚各专业在业务中沉淀的关键成果经验，提供参考建议。
体系专家	专业知识问答助手	提供快速、准确的体系文件查询和疑问解答服务。提高工作效率，优化工作流程。
情报学院	专业知识问答助手	汇聚行业的新技术、新动态资讯。
厂商资料	专业知识问答助手	提供合作厂商的公司简介、设备历史使用数据以及产品手册等。
论文期刊	专业知识问答助手	以技术为纽带，汇聚论文、期刊等科研资源。
各专业互提资料	内部管理助手	提供初步设计和施工图设计阶段，各专业间互提资料的具体要求
英文翻译小助手	内部管理助手	能准确地进行日常对话翻译、英文邮件润色等各类翻译任务。
全能小助手	内部管理助手	可以解答科学知识、技术问题、生活常识、文化艺术等领域的疑问。
法律小助手	内部管理助手	提供各种法律问题的解答和建议。
管道选型助手	内部管理助手	针对不同设计压力需求，给出气管道、油管道、气田、油气田、工业管道、LNG管道的管道参数选型建议。
可研报告大纲生成	辅助撰写助手	为项目快速生成初设报告内容大纲，提升报告编制效率。
可研报告内容生成	辅助撰写助手	采用问答方式，让大模型生成管线可研报告的具体章节

图 8-5-2　WisGPT中已实现的十四类智能场景

8.5.2.3 大模型与油气储运行业知识深度融合

WisGPT充分汲取了中国石油油气储运领域的标准规范，项目建设、管理和运营经验，科研成果等丰富知识，涵盖地面集输、长输管道、储库、LNG接收站、城镇燃气和新能源业务，并且支持企业内私有化部署，能为行业客户提供"内容可信，数据安全，成本可控"的知识赋能。

8.5.2.4 智能问答和智能生成

WisGPT 依托大语言模型强大的文本校对补全、语义理解及知识总结能力，实现从海量存储数据中智能查找、专业回答和精确定位出处（图 8-5-3）。同时还可以基于行业大语言模型理解用户指令，智能生成设计方案大纲，辅助内容编制，提高编制效率。并通过引导式对话的方式，按照设计思路，引导员工完成方案设计，技术难题解决。

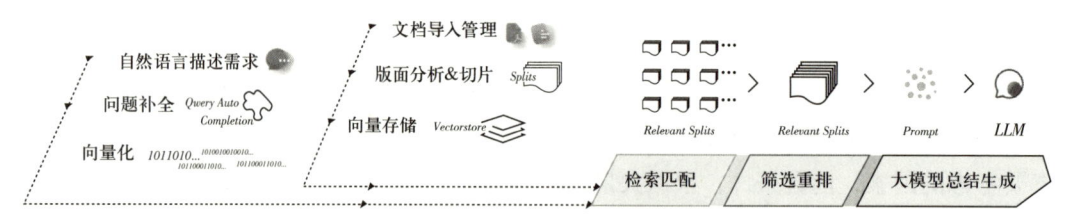

图 8-5-3　WisGPT 的知识增强检索流程

油气储运涉及的法律法规、标准规范、项目成果等数据规模非常庞大，仅标准规范的数量就高达 3400 份。在传统的石油储运流程中，操作人员在遇到问题时通常需要通过人工查阅资料或依赖专家的经验。而 WisGPT 的问答系统，结合储运领域的专业知识和中国石油多年的积累，通过定向训练和 Prompt-tuning 技术，并利用增强检索技术，WisGPT 能够迅速匹配并提供精准答案。并支持答案溯源功能，展示引文并允许用户查看以及下载原文档信息，确保信息的权威性与准确性（图 8-5-4）。

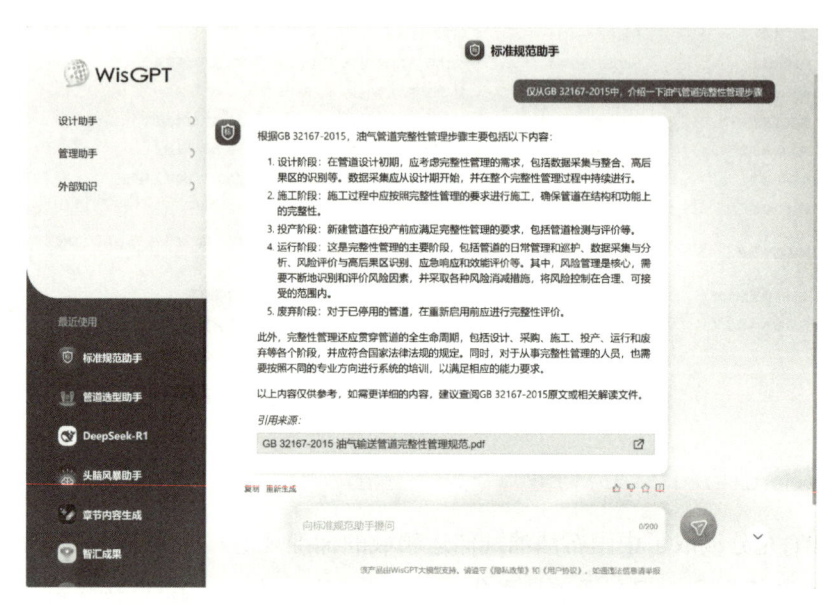

图 8-5-4　WisGPT 具有答案溯源功能

无论是关于储运工艺的疑问，还是某一运输操作的决策支持，WisGPT 都能够为操作人员提供精准、实时的解答和建议，从而加快决策过程，降低人为失误的风险。

8.5.2.5 油气储运全业务流程覆盖

WisGPT 当前重点针对设计类工作，实现智能管理与相关场景覆盖。进一步将深度融入油气储运核心业务流程，从设计到采办、施工、运营、抢修等油气储运全流程业务，发挥更广泛的应用场景。目前 WisGPT 产研团队初步规划了 6 大业务板块，梳理形成 67 个核心应用场景（图 8-5-5），结合需求价值与技术成熟度，将分做三阶段实现。

设计(14)	采办(7)	施工(7)	运营(19)	抢修(12)	通用(18)
标准规范助手	合同审核与撰写	现场土石方工程量智能识别	管道智能在线监测	管道应急抢险作业助手	体系专家
智汇成果	智能评标助手	焊口质量评价	作业风险管控	管道应急抢险作业监控	全能小助手
知识与经验	采购文件智能生成	智慧工地	站场智能管控		英文翻译小助手
初设报告智能生成	招标文件智能生成	违章行为智能识别	智能安防		法律小助手
工艺专业内容生成	招投标文件合规性检查	施工现场安全监控	智能安全管控		会议纪要
设备类内容生成	合同合规检查	施工作业智能管控	线路/站场巡检影像智能识别		文件总结
管道选型助手	物资价格趋势分析	智能工程监督	生产运行监控分析		生产经营数据分析
互提资料助手			生产运行管控分析		项目管理数据分析
油气管道高后果区智能识别			工艺操作智能优化		知识培训助手
各专业内容智能生成			设备完整性分析		党建知识问答
智能辅助设计			设备可靠性分析		审查助手
智能辅助计算分析			动设备故障预测与诊断分析		报告智能生成
工艺模拟仿真			静设备故障预测与诊断分析		计划智能管理
工程量及预算估算			电气设备故障预测与诊断		行业大咖
			智能仪表故障预测与诊断分析		科研文献整理
已发布			管网运行评估报告生成		数字员工
正在研发			管道完好性智能检测		智能财务报告
计划研发			管道预测性维护		智能运营报告
			能耗智能实时评价		

图 8-5-5　WisGPT 主要应用场景

通过传感器实时收集油气储运过程中的各类数据，如流量、温度、压力等。这些数据将与 WisGPT 无缝对接，形成一个智能反馈系统。WisGPT 能够通过分析这些数据，自动生成操作建议或调整运输参数，确保储运过程的最佳状态。例如，若某段管道中压力出现异常，系统可立即通知操作人员，并提供修复方案，甚至在某些场景下直接自动进行调整，减少人工干预的时间。

能够集成大规模的储运网络信息，通过智能调度算法对整个油气供应链进行全局优化。这意味着，系统不仅能够实时监控储运设施的运行状态，还能根据市场需求的波动、物流条件的变化等外部因素，调整储运计划。例如，针对不同地区的油气需求量，WisGPT 能够智能分配运输资源，避免运输过程中的资源浪费，并根据市场需求变化进行动态调整。

对内赋能企业和内部员工，专注于智能体构建和 AI 场景建设，提升设计院核心竞争优势。对外赋能管道局、中国石油及油气储运行业，提供定制化智能服务，同时面向油气储运行业从业者、供应链上下游企业提供行业知识和专业能力输出，提升设计院在行业中的领导地位和品牌影响力。

8.5.2.6 快速适应和敏捷迭代

WisGPT 自 2024 年 2 月发布以来，已在油气储运领域显著提升了生产效率并创造了可观的价值，赢得了企业内外用户的广泛关注与积极参与。在此期间，WisGPT 展现了其强大的适应性与创新能力，至今已成功完成了四个功能版本的更新迭代（图 8-5-6）。

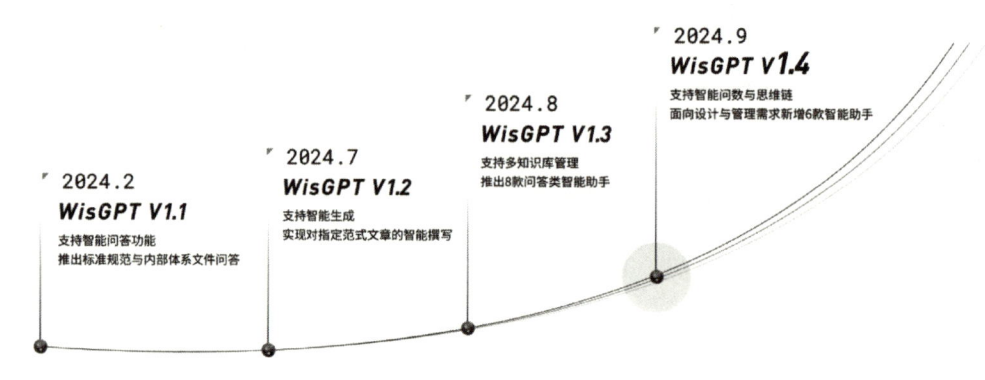

图 8-5-6　WisGPT 系列各版本迭代历程

预期继续扩展服务范围，不仅限于保障企业的安全生产、优化经营管理流程，还将深入数据分析及智能化图表生成等多个方面，致力于为行业的发展注入新的动力，创造更为广泛的价值。

8.5.3　迭代升级方向

8.5.3.1　多模态数据融合应用

WisGPT 将突破传统的文本处理模式，实现对多模态数据的融合应用。未来储运过程中产生的不仅仅是文本和表格数据，还包括来自传感器、摄像头等设备的图像、视频、音频等多种形式的数据。WisGPT 将通过对这些多模态数据的融合分析，提升对储运环境的感知能力。例如，视频监控数据可以与传感器数据相结合，帮助系统更精确地评估设备状态并生成实时决策建议，从而大幅提升储运系统的安全性和应急响应能力。

8.5.3.2　自适应学习能力

随着储运过程中的数据不断积累，WisGPT 能够自动学习新的业务规则与模式，并根据实际情况调整其算法和策略，逐渐优化储运流程。这种自适应学习能力不仅可以提高系统的自主性，还能在应对突发状况时表现出更强的灵活性。例如，在面对运输路径受阻或市场需求剧烈波动的情况下，WisGPT 能够实时调整储运方案，确保油气供应的稳定性和效率。

8.5.3.3 智能化管控

通过对油气储运全流程的智能化管控，WisGPT 预计能够大幅降低运营成本，尤其是在设备维护和故障修复方面。过去，设备的突发故障常常导致巨大的经济损失，而通过 WisGPT 的智能监控与预警功能，操作人员可以提前发现潜在的隐患并及时处理，减少设备停机时间和维护费用。同时，系统的自适应调整能力也能有效降低人为失误的可能性，进一步提升储运过程的安全性。

8.5.4 WisGPT 发展愿景

WisGPT 未来不仅局限于某一环节的技术升级，而是贯穿整个油气储运行业的智能化变革，拟为每一个生产环节提供智能支持。强大的预测与分析能力，将使得企业能够更加清晰准确地规划未来产业设施，减少不必要的资源浪费，提高整体的生产和运营效率。

通过与行业内其他企业和机构的合作与共享，WisGPT 的技术方案和成功经验可以为整个行业提供示范效应，推动智能储运技术在行业内的广泛应用与标准化进程。

WisGPT 将推动油气储运行业迈入智能化的全新时代，不仅提升运营效率和安全性，还将在长期发展中为企业创造更大的经济和社会价值。

8.6 炼化装置大模型

随着能源需求的不断增长，炼油和化工行业面临着提高生产效率、降低能耗和减少环境污染的挑战。为了应对这些挑战，研究人员利用炼化专业大模型对整个生产流程进行模拟和优化。目前炼化专用大模型处于飞速发展阶段，不同的领域都在积极探索大模型与业务结合方向。广东石化与昆仑数智合作共同探讨智能工厂发展方向，探讨大模型在油气炼化行业的新应用，目前已有如下大模型案例：

（1）炼化企业炼化装置操作智能问答助手。

炼化企业炼化装置操作智能问答助手是人工智能技术与炼油化工技术深度结合得到的一种专门为炼油和化工行业设计的智能辅助工具（图 8-6-1）。它结合了人工智能技术，特别是自然语言处理、机器学习和大数据分析技术，以实现对生产数据的深入分析和预测，来帮助炼化装置的操作人员解决日常生产操作中的问题。装置操作人员利用炼化装置智能问答助手的操作规程问答能力，对话式实时获取解答装置操作相关问题，如流程优化、设备维护、紧急处置措施等；利用炼化装置智能问答助手的装置问答能力，快速获取设备运行状态、装置运行指标完成情况等实时数据；通过自然语言对话的方式，使用户能够快速获取专业知识与生产运行实时数据，操作人员需要执行特定任务时，助手可以提供详细的操作步骤和注意事项，当装置出现异常情况时，助手可以帮助分析可能的原因，并提出解决方案。在紧急情况下，助手可以提供快速的安全指导，帮助操作人员正确应对。新员工也可以通过与助手的互动，快速学习操作流程和标准操作程序。通过智能问答助手，可以实现炼化装置的专业知识集中呈现，极大地减少操作人员查找信息的时间，提高工作效率，并通过助手提供准确的指导，减少操作人员的错误操作频率与事故发生风险，以及提供优化建议优化装置操作，提升应急处理能力。

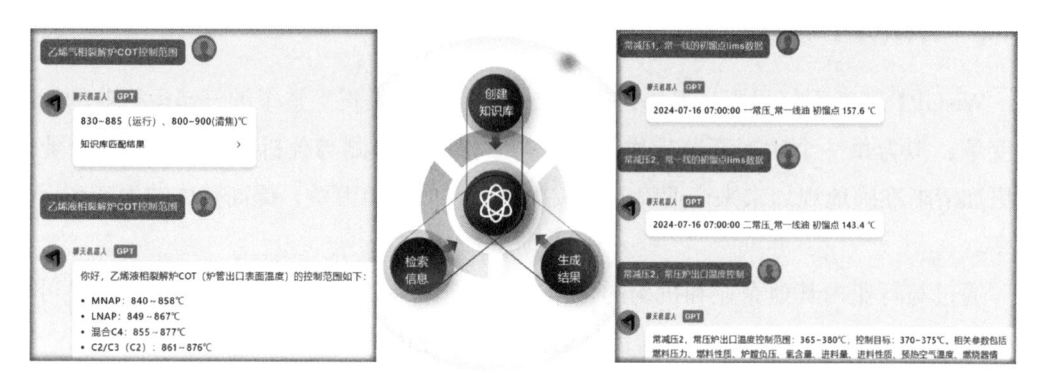

图 8-6-1　炼化企业炼化装置操作智能问答助手

（2）炼化企业生产运行智能问数助手。

炼化企业生产运行智能问数助手通过数据挖掘、机器学习、大数据分析等技术手段，对企业的企业综合数据库、区域数据湖中产生的生产运行数据进行调取，实现快速访问和查询大量数据指标以及对数据的深入分析和预测（图 8-6-2）。应用具有自然语言处理能力，无须预设查询格式，用户通过自然语言提问，系统则根据问题提供相应的数据分析和解答。用户可以通过该应用，实现生产运行全域数据以及实时数据的对话式

图 8-6-2　炼化企业生产运行智能问数助手

便捷快速获取，并可根据数据特点进行多样化展示，大幅提升了用户的数据获取效率。支持跨数据集的即时查询，进一步实现报表自动生成。大大地简化了用户查询数据的步骤，提高了用户获取数据的速度与企业的生产经营效率。

参 考 文 献

[1] QI L, MA J W. Foundation models for geophysics：reviews and perspectives［Z］. arXiv preprint arXiv：2406.03163（2024）.

[2] XU D K, et al. Rethinking network pruning-under the pre-train and fine-tune paradigm［Z］. arXiv preprint arXiv：2104.08682（2021）.

[3] OQUAB M, DARCET T, MOUTAKANNI T, et al. Dinov2：Learning robust visual features without supervision［J］. arXiv preprint arXiv：2304.07193，2023.

[4] HE K, CHEN X, XIE S, et al. Masked autoencoders are scalable vision learners［C］. Proceedings of the IEEE/CVF conference on computer vision and pattern recognition. 2022：16000-16009.

[5] WU X, GENG Z, SHI Y, et al. Building realistic structure models to train convolutional neural networks for seismic structural interpretation［J］. Geophysics，2020，85（4）：WA27-WA39.

[6] MOUSAVI S M, BEROZA G C. Deep-learning seismology［J］. Science，2022，377（6607）：eabm4470.

[7] HE K M, et al. Masked autoencoders are scalable vision learners［C］. Proceedings of the IEEE/CVF conference on computer vision and pattern recognition，2022.

[8] SHENG H L, et al. Seismic Foundation Model（SFM）：a new generation deep learning model in geophysics［Z］. arXiv preprint arXiv：2309.02791（2023）.

[9] FEI Y, CAI H, ZHOU C, et al. Seismic characterization of individual geologic factors with disentangled features. Geophysics，2024，89（4）：N59-N76.

[10] LOU Y, ZHANG B, FANG H, et al.Simulating the procedure of manual seismic horizon picking［J］. Geophysics，2021，86（1）：1-12.